现代测绘技术与智能驾驶

李必军 张红娟 郑 玲 周 剑 肖进胜 等著

科学出版社

北 京

内 容 简 介

本书围绕现代测绘技术在智能驾驶中的应用与发展,从智能驾驶的底层逻辑到顶层设计,从单车智能驾驶到车路协同智能驾驶,从算法设计到应用,较全面地介绍智能驾驶技术,包括现代测绘科学的形成与发展、智能驾驶系统构成、基于视觉和激光点云的环境探测、面向智能驾驶的高精度地图、智能驾驶自主定位技术、智能驾驶规划与控制技术、车路协同智能驾驶等内容及智能驾驶未来发展展望。

本书可作为测绘、机器人、计算机、车辆工程等专业本科生和研究生的参考教材,也可供相关领域的工程技术人员参考和使用。

图书在版编目(CIP)数据

现代测绘技术与智能驾驶/李必军等著.—北京:科学出版社,2021.7
ISBN 978-7-03-068918-4

Ⅰ.①现… Ⅱ.①李… Ⅲ.①测绘学-应用-汽车驾驶-自动驾驶系统-研究 Ⅳ.①U463.61

中国版本图书馆 CIP 数据核字(2021)第 103382 号

责任编辑:杨光华/责任校对:高 嵘
责任印制:彭 超/封面设计:苏 波

科学出版社 出版
北京东黄城根北街16号
邮政编码:100717
http://www.sciencep.com

武汉精一佳印刷有限公司印刷
科学出版社发行 各地新华书店经销
*

开本:787×1092 1/16
2021年7月第 一 版   印张:20
2021年7月第一次印刷   字数:480 000
定价:258.00 元
(如有印装质量问题,我社负责调换)

序 一

　　李必军教授作为测绘学科青年领军人才，曾是武汉大学于新千年之初世纪交会之际组建的学校首个从事智能交通领域有关智能驾驶技术研究团队的主要负责人，在这个研究方向坚持至今，深耕已有20余年。这个时期也正是现代测绘新技术沿着信息化、自动化、智能化方向全面快速发展时期，包括全球卫星导航系统（GNSS）导航定位，高分辨率光学遥感影像成图，激光雷达扫描三维测量，激光、光纤和微机电惯性器件导航，遥感影像地图、导航电子地图、三维街景地图等在国际国内都呈现蓬勃发展和快速应用之势。其影像和地图产品分辨率从米级提升到分米级水平，卫星与惯性导航的实时定位精度进入米级、分米级到厘米级可让用户任选年代。这些都为当前人类表现出越来越多的对高分辨率、高精度、快速实时感知外部世界动态变化的需求奠定了技术基础。这一时期，也是物联网、云计算、大数据、人工智能及4G、5G移动互联网等新一代信息技术相继问世和更新迭代蓬勃发展时期，它们与现代测绘新技术的融合，互相赋能，极大地推进了从数据关联、信息互联到与时间空间位置实现精准关联和互联。这种不同学科与领域之间的跨界融合相互赋能，以精准时空位置为准来感知认知物理世界中不同性质的问题并做出决策，以对象的精准时空位置为准对其实行调控，成为最终解决所存问题的新手段、新潮流。

　　具有时空位置的环境感知与信息网络和计算机处理的融合和相互赋能调控物理世界的能力，正好诠释了美国著名图灵奖和诺贝尔经济学奖的获得者Hurbert.A.Simon教授"智能是对符号的操作，最原始的符号对应着物理世界"的符号派人工智能定义的现实意义。可以说，现代测绘新技术提供了环境、实景动态感知和精准时空位置感知认知，即数理逻辑智能和时空位置智能两种涵盖智能感知和智能认知的智能技术，它们与新一代信息技术的融合和相互赋能，构成了解决物理世界智能问题的关键基础，它们构建的相应基础设施，就是当今数字经济时代向智能经济时代升级的新型基础设施。

　　李必军教授带领的科研团队正好顺应了这一时代需求，及时敏锐地抓住了智能交通领域的智能驾驶这个新问题，开展了现代测绘新技术与智能驾驶的融合研究。该团队在20世纪末车载激光扫描移动三维测量研究的基础上，进一步拓展为多项现代测绘新技术服务智能驾驶的研究、应用示范和产业转移。例如，在21世纪初开展汽车导航电子地图相关研究和产品研发，在多个钢铁厂的原料码头料场及城市智能清扫等领域开展了自动驾驶试验示范。2008年开始转向汽车智能驾驶技术的全面研究，曾带领武汉大学无人驾驶团队参加了国家自然科学基金委组织的国内智能驾驶"未来挑战"赛，在2010年第二届赛事中，在卫星定位信号频繁受到遮挡或干扰的场景下，基于GNSS、惯性导航与地图融合技术获得野外赛第一名，首次在国内展示了现代测绘新技术在智能驾驶领域的功力。在2011年上海中美两国工程院举办的北斗/GPS研讨会上，我作为会议中方主席介绍了这一成果，引起了时任美国工程院院长和美国GPS首任总设计师、美国工程院院士

Brad Parkinson 高度兴趣，对武汉大学所取得的奖励也表示祝贺。

作者从 2014 年开始策划《现代测绘技术与智能驾驶》这一专著，组织团队成员参加撰写，几易其稿并不时补充最新研究成果，历经 6 年多终于成稿。应作者之邀，要我为该书作序，由于我自己也是从 20 世纪 90 年代中期开始一直关注测绘与智能交通不同领域的交叉融合研究，于是欣然领命，认为这也是一次难得的学习机会。在浏览全书几遍后，重点阅读了本人最感兴趣的涉及智能驾驶的感知层、决策层、控制层及实现人、车、路、环境之间信息交互与协同的有关章节。读后，深感本书的撰写体现作者精心汇集了多年承担的国家级项目和产业化项目研究成果和经验思考。作者围绕智能驾驶的安全、便捷、舒适和环保实用需求，阐述了智能驾驶的概念和国内外发展动态；以解决智能驾驶中有关环境感知、规划决策，运行控制和车路协同等难点技术问题为中心，重点论述了智能驾驶中涉及的测绘新技术基本原理、硬件集成、软件构架、数据处理、应用难点和解决方案；放眼全球智能驾驶前沿研究动态、挑战和未来发展趋势及目标追求，从上述三个维度较为全面系统地探讨了智能驾驶。该书称得上是融通测绘新技术与满足智能驾驶需求目标于一体的一部开山力作。称其为开山力作是因为该书所定义的智能驾驶符合中国政府提出的"交通强国"战略中的智能网联汽车概念，也是当前智能交通发展方向正在形成的全球共识。未来的智能交通至少必定包括三大基础设施：一是同时拥有单车智能和网联智能的智能网联汽车，二是实现车辆、人、路、环境及运管机构信息互通共享和协同管控的车联网，三是高度精准的既有静态环境交通地理信息又有随机变化的实时交通环境地理信息，能实现车端、路边、云端协同决策管控的行车电子地图。而该书是首次从测绘新技术与新一代信息网络技术的融合层面论述清楚了这些新型基础设施是如何为智能驾驶提供技术支持和行驶服务的。

综上所述，我相信该书的出版将会在智能驾驶研究中发挥重要的引领和推动作用，对有心跨界从事智能驾驶研发和应用的测绘科技人员和机构来说，是一本能发挥并拓展其专业优势的探索智能驾驶相关技术的专著；对想转型从事智能驾驶研发的传统汽车制造业人员和机构而言，更是一本系统而又实用的涉及智能驾驶的参考书和有关测绘新技术的入门教材。相信该书还一定能吸引更多有兴趣的人参与智能驾驶方面的研究，进一步提升测绘技术在智能驾驶中的应用水平，助力智能驾驶的发展。

中国工程院院士
2021 年 6 月 20 日

序　二

现代测绘技术是智能驾驶技术的重要基础，相关技术和知识的更新也非常快。《现代测绘技术与智能驾驶》一方面汇聚该领域的基础性、科学性和普遍性的知识，保持相关基础内容的相对稳定性；另一方面又紧跟当前科技的发展，及时地调整和更新该学科的相关内容，以达到保持先进性的要求。该书是典型的最新理论知识和应用实践相结合的成果。

该书的作者们都是我熟悉的教授、博士和相关专业的工作人员，其中的几位作者也是我的学生，是我把他们带进智能驾驶这一前沿领域。他们也是长期工作在一线的教学和科研人员，不仅具备丰富的教学经验和科研实践经验，还与国内国际学术同行持续保持着广泛的交流与合作，对相关领域的科技发展前沿有着深刻的认识和理解，他们的教学和研究成果同样深受广大学生的欢迎。正是由于该书的作者们具备了如此厚实的知识储备和前沿的科研经验，才有了这本高质量的著作出版。

该书是他们长期辛勤工作的成果和智慧的结晶。该书将作者们十几年来的研究成果和先进技术汇集成册，内容丰富、结构安排严谨、概念描述准确、内容叙述科学规范、易学易懂。该书适用于测绘、机器人、计算机、车辆工程、人工智能等专业的本科生和研究生学习，也可供相关科技工作者参阅，希望能受到广大读者的欢迎。

随着全球化的不断推进，我们还需要进一步扩大国际先进技术交流，增强对国外先进技术和经验的学习。在目前国际形势下，撰写出符合我国国情的具有自主著作权的高质量学术著作也具有重大学术意义和社会价值。希望该书的出版能有效促进相关学科、领域的教学、研究和发展。

深圳大学

2021 年 5 月 30 日

前　言

　　测绘技术的目标是按照一定数学规则，通过各种测量手段，对目标的形态、现状进行如实采集，并对相应的位置、边界信息进行一一记录和标注，实现目标对象的集合位置和属性信息的记录、显示和分发服务。传统的测绘主要通过实地调研测量、航拍、遥感等手段，将一定区域内的地形、地貌和地面附着物特征记录在地球模型表面。传统手段中这些工作都需要大量人工手动处理，工作量巨大且更新极慢。随着信息科学技术的不断发展，测绘技术也向着信息化、自动化、智能化方向发展，航空航天技术、电子信息技术、计算机技术、自动化技术的发展使得空天摄影与遥感、移动测绘、数字化制图、数字化测绘等方式直接替代人工来完成地理测绘。以全球定位系统、地理信息系统、遥感为基础的"3S"集成技术的快速发展，使测绘工程的内容和方法产生了巨大变革，中国已实现由传统测绘向数字化测绘的转变和跨越，正沿着信息化测绘道路迈进。信息化测绘以地理空间信息的快速获取和更新、智能化处理和一体化管理、网络化生产与分发服务为主体，以人工智能、大数据和物联网为基础，正在成为现代测绘技术的主要力量。与此同时，北斗导航、空天地一体化测绘、众包测绘与GIS系统的发展和应用也成为现代测绘技术的主要助力。

　　智能驾驶技术是未来出行革命的技术核心。智能驾驶指的是利用先进的车载传感器、控制器、执行器等装置，融合人工智能、计算机视觉、现代通信与网络技术，使"人、车、路、端、云"等道路交通参与者进行智能信息交换和共享，使汽车具备复杂环境感知、智能决策和自主控制等功能，最终实现以更安全、更高效、更舒适、更节能的形式替代人类操控机动车辆的新一代信息技术。随着新一代信息技术、新一代人工智能等技术的飞速发展，全球汽车产业也正处于深度变革期，在政策和资本的推动下智能汽车发展迅速，智能化、网联化、共享化成为汽车产业新的战略制高点。

　　业界将智能驾驶从技术上分为感知层、决策层与控制层，三层协同作用，处理环境信息，实现智能驾驶。车辆驾驶行为是人、车和道路的交互行为，这些行为与地球空间信息有密不可分的联系。例如，感知层就是依靠卫星、惯导、毫米波雷达、激光雷达、摄像头等设备对行驶路径、周边物体、交通标志等进行实时感知和定位，建立驾驶场景地图。现代测绘技术的发展，为智能驾驶精准定位、快速场景测绘与建模、空间路径规划与分析等提供了必不可少的技术手段。特别是涉及智能驾驶的低成本、高可靠定位和高精度地图相关技术，得到了测绘行业、汽车行业、互联网行业、通信行业等的跨界联合协作攻关；反过来，这一跨界合作也大大促进了测绘技术及其应用的快速发展，可谓相得益彰。充分发挥地理信息与自动控制、电子信息、计算机等学科的交叉与融合，不仅可以形成学科新的研究思路和技术路线，而且对于实现跨领域的技术突破和新知识的产生及形成学科竞争优势也是非常有意义的。

　　本书的内容取自于本研究团队自2006年以来的研究成果，在撰写本书时，研究团队成员阅读了大量国内外的相关文献，力求做到内容新颖、通俗易懂。全书共9章，力求从不同角度系统展示研究团队最新成果。第 1 章主要介绍智能驾驶的一般理解与意义、发展现状及现代测绘技术发展与智能驾驶；第 2 章介绍智能驾驶系统构成，主要包括系统结构、配置等；第 3~4 章分别介绍智能驾驶领域现有的基于视觉和激光点云的目标探测方法；第 5 章介绍面向智能驾驶的高精度地图，主要包括传统导航地图的产生和发展、高精度地图的表达和生成及地图辅助智能驾驶应用；第 6 章介绍智能驾驶自主定位技术，包括传统导航定位方法及智能驾驶领域基于视觉、激光及地图的定位技术；第 7 章主要介绍现有的路径规划算法及路径跟踪控制方法；第 8 章主要介绍车路协同智能驾驶，包括智能路侧系统、智能网联汽车及基于 5G 的车路协同智能驾驶系统；第 9 章为智能驾驶未来发展展望。

  本书的写作分工：第 1 章由武汉大学李必军、张萍共同撰写；第 2 章由武汉大学蔡毅撰写；第 3 章由武汉大学肖进胜和周剑共同撰写；第 4 章由武汉大学徐豪达和叶语同共同撰写；第 5 章由华中科技大学郑玲撰写；第 6 章由武汉大学张红娟、蔡斌斌和王建培共同撰写，钱闯提供了部分资料；第 7 章由武汉大学郭晓旻、龙江云及中山大学单云霄共同撰写；第 8 章由武汉大学李必军和华中科技大学郑玲共同撰写；第 9 章由武汉大学李必军撰写，武汉市众向科技有限公司王鑫参与了部分撰写。全书由武汉大学张红娟统稿。

  本书有关科研工作的完成得益于国家自然科学基金汽车产业创新发展联合基金重点项目（编号：U1764262）、国家自然科学基金项目（编号：41671441、41531177、91120002）、国家"863"计划项目（编号：2011AA1104、2012AA112503、2012AA101701、2013AA12A203）、装备预研项目（编号：305090412HT01）、华为技术有限公司科研项目及武汉大学测绘遥感信息工程国家重点实验室自主课题的资助，谨在此一并感谢。

  由于作者学识有限和经验不足，书中难免会有认识不足和疏漏之处，恳请专家、学者及其他读者同仁不吝指正，作者在此表示感谢。

李必军
2020 年 6 月于武汉大学

目 录

第1章 绪论 ··· 1
  1.1 智能驾驶的一般理解与意义 ·· 1
  1.2 智能驾驶发展现状 ··· 4
    1.2.1 智能驾驶发展历史 ·· 4
    1.2.2 国外智能驾驶研究现状 ·· 10
    1.2.3 国内智能驾驶研究现状 ·· 17
  1.3 现代测绘技术发展与智能驾驶 ···································· 21
    1.3.1 导航定位与智能驾驶 ·· 21
    1.3.2 地理信息与智能驾驶 ·· 23
    1.3.3 高精度地图与智能驾驶 ·· 27
  参考文献 ··· 29

第2章 智能驾驶系统构成 ··· 36
  2.1 智能驾驶系统平台综述 ·· 36
  2.2 智能驾驶系统结构 ·· 38
    2.2.1 从单车智能到智能网联 ·· 38
    2.2.2 平台体系分层 ·· 39
  2.3 车辆线控底盘 ·· 40
  2.4 传感器及其集成 ·· 41
    2.4.1 传感器分类 ·· 41
    2.4.2 时间同步 ·· 43
  2.5 智能驾驶域控制器 ·· 43
  2.6 智能驾驶软件算法设计 ·· 44
  参考文献 ··· 45

第3章 基于视觉的环境探测 ··· 47
  3.1 智能驾驶中的机器视觉 ·· 47
    3.1.1 机器视觉的三个层次 ·· 48
    3.1.2 智能驾驶中常用的视觉特征 ································ 48
    3.1.3 智能驾驶中常用的特征分类 ································ 51
  3.2 车道线检测与跟踪 ·· 53
    3.2.1 车道线检测框架 ·· 53
    3.2.2 边缘特征提取 ·· 53
    3.2.3 基于B-snake模板的车道线检测算法 ··················· 54
    3.2.4 基于车道模型和EKF的车道线检测算法 ············· 56
    3.2.5 基于深度学习的车道线检测 ································ 59

3.3 行人目标检测 ... 61
3.3.1 行人检测算法框架 ... 61
3.3.2 目标特征提取 ... 61
3.3.3 特征分类 ... 61
3.3.4 行人检测与跟踪算法 ... 63
3.4 车辆检测及跟踪 ... 67
3.4.1 车辆检测算法框架 ... 67
3.4.2 车辆检测算法 ... 68
3.4.3 车辆跟踪算法 ... 70
3.5 交通标牌与交通灯识别 ... 71
3.5.1 概述 ... 71
3.5.2 交通标牌与交通灯识别难点 ... 72
3.5.3 交通标牌与交通灯识别方法 ... 72
3.5.4 交通标牌与交通灯识别的异同 ... 78
参考文献 ... 79

第4章 基于激光点云的实时环境探测 ... 81
4.1 激光雷达与智能驾驶的发展 ... 81
4.1.1 激光雷达测距原理 ... 81
4.1.2 激光雷达发展简史 ... 83
4.1.3 激光雷达成像原理 ... 83
4.1.4 激光雷达在智能驾驶中的应用 ... 87
4.1.5 激光雷达在自主车的安装发展 ... 89
4.2 激光点云数据处理 ... 94
4.2.1 点云数据采集过程 ... 95
4.2.2 点云数据坐标计算 ... 96
4.2.3 点云数据结构化处理 ... 97
4.2.4 点云数据点特征提取 ... 100
4.2.5 点云数据直线段提取 ... 102
4.2.6 点云数据平面段提取 ... 104
4.3 道路动态目标检测与跟踪 ... 107
4.3.1 目标建模 ... 108
4.3.2 目标检测方法 ... 110
4.3.3 目标跟踪方法 ... 116
参考文献 ... 121

第5章 面向智能驾驶的高精度地图 ... 127
5.1 传统导航地图的产生和发展 ... 127
5.1.1 导航电子地图的兴起 ... 127
5.1.2 地图空间实体数据结构 ... 128
5.1.3 导航电子地图的内容 ... 129

		5.1.4 导航电子地图的数据库标准和格式	130
	5.1.5	导航电子地图的制作流程	132
5.2	高精度地图的表达和生成		133
	5.2.1	高精度地图的概念	133
	5.2.2	高精度地图的格式规范	135
	5.2.3	高精度地图的采集	140
	5.2.4	高精度地图的制作流程	141
5.3	地图辅助智能驾驶应用		142
	5.3.1	地图与智能驾驶的关系	142
	5.3.2	高精度地图辅助智能驾驶的应用	143
参考文献			144

第6章 智能驾驶自主定位技术 …… 149

6.1	坐标基准及转换		149
	6.1.1	坐标系及姿态表达	149
	6.1.2	传感器模型	154
	6.1.3	Kalman 滤波	160
6.2	GNSS/INS 组合导航定位技术		163
	6.2.1	惯性导航机械编排	164
	6.2.2	GNSS/INS 组合导航模型	168
6.3	即时定位与构图技术		173
	6.3.1	SLAM 技术的分类	174
	6.3.2	基于概率的 SLAM 模型	177
	6.3.3	基于扩展 Kalman 滤波的 SLAM 模型	179
	6.3.4	SLAM/INS 组合导航模型	181
	6.3.5	GNSS/INS/SLAM 组合导航模型	183
6.4	基于高精度地图的定位技术		187
	6.4.1	基于特征地图的定位	187
	6.4.2	基于拓扑地图的定位	193
	6.4.3	基于栅格概率地图的定位	199
参考文献			204

第7章 智能驾驶规划与控制技术 …… 212

7.1	智能驾驶决策与规划系统概述		212
	7.1.1	城市环境下智能驾驶车辆决策设计面临的问题	212
	7.1.2	武汉大学智能驾驶车辆的决策系统	214
7.2	路径规划算法		218
	7.2.1	路径规划算法概述	218
	7.2.2	图搜索类算法	221
	7.2.3	采样类算法	225
	7.2.4	基于 Anytime 和 CL_SST 的规划系统	229

7.2.5 基于动态规划的智能驾驶路径规划系统 249
　7.3 路径跟踪控制方法 258
　　　7.3.1 控制系统概述 258
　　　7.3.2 智能驾驶车辆横向控制算法 259
　　　7.3.3 典型几何跟踪控制器 261
　　　7.3.4 CF_Pursuit 的设计 263
　　　7.3.5 横向控制器对比试验 268
　参考文献 271

第8章 车路协同智能驾驶 277
　8.1 车路协同概述 277
　　　8.1.1 国外车路协同技术发展 277
　　　8.1.2 国内车路协同技术发展 278
　　　8.1.3 车路协同智能驾驶系统来临 279
　8.2 智能路侧系统 279
　　　8.2.1 智能路侧系统的发展 279
　　　8.2.2 智能路侧系统的特点 280
　　　8.2.3 智能路侧系统的基本原理及设计 281
　8.3 智能网联汽车 291
　　　8.3.1 智能网联汽车的系统框架 291
　　　8.3.2 智能网联汽车的安全防护设计 291
　8.4 基于5G的车路协同智能驾驶系统 293
　　　8.4.1 基于5G的车路协同智能驾驶系统关键子系统 293
　　　8.4.2 车路协同系统测试与验证 295
　8.5 车路协同系统面临的挑战 296
　参考文献 297

第9章 智能驾驶未来发展展望 298
　9.1 智能驾驶发展综述 298
　9.2 智能驾驶高精度地图及定位技术 299
　　　9.2.1 智能驾驶地图 299
　　　9.2.2 智能驾驶定位技术 299
　　　9.2.3 地图与定位技术面临的挑战 300
　9.3 对抗攻击与安全防护 300
　　　9.3.1 智能驾驶系统安全 301
　　　9.3.2 智能驾驶安全发展趋势 302
　9.4 "小特慢"场景应用 304
　　　9.4.1 自主导航机器人应用 304
　　　9.4.2 封闭园区/景区/厂区车 305
　　　9.4.3 末端物流配送 307
　参考文献 307

第 1 章　绪　　论

1.1　智能驾驶的一般理解与意义

科技发展日新月异，目前以互联网、云计算、大数据、物联网和智能制造等技术为主要驱动的第四次工业革命已经开始。2015 年 5 月 8 日，国务院印发的《中国制造 2025》指出：到 2020 年，基本实现工业化，进一步巩固制造业大国地位，制造业信息化水平大幅提升。掌握一批重点领域关键核心技术，优势领域竞争力进一步增强，产品质量有较大提高。制造业数字化、网络化、智能化取得明显进展。重点行业单位工业增加值能耗、物耗及污染物排放明显下降[1]。这是我国全面推进实施制造强国战略的重要举措。2018 年 9 月，德国政府在《高技术战略 2025》（Hightech-Strategie 2025，HTS 2025）中指出加强人工智能的应用性开发[2]（图 1.1）。目前，我国尚处于第四次工业革命的起步阶段，人工智能是新一轮科技革命和产业变革的核心竞争力，也是我国在第三轴心时代的使命[3]。因此，研究人工智能技术具有非常重要的战略意义。

图 1.1　HTS 2025[2]

交通是城市发展的主要动力，交通建设作为国民经济重要的基础工作，对整个经济社会的发展有着十分重要的作用。随着工业化、城市化、机动化发展，我国交通系统基础设施规模逐年增长，交通系统运输服务规模世界第一，但交通综合运输效率低，城市交通系统供需失衡，道路交通拥堵严重，许多城市拥堵进入常态化，交通安全问题突出，交通能源消耗较大[4]。据世界卫生组织统计，我国每年道路交通事故死亡人数超过 20 万人，全世界每年有 120 万人死于汽车或与交通相关的事故，且将在 2030 年达到 220 万人。美国国家公路交通安全管理局（National Highway Traffic Safety Administration，NHTSA）的一项调查显示，93%的车祸与人为失误有关。降低汽车事故发生的一个重要举措是提升现有车辆平台的智能化水平，使车辆能够通过车身传感器自动地感知周围环境并对危险情况进行有效干预。根据欧盟在欧洲交通事故分析（traffic accident causation in Europe，TRACE）[5]中得出的结论，安装高级驾驶辅助系统（advanced driver assistance systems，ADAS）的车辆能够有效减少 25%的前向碰撞及因前向碰撞导致的安全风险，可避免 60%

的横向偏离碰撞风险。智能驾驶作为 ADAS 的拓展,其相关研究是提高出行效率、保障驾驶安全的重要手段之一。开发主动式汽车安全技术产品,减少驾驶人员的负担和错误判断,对于提高交通安全将起到重要作用[6]。

智能驾驶在普通车辆的基础上增加了先进的传感器[如视频、激光雷达、超声传感器、微波雷达、全球定位系统(global positioning system,GPS)、里程计、磁罗盘等]、控制器、执行器等装置,通过车载传感系统和信息终端实现与人、车、路等的智能信息交换,使车辆具备智能的环境感知能力,能够自动分析车辆行驶的安全及危险状态,并使车辆按照人的意愿到达目的地,最终实现替代人来操作的目的[7-8]。它涵盖了地理信息、人工智能、电子信息、自动控制、计算机等多门学科,是当今世界前沿热点研究方向。智能驾驶技术旨在解放驾驶员,让车辆能自主地在道路上行驶,其概念产生于智能交通系统(intelligent transportation system,ITS)。在这样的智能系统中,车辆靠自己的智能行驶穿梭于城市,公路靠自身的智能将交通流量调整至最佳状态[9-10]。搭载了激光雷达、相机、毫米波雷达、GPS 等设备的智能驾驶车辆不需要人为干预就能对环境进行感知,从复杂的交通流中提取导航信息,并以先进的决策和控制系统计算并执行适当的指令。

智能驾驶是一场技术革命,智能驾驶车是未来汽车的重要发展方向,其意义非凡而深远。从民用层面来说,智能驾驶在乘用车上的实现可解放驾驶员双手,提升城市交通系统的效率,降低车辆驾驶管理的复杂度,缓解真实道路拥堵的现状,减少人为失误导致的交通事故,拯救千万生命。研究表明,包括智能汽车研究在内的智能运输系统能大幅度提高公路的通行能力,至少使现有高速公路的交通效率提升 1 倍;能大量减少公路交通事故[11]。美国智库 Eno 交通运输中心(Eno Center for Transportation)研究表明,如果美国公路上 90%的汽车变成智能驾驶车辆,车祸数量将从 600 万起降到 130 万起,死亡人数将从 3.3 万人降到 1.2 万人[12]。智能驾驶车辆能够感知车辆周围的环境,准确识别路口的交通信号灯,根据车辆的智能决策系统,遇到红灯时如果司机没有及时做出刹车反应,车辆能自主做出刹车指令,这样就能避免司机未及时刹车而闯红灯的行为;智能驾驶车辆也能够感知周围的车辆和行人等障碍物,快速识别判断障碍物,比人类更快速地做出避障决策。能见度极低的恶劣天气下,人眼能见范围降低,但是智能驾驶车辆上的激光雷达不受天气的影响,在恶劣天气中依然能准确感知周围的环境信息,极大增强了人和车辆行驶的安全性。交通事故的减少对保障人们的生命财产安全具有重大意义。

从工业应用层面来说,智能驾驶车辆可替代人力从事艰苦和危险的交通运输工作,也可减少机械重复的运输工种,降低人力成本,实现全天时全天候的物流和运输系统运转[13]。从工业文明初期至今,工业生产与物流运输经历了人工作业到机械化的转变,从当初的木牛车马发展到现如今随处可见的机械化生产和大型运输工具,再向着全自动化和高度智能化前进。国内外图森、智加等一系列科技公司聚焦智能驾驶落地物流场景,致力于在港口、高速等规则化道路上实现自动化、智能化物流。

从军事应用层面来说,智能驾驶战车可完成战场上的运输、侦察、通信、救护等工作,能够替代人类在高危环境中执行任务,例如抗震救灾或者有毒或辐射等情况下,智能驾驶战车能够有效减少人员伤亡。积极研究和发展智能驾驶战车在军事领域的应用,能够丰富军事斗争手段,提升军队的战斗力,大大保障战士的安全。2016 年,"欧洲国际防务展"上以色列展出军事作战系列机器人战车,可用于侦察活动、护送车队,并执行相关作战任务。

目前,来自全球的多家企业已经推出与智能驾驶相关的业务并有望在近几年推出智能驾驶汽车。《中国制造 2025》明确将智能网联汽车列入未来十年国家智能制造发展的重点领域,明确指出到 2020 年要掌握智能辅助驾驶总体技术及各项关键技术,到 2025 年要掌握智能驾驶总体技术及各项关键技术(图 1.2)。同时,各地也陆续出炉智能驾驶的道路测试规定[1]。

图 1.2 智能制造的内容

智能驾驶的实现需要一系列协作技术,包括大数据、地图定位导航服务,模式识别,人工智能等。其关键技术可分为环境感知、定位导航、路径决策与规划、车辆控制 4 个方面[14]。

智能驾驶的实时环境感知技术是关键也是难点,环境感知的主要任务是接收车端传感器数据,感知车辆周围的环境(包括动态的道路参与者和静态的道路状况、交通设施等),最后将外部环境建模发送给路径决策与规划模块,从而帮助车辆自身做出正确的行驶行为。环境感知针对动态道路参与者的感知任务即多目标检测、识别和跟踪预测,称为运动目标检测与跟踪(moving object detection and tracking,MODAT)[15]。车端传感器是智能驾驶环境感知技术中不可或缺的一部分,它们是智能驾驶大脑感知外界环境的触角。车端传感器通常包含相机、激光雷达、毫米波雷达和超声波雷达等。不同传感器具有不同的特性,针对的场景和功能也各不相同。只有将多传感器有机结合在一起才能保证智能驾驶系统环境感知的稳定可靠,因而传感器架构设计也是智能驾驶环境感知技术中重要的一部分。多传感器在车端的布局、时间同步方式、数据传输系统都是环境感知的基础[16]。不同传感器输出的数据也具有不同特性,环境感知算法需要针对不同数据特点设计出有针对性的数据处理方式,通过数据和算法结合,实现功能全面、性能极致的智能驾驶技术。

现阶段智能汽车信息感知水平还不能满足复杂环境下、全工况、全自动驾驶的要求,定位成本也十分高昂。为了实现智能驾驶,智能车目前常用的传感器有微波雷达、激光雷达、超声波传感器、视觉传感器、GPS、里程计、磁罗盘等。而智能车为了实现车道内安全行驶,定位精度必须在分米级别。为了提高绝对定位精度,智能车的标准配置一般选择高精度 GYRO[①]、DMI[②]、POS[③] 或 CORS[④] 等技术进行组合集成，这些配置无疑大大增加了传感器的成本。目前市场上分米级别的定位装置价格大约为 2 万美元，厘米级别的定位设备更加昂贵，难以大规模推广应用。因此，面向智能驾驶的高精度地图应运而生，高精度地图目前已经是发展智能交通和普及智能驾驶必不可少的核心因素，根据知名投资机构 Goldman Sachs 的市场评估报告，未来 15 年是高精度地图发展的黄金时期，市场规模将从 2020 年的 21 亿美元增加到 2025 年的 94 亿美元[17]，各大图商、互联网巨头及传感器厂商纷纷加入地图行业展开地图资源争夺，地图行业投资并购频繁。面向智能驾驶的高精度地图有助于提高智能车辆的定位精度和降低定位成本，降低环境感知的难度和提高环境感知的效率，有效实现路径规划和决策控制，为提高智能汽车环境感知的可靠性和稳定性及保障智能汽车运行的安全和效率提供一种补充解决方案，为推动智能汽车的产业发展和普及提供有力的技术支撑。我国对精准测绘业务审核严格并且监管严密，其必须在拥有导航电子地图制作和互联网地图服务资质等相关测绘资质的前提下才能开展车载高精度地图相关业务。目前，通过国家相关的专业标准能够从事高精度业务的厂家十分有限。因此，高精度地图对智能驾驶领域来说也是十分稀缺的资源[18]。

规划决策是智能车的大脑，其在拥有感知和地图提供的可通行区域和位置信息的基础上，计算出一条当前环境最优路径，并根据标志牌等信息给定推荐速度。路径规划决定了智能驾驶车辆在采样时间内的运动行为，是智能驾驶车辆的基本要求。一个合理、稳定的路径规划系统可以大大提高城市交通的安全性和稳定性，无论是辅助驾驶还是未来 L5（完全自动化）级别完全的自动驾驶，路径规划都是智能驾驶领域的重点。如何使轨迹适应环境，并带给乘客舒适的乘坐体验，一直都是智能驾驶的难点，也具有非常大的研究意义。智能驾驶的路径规划方法起源于数据结构（如图、树）和机器人领域的衍生算法。相较于机器人领域，汽车是一种结构特殊的移动机器人，依靠前轮转向来实现车辆质心的偏移。当前智能驾驶路径规划的方法主要可以分为基于图搜索的规划方法、基于路径点采样的规划方法、基于曲线生成的规划方法，以及其他相关领域的算法[19]4 类。

运动控制系统是智能驾驶车系统的执行器，在车辆行进的过程中根据局部路径规划给出的行驶轨迹和速度规划智能驾驶汽车当前的位置、姿态和速度，产生对油门、刹车、方向盘和变速杆的控制命令，以跟踪规划出的行驶轨迹。

1.2 智能驾驶发展现状

1.2.1 智能驾驶发展历史

作为城市智能交通系统的重要组成部分，智能驾驶系统利用车身硬件平台集成的相机、三维激光雷达、毫米波雷达、超声波雷达、组合导航单元等传感器实现车辆自身及

---

① GYRO：陀螺仪

② DMI：digital measurable images，可量测实景影像

③ POS：position and orientation system，定位定姿系统

④ CORS：continuously operating reference stations，连续运行参考站

周围道路场景数据的有效采集，结合环境感知算法得到道路场景中的车道线、车辆、行人等信息，并构建高精度的局部场景地图，规划局部路径，完成横向和纵向的自动控制，实现车辆的自主驾驶。整车的智能驾驶系统中涵盖了信号处理、电子信息、计算机、自动化、地图导航和定位等多个学科的内容，相关技术的研究吸引了全世界的顶尖研究团队，是目前的前沿研究方向。

汽车的发展经历了三个不同的阶段。第一阶段是手工作坊制作过程，没有标准化零件和装配过程。这一阶段的汽车价格很高，其质量也没有办法得到有效的控制。第二阶段是流水线工厂制作过程，其特点是生产标准化，汽车价格得到大幅度降低，并开始走向大众化。20世纪90年代后期开始，汽车工业进入了第三阶段，随着相关技术的成熟，舒适性与智能安全技术成为汽车工业的重点。

近年来，人工智能、认知科学、地面测绘、自动控制及传感器等领域技术的飞速发展，极大地推动了汽车工业的变革。汽车工业从最初的追求生产效率和行驶速度转为以汽车舒适性和智能安全为重心，车辆自主驾驶技术应运而生，它将人类从复杂、低级、持久的驾驶活动中解放出来，从根本上改变了汽车与驾驶员之间的互动模式[20]。

目前实现车辆自主驾驶有两条主要途径：人工智能路线和云端网络路线。人工智能路线是将汽车视为有感知、认知和决策能力的智能个体，强调代替人类实现车辆智能驾驶。而云端网络路线将汽车视为整个交通系统的可调节节点，通过网络进行整体协调，强调整个交通的智能安全调控。目前这两种路线的研究都在进行，其内容相互交叉，共同发展，一起构成未来智能交通的技术核心系统。

而无人车的历史，最早则可以追溯到1925年第一辆无人车在美国上路。只不过，那个时候发明者 Francis P. Houdina 是通过发射无线电波从后面车辆上操控前车完成的。1984年，卡内基梅隆大学研发了全世界第一辆真正意义上的智能驾驶车辆。该车辆使用激光雷达、计算机视觉及自动控制技术完成了特定环境的驾驶，并且最高速度达到31 km/h。随着相关技术的发展，人们期待更高程度的真正意义上的无须人类介入的自动驾驶车辆。

美国国家公路交通安全管理局（NHTSA）和美国汽车工程师协会（Society of Automotive Engineers，SAE）针对汽车的智能化等级分别提出了评定标准。

美国国家公路交通安全管理局（NHTSA）制定的标准如下。

L0：无自动化（no-automation），完全由驾驶员操控汽车，包括油门、制动、转向、挡位等。

L1：特定功能辅助驾驶（function-specific automation），如防抱死制动系统（anti-lock brake system，ABS）、电子稳定性控制（electronic stability control，ESC）等。

L2：组合功能辅助驾驶（combined function automation），如自适应巡航控制（adaptive cruise control，ACC）、车道保持辅助（lane keeping aid，LKA）系统、车道偏离预警（lane departure warning，LDW）等。

L3：有限的智能驾驶（limited self-driving automation），能够在特定的交通环境下智能驾驶，如谷歌智能驾驶汽车就可以在某些区域内实现智能驾驶，但还是需要人实时监视车辆的状态，一旦发生问题要切换回人工驾驶。

L4：完全智能驾驶（full self-driving automation），智能驾驶的理想形态，乘客只需提供目的地，在任何时候都不需要对车辆进行监控。

美国汽车工程师协会（SAE）制定的标准（图1.3）如下。

自动化等级	名称	SAE定义	主体			系统作用域
			驾驶操作	周边监控	支援	
L0	无自动化	由驾驶员全时操作汽车。在行驶过程中可以得到警告和保护系统的辅助	驾驶员	驾驶员	驾驶员	无
L1	驾驶支援	通过驾驶环境信息对方向盘和加减速中的一项操作提供驾驶支援。其他的驾驶动作都由驾驶员操作	驾驶员			部分
L2	部分自动化	通过驾驶环境信息对方向盘和加减速中的多项操作提供驾驶支援。其他的驾驶动作都由驾驶员操作	系统			
L3	有条件自动化	无人驾驶系统可以完成所有的驾驶操作。根据系统请求，驾驶员应提供适当的应答和操作	系统	系统		
L4	高度自动化	无人驾驶系统可以完成所有的驾驶操作。根据系统请求，驾驶员不一定需要对所有请求做出应答。在限定的道路和环境条件下驾驶			系统	
L5	完全自动化	由无人驾驶系统完成全时驾驶操作。在所有的道路、环境条件下驾驶				全域

图1.3 SAE智能驾驶标准分级

L0：无自动化（no automation），汽车完全由驾驶员的控制完成，汽车没有对外界的任何传感器感知和对方向盘、油门和刹车等的控制。此等级即现在已有的汽车驾驶方式，车身集成电子助力转向系统、自动紧急制动系统来增加驾驶舒适性，同时最大限度上保证极端驾驶行为下减小交通事故的伤害程度。

L1：驾驶支援（driver assistance），指在驾驶员行驶过程中，出于部分安全考虑对行车状态进行干预。一般L1指的是汽车具备某个单一功能，如防抱死制动系统（ABS）、自适应巡航控制（ACC）和车道偏离预警（LCW）等。

L2：部分自动化（partial automation），指针对L1级别上的多个功能场景的融合。例如，在ACC功能上加入车道保持辅助（LKA）功能，在辅助过程中通过对车辆方向盘和油门刹车进行控制，便可达到L2的等级。目前常见的商用大品牌汽车公司都达到了L2的级别，如宝马、沃尔沃、尼桑和奔驰等。L2级别的车辆驾驶员仍需要实时监控并做好接管的准备，因此称之为部分自动化。

L3：有条件自动化（conditional automation）。到了L3级别，智能驾驶开始针对某部分场景完成智能驾驶，如高速场景、交通拥堵巡航（traffic jam pilot）、停车场环境等。在该等级下，驾驶员的手可以较长时间地离开方向盘，等待系统提示通过场景或者遇到紧急情况需要人工接管时再重新控制方向盘。然而到目前为止，除了称之为达到L3级别的奥迪A8，即使是一向以智能驾驶为宣传点的特斯拉也达不到L3级别的智能驾驶。

L4：高度自动化（high automation），通过增加传感器即其他成本，使智能驾驶得以应对绝大多数场景。当智能驾驶全面达到L4级别时，智能远程共享车的时代也将到来。那时除了极少数特殊场景需要人工接管外，大部分情况下驾驶员已经不需要对周围环境进行监督及随时准备接管了。如果说L3以前的智能驾驶车还离不开驾驶员的双手和双眼，还只是属于辅助驾驶的话，到L3和L4时，便可以称为智能驾驶汽车。到目前为止，大部分研究智能驾驶的科技公司都在研究L4级别的智能驾驶技术，如国外的Waymo、Uber或者国内的百度L4事业部等。

L5：完全自动化（full automation），是真正意义上的智能驾驶，此时便没有驾驶舱一说，汽车完全交给汽车控制系统管理。没有场景限制，没有条件限制，不需要监控和控制，汽车便可完成日常所需的所有服务。L5 的智能驾驶是研究者的终极目标，其难度和成本之高不言而喻。因此，真正到 L5 级别还需要很长时间。

NHTSA 将智能驾驶分为 L0~L4，SAE 则分为 L0~L5，区别是在 NHTSA 的老分类中，L4 就已经是全自动驾驶，工况具有局限性；而 SAE 的 L5 则指的是车辆的智能化，已经达到了人类驾驶的水平，可以处理所有的工况。需要注意的是，NHTSA 早在 2016 年 9 月，就统一采用了 SAE 的分类标准。因此，今天绝大多数主流的智能驾驶研究学者已将 SAE 标准当作通用的分类原则。

SAE 标准中，L1 和 L2 为辅助驾驶层，车辆系统加入了传感器识别算法来做危险驾驶行为检测，这一阶段人仍然会是主体。辅助驾驶系统只会对车辆的部分模块在保证安全的情况下进行修正及对车辆的部分模块进行小幅度的修正。早期的"Navlab"[21]、"VITA"系列无人车[22]，国防科技大学研制的 CITAVT-IV 无人车[23]、清华大学自主研制的 THMR-V 无人车[24]属于该阶段。同时，这两层也是目前智能驾驶相关技术最为成熟的部分。在传感器方面，辅助驾驶阶段的智能驾驶汽车通常配置低成本的摄像头和毫米波雷达，检测范围同样也主要集中在当前车道内的交通事件。在部分高端车型中已经配置针对结构化的高速或城市环线道路场景的车道偏离预警（LDW）、自适应巡航控制（ACC）、自动泊车系统（automated parking system，APS）等。从 L3 到 L5 的发展过程中，人的因素在智能驾驶汽车中逐步弱化。在美国国防部高级研究计划局(Defense Advanced Research Projects Agency，DARPA）举办的最后一届城市智能驾驶挑战赛中，来自卡内基梅隆大学的"Boss"、斯坦福大学的"Junior"[25]、麻省理工学院的"Talus"[26]，以及来自卡尔斯鲁厄理工学院（Karlsruhe Institute of Technology，KIT）的"AnnieWAY"在最终决赛中首次完成向 L3 智能驾驶的尝试并取得突破性成果。国内方面，依托多年来以"中国智能车未来挑战赛"为主的相关赛事的举办，以国防科技大学、清华大学、中国人民解放军陆军军事交通学院、西安交通大学、中国科学院合肥物质科学研究院、长安大学、上海交通大学、同济大学、武汉大学等为主的国内从事智能驾驶研究的院校和研究机构自主研制的参赛车辆，在可控道路环境下完成了 L3 智能驾驶的实车测试。

与实验样车相比，实际道路场景对智能驾驶系统，特别是环境感知建模能力提出更高的要求。根据 SAE 的划分，目前全世界智能驾驶的研究水平基本上处于 L2 和 L3 等级，如自适应巡航、车道保持、紧急刹车辅助等功能，这些功能可以在车辆的纵向控制、横向控制或紧急情况下代替或辅助人类的一部分操作。尽管部分互联网公司已经宣布完成 L3 等级智能驾驶的实车测试，并开始向终端用户进行销售，但实际道路的复杂多变也为智能驾驶的感知系统带来极大的挑战，同时也引发了一系列新的问题。比较典型的有如图 1.4 所示的无人车感知不足导致的致死事故。无人车的相关研究目前仍然局限于 L3 级别，在指定区域内为无人车制定行驶规则，在设计者预想的场景内完成车辆的智能驾驶。

根据美国导航研究（Navigant Research）2018 年的预测报告，L4 级别的完全智能驾驶车辆年销售量在 2020 年不高于 8 000 辆，到 2035 年的销量将上升至 9540 万辆；从全球汽车市场占有率来说，智能驾驶车辆的份额 2020~2035 年从 0.01%可提升至 75%。国外著名汽车企业、互联网公司、芯片制造商及 IT 行业巨头谷歌、苹果都竞相着手研发智

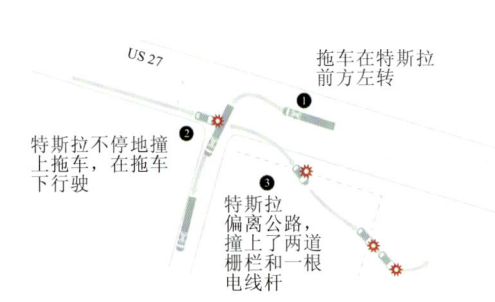 

（a）特斯拉事故现场分析图　　　　　　　（b）Uber事故车辆现场图

图1.4　特斯拉智能驾驶致死事故现场分析图和Uber智能驾驶致死事故车辆现场图

能驾驶汽车技术，其中汽车企业包括福特、雷克萨斯、沃尔沃、宝马、奥迪、奔驰、通用汽车、大众、特斯拉等，芯片制造商包括英特尔、英伟达和思科等，互联网公司包括优步、亚马逊等。总的来说，智能驾驶汽车产业呈现欣欣向荣蓬勃发展状态，入局者们加速推进研发而且研发成效显著，不少研发车型已经量产或接近量产。在美国及欧洲，允许正在开发的智能驾驶汽车上路行驶正成为一种普遍现象。美国内华达州、加利福尼亚州、佛罗里达州及密歇根州为谷歌、奥迪等正在开发的智能驾驶汽车发放了公路试验牌照[27]。欧洲方面，德国向宝马发放了许可证，西班牙也允许智能驾驶汽车上路行驶。国内的智能驾驶产业发展同样如火如荼，国内各车企在智能驾驶汽车方面的研发也加大布局，如传统的汽车厂商——一汽、上汽、北京汽车、长安汽车、北京现代等，新造车势力——蔚来汽车和小鹏汽车等都加大了对智能驾驶的研发力度，百度、腾讯、阿里巴巴等互联网巨头企业也纷纷加大了智能驾驶相关技术的研发，专注于提供智能驾驶解决方案的新秀科技创业公司也是行业内不容小觑的新势力，如景驰科技、Roadstar.ai和小马智行等。综合来看，中国智能驾驶汽车行业的发展，还是以技术研发为主，预计随着国内外技术成熟度的不断提升，国内智能驾驶汽车量产时间最早大概出现在2022年左右。尽管如此，汽车产业的升级不会就此止步，智能网联汽车也将出现井喷式发展。工业和信息化部在报告中将智能网联汽车定义为搭载先进的车载传感器、控制器、执行器等装置，并融合现代通信与网络技术，实现车与X（人、车、路、云端等）智能信息交换、共享，具备复杂环境感知、智能决策、协同控制等功能，可实现"安全、高效、舒适、节能"行驶，并最终可实现替代人来操作的新一代汽车。汽车电子产业的格局正随着智能化、网联化、电动化、共享化为代表的"汽车四化"面临颠覆性的变化和洗牌[28]。

　　智能驾驶技术逐渐成熟，逐步走进生活，走向商业化落地的道路。10年前，智能驾驶研发多活跃于预研性质的实验室研究，而近年来，智能驾驶商业化落地步伐加快，很多商业公司提前布局，并取得了一系列令人瞩目的商业化落地进展。Mobileye作为国际领导厂商，致力于汽车工业的计算机视觉算法和高级驾驶辅助系统（ADAS）的芯片技术的研究，其产品线EyeQ自2007年开始商业化，逐步占据乘用车后装市场[29]。特斯拉开发的autopilot模块已实现高速路段L2～L2.5智能驾驶功能，与其自主研发的电动车一同公开销售[30-31]。2017年，奥迪发布了全球首款L3智能驾驶量产车A8，车上搭载Audi AI Traffic Jam Pilot系统，可实现高速路段交通拥堵驾驶场景下的L3智能驾驶功能。2018年12月，Waymo首席执行官John Krafcik发表了文章 *Waymo One：The next step on our self-driving journey*，并宣告 Waymo 正式开始在美国亚利桑那州凤凰城及其周边地区推出商业智能驾驶出租服务。

与互联网企业和初创电动车厂商不同的是，传统汽车厂商在智能驾驶的研发中更加谨慎，对内采用从辅助驾驶逐步过渡到智能驾驶的技术路线，实现相关技术的软着陆，对外则通过收购智能驾驶初创公司的方式引进先进技术。其中，福特汽车在 2017 年向智能驾驶初创公司 Argo AI 投资 10 亿美元。通用汽车、丰田汽车及软银资本则联合投资初创公司——Cruise Automation 公司。

传统汽车制造商在收购或投资专注于道路环境感知算法研发的初创公司之后，智能驾驶整体研发得到快速发展。根据加利福尼亚州车辆管理局（Department of Motor Vehicles，DMV）发布的年度智能驾驶测试报告（图 1.5），在 2018 年的全年智能驾驶测试中排名靠前的为谷歌公司研制的 Waymo 无人车和 Cruise Automation 公司研制的 GM Cruise 无人车。在评价车辆稳定性指标的每次人工干预累计的行驶里程（miles per disengagement，MPD）上，Waymo 达到 10 万 mi（英里，1 mi＝1.609 344 km）以上，GM Cruise 无人车则超过 5 000 mi。紧随其后的是一系列的智能驾驶初创公司，但是在 MPD 指标参数上相对于两大巨头仍然有不小的差距。

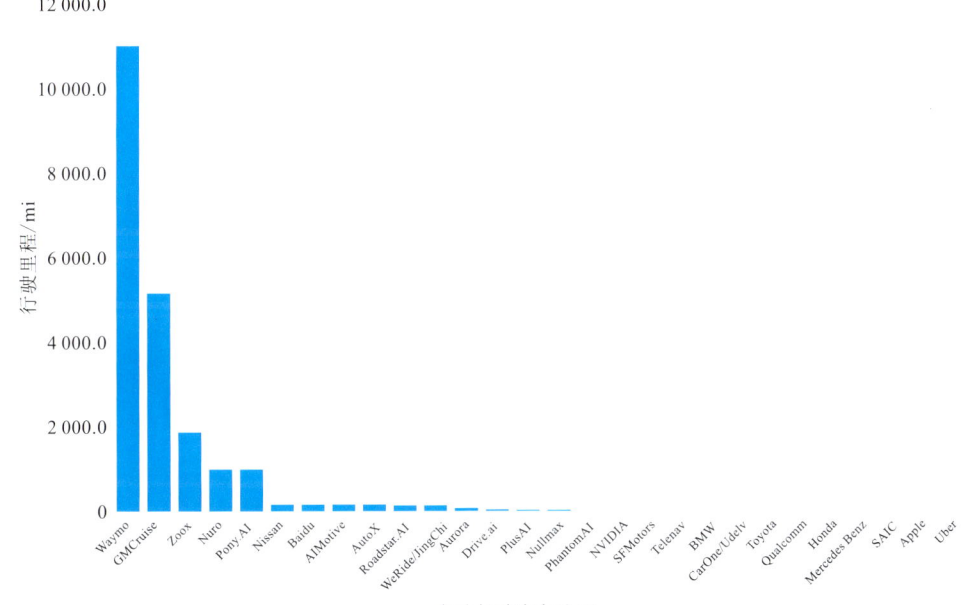

图 1.5 加利福尼亚州车辆管理局 2018 年发布的智能驾驶测试报告

商业化落地加快的同时，也伴随着智能驾驶事故的曝光。2018 年 3 月 18 日晚，美国亚利桑那州一名女子被智能驾驶汽车撞伤致不幸身亡，肇事车辆是配有安全员的 Uber 智能驾驶测试车辆。此外，Waymo、Tesla 和 Cruise 陆续出现智能驾驶测试事故报道，这使得大众对智能驾驶技术尚无法完全信任。目前为止，智能驾驶商业化落地的诸多项目都把智能驾驶功能收敛到有限的区域或者特定的场景，抑或强制在驾驶位配备安全员以应对紧急情况[32]。因道路参与者成分复杂，外部交通环境不可控，技术、道德、法律各层面尚不允许完全自动驾驶车全面上路。智能驾驶的全面实现依托于技术的迭代与进步、相关法律和政策的完善，以及广大民众的信任与接受，所以接下来还有很长的一段路要走。

1.2.2 国外智能驾驶研究现状

20世纪初,流水线式汽车生产方式的出现,使得价格低廉、易于操作的普通汽车在欧美发达国家和地区大范围普及,汽车逐渐成为人们日常出行必不可少的工具。作为一项涉及汽车电子、传感器技术、计算机技术、汽车导航及定位等相关技术的集成应用,无人车的发展是随着汽车工业及相关技术的发展而不断创新的。

早在20世纪30年代,就有汽车领域专家对自主驾驶车辆进行假设,并断定在20世纪60年代时能够实现真实道路的智能驾驶。这一设想的前提是设计一条布满传感器的高速公路,车辆在预定轨道上进行自主行驶。尽管后续科技的发展证明这种方式难以实现,但这是有记载的人类历史上首次对智能驾驶发起挑战,也为后续研究提供了理论支持。

从20世纪70年代开始,智能汽车相关研究率先在欧美等发达国家和地区启动,针对军事方面用途、面向城区环境和面向高速公路的条件环境等不同的方向展开了一系列的研究[33]。针对军事方面的用途,从80年代开始,美国国防部加大了在自动陆地车辆(autonomous land vehicle,ALV)项目上的研发投入[34]。在此后的10多年间,国外的科研机构和学者们对智能车辆系统展开了一系列广泛的系统的深度研究,同时还开发出了相应的智能实验车样车。其中,美国、英国、德国、荷兰、法国、韩国等国家的研究最具有代表性。图1.6是国外部分智能车代表。

(a)谷歌智能车

(b)斯坦福大学智能车

(c)牛津大学智能车

(d)德国智能车VaMoRs

(e)柏林自由大学智能车

(f)韩国汉阳大学智能车

图1.6 国外部分智能车代表

与其他国家相比,美国在智能驾驶方面的研究一直很活跃。从1960年开始,为了改善汽车的操纵性能,美国俄亥俄大学的一些研究工作者开始进行汽车侧向跟踪和纵向跟踪控制研究[35],为之后的无人车研究打下了基础。随着计算机技术的高速发展,1980年,美国成功研发出全世界第一辆自主行驶导航车。1984年,美国国防部高级研究计划局(DARPA)联合卡内基梅隆大学、马里兰大学及密歇根环境研究所宣布在已有技术的基础上成立自主陆地车辆(ALV)计划。依托该项目,卡内基梅隆大学完成Terregator和Navlab两代智能驾驶平台的研发,并率先使用Navlab-V无人车完成了横穿美国东西部的智能驾驶试验。图 1.7 所示为 Terregator 和 Navlab 智能驾驶平台，两个智能驾驶平台均集成彩色相机、激光测距仪（由密歇根环境研究所研制）作为环境感知的传感器。其中，Terregator 轮式机器人采用无线通信的方式将实时采集的环境数据传输到由第三代 SUN 计算机组成的中心服务器上进行感知计算，而 Navlab 则是将计算单元集成到车载平台中。

（a）Terregator 轮式机器人　　　　　　　（b）Navlab 无人车

图 1.7　Terregator 和 Navlab 智能驾驶平台

到 21 世纪初，考虑当时相关技术逐渐成熟，为了加速地面智能车技术的发展及提高其在军事方面的实战能力，DARPA 分别于 2004 年、2005 年、2007 年举办了三届智能驾驶挑战赛（grand challenge）[36-37]，赛事吸引了由机器人专家、学生、汽车工程师和黑客组成的团队，团队成员来自一系列知名高校和研究所，如斯坦福大学、卡内基梅隆大学、麻省理工学院等，赛事规模和挑战难度都是史上空前，被誉为智能驾驶汽车发展的里程碑。前两届比赛分别于 2004 年 3 月和 2005 年 10 月举办，其主题均是考察车辆对野外环境的通行能力。其中，第一届智能驾驶挑战赛在美国莫哈维沙漠举办，其主题是野外地面挑战赛，比赛要求智能驾驶车在 10 h 内行驶完长达 142 mi 的沙漠通道。此次比赛共有 107 支队伍报名，但仅有 15 支队伍参加比赛，最终没有队伍跑完全程，行驶最远的卡内基梅隆大学的车辆 "Sandstorm"（图 1.8）也只行驶了 6.7 mi。第二届智能驾驶挑战赛将比赛场地从沙漠换为城市，比赛道路全程 132 km，包括桥梁、急转弯及卫星信号丢失等复杂任务，进入决赛的共有 23 支参赛者，有 4 支队伍按规定时间完成了比赛，其中由斯坦福大学研制的 "Stanley" 无人车（图 1.9）在该项赛事中历时 6 小时 53 分钟，第一个完成所有赛道比赛。在两年后的 2007 年，主办方 DARPA 组织了第三届智能驾驶挑战赛，其主题从越野通行辗转到对环境感知要求更高的城市道路环境下，智能驾驶车辆除了需要完成基本的路径通行，还需要完成对地面标线、交通标志及汇入车辆和行人的回避。尽管相对于前一届比赛，在难度上有了较大的提高，但是从实际比赛结果来看，参赛队伍中有 8 支车队圆满完成了比赛任务。其中，卡内基梅隆大学的汽车 "Boss"（图 1.8）获得第一名，斯坦福大学的汽车 "Junior"（图 1.9）获得第二名，弗吉尼亚大学的汽车 "Odin" 获得第三名。

（a）"Sandstorm"无人车　　　　　　　　　（b）"Boss"无人车

图 1.8　卡内基梅隆大学的"Sandstorm"与"Boss"无人车

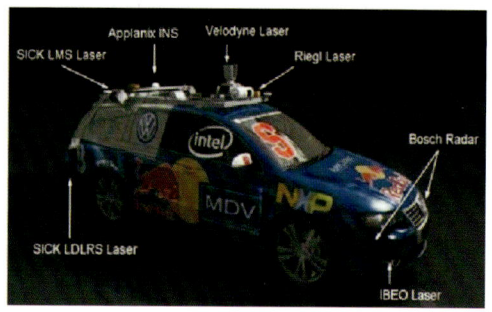

（a）"Stanley"无人车　　　　　　　　　（b）"Junior"无人车

图 1.9　斯坦福大学的"Stanley"与"Junior"无人车

由 DARPA 举办的三届无人车赛事，汇集了领域内最为尖端的人才，整合当时相关技术完成了智能驾驶在实际场景下的应用落地，吸引了众多高校和科研院所投入智能驾驶的研究中。2015 年，密歇根大学的 MCity 项目开放了占地 32 acer（英亩，1 acer = 4 046.86 m²）的目前世界上最大的测试智能驾驶汽车的试验场，提供封闭的真实的道路环境测试智能网联汽车。密歇根大学 Cunningham 等[38]提出了基于自主驾驶领域知识的多策略决策算法（multi-policy decision making，MPDM），解决复杂的流量场景下的车辆最佳决策问题。麻省理工学院从受控环境中多功能任务平台的智能驾驶车辆系统的自动协调和控制问题[39]、能访问来自智能驾驶汽车及路边基础设施的传感器数据的云辅助智能驾驶系统[40]、集成感知和规划及行为感知规划的安全性和可靠性问题[41]等多个方面展开研究。卡内基梅隆大学提出了一种能够实现广泛的自主和智能行为外观变化最小的自主驾驶研究车辆[42]。加州大学洛杉矶分校、伯克利分校、戴维斯分校等对从智能车辆网格到自主、联网车辆和车辆云的演变[43]，应用于智能驾驶汽车的纵向控制的学习人类演示的智能驾驶框架[44]、准确的密集地图的生成及基于实时深度图的障碍物提取[45]、基于深度神经网络（deep-neural-network，DNN）驱动车辆的可能导致致命碰撞的错误行为的自动检测[46]等方面进行技术研究。斯坦福大学 Koo 等[47]研究汽车自主行为的言语化信息内容对驾驶员的态度和安全性能的影响。宾夕法尼亚大学 Isele 等[48]利用深度强化学习处理交叉口问题。

DARPA 举办的三届智能驾驶挑战赛不仅积累了大量的研究成果，也为后续的商业化发展提供了基础。随着智能驾驶商业价值逐渐被发现，智能驾驶领域不再只有科研院校的努力，众多汽车厂商和互联网公司也开始投入大量的资金推进智能驾驶的落地。互联网巨头谷歌在城市挑战赛之后,在斯坦福智能驾驶团队的基础上于 2009 年成立了专门的智能驾驶研发部门,专门负责对比赛中形成的关键技术进行商用落地的转化。该部门由斯坦福大学人工智能实验室主任 Sebastian Thrun 领导,并聘请了多位汽车行业资深人士担任技术主管,成功地在太平洋沿岸的高速公路上行驶了 1.4 万 mi。随后谷歌公司于 2016 年将智能驾驶项目组独立成立子公司 Waymo,并于 2017 年开始智能驾驶的商业化进程。谷歌公司研制的智能驾驶汽车延续了斯坦福大学在 DARPA 智能驾驶挑战赛中采用的技术方案,整车集成了包括 64 线激光雷达、相机、毫米波雷达、超声波雷达在内的多个传感器,并结合采集的高精度地图数据和高精度定位设备,实时完成对道路场景中数百个目标的检测与跟踪。依靠先发优势,目前谷歌无人车是智能驾驶商用领域的领头羊,从获取加利福尼亚州颁布的首个路测牌照开始,其智能驾驶测试累计历程突破 1000 万 mi,并以每年超过 100 万 mi 速度增长,其整车稳定性上也有了较大的提高。图 1.10 为谷歌公司的两代无人车。

(a) 谷歌第一代无人车　　　　　　　　(b) Waymo 无人车

图 1.10　谷歌公司的两代无人车

电动汽车制造商特斯拉则采用更加激进的方式来开展智能驾驶业务,省略了谷歌无人车中价格昂贵的三维激光雷达、高精度地图和定位设备,在车载平台预装智能驾驶所需的相机、毫米波雷达、超声波雷达等传感器,通过软件升级的方式逐步开放智能驾驶模块。第一版本的支持智能驾驶 Autopilot7.0 软件在 2015 年 10 月 16 日向美国用户进行推送。在车道标线信息完整、光照条件简单的道路场景下,该产品能够完成车道保持、自适应巡航等驾驶行为。特斯拉已宣布量产配置 L2 级辅助驾驶的智能驾驶汽车,这可以在一定程度上接管驾驶动作,解放驾驶员,让普通用户也可以感受到智能驾驶的便利。图 1.11 为特斯拉 Model S 电动车及 Autopilot 系统。

(a) 特斯拉 Model S 电动车　　　　　　　　(b) Autopilot 系统

图 1.11　特斯拉在实际道路场景下智能驾驶

Mobileye 的视觉处理产品 EyeQ 使用的图像处理技术对于智能驾驶来说是个很好的基础，特斯拉于 2015 年公布的 Autopilot 7.0 中就有 Mobileye 的技术手笔。2016 年 2 月 1 日，以英国商业、创新与技能部（Department for Business, Innovation and Skills, BIS）为主的数家部门联合宣布投资 2 000 万英镑开发下一代智能驾驶车辆技术，改善车辆与道路基础设施或城市信息系统的通信。2018 新款奥迪 A8 搭载了 Mobileye 的前视摄像头（包括配套芯片）和 Valeo 四线激光雷达，对图像和激光点云进行融合，通过多车道车道线检测、护栏检测、拥堵巡航等功能实现城市结构化道路下的 L3 级别智能驾驶。

在欧洲，与美国 DARPA 成立 ALV 计划同期，梅赛德斯-奔驰公司联合慕尼黑联邦国防大学和多家研究机构成立欧洲的尤里卡（European Research Coordination Agency, EURECA, 欧洲研究协调机构）普罗米修斯计划（Program for European Traffic with Highest Efficiency and Unprecedented Safety, PROMETHEUS）。在该项目的支持下，梅赛德斯-奔驰公司基于奔驰 S 系列平台成功研制 VITA 和 VITA-2 两代无人车，并在巴黎的一条多车道高速公路上完成超过 1 000 km 的实际道路测试，在智能驾驶模式下最高速度达到 130 km/h。慕尼黑联邦国防大学同样在奔驰 S 车载平台中成功研制出"VaMoRs-P"无人车（图 1.12）。这一时期，智能驾驶车辆的感知系统以视觉感知为主，在高速道路环境下，通过图像反馈得到的道路边缘信息、标线信息实现车辆在局部空间的路径规划。作为欧洲第一个智能驾驶项目，PROMETHEUS 与美国的 ALV 计划在同一时期结束。到 1995 年项目结束时，"VaMoRs-P"无人车实现从德国慕尼黑到丹麦哥本哈根全程近 1 600 km 的自主驾驶往返，最高速度到达 175 km/h，全程 95% 以上为智能驾驶状态。

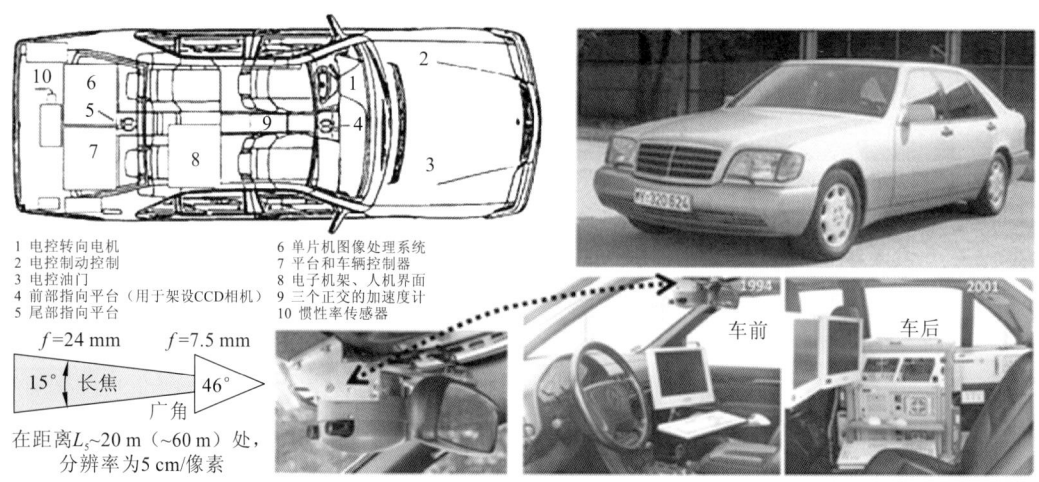

图 1.12 "VaMoRs-P"无人车

相对于美国通过挑战赛的形式实现对无人车整体技术的加速推进，欧洲无人车也取得了一定的成果。在尤里卡普罗米修斯计划的支持下，完成高速场景的智能驾驶技术验证之后，相关技术的研发主要集中在汽车厂商及无人车相关的传感器上，旨在从辅助驾驶系统出发，结合汽车工业自身发展提供满足车规级智能驾驶的低成本、高可靠传感器。比较常用的德尔福、大陆毫米波雷达、SICK 单线激光雷达、IBEO 多线激光雷达都来自德国厂商。来自法国的车载传感器厂商法雷奥也在 2018 年第四季度发布了全球第一款满足车规级要求的激光雷达传感器。此外，在线控底盘的研发中，由汽车零部件厂商博世研发 iboosterr 线控制动系统是智能驾驶平台中较为可靠的制动系统之一。

在整车系统平台上，来自卡尔斯鲁厄理工学院（KIT）自主研制的"AnnieWay"是唯一参加 DARPA 城市挑战赛的欧洲无人车队（图 1.13）。该平台集成美国 Velodyne 公司生产的 HDL-64 型号三维激光雷达、加拿大 Point Gray 公司生产的工业相机、加拿大 Novatel 公司生产的组合导航系统。依托该平台，研究团队创建了世界上首个完整的智能驾驶场景数据集，该数据集利用团队自身智能驾驶平台采集了不同道路场景下的环境数据，并对智能驾驶感知系统中常见的道路分割、车辆识别和跟踪、行人检测与跟踪等问题进行分类。在所有的测试场景中，均通过了人工标注的场景标签数据，以及附带的激光雷达、单目和双目相机及对应的高精度位置和姿态数据。

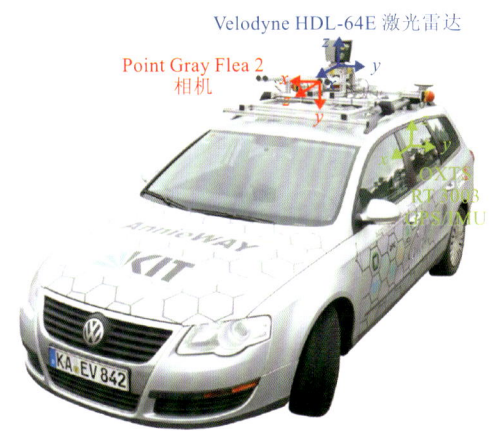

图 1.13　KIT 研发的"AnnieWay"智能驾驶平台

意大利帕尔马大学的 VisLab 团队以视觉为核心，针对结构化道路场景的智能驾驶进行了一系列实验。该团队在 2010 年对 4 辆小卡车进行改装，通过安装 GOLD 系统对道路实现视觉为主的智能驾驶测试，从意大利出发到上海参加世界博览会，整体路线接近 13 000 km，其中超过 80%的路线采用智能驾驶模式。颇有渊源的是，标志着国内顶尖智能驾驶比赛的第一届中国智能车未来挑战赛中还出现了该辆车的身影，这也为智能驾驶起步带来了一定的指引作用。图 1.14 为帕尔马大学的智能驾驶平台。

图 1.14　帕尔马大学的智能驾驶平台

英国在智能驾驶方面的研究一直持续开展。牛津大学分别在 2011 年推出了智能车 Bowler Wildcat[49]和 2014 年推出了智能车 RobotCar 平台[50]。其中，Bowler Wildcat 智能车在无 GPS 的条件下，单纯依靠激光雷达和相机监控路面情况、交通状况及行人和其他障碍物，在崎岖的山路上能实现自主行驶、堵车绕道。斯特林大学提出将基底神经节（basal ganglia，BG）的功能模型用于智能驾驶汽车开关控制的方法[51-52]。利物浦大学分析自治系统对多车智能驾驶车辆进行验证和协调[53-54]。格拉斯哥大学 Politis 等[55]为智能驾驶车辆中车辆与驾驶员之间的有效控制过渡提出一种基于多模态语言的自动汽车控制切换警告评估方法。华威大学设计了具备可预测环境中的协商规划和不可预测环境中的反应性规划能力的混合控制软件框架[56]，提出了基于风险感知和多目标决策算法的自适应纵向行为候选生成算法[57]；英格兰西部大学 Morgan 等[58]设计了自动和手动模式的切换系统。此外，2016 年 10 月，智能驾驶汽车第一次在英国米尔顿·凯恩斯的公共道路上进行载客。

德国的智能车 VaMoRs 在 1986 年成功地完成了高速公路环境下测试[59]。随后在 1988 年，戴姆勒-奔驰股份有限公司推出了智能车 VITA[60]。德国慕尼黑工业大学基于智能驾驶汽车的规划路径的安全性开展了相对于其他交通参与者的道路随机占用情况预测[61]、道路交通情景的概率预测[62]、基于安全责任的社会实施强制性的道德设置（mandatory ethics setting，MES）和个人道德设置（personal ethics setting，PES）及其他伦理、安全问题[63-64]等多方面的探讨。德国柏林自由大学于 2010 年研发了智能车 Spirit of Berlin[65]，Göhring 等[66]提出了用脑信号控制真实汽车的方法。柏林理工大学 Bischoff 和 Maciejewski[67]研究了基于私家车出行的微观需求的智能驾驶出租车（autonomous taxis，AT）车队实时调度算法问题。以奔驰、奥迪为主的汽车厂商也在智能驾驶中投入大量研发。奔驰在 2015 年完成 150 km 的跨城区智能驾驶测试，宝马也宣布到 2025 年推出智能驾驶车辆。新款奥迪 A8 全车搭载了 12 个超声波、4 个全景摄像头、4 个中程雷达等传感器，号称具备 L3 级智能驾驶，可谓赚足了眼球。在 2018 年亚洲消费电子展（2018CES Asia）上，奔驰也展出了 Smart Vision EQ 智能驾驶概念车。

荷兰采用基于磁导航的结合道路（combi-road）系统实现无人化工业运输[68]，van den Berg 和 Verhoef[69]使用动态平衡拥堵模型来研究智能驾驶汽车对出行时间和道路拥堵的影响。

得益于汽车工业的快速发展，日本早在 20 世纪 70 年代就开始以机器视觉为基础的智能驾驶相关技术研究。有文献记载的世界上最早的智能驾驶汽车来自 1977 年日本筑波机械工程实验室（Tsukuba Mechanical Engineering Laboratory，TMEL），该无人车集成机器视觉和航位推算系统，实现前方障碍物检测和车辆跟踪控制。此外，富士通联合尼桑汽车推出了个人车辆系统（personal vehicle system，PVS），丰田汽车也推出自动高速公路车辆系统（automated highway vehicle system，AHVS），这三个智能驾驶系统构成了日本早期以视觉为基础的智能驾驶研究的雏形。与欧美国家和地区从整车系统入手开始智能驾驶相关研究不同，日本智能驾驶研究更多地侧重于车辆局部功能。在 2015 年的 CES 国际消费电子展览会上，丰田汽车就推出以视觉为基础的众包高精度地图模型（图 1.15）。

图 1.15　丰田众包高精度地图模型

1.2.3　国内智能驾驶研究现状

我国智能驾驶技术的研究起步较晚，总体与国外存在一定的技术差距，但是我国的智能驾驶研究发展速度很快[70]，我国对智能网联汽车的政策支持也使得目前国内的智能驾驶研究获得极大助力。2012 年中国共产党第十八次全国代表大会召开，提出的"十三五"（2016～2020 年）规划中，包含了积极发展智能网联车的目标。国务院于 2015 年 5 月印发《中国制造 2025》，将汽车产业未来转型的重要方向定为智能驾驶汽车。2016 年，工业和信息化部批准设立国家智能网联汽车（上海）试点示范区，在重庆、湖北、吉林和浙江等地开展"基于宽带移动互联网的智能汽车、智慧交通应用示范"工作[71]。2019 年，中共中央、国务院印发了《交通强国建设纲要》，明确提出加强智能网联汽车（智能汽车、自动驾驶、车路协同）研发，形成自主可控完整的产业链。2020 年，国家发展和改革委员会等 11 部委联合下发《智能汽车创新发展战略》，到 2025 年，中国标准智能汽车的技术创新、产业生态、基础设施、法规标准、产品监管和网络安全体系基本形成，实现有条件自动驾驶的智能汽车达到规模化生产，实现高度自动驾驶的智能汽车在特定环境下市场化应用。智能交通系统和智慧城市相关设施建设取得积极进展，车用无线通信网络（LTE-V2X 等）实现区域覆盖，新一代车用无线通信网络（5G-V2X）在部分城市、高速公路逐步开展应用，高精度时空基准服务网络实现全覆盖。展望 2035～2050 年，中国标准智能汽车体系全面建成、更加完善。安全、高效、绿色、文明的智能汽车强国愿景逐步实现，智能汽车充分满足人们日益增长的美好生活需要。

从 20 世纪 80 年代末开始，我国的智能驾驶技术研究拉开序幕。起先，智能驾驶技术以电动小车为主要载体来开展研究[72]，90 年代初我国正式进入了以传统汽车为载体的智能驾驶研究阶段。"八五"期间，由北京理工大学、国防科技大学等 5 家单位联合，成功研制了 ATB-1（autonomous test bed-1）无人车，这是我国第一辆能够自主行驶的测试样车，当时的行驶速度可以达到 21 km/h[73]。此后国内各大顶尖院校和科研单位先后开启了智能驾驶的研究之路。国防科技大学在 1992 年研制了中国首辆具有自主通行能力的汽车，2010 年该团队实现首次国内跨城智能驾驶实际道路演示，完成从长沙到武汉 286 km 的高速环境智能驾驶测试，主动自主超车 67 次，人工干预模式不到整体路程的

1%。1992～2000 年，国防科技大学先后研制了 4 代 CITAVT 系列无人车[74]，智能驾驶技术的研究重点从非结构的道路环境条件下的无线遥控智能驾驶转变为结构化环境下的基于视觉导航的智能驾驶。2000 年左右在国家 863 计划"智能机器人关键技术"等项目的支持下，吉林大学的研发也取得了很大的进展[75]，研制了 4 代智能实验车[76]；清华大学智能系统实验室也研发了智能车 THMR 系列[77]，其研制的 THMR-V 智能车在 2003 年就可以完成最高速度 150 km/h 的跟踪实验[78]。2005 年，首辆城市智能驾驶汽车在上海交通大学诞生，该车已经具备普通道路场景的行驶功能。

与美国相似，国内智能驾驶的飞速发展同样离不开相关赛事的促进。依托国家自然科学基金委员会于 2008 年启动的重大研究计划"视听觉信息的认知计算"，旨在从实时场景的视觉认知计算、驾驶场景建模、多传感器融合等方面出发，构建适应于智能驾驶环境的高质量认知地图的方式，实现智能驾驶相关技术的突破。在该重大研究计划启动的第二年，国内举办首届"中国智能车未来挑战赛"，并吸引了来自国防科技大学、中国人民解放军陆军军事交通学院、西安交通大学、中国科学院合肥物质科学研究院、清华大学、北京理工大学、长安大学、上海交通大学、武汉大学等在内的 30 余家大学、研究机构的参与。2009～2019 年，该赛事连续举办了十届，是目前世界上延续时间最长的智能驾驶赛事。相对于 DARPA 举办的智能驾驶挑战赛，国内举办的"中国智能车未来挑战赛"着重考察智能驾驶车辆的复杂交通场景识别能力及不同道路环境的 4S 性能——安全性（safety）、舒适性（smoothness）、敏捷性（sharpness）和智能性（smartness）。从首届比赛开始，赛事难度逐年增加，参赛车辆在完全无人的状态下完成赛事组委会设计的相关任务。在 2018 年的挑战赛中，比赛赛道主体由城乡综合道路和高速道路组成，在可控道路环境下，设置行人、收费站、故障车辆等道路场景，并引入有人驾驶车辆，考察智能驾驶平台对实际道路场景的有效感知和计算。图 1.16 为武汉大学第三代无人车"途联号"，图 1.17 为"途联号"智能车参加 2018 年"中国智能车未来挑战赛"的情景。

图 1.16　武汉大学第三代无人车"途联号"

图 1.18 展示了国内高校部分智能车代表。尽管有很多交叉和重叠的技术，但各家的智能驾驶技术路线及重点技术突破有所区别。业界知名学者 Wang 等[79]提出了基于平行驾驶的智能指挥与控制系统框架，Li 和 Gao[80]提出了驾驶脑来抽象智能车的认知问题。国防科技大学在车辆的控制规划方面进行了深入的研究，Li 等[81]采用层次运动规划框架解决智能车的实时轨迹规划问题，北京理工大学[82]和湖南大学[83]也是如此。西安交通大

图 1.17 武汉大学"途联号"智能车参加 2018 年"中国智能车未来挑战赛"的场景图

学在车辆的定位、控制和规划[84]、感知与信息融合[85]及智能车的测试[86]等多方面展开研究。清华大学在车辆的协调控制方面优势明显[87-88],同济大学也如此[89]。上海交通大学在感知和定位方面做了比较多的探索[90]。此外,多次参加了国内智能车大赛的科研单位还有中国科学院合肥物质科学研究院[91]、南京理工大学[92]、武汉大学[93]等,它们都取得了多项学术成果。

图 1.18 国内高校部分智能车代表

除此之外,自 2014 年起,由陆军装备部主办的"跨越险阻"地面无人平台挑战赛开始举办,该项赛事主要面向军方装备需求,也吸引了一些智能驾驶研究院校和单位参赛。比赛隔年举办一次,直到 2018 年已经成功举办三届。

在商业应用方面,国内智能驾驶相对于国外呈现更加多元化的发展方式。一方面,国内传统汽车厂商通过联合高校或科研院所的方式来展开智能驾驶相关技术的研发,旨在利用自身平台优势集成高校团队研究成果,实现智能驾驶相关技术的软着陆,如东风汽车联合国防科技大学、哈弗汽车联合中国人民解放军陆军军事交通学院、长安汽车联合清华大学、广汽联合西安交通大学、奇瑞汽车联合武汉大学等。传统车企的投入有效地推进了线控底盘关键部件的快速发展。另一方面,互联网公司、人工智能初创公司则尝试参考谷歌的发展轨迹,从人工智能算法的研发入手,直接向实时道路场景的智能驾驶提出挑战,在加利福尼亚州机动车辆管理局发布的《2018 自动驾驶接管报告》中也能看到以百度、小马智行为代表的国产智能驾驶车的身影（图1.19）。此外，国外汽车厂商也开始布局我国智能驾驶市场，特斯拉首家海外超级工厂于2017年在上海开工，宝马公司2019年第一季度宣布与国内最大的地图厂商签署超过8 000万欧元的高精度地图采购协议。

（a）百度无人车　　　　　　　　　　（b）小马智行无人车

图1.19　国内企业智能驾驶车辆

在科技巨头公司里，百度最早开始研究智能驾驶技术。百度于2013年设立智能驾驶项目，结合高精度地图、定位感知、智能决策等模块，自主研发无人车。百度于2016年9月获得美国加利福尼亚州的测试许可，并且同年11月在浙江乌镇开展普通开放道路的无人车试运营。2017年4月百度发布名为"Apollo（阿波罗）"的计划，目的是为智能驾驶领域提供一个可靠、开放、全面的软件平台，帮助领域学习者快速结合自己的车辆和硬件系统，构建一整套属于他们自己的智能驾驶系统。到2019年1月短短不到2年的时间，其阿波罗计划已经更新迭代到3.5版本。

腾讯较百度起步较晚，于2016年下半年成立智能驾驶实验室，主要做智能驾驶核心技术研发，并在点云信息处理、融合定位、高精度地图、360°环视等领域做技术累积。腾讯于2018年5月取得深圳市智能网联汽车道路测试牌照，将自己定位为"智能驾驶系统完整的软件与服务提供商"。

阿里巴巴（简称阿里）智能驾驶最初定位于无人物流，并于2016年底推出智能驾驶物流车，如菜鸟小G、菜鸟小G 2代及菜鸟小G plus等（图1.20）。不过自2017年起，阿里也开始做关于智能驾驶L4的研究。2018年1月，阿里在国际最大的智能驾驶计算机视觉算法集KITTI中获得多项分割任务冠军。

图1.20　阿里菜鸟无人物流车

1.3 现代测绘技术发展与智能驾驶

智能驾驶将深刻地改变未来人们的生活方式，极大地解放人类生产力，而测绘地理信息则是其中的关键驱动力。尽管智能驾驶技术还处于发展初期阶段，距离真正的商用还存在一定的差距，但随着技术的发展，智能驾驶在未来终将变成可能。智能驾驶与测绘地理信息息息相关，智能驾驶的发展将带动地理信息产业的转型升级和结构调整。测绘技术是智能驾驶系统中不可或缺的一部分，它对于推动智能驾驶技术的发展有着至关重要的作用。

要实现智能驾驶，智能驾驶车辆必须能够实时地感知其在哪里、周围的环境怎么样，这些都需要高精度地图和移动测量的支持。其中，高精度地图主要负责车辆的全局定位和全局感知，移动测量主要负责车辆的局部定位和局部感知，智能驾驶系统在此基础上对车辆的行进状态进行分析，并据此决策进一步的控制。目前的智能驾驶车辆主要依靠激光雷达等传感器数据、卫星导航定位数据和高精度地图来实现感知与定位，这些技术都与测绘技术密不可分。因此，测绘技术正在使真正的智能驾驶成为可能，测绘技术已成为未来智能驾驶革命的关键因素。

1.3.1 导航定位与智能驾驶

定位系统与定位技术是车辆实现智能驾驶的重要基础和关键，获取准确的位置信息是智能驾驶汽车安全行驶的重要保障之一。随着技术的不断发展，智能驾驶汽车的定位技术从最初的普通全球导航定位系统发展到高精度的全球导航定位系统，从独立的卫星导航定位发展到组合式导航定位[94]。同时，为解决复杂城市环境下的卫星信号遮挡问题，越来越多的智能驾驶汽车采用惯性导航装置、相机、激光雷达等多种传感器，在完成车辆定位的同时对周围的环境进行实时的感知，最终使车辆系统做出决策。智能车辆定位技术的发展受益于测绘领域各项技术的发展，二者相辅相成。

随着计算机科学、电子学、空间科学等学科的发展，测绘领域的各项技术也得到了长足的发展，同时也推动了各类测绘仪器设备的发展。从早期的测绳、罗盘仪、游标经纬仪等经典测量工具，到电子经纬仪、数字水准仪、全站仪、GPS 及各种电子专用仪器，测绘仪器经历了极大的变革和更新。在 20 世纪 60 年代以前，测量工作主要依赖于角度测量，随着电磁波测距仪的出现，测量方式发生了根本性的变化。此外，测绘仪器也变得多样化，如全站仪、微波测距仪、激光束准仪、激光扫平仪、数字水准仪、陀螺经纬仪等。随着测量手段的增加及仪器精度的提高，测绘技术进入了快速发展的时期。20 世纪 70 年代，全球定位系统（GPS）问世，为测绘行业提供了崭新的技术手段和方法。GPS 直接采用卫星进行空间点的三维定位，具有全球、全天候、快速、高精度和无须建立高标等优点，是直到现在仍然被广泛应用于大地测量、工程测量的导航定位[95]。目前，在快速、高效、高精度的 GPS 定位的影响下，劳动强度大、作业时间长的常见地面定位技术逐渐被 GPS 代替。同时，定位范围已从陆地和近海扩展到海洋和宇宙空间，定位方法已从静态扩展到动态，定位服务领域已从导航和测绘领域扩展到国民经济建设的广阔领域。航空测量技术也得到快速的发展，主要包括摄影测量技术和机载激光雷达测量技术。摄影测量技术随着计算机技术、相机成像技术的发展应用越来越广泛，高分辨率低空数码影像可满足大比例尺测图、精度较高的城市三维建模等工程应用的需要。机载激光雷达集成了激光扫描仪、全球导航卫星系统（global navigation satellite system，GNSS）和惯性导航系统（inertial navigation system，INS），能够直接得到目标点的高精度三维坐标信息。相较于摄影测量技术，激光雷达可以穿透树林，但是设备昂贵。然而，航空测量技术容易缺失地面信息，如三维重建中，建筑物底端的重建效果较差，因此，还需要以地面测绘系统重建的信息进行补充。地面移动测量系统是一种能在移动状态下通过近景摄影测量、激光扫描等方式对地物进行高精度测量的系统，一般搭载了 GNSS、INS、相机、激光扫描仪、计算机等传感器，在移动状态下自动采集各种定位定姿数据、影像数据和激光扫描数据，并通过统一的地理参考和摄影测量解析处理，实现无控制的空间地理信息采集和建库。地面移动测量系统可以显著提高测量效率，但是由于它依赖于 GNSS，只能适用于室外场景。近几年来，即时定位与地图构建（simultaneous localization and mapping，SLAM）技术在移动测绘方面具有较好的应用，如欧洲专利号为 EP2913796A1 的基于 SLAM 技术的推车，能够对室内和室外的地面水平环境进行地图构建和环境建模。因此，SLAM 技术在测绘领域中的应用降低了测量复杂性，不需要大量标记地物点，不需要 GNSS 信号，适用于室内、室外场景，对于解决传统测绘中的定位及场景重建问题具有广阔的前景[96]。

测绘领域定位技术的发展促进了智能车辆定位导航技术的发展。目前常用的智能车定位导航技术包括基于磁传感器阵列的定位技术、航迹推算（dead-reckoning，DR）、惯性导航（inertial navigation）、卫星定位、视觉定位及基于激光雷达的定位等。

基于磁传感器阵列的定位技术预先在地面铺设磁条或频射识别设备，车辆通过感应电磁信号获取自身的位置，实现定位导航。此方法简单可靠、稳定性好、不受天气变化等的影响，但灵活性差、不适用于复杂场景，因此常用于仓库等室内场景或者机场等特定场景，不适用于复杂场景下的智能驾驶。随着全球导航卫星系统的出现，在室外场景下进行卫星定位变得非常容易，卫星定位被成功应用于智能车辆上。

卫星定位能提供全方位、全天候、全时段的导航服务，比较成熟的是 GPS。GPS 的定位精度最高可达到厘米级，其在军事、科研和生产生活中有着广泛的应用。但是 GPS 信号容易被高大的建筑物、隧道、树木、桥梁等遮挡，造成信号丢失[97]。复杂的城市环境中存在大量遮挡物，智能车很容易因为卫星信号被遮挡而失去定位信息，导致定位失败。因此，差分 GPS 方法、实时动态差分方法被提出，GPS/INS、GPS/DR 等组合导航方法也被广泛应用于智能驾驶。近年来，全球卫星定位技术不断成熟，对现代测绘技术的发展起到了至关重要的作用。运用全球卫星定位系统后，测绘结果由静态模式向动态模式转变，测绘的范围也有了明显的扩大。使用差分技术后，测量结果的准确度和精确度都有了明显提高，应用领域也更加广阔。

航迹推算方法是二维平面内的导航，它通过里程计测量车辆的位移，通过角度传感器获取车辆的行进方向，然后在上一时刻的位置基础上，根据速度、方向等信息，估计下一时刻的车辆位置[98]。航迹推算方法价格低廉、短时间内精度较高，但是存在累积误差，其误差会随着车辆行驶距离的增大而增大。

惯性导航定位利用陀螺仪和加速度计得到车辆的角速度、加速度信息，然后通过计算得到车辆的位置信息[99]。惯性导航定位精度高，不会受到环境的影响，也不依赖于其他设备，但是也会产生累积误差，且高精度的惯性导航器件成本很高。

视觉方法提供的感知信息不仅可用于车辆定位，还能用于目标检测、识别、跟踪、避障等[100]。视觉方法成本低、使用方便、感知信息丰富，比如鱼眼相机具有视野宽广的优势被广泛应用于视觉定位[101]，但是视觉图像获取容易受到光线、天气等的影响，鲁棒性差。视觉方法可分为单目视觉、双目视觉和多目视觉。双目视觉使用两台相对位置已知的视觉传感器获取车辆周围同一场景的两幅图像，基于视差的三角测距原理形成立体视觉，实现三维重建。双目视觉除了具有单目的识别能力，还可以获取逐像素的稠密点云，恢复场景深度信息。

基于激光雷达的定位技术利用激光雷达获取周围环境的距离、角度、反射强度等信息，通过相应的算法获得物理世界精确的二维或者三维坐标[102]。与视觉定位相比，激光雷达定位不受天气、光线的影响，鲁棒性好；与 GPS 定位相比，激光雷达不受遮挡的影响，几乎不存在观测盲区。

此外，随着 SLAM 技术的发展及其在测绘领域的应用，其也被应用于智能车辆定位中。SLAM 最早于 1988 年提出，是移动机器人领域的核心技术。SLAM 问题可以描述为：机器人在未知的环境中，从一个未知的位置开始移动，在移动的过程中根据自身位姿估计和地图匹配进行自身定位，在自身定位的基础上拓展地图，最终实现全局机器人的自主定位与导航[103]。

在这些定位技术中，智能车均是利用自身的传感器，如 GPS、激光雷达、相机、惯性导航装置等，实时采集车辆周围物体的形状、大小、空间位置等信息，其工作原理与测量原理基本相同，采集过程与移动测量高度类似。被誉为"智能驾驶的眼睛"的激光雷达，最早的应用就是在测绘领域。20 世纪 70 年代，美国国家航空航天局利用空载激光雷达进行三维地形测绘，之后激光雷达被广泛应用于获取精确的地面三维空间地理信息，以及构建数字城市三维模型等。法国市场研究与战略咨询公司 Yole Development 预计，到 2022 年，包括激光雷达在内的智能驾驶传感器市场规模将达到 230 亿美元。目前禾赛科技、北科天绘、数字绿土等国内厂商已经开始布局激光雷达，并在激光雷达集成化、小型化方面取得了长足进步。激光雷达经历了从单线到多线的发展，单线激光雷达又称为 2D 激光雷达，是指激光扫描线束为一条线的激光雷达，它的特点是扫描速度快、可靠性高，但其所有点云都在一个平面上，不能测量物体高度，一般应用于机器人身上，或者作为无人车盲区部分的补充。多线激光雷达又分为 2.5D 激光雷达和 3D 激光雷达。一般来说，多线激光的线束都是 2 的正整数指数幂，如德国的 IBEO4 线激光、美国的 Velodyne-HDL 32 线激光和 64 线激光及国内的速腾聚创 RS-LIDAR 16 线激光等。不过也有非 2 的正整数指数幂激光线束的激光，如禾赛的 40 线激光。其中，2.5D 激光雷达是指 4 线到 8 线激光雷达，3D 激光雷达则一般指 16 线及以上的激光雷达。多线激光雷达相比单线激光雷达在维度提升和场景还原上有了质的改变，由于线束较多，多线激光雷达提供了更大的探测范围和更高的分辨率，大大提高了无人车的环境探测能力。

1.3.2 地理信息与智能驾驶

路径规划是智能驾驶系统的关键技术之一，是智能车辆运动控制的重要研究内容。

路径规划通过考虑车辆周围环境中的障碍物、车道及交通灯信号等信息，结合车辆动力学模型，为智能驾驶建立接下来的运动序列，为车辆提供一条可行并且最优的路径，保障车辆运行安全、准确。路径规划算法的性能优劣直接影响无人车能否在复杂的交通场景中自主行驶[104]，因此路径规划成为智能驾驶的重要一环。城市交通环境结构复杂，环境信息多变，对规划算法提出了不小的挑战，需要规划算法对环境中的障碍物、参与者进行准确避让，同时保持车辆行驶在正确车道位置内。这使得无人车需要感知行驶区域范围内的诸多交通信息和属性信息，很大程度地增加了无人车的感知难度和负担。地理信息系统（geographical information system，GIS）作为一种特定的空间信息系统，具有强大的地理信息存储和分析能力，能够有效地降低无人车的环境感知难度[105]，进而为路径规划提供基础信息，辅助智能车进行决策。因此，地理信息系统的发展也促进了无人车路径规划系统的发展，进而推动了智能驾驶的不断进步。

GIS 是地理学、测绘学、遥感学、空间科学等多种学科的交叉学科，是一门综合性的学科。GIS 作为地理信息的载体，是采集、存储、编辑、处理、分析和显示地球表面的地理数据的空间信息系统[106]，它将地理分布数据纳入计算机信息系统中，能存储大容量的数据。GIS 数据包括空间数据和属性数据[107]。空间数据是对地物的空间位置和拓扑关系的描述，如道路的坐标点数据。属性数据是对地物的属性信息的描述，如道路的长度、宽度、车道线的数量等。一个完整的 GIS 能对地理数据进行基础的操作，如数据输入、存储、编辑、显示、查询、更新等；能对空间数据进行空间分析，如拓扑分析、缓冲区分析、网络分析等。GIS 在交通、公安、城市建设等领域有着广泛的应用，随着计算机技术和信息技术的不断发展，GIS 技术在广度和深度上也得到了很大的提升，具有广阔的前景。

地理信息系统的发展经历了几个不同的时期。

（1）20 世纪 60 年代为地理信息系统开拓期，注重对空间数据进行地学处理。处理人口统计局数据[如美国人口调查局建立的双重独立地图编码文件（dual independent map encoding，DIME）]、资源普查数据等就是典型的例子。综合来看，初期地理信息系统发展的动力来自诸多方面，如学术探讨、新技术的应用、大量空间数据处理的生产需求等。对于这个时期地理信息系统的发展来说，专家兴趣及政府的推动起着积极的引导作用，并且大多地理信息系统工作限于政府及大学的范畴，国际交往甚少[108]。

（2）20 世纪 70 年代为地理信息系统的巩固发展期，注重对空间地理信息进行管理。这个时期，政府需要一种技术来有效地分析、处理空间信息，进而解决资源开发利用及环境保护问题，以及随着计算机技术的发展，数据处理加快、内存容量增大、硬件价格下降，使得地理信息系统得到了真正的发展，出现了第一套利用关系数据库管理系统的软件，新型的地理信息系统软件也不断出现，据国际地理联合会（International Geographical Union，IGU）调查，70 年代就有 80 多个地理信息系统软件。此外，许多大学开始提供地理信息系统培训，一些商业性的咨询服务公司开始从事地理信息系统工作，如美国环境系统研究所（Environmental Systems Research Institute，ESRI）[109]。这个时期的地理信息系统在继承 60 年代技术基础之上，充分利用了新的计算机技术，但系统的数据分析能力仍然很弱；在地理信息系统技术方面未有新的突破；系统的应用与开发多限于某个机构；专家个人的影响削弱，而政府影响增强。

（3）20世纪80年代为地理信息系统大发展时期，注重空间决策支持分析。地理信息系统的应用领域迅速扩大，从资源管理、环境规划到应急反应，从商业服务区域划分到政治选举分区等，涉及许多的学科与领域，如古人类学、景观生态规划、森林管理、土木工程及计算机科学等。许多国家制定了本国的地理信息发展规划，启动了若干科研项目，建立了一些政府性、学术性机构。例如，中国于1985年成立了资源与环境信息系统国家重点实验室，美国于1987年成立了国家地理信息与分析中心（National Center for Geographic Information and Analysis，NCGIA），英国于1987年成立了地理信息协会。同时，商业性的咨询公司、软件制造商大量涌现，并提供系列专业性服务。这个时期地理信息系统发展最显著的特点是商业化实用系统进入市场。

（4）20世纪90年代为地理信息系统的用户时代。一方面，地理信息系统已成为许多机构必备的工作系统，尤其是政府决策部门在一定程度上受地理信息系统影响改变了当时机构的运行方式、设置与工作计划等。另一方面，社会对地理信息系统认识普遍提高，需求大幅度增加，从而导致地理信息系统应用的扩大与深化。国家级乃至全球性的地理信息系统已成为公众关注的问题，例如，地理信息系统已列入美国政府制定的"信息高速公路"计划；美国原副总统戈尔提出的"数字地球"战略、我国的"21世纪议程"和"三金工程"也包括地理信息系统。毫无疑问，地理信息系统将发展成为现代社会最基本的服务系统[110]。

我国地理信息系统（GIS）起步较晚，到20世纪70年代末才提出开展GIS研究的倡议。80年代后迅速发展，在理论探索、规范探讨、实验技术、软件开发、系统建立、人才培养和区域性试验等方面都取得了突破和进展。一些有远见的地方政府也开始投资建立本地的GIS，在GIS应用日益活跃的今天，诸如荆州市沙市区这样的小地方，也因为GIS起步早而誉冠全国。80年代末，武汉测绘科技大学在摄影测量与遥感专业的基础上建立了信息工程专业，使我国GIS基本人才的培养进入了正轨。1994年4月，我国专门成立了"中国GIS协会"，此后又成立了"中国GIS技术应用协会"，加强了国内各种GIS学术交流，研制推出了Geostar、Citystar、MapGIS等具有自主产权的GIS软件。

当前，随着多媒体技术、虚拟技术及数据通信技术的发展，GIS正呈现新兴发展态势，具有广阔的前景。GIS的发展越来越注重开放性、虚拟现实、集成化、网络化、多元化、多样化等。计算机技术推动着GIS技术的快速发展，WebGIS已成为一个重要的研究热点，其能实现网上发布、浏览、下载地理空间数据，实现空间数据的共享和互操作，使得GIS通过Web功能得以扩展，真正成为一种大众使用的工具。ESRI于2018年发布的公共设施网络管理扩展模块可实现对公共设施系统中的电线、管道、阀门、流域、设备和电路等的建模，进而实现业务数据的可视化、编辑和分析，为通信、电力、管线等行业提供几何网络管理服务。这表明非常复杂的数据结构也可以通过Web服务来专门维护，而通过Web服务来访问数据将逐渐成为一种趋势。大数据和物联网将使GIS更加智能，通过在地图上实时显示传感器数据，如天气信息、车辆跟踪信息等，GIS能够智能地提取有效信息进行空间分析、预测预报、决策支持，进而提供实时的态势感知，这种能力一直是GIS所期望的。

空间分析是GIS的最大优势，通过构建空间分析模型来对空间数据进行分析，其空间分析功能主要包括空间数据的拓扑分析、缓冲区分析、网络分析等。在分析和处理问题时，GIS可实现对空间数据的处理，如空间查询、检索、分析等，通过数据库管理系统将空间数据和属性数据联系在一起，对其进行综合管理、分析及应用。

拓扑分析所注重的拓扑关系，可实现对地理实体之间相对空间位置的描述，能为后续的GIS应用提供支持，如空间数据建模、空间查询、空间分析及空间推理等应用。拓扑关系关注的要素是拓扑元素，描述的是某一要素与另一要素的空间位置关系，强调要素之间的相对位置关系，不涉及度量和方向。拓扑关系的合理性影响某些空间分析的结果，合理的拓扑关系才能更好地支持计算最佳路径、缓冲分析等空间分析应用。方彦军等[111]兼顾GIS先验信息和环境感知信息，通过近似的行车历史轨迹建立拓扑关系，并与路网拓扑进行匹配得到车辆所在路段的近似位置，再利用传感器对附近标志物及道路边界距离的感知信息与GIS数据库的相关信息进行匹配，实现对近似位置的修正，得到车辆的精确位置。

缓冲区是地理空间目标的一种影响范围或服务范围，指地理实体周围自动建立的一定宽度的多边形，而缓冲区分析可确定不同地理要素的空间邻近性和接近程度。缓冲区分析可以应用于车辆的地图匹配。赖云波等[112]以GNSS定位点精度与道路宽度为基础构建道路缓冲区，分析道路缓冲区与路网中道路的对应关系，并将GNSS定位点与道路缓冲区进行匹配，得到GNSS定位点的匹配道路。

GIS中的网络分析依据网络拓扑关系，如道路网络模型中的拓扑关系，以数学理论模型为基础，对网络元素的空间与属性数据进行考察，对网络的性能特征进行分析计算。而网络分析中的路径分析，可以实现静态求最佳路径、N条最佳路径分析、最短路径或最低耗费路径和动态最佳路径分析等功能。王美玲等[113]结合GIS数据库的路口信息和无人车运动特性，对路口轨迹和掉头轨迹进行设计，并结合基于几何的匹配算法和A*算法，实现全局路径规划。

从90年代开始，国外一些无人车团队开始将GIS应用到无人车上，实现了智能驾驶与GIS的结合。他们开发了设备独立接口，通过构建虚拟的地理信息系统，将地形信息显示在二维平面或者三维空间中[114]。之后，GIS在智能驾驶中发挥着越来越重要的作用，主要研究集中于无人车的定位[115]、栅格地图的构建[116]、路径规划[117]等方面，为无人车提供辅助定位的基础环境位置信息、辅助路径规划的描述路网空间连接关系和交通规则的路网模型，以及辅助降低环境感知难度的路段信息和交通标志等属性信息。Park等[118]通过在特征数据库中提取与无人车自主导航有关的图层和属性，利用GIS实时地生成栅格地图，从而完成无人车的路径规划。国内的智能驾驶起步较晚，GIS应用于无人车的研究也比较少，集中在无人车的地图定位[119]和路径规划[120]两方面。Yu等[121]首先依次将3D点云数据处理成高程栅格和梯度栅格数据，然后根据无人车的可通行性，利用处理之后的高分辨率数据，对无人车通行的耗费场进行修正，得到无人车的通行代价，最后利用经典的Dijkstra算法为无人车规划一条合适的路径。王新平[104]基于城市交通背景分析无人车的感知需求，构建适用于无人车的GIS数据库，并对属性信息进行了分类，利用相应属性信息构建RBF神经网络对无人车通行时间进行预测，从而优化路径规划与路径选择，辅助无人车自主驾驶并完成城市交通环境下的行驶任务。另外，还可以使用ArcGIS工具设计无人车路径规划系统，利用ArcGIS强大的空间分析功能，特别是网络分析功能，为无人车提供车辆路径优化功能，用于无人车路径规划[122]。

综上所述，在智能驾驶中，针对无人车的运动特点及其对周围环境的感知需求，结合城市交通环境的特点，构建适用于无人车自主行驶的 GIS 数据库，存储辅助无人车感知和决策的先验信息，如车道线信息、交通灯信息、交通标志等，提高无人车的环境感知效率，并提供行驶地图，利用一定的空间分析方法及规划算法为无人车规划出最优路径，辅助无人车自主行驶。

1.3.3 高精度地图与智能驾驶

地图作为智能驾驶的关键技术之一，能为智能车提供全局位置和起点到终点的参考路线，更高精度的地图则可以辅助感知为无人车提供车道线、红绿灯、交通标志牌及其他静态障碍物等信息，从而提高车辆的定位精度，有效实现路径规划和控制决策。地图的发展对智能驾驶有着深刻的影响，从传统的导航电子地图到高精度地图，地图的内容从单一变得丰富，精度也越来越高，能适应更高层次的智能驾驶需求。

从传感器的角度来讲，可以将地图看作一个特殊的传感器。与智能车上常用的其他传感器相比，地图拥有很多得天独厚的优势。首先，地图的感知范围不受物理区域的影响，可以延伸到无限远的范围，而且地图中存储的地理信息不受环境、障碍物的影响。其次，地图可以实时认知道路环境中静态甚至是半静态的信息。最后，地图采用预存储的方式将位置、属性及空间关系进行规范化组织和表达。例如，常用作障碍物检测的激光雷达的探测距离一般为 100 m 范围内，而且其作用距离受大气湍流和恶劣天气的影响较大。

导航电子地图作为目前智能驾驶最为核心的数据模型，已经不能很好地满足人们更高层次的安全智能出行的需求。导航电子地图是指含有空间位置地理坐标，能够与空间定位信息系统结合，准确引导人或交通工具从出发地到达目的地的电子地图或数据集[123]。传统导航电子地图的服务对象是以人为主的，主要提供辅助驾驶和查询地理信息的功能，获取的电子地图数据内容从精度到精细程度都不够，而且数据更新的周期很长、成本高，其现势性不能满足智能车辆实时驾驶需求。例如，我国导航电子地图的产品需要经过数据采集、导航信息的记录等外业作业，再由内业工作人员进行数据加工，最后向国家测绘部门提交产品审核和审批等环节，耗时少则 3 个月，长达半年。目前，北京、广州、上海等地的导航电子地图每年大约能更新 4 次，而边远地区的电子地图的更新频率是发达地区的一半，甚至更少。

目前，智能汽车迎来快速发展的机遇期，要求实时获取和融合动态变化的交通和环境信息以规划出合理、安全的路径，对地图信息的完整性、准确性和现势性提出了新的需求。因此，高精度地图已成为智能驾驶领域的研究热点。全球地图产业正在加速整合，各大汽车、互联网、地图公司巨头纷纷抢滩智能驾驶布局高精度地图。高精度地图是实现智能驾驶不可或缺的重要环节，是汽车智能化发展的基础和核心。一方面，高精度地图作为智能驾驶领域的稀缺资源及刚需，是智能驾驶技术推广应用的关键所在，汽车行业推进智能联网的发展促进了高精度地图的产生和发展；另一方面，由于涉及国家安全等多方面因素，高精度地图有着巨大的市场需求和广阔的市场前景。因此，为了抢占智能驾驶的核心关键技术制高点，需要研发面向智能驾驶的高精度地图，从而构建几何精细、属性丰富、关系正确并支持动态交通信息的地理信息数据库，满足汽车智能化的数据需求。

高精度导航电子地图在智能辅助驾驶和智能安全等方面具有重要的作用，然而由于高精度地图涉及国家信息安全，《中华人民共和国测绘法》和《测绘资质管理规定》对高精度地图的测绘制定了相当严格的标准，申请测绘资格证书的单位需要进行测绘数据采集并提供相关的成果信息，只有具有测绘资格的单位才能从事相应的地图测绘活动。因此，高精度地图对于智能驾驶来说也是十分稀缺的资源。

高精度地图本质上是一种新的导航电子地图。与传统的导航电子地图相比，高精度地图具有两个很重要的特点：第一个特点是精度高，也就是地图的绝对位置精度高；第二个特点是要素全面，也就是说，地图所包含的信息内容更丰富，刻画得更细致。高精度地图的发展经历了几个不同的阶段。

（1）基础导航电子地图。基础导航电子地图也就是传统的导航电子地图。该阶段的服务对象主要是人，通过语音等方式提醒驾驶员。该地图的发展比较成熟，地图精度大约为 10 m，地图要素包含路网、背景、注记、索引四大类数据[124]，主要提供基于普通地图的基础道路导航功能。

（2）ADAS 地图（Advancing map）。Advancing map 由 ADASIS Forum 提出。ADASIS Forum 是由欧洲智能交通系统协会（ERTICO）管理的符合比利时法律的非营利性国际协会，负责制定 ADAS Horizon 的实施标准及统一的地图数据接口。ADAS 地图主要是面向 ADAS（高级驾驶辅助系统）的主动安全应用的车道级地图。ADAS 地图的精度一般为 1~5 m。它在基础电子导航地图的基础上扩展数据内容，包含高精度的道路水平数据（道路形状、坡度、曲率、路面、方向等）信息，在道路形状信息和位置精度方面的描述更加精确。而且 ADAS 地图起到了预测传感器的作用，提供先验的道路知识，能够预测可视范围外的情况，从而提高驾驶的安全性。

（3）高级智能驾驶（highly automated driving，HAD）级别的高精度地图。该阶段地图以智能驾驶为目的，其服务对象是更为广泛的智能驾驶系统、辅助安全系统、车路协同系统等。HAD 高精度地图精度为厘米级，增加了车道属性相关（车道线类型、车道宽度等）数据，更有诸如高架物体、防护栏、树、道路边缘类型、路边地标等大量目标数据。除具备基础导航电子地图提供基础的道路导航功能以外，HAD 高精度地图可通过数据还原实际的道路场景，向车辆提供具有辅助实现高精度的定位位置功能、道路级和车道级的规划能力及车道级的引导能力的高精度地图，从而使车辆实现更安全的智能驾驶。

高精度地图的发展受益于测绘技术的进步。传统地图的研究和开发已有几千年历史，并发展到了测绘学的分支——地图制图学。随着制图学的发展，20 世纪 90 年代出现了电子地图[125]。电子地图是以数字形式记录、存储的地图。电子地图的出现提高了查找路径的效率，这种快速检索的方式为人们出行提供了很大便利。1993 年，第一台商用车载卫星导航仪诞生。1992~2001 年，导航电子地图的主要应用是面向汽车电子行业的主机厂，整车厂向新车用户提供车载导航仪。从 2007 年开始，导航电子地图的应用向手机移动端进行扩展。目前，前装车载导航市场整体形势略显低迷，另外手机地图导航应用在数据实时更新性能方面优于前装车载导航系统，这对前装车载导航市场造成一定程度冲击。移动互联网事业的发展，以及以地理位置服务为基础的拼车、代驾、专车、共享单车等多种新型交通方式的兴起,为手机地图服务带来新的增量空间。

高精度地图的采集与制作受益于测图方式的进步。现阶段各大地图生产商的主流采集解决方案是通过安装有高精度采集设备的移动采集车进行数据采集[126]。全景移动测量系统（mobile mapping system，MMS）集成了全球卫星定位、惯性导航、图像处理、地理信息及集成控制等技术,通过采集空间信息和实景影像,由卫星及惯性定位确定实景影像的位置姿态等测量参数,能在高速行驶或航行状态下快速获取地物的表面点云和影像数据,是获取大范围场景三维信息的技术手段之一,具有机动灵活、周期短、精度高、分辨率高等特点[127]。全景移动测量系统一般由POS系统、360°全景相机模块、三维激光扫描仪等采集设备构成,其中,POS系统由GNSS、惯性测量单元（inertial measurement unit，IMU）、里程计DMI等传感器组成[128]。全景移动测量系统采集的数据成果包括空间坐标、点云数据及连续的三维图像,数据链全面完整,精度满足国家规范要求。与传统的测图方式相比,全景移动测量系统使用灵活、地图更新周期短、现势性高,可将整个测图效率提高10倍乃至数十倍以上,完全满足道路的快速测制与更新需要,大大降低了人工成本和作业成本,并且车载方式下的作业更加安全和舒适。

参 考 文 献

[1] 中华人民共和国国务院. 国务院关于印发《中国制造2025》的通知[EB/OL]. (2015-05-19)[2019-06-11]. http://www.gov.cn/zhengce/content/2015-05/19/content_9784.htm.

[2] FEDERAL MINISTRY OF EDUCATION AND RESEARCH UNIT FOR FUNDAMENTAL ISSUES OF INNOVATION AND TRANSFER. High Tech Strategy[EB/OL]. (2019-06-11) [2020-06-11]. https://www.hightech-strategie.de/de/hightech-strategie-2025-1726.html. 2018/.

[3] 王飞跃. 人工智能:第三轴心时代的兴起与使命[J]. 人民论坛, 2018(2): 17-18.

[4] ZHANG J, WANG Y P, LU G Q, et al. Development strategy for China's integrated transportation engineering science and technology to 2035[J]. Strategic Study of Chinese Academy of Engineering, 2017, 19(1): 43-49.

[5] HAUTZINGER H, PFEIFFER M. Das EU-Projekt TRACE: Traffic Accident Causation in Europe / The EU Project TRACE: Traffic Accident Causation in Europe[M]. Bonn: Kirschbaum Verlag, 2007.

[6] LITMAN T. Autonomous Vehicle Implementation Predictions[M]. Victoria: Victoria Transport Policy Institute, 2017.

[7] ZHANG X Y, GAO H B, GUO M, et al. A study on key technologies of unmanned driving[J]. CAAI Transactions on Intelligence Technology, 2016, 1(1): 4-13.

[8] 李东江. 汽车智能化时代下后市场面临的机遇与挑战(一)[J]. 汽车维护与修理, 2020(3): 13-22.

[9] DIMITRAKOPOULOS G, DEMESTICHAS P. Intelligent transportation systems[J]. IEEE Vehicular Technology Magazine, 2010, 5(1): 77-84.

[10] 李航, 陈后金. 物联网的关键技术及其应用前景[J]. 中国科技论坛, 2011(1): 81-85.

[11] ELBANHAWI M, SIMIC M, JAZAR R. In the passenger seat: Investigating ride comfort measures in autonomous cars[J]. IEEE Intelligent Transportation Systems Magazine, 2015, 7(3): 4-17.

[12] FAGNANT D J, KOCKELMAN K. Preparing a nation for autonomous vehicles: Opportunities, barriers and policy recommendations[J]. Transportation Research Part A, 2015, 77: 167-181.

[13] BISHOP R. A survey of intelligent vehicle applications worldwide[C]// Proceedings of the IEEE Intelligent Vehicles Symposium 2000 (Cat. No.00TH8511). Dearborn, MI, USA, 2000: 25-30.

[14] GEIGER A. Are we ready for autonomous driving? The KITTI vision benchmark suite[C]//IEEE Conference on Computer Vision and Pattern Recognition, 2012. IEEE, Providence, RI, USA, 2012: 3354-3361.

[15] PEDRO G, ASVADI A, PEIXOTO P, et al. 3D object tracking in driving environment: A short review and a benchmark dataset[C]// 2016 IEEE 19th International Conference on Intelligent Transportation Systems (ITSC). Rio de Janeiro, 2016: 7-12.

[16] 闫民. 无人驾驶汽车的研究现状及发展方向[J]. 汽车维修, 2003(2): 9-10.

[17] PENG T. The DeepMap Approach: "Your Data, Your HD Map" [EB/OL]. (2018-11-28)[2019-06-11]. https:// syncedreview. com/ 2018/11/28/the-deepmap-approach-your-data-your-hd-map/. 2018.

[18] SEIF H G, HU X. Autonomous driving in the iCity: HD maps as a key challenge of the automotive industry[J]. Engineering, 2016, 2(2): 159-162.

[19] 冯来春. 基于引导域的参数化 RRT 无人驾驶车辆运动规划算法研究[D]. 合肥: 中国科学技术大学, 2017.

[20] ZHANG X, GAO H, GUO M, et al. A study on key technologies of unmanned driving[J]. CAAI Transactions on Intelligence Technology, 2016, 1(1): 4-13.

[21] GOTO Y, STENTZ A. Mobile Robot navigation: The CMU system[J]. IEEE Expert, 2003, 2(4): 44-54.

[22] ULMER B. VITA II: Active collision avoidance in real traffic[C]// 1994 Symposium. Paris, France, 1994: 1-6.

[23] 孙振平. 自主驾驶汽车智能控制系统[D]. 长沙: 国防科技大学, 2004.

[24] 杨欣欣. 智能移动机器人导航与控制技术的研究[D]. 北京: 清华大学, 1999.

[25] MONTEMERLO M, BECKER J, BHAT S, et al. Junior: The stanford entry in the urban challenge[J]. Journal of Field Robotics, 2008, 25(9): 569-597.

[26] LEONARD J, HOW J, TELLER S, et al. A perception-driven autonomous urban vehicle[J]. Journal of Field Robotics, 2008, 25(10): 727-774.

[27] 杨帆. 无人驾驶汽车的发展现状和展望[J]. 上海汽车, 2014(3): 35-40.

[28] 李克强, 戴一凡, 李家文. 智能网联汽车发展动态及对策建议[J]. 智能网联汽车, 2018(1): 12-19.

[29] BABAIOFF T, MOBILEYE. 系统级芯片助力未来摄像头[J]. 汽车与配件, 2014(36): 48-50.

[30] LINDHOLM E, NICKOLLS J, OBERMAN S, et al. NVIDIA Tesla: A unified graphics and computing architecture[J]. IEEE Micro, 2008, 28(2): 39-55.

[31] TIAN Y, PEI K, JANA S, et al. DeepTest: Automated testing of deep-neural-network-driven autonomous cars[C]// 2018 IEEE/ACM 40th International Conference on Software Engineering (ICSE). Gothenburg, 2018: 303-314.

[32] PADEN B, ČÁP M, YONG S Z, et al. A survey of motion planning and control techniques for self-driving urban vehicles[J]. IEEE Transactions on Intelligent Vehicles, 2016, 1(1): 33-55.

[33] CAMPBELL M, EGERSTEDT M, HOW J P, et al. Autonomous driving in urban environments: Approaches, lessons and challenges[J]. Philosophical Transactions of the Royal Society A: Mathematical, Physical and Engineering Sciences, 2010, 368(1928): 4649-4672.

[34] DAILY M, HARRIS J, KEIRSEY D, et al. Autonomous cross-country navigation with the ALV[C]// 1988 IEEE International Conference on Robotics and Automation. Philadelphia, PA, USA, 1988: 718-726.

[35] 李果. 汽车自动控制系统设计与研究[D]. 长沙: 国防科技大学, 1994.

[36] THRUN S, MONTEMERLO M, DAHLKAMP H, et al. Stanley: The robot that won the DARPA grand challenge[J]. Journal of Field Robotics, 2006, 23(9): 661-692.

[37] BUEHLER M, IAGNEMMA K, SINGH S. The DARPA Urban Challenge: Autonomous Vehicles in City Traffic[M]. Berlin: Springer, 2009.

[38] CUNNINGHAM A G, GALCERAN E, EUSTICE R M, et al. MPDM: Multipolicy decision-making in dynamic, uncertain environments for autonomous driving[C]// 2015 IEEE International Conference on Robotics and Automation (ICRA). Seattle, WA, 2015: 1670-1677.

[39] HOW P J, BEHIHKE B, FRANK A, et al. Real-time indoor autonomous vehicle test environment[J]. IEEE Control Systems Magazine, 2008, 28(2): 51-64.

[40] KUMAR S, GOLLAKOTA S, KATABI D. A cloud-assisted design for autonomous driving[C]// Proceedings of the Proceedings of the First Edition of the MCC Workshop on Mobile Cloud Computing. ACM, 2012: 41-46.

[41] SCHWARTING W, ALONSO-MORA J, RUS D. Planning and decision-making for autonomous vehicles[J]. Annual Review of Control, Robotics, and Autonomous Systems, 2018, 1: 187-210.

[42] WEI J, SNIDER J M, KIM J, et al. Towards a viable autonomous driving research platform[C]// Proceedings of the 2013 IEEE Intelligent Vehicles Symposium (IV). IEEE, Gold Coast, QLD, 2013: 763-770.

[43] GERLA M, LEE E-K, PAU G, et al. Internet of vehicles: From intelligent grid to autonomous cars and vehicular clouds[C]// Proceedings of the 2014 IEEE World Forum on Internet of Things (WF-IoT). IEEE, Seoul, 2014: 241-246.

[44] LEFÈVRE S, CARVALHO A, BORRELLI F. A learning-based framework for velocity control in autonomous driving[J]. IEEE Transactions on Automation Science and Engineering, 2016, 13(1): 32-42.

[45] HANE C, HENG L, LEE G H, et al. 3D visual perception for self-driving cars using a multi-camera system: Calibration, mapping, localization, and obstacle detection[J]. Image and Vision Computing, 2017, 68: 14-27.

[46] TIAN Y, PEI K, JANA S, et al. Deeptest: Automated testing of deep-neural-network-driven autonomous cars[C]// Proceedings of the 40th International Conference on Software Engineering, ACM, Gothenburg, 2018: 303-314.

[47] KOO J, KWAC J, JU W, et al. Why did my car just do that? Explaining semi-autonomous driving actions to improve driver understanding, trust, and performance[J]. International Journal on Interactive Design and Manufacturing (IJIDeM), 2015, 9(4): 269-275.

[48] ISELE D, RAHIMI R, COSGUN A, et al. Navigating occluded intersections with autonomous vehicles using deep reinforcement learning[C]// Proceedings of the 2018 IEEE International Conference on Robotics and Automation (ICRA). IEEE, Brisbane, QLD, 2018: 2034-2039.

[49] NAPIER A, NEWMAN P. Generation and exploitation of local orthographic imagery for road vehicle localisation[C]// Proceedings of the 2012 IEEE Intelligent Vehicles Symposium. IEEE, Alcala de Henares, 2012: 590-596.

[50] MADDERN W, PASCOE G, LINEGAR C, et al. 1 year, 1000 km: The Oxford robotcar dataset[J]. The International Journal of Robotics Research, 2017, 36(1): 3-15.

[51] YANG E, HUSSAIN A, GURNEY K. Neurobiologically-inspired Soft Switching Control of Autonomous

Vehicles[M]// Proceedings of the International Conference on Brain Inspired Cognitive Systems. Berlin: Springer, 2012: 82-91.

[52] YANG E, HUSSAIN A, GURNEY K. A Basal Ganglia Inspired Soft Switching Approach to the Motion Control of A Car-Like Autonomous Vehicle[M]// Proceedings of the International Conference on Brain Inspired Cognitive Systems. Berlin: Springer, 2013: 245-254.

[53] FISHER M, DENNIS L A, WEBSTER M P. Verifying autonomous systems[J]. Commun ACM, 2013, 56(9): 84-93.

[54] KAMALI M, DENNIS L A, MCAREE O, et al. Formal verification of autonomous vehicle platooning[J]. Science of Computer Programming, 2017, 148: 88-106.

[55] POLITIS I, BREWSTER S, POLLICK F. Language-based multimodal displays for the handover of control in autonomous cars[C]// Proceedings of the Proceedings of the 7th International Conference on Automotive User Interfaces and Interactive Vehicular Applications. ACM, 2015: 3-10.

[56] RODRIGUES M, MCGORDON A, GEST G, et al. Developing and testing of control software framework for autonomous ground vehicle[C]// Proceedings of the 2017 IEEE International Conference on Autonomous Robot Systems and Competitions (ICARSC). IEEE, Coimbra, 2017: 4-10.

[57] RODRIGUES M, GEST G, MCGORDON A, et al. Adaptive behaviour selection for autonomous vehicle through naturalistic speed planning[C]// Proceedings of the 2017 IEEE 20th International Conference on Intelligent Transportation Systems (ITSC). IEEE, Yokohama, 2017: 1-7.

[58] MORGAN P L, ALFORD C, WILLIAMS C, et al. Manual takeover and handover of a simulated fully autonomous vehicle within urban and extra-urban settings[C]// Proceedings of the International Conference on Applied Human Factors and Ergonomics, VIT Vellore. India, 2018: 760-771.

[59] DICKMANNS E D, ZAPP A. Autonomous high speed road vehicle guidance by computer vision[J]. IFAC Proceedings Volumes, 1987, 20(5): 221-226.

[60] ULMER B. VITA-an autonomous road vehicle (ARV) for collision avoidance in traffic[C]// Proceedings of the Proceedings of the Intelligent Vehicles 92 Symposium. IEEE, MI, USA, 1992: 36-41.

[61] ALTHOFF M, STURSBERG O, BUSS M. Model-based probabilistic collision detection in autonomous driving[J]. IEEE Transactions on Intelligent Transportation Systems, 2009, 10(2): 299-310.

[62] ALTHOFF M, MERGEL A. Comparison of Markov chain abstraction and Monte Carlo simulation for the safety assessment of autonomous cars[J]. IEEE Transactions on Intelligent Transportation Systems, 2011, 12(4): 1237-1247.

[63] HEVELKE A, NIDA-RÜMELIN J. Responsibility for crashes of autonomous vehicles: An ethical analysis[J]. Science and Engineering Ethics, 2015, 21(3): 619-630.

[64] GOGOLL J, MÜLLER J F. Autonomous cars: In favor of a mandatory ethics setting[J]. Science and Engineering Ethics, 2017, 23(3): 681-700.

[65] WANG M, LATOTZKY D. Driving an autonomous car with eye tracking[J]. Computer Science, 2010: 1-3.

[66] GÖHRING D, LATOTZKY, WANG M, et al. Semi-autonomous Car Control Using Brain Computer Interfaces. Intelligent Autonomous Systems 12[M]. Berlin: Springer, 2013: 393-408.

[67] BISCHOFF J, MACIEJEWSKI M. Simulation of city-wide replacement of private cars with autonomous taxis in Berlin[J]. Procedia Computer Science, 2016, 83: 237-244.

[68] BINSBERGEN A V, KONINGS R, TAVASSZY L, et al. Innovations in intermodal freight transport:

Lessons from Europe[C]// Proceedings of the 93th Annual Meeting of the Transportation Research Board. Washington (USA), 2014: 1-30.

[69] VAN DEN BERG V A, VERHOEF E T. Autonomous cars and dynamic bottleneck congestion: The effects on capacity, value of time and preference heterogeneity[J].Transportation Research Part B: Methodological, 2016, 94: 43-60.

[70] 李克强, 戴一凡, 李升波, 等. 智能网联汽车(ICV)技术的发展现状及趋势[J]. 汽车安全与节能学报, 2017, 8(1): 1-14.

[71] 王玉凤. 保障公共安全与保护技术创新需动态平衡, 无人驾驶亟待立法[EB/OL]. (2018-03-25) [2020-04-10]. https://www.yicai.com/news/5409695.html.

[72] 舒兆根, 唐修俊, 胡惠道, 等. KDM智能车的数学模型研究[J]. 国防科技大学学报, 1993(1): 97-104.

[73] 陈延寿. 无人驾驶汽车研究动向[J].汽车与配件, 2017(6): 44-48.

[74] 孙振平, 安向京, 贺汉根. CITAVT-IV: 视觉导航的自主车[J]. 机器人, 2002, 24(2): 115-121.

[75] 徐友春, 王荣本, 李兵, 等. 一种机器视觉导航的智能车辆转向控制模型设计[J]. 中国公路学报, 2001, 14(3): 96-100.

[76] BIN L, RONGBEN W, JIANGWEI C. A new optimal controller for intelligent vehicle headway distance[C]//Proceedings of the Intelligent Vehicle Symposium. IEEE, Versailles, France, 2002: 387-392.

[77] KAI N, KEZHONG H. THMR-V: An effective and robust high-speed system in structured road[C]// Proceedings of the SMC'03 Conference Proceedings 2003 IEEE International Conference on Systems, Man and Cybernetics Conference Theme-System Security and Assurance (Cat No 03CH37483). IEEE, Washington, DC, 2003: 4370-4374.

[78] 朱华. 无人驾驶汽车从长沙开到武汉自主超车67次[J]. 农家参谋, 2011(9): 49.

[79] WANG F Y, ZHENG N N, CAO D, et al. Parallel driving in CPSS: A unified approach for transport automation and vehicle intelligence[J]. IEEE/CAA Journal of Automatica Sinica, 2017, 4(4): 577-587.

[80] LI D, GAO H. A hardware platform framework for an intelligent vehicle based on a driving brain[J]. Engineering, 2018, 4(4): 464-470.

[81] LI X, SUN Z, CAO D, et al. Real-time trajectory planning for autonomous urban driving: Framework, algorithms, and verifications[J]. IEEE/ASME Transactions on Mechatronics, 2016, 21(2): 740-753.

[82] QIN Y, WANG Z, XIANG C, et al. A novel global sensitivity analysis on the observation accuracy of the coupled vehicle model[J]. Vehicle System Dynamics, 2019, 57(10): 1445-1466.

[83] CAO H, ZHAO S, SONG X, et al. An optimal hierarchical framework of the trajectory following by convex optimisation for highly automated driving vehicles[J]. Vehicle System Dynamics, 2019, 57(9): 1287-1317.

[84] MA L, XUE J, KAWABATA K, et al. Efficient sampling-based motion planning for on-road autonomous driving[J]. IEEE Transactions on Intelligent Transportation Systems, 2015, 16(4): 1961-1976.

[85] WANG X, XU L, SUN H, et al. On-road vehicle detection and tracking using MMW radar and monovision fusion[J]. IEEE Transactions on Intelligent Transportation Systems, 2016, 17(7): 2075-2084.

[86] LI L, HUANG W L, LIU Y, et al. Intelligence testing for autonomous vehicles: A new approach[J]. IEEE Transactions on Intelligent Vehicles, 2016, 1(2): 158-166.

[87] LI S E, GAO F, CAO D, et al. Multiple-model switching control of vehicle longitudinal dynamics for platoon-level automation[J]. IEEE Transactions on Vehicular Technology, 2016, 65(6): 4480-4492.

[88] JI X, HE X, LV C, et al. Adaptive-neural-network-based robust lateral motion control for autonomous vehicle at driving limits[J]. Control Engineering Practice, 2018, 76: 41-53.

[89] DU Y, LIU C, LI Y. Velocity control strategies to improve automated vehicle driving comfort[J]. IEEE Intelligent Transportation Systems Magazine, 2018, 10(1): 8-18.

[90] WANG C, HUANG H, JI Y, et al. Vehicle localization at an intersection using a traffic light map[J]. IEEE Transactions on Intelligent Transportation Systems, 2018(99): 1-10.

[91] 杜明博, 梅涛, 陈佳佳, 等. 复杂环境下基于 RRT 的智能车辆运动规划算法[J]. 机器人, 2015, 37(4): 443-450.

[92] GU S, ZHANG Y, YUAN X, et al. Histograms of the normalized inverse depth and line scanning for urban road detection[J]. IEEE Transactions on Intelligent Transportation Systems, 2018, 20(8): 3070-3080.

[93] LI B J, WEI Y, GUO I Y. Automatic parking of self-driving car based on lidar[J]. The International Archives of the Photogrammetry, Remote Sensing and Spatial Information Sciences, 2017, 42 : 241-246.

[94] 康俊民. 城市环境下无人车自主定位关键技术研究[D]. 西安: 长安大学, 2016.

[95] 宁津生, 陈俊勇, 李德仁, 等. 测绘学概论[M]. 武汉: 武汉大学出版社, 2004.

[96] 黄鹤, 佟国峰, 夏亮, 等. SLAM 技术及其在测绘领域中的应用[J]. 测绘通报, 2018(3): 18-24.

[97] 康俊民. 城市环境下无人车自主定位关键技术研究[D]. 西安: 长安大学, 2016.

[98] SKOG I, HANDEL P. In-car positioning and navigation technologies: A survey[J]. IEEE Transactions on Intelligent Transportation Systems, 2009, 10(1): 4-21.

[99] BAIRD W H. An introduction to inertial navigation[J]. American Journal of Physics, 2009, 77(9): 844.

[100] 汪涛. 智能行驶车辆定位技术研究[D]. 长春: 吉林大学, 2017.

[101] LIANG A, LI Q, CHEN Z, et al. Spherically optimized ransac aided by an IMU for Fisheye image matching[J]. Remote Sensing, 2021, 13(10): 2017.

[102] BADUE C, GUIDOLINI R, CARNETRO R V, et al. Self-driving cars: A survey[J]. Expert Systems With Applications. http: // arxiv.org/abs/1901.04407[2019-01-14].

[103] 黄鹤, 佟国峰, 夏亮, 等. SLAM 技术及其在测绘领域中的应用[J]. 测绘通报, 2018(3): 18-24.

[104] 王新平. 城市交通环境下适于无人车的 GIS 数据库构建与应用研究[D]. 北京: 北京理工大学, 2015.

[105] 潘允辉. 基于 GIS 的无人地面车辆路径规划技术研究[D]. 北京: 北京理工大学, 2016.

[106] 李德仁, 龚健雅, 边馥苓. 地理信息系统导论[M]. 北京: 测绘出版社, 1993.

[107] 张正栋, 胡华科, 钟广锐, 等. SuperMap GIS 应用与开发教程[M]. 武汉: 武汉大学出版社, 2006.

[108] 吴晓锋. GIS 空间数据的研究与应用[D]. 重庆: 重庆大学, 2003.

[109] 李原海. 综合运用 GIS 对城市电子地图数据的处理与显示[D]. 汕头: 汕头大学, 2002.

[110] 邓岚. 基于互联网技术的成都理工地理信息系统[D]. 成都: 成都理工大学, 2008.

[111] 方彦军, 周亭亭, 方源. 基于 GIS 和环境感知的无人车定位方法研究[J]. 自动化与仪表, 2012, 27(5): 1-4.

[112] 赖云波, 孙棣华, 廖孝勇, 等. 基于道路缓冲区分析的地图匹配算法[J]. 计算机应用研究, 2011, 28(9): 3312-3314.

[113] 王美玲, 潘允辉. 基于 GIS 与约束条件下的最优路径规划研究[J]. 北京理工大学学报, 2016, 36(8): 851-856, 861.

[114] SHOEMAKER C M, BORNSTEIN J A, GERHART G R, et al. Overview of the Demo III UGV

[114] program[C]// Proceedings of the SPIE Robotic and Semi-Robotic Ground Vehicle Technology Conference, 1998, 3366: 202-211.

[115] PENG J, NAJJAR M E B E, CAPPELLE C, et al. A novel geo-localisation method using GPS, 3D-GIS and Laser scanner for intelligent vehicle navigation in urban areas[C]// 2009 International Conference on Advanced Robotics. Munich, 2009: 1-6.

[116] RACKLIFFE N, YANCO H A, CASPER J. Using geographic information systems (GIS) for UAV landings and UGV navigation[C]// Technologies for Practical Robot Applications. IEEE, Woburn, MA, 2011: 145-150.

[117] HAN Y M, JEONG J B, KIM J H. Quadtree based path planning for unmanned ground vehicle in unknown environments[C]// International Conference on Control, Automation and Systems. IEEE, JeJu Island, 2012: 992-997.

[118] PARK W I, KIM D J, LEE H J. Terrain trafficability analysis for autonomous navigation: A GIS-based approach[J]. International Journal of Control, Automation, and Systems, 2013, 11(2): 354-361.

[119] XU Q, WANG M, DU Z, et al. A positioning algorithm of autonomous car based on map-matching and environmental perception[C]// The 33rd Chinese Control Conference (CCC). Nanjing, China, 2014: 707-712.

[120] MEILING W, YONG Y, QIZHEN W, et al. The construction method of GIS for autonomous vehicles[C]// The 9th Asian Control Conference(ASCC). IEEE, Istanbul, 2013: 1-5.

[121] YU Y, WANG M. The path planning algorithm research based on cost field for autonomous vehicles[C]// International Conference on Intelligent Human-machine Systems & Cybernetics. IEEE, Nanchang, Jiangxi, 2012: 38-41.

[122] 朱玉坤. 基于ArcGIS的校车路径规划系统设计与实现[D]. 开封: 河南大学, 2016.

[123] 曹晓航, 徐晋晖, 陈丹, 等. 导航电子地图框架数据交换格式[M]. 北京: 中国标准出版社, 2017.

[124] 中华人民共和国国家质量监督检验检疫总局, 中国国家标准化管理委员会. 车载导航电子地图产品规范(GB/T 20267—2006)[S]. 北京: 中国标准出版社, 2006.

[125] 杜清运, 邬国锋. 万维网电子地图[J]. 测绘地理信息, 2000(3): 17-19.

[126] 胡发根. 城市街道三维导航地图数据制作方法的研究[J]. 地理信息世界, 2015(2): 104-109.

[127] 卢秀山, 滕腾, 刘如飞. 移动测量、地理信息更新与城市管理智能化[J]. 测绘学报, 2017, 46(10): 1592-1597.

[128] 陈长军. 车载移动测量系统集成关键技术研究[D]. 武汉: 武汉大学, 2013.

第 2 章　智能驾驶系统构成

智能驾驶系统平台涉及车辆底层、环境感知传感器、智能驾驶算法系统、计算平台域控制器等多个方面。本章将对智能驾驶系统的构成进行精简概要说明。2.1 节对智能驾驶系统平台进行综述；2.2 节对智能驾驶的体系分层进行说明；2.3 节分析智能驾驶车辆线控底盘的发展；2.4 节重点讨论当前常见智能驾驶系统传感器的选择与集成问题；2.5 节进一步分析智能驾驶软件算法的运行计算平台——域控制器；2.6 节对当前智能驾驶软件算法设计模块划分进行说明。

2.1　智能驾驶系统平台综述

智能驾驶系统平台框架是智能驾驶研究工作开展的基础。一般来说，不同的智能驾驶学术研究机构或商业公司会根据其自身需求与特点，开发一套独立的智能驾驶平台，而且其整体架构和软硬件组成也会随着相关技术的更新与产业链的完善而快速迭代。

智能驾驶汽车硬件平台经历了较长时间的发展，汽车领域很早就开始了关于汽车无人化或智能化的研究，直到 2005 年 DARPA 智能驾驶挑战赛中，斯坦福大学 "Stanley"[1] 成功通过了长达 212 km 的野外赛地，才真正引起了公众层面的广泛关注。斯坦福大学 "Stanley" 无人车，以一辆大众汽车途锐 R5 为车辆平台，通过自定义接口直接利用电子驱动控制油门和刹车，将直流电动机附在转向柱提供电子转向控制。图 2.1 为 "Stanley" 软件系统架构。其中，软件部分大致分为六大功能组：传感器界面、感知、规划与控制、全局服务、用户界面和车辆界面。

2007 年 DARPA 举办的智能驾驶挑战赛中，卡内基梅隆大学 "Boss"[2] 以雪佛兰 Tahoe 为车辆平台，采用一种商用的线控驱动系统对 "Boss" 进行改装，线控驱动系统带有电动马达，可以完成转动转向柱、踩下刹车踏板、换挡操作，实现对原车辆的控制。"Boss" 使用车载传感器（GPS、激光雷达、毫米波雷达和摄像机）识别跟踪其他车辆，探测静态障碍物，并根据道路模型实现自车定位，并设计了一套三层规划系统（任务规划、行为规划、运动规划），满足城市环境智能驾驶。任务规划层主要考虑目的地的全局性的街道导航，行为规划层确定换道的时机，交叉路口的优先级及一些从错误中恢复的操作，而运动规划层主要考虑局部运动时的障碍物避让。同年，弗吉尼亚大学的汽车 "Odin"[3] 采用一辆配备了定制线控系统的福特锐际（Escape）作为车辆平台，他们将智能驾驶汽车分为基础车辆层、感知层和规划层，感知层利用激光扫描仪、全球定位系统和先验知识来识别障碍物、汽车和道路。规划层依赖一个多源信息融合的环境分析模块，选择合适的行为，规划出安全路径。

在智能驾驶软件架构平台开发方面，名古屋大学于 2015 年推出世界上第一款智能驾驶汽车的开源软件 Autoware[4-5]。Autoware 可以用于城市智能驾驶，也适用于高速公路、具有地理围栏的区域等（图 2.2）。感知模块主要由 Autoware 基于 ROS 系统，提供了一

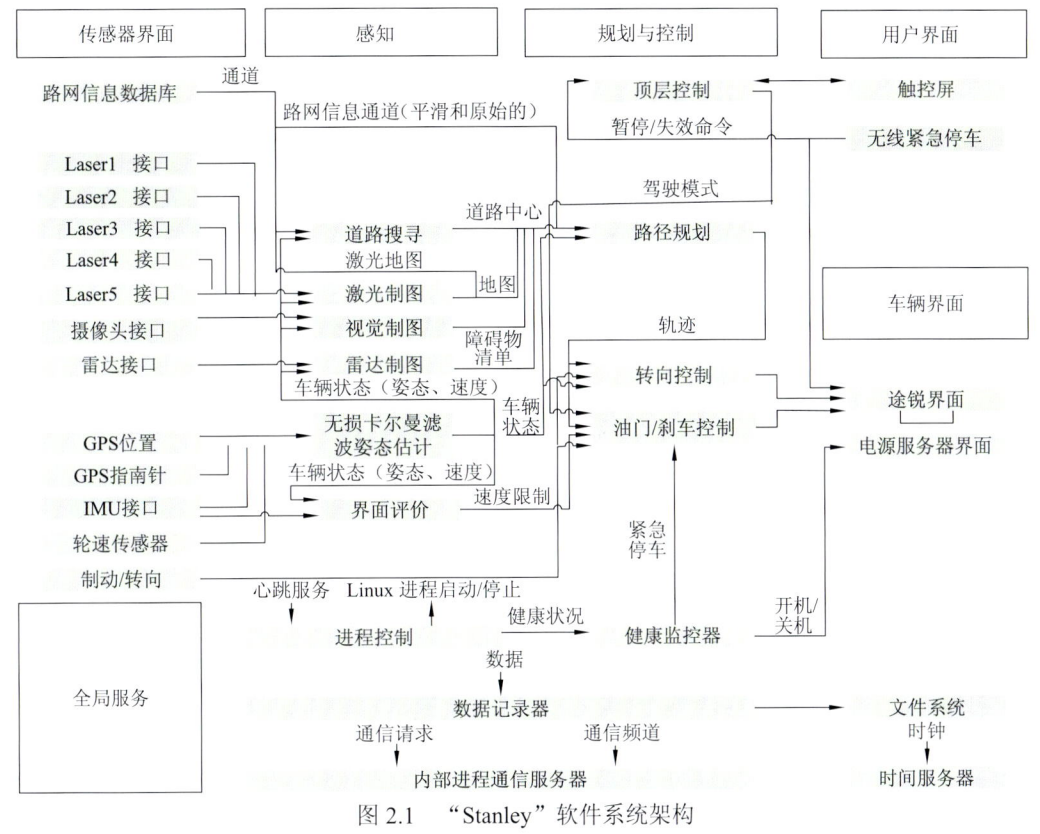

图 2.1 "Stanley"软件系统架构

套丰富的智能驾驶模块,包括传感器、计算、执行器三大功能块,传感器模块由相机、激光雷达、GPS/IMU 组成,计算模块又分为感知、规划、决策三个子模块,分别实现了定位制图、目标检测、交通灯识别、任务规划、运动规划与决策等。

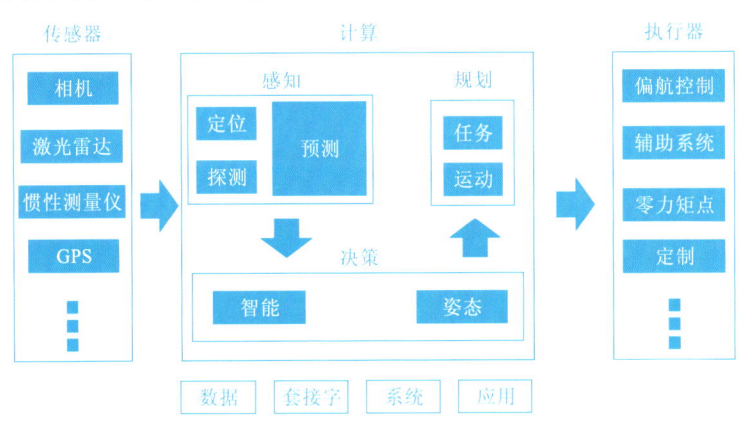

图 2.2 Autoware 智能驾驶平台架构示意

2017 年,英伟达(NVIDIA)发布了开放式智能驾驶平台 NVIDIA DRIVE,其提供底层运算、操作系统层、软件算法层及应用层在内的全套可定制的解决方案,支持 L3～L5 级的智能驾驶[6],并于 2018 年公布了其 AI 智能驾驶汽车平台 NVIDIA DRIVE 的功能安全详细架构。基于英伟达的 DRIVE 结构,汽车厂商已经可以构建和部署具有功能安全性并符合诸如 ISO 26262 等国际安全标准的智能驾驶乘用车和卡车。此外,伟世通也发布了自研智能驾驶开发平台 DriveCore，西门子发布了智能驾驶平台 DRS360 等。

在国内，百度于 2017 年发布了 Apollo 智能驾驶开源平台，其着眼于建立一个以多方单位合作为中心的生态圈，共同促进智能驾驶技术发展。百度 Apollo 开放平台架构提供云端服务平台（高精度地图、云端仿真、OTA、V2X）、开源软件平台（高精度定位、感知、规划、控制等）、开源硬件传感器平台及其车辆认证平台（线控车辆、开放车辆接口标准等）。华为智能驾驶 MDC 则提供了一套开放的平台，具备组件服务化、接口标准化、开发工具化的特性，基于此平台可快速开发、调测、运行智能驾驶算法与功能。

随着众多汽车厂商的智能化转型，可供智能驾驶之用的底层车辆平台选择越来越多，传感器的市场逐渐成熟，而软件体系架构却越来越相似。尽管智能驾驶平台种类繁多，但是整体来看，这些智能驾驶平台的宏观架构仍然比较一致。

2.2 智能驾驶系统结构

2.2.1 从单车智能到智能网联

目前世界上大多数智能驾驶方案都是以单一汽车为智能主体的解决方案[6]，随着城市环境智能驾驶研究的深入，研究者认识到单车智能车体传感器在感知视角、高度及距离方面都存在很多局限，短期内单车智能在应对人车混行、交叉路口、恶劣天气等复杂路况方面仍有困难。近些年来，物联网蓬勃发展，城市车辆正从单一的传感器平台演变为车辆的互联网络，网联汽车将具有通信、存储、智能和学习能力，以预测用户的意图[7]，智能网联汽车将成为汽车发展的新趋势[8]。有学者[9]将智能网联汽车分为 4 个发展阶段，分别为：自主式驾驶辅助、网联式驾驶辅助、人机共驾、高度自动/智能驾驶。智能网联交通系统将从"普通的车、普通的路"逐步发展到"聪明的车、聪明的路"，来提升交通安全性，改善道路交通的效率，此外对节能减排也具有积极意义[6]。

车辆互联网（Internet of vehicles，IoV）应运而生[10-11]，以应对早期用于局部短距离范围通信的传统车载自组网（vehicular ad hoc networks，VANETs）难以满足需求的问题。随着 5G 技术逐步发展，网联汽车云端将会是使汽车网联成为可能的核心系统环境，智能驾驶也将会成为此云架构的主要受益者，如图 2.3 所示[7]。为更好地提升交通系统效率与智能驾驶汽车水平，未来交通体系需要"车路云"一体化。一方面，把车的传感单元安装至路端，利用路侧设备来辅助智能驾驶汽车进行环境感知；另一方面，自车附近的其他汽车感知到的信息及云端的其他信息也可帮助规划决策。而这种多端信息的融合依赖于网联系统，于是人们从单一个体的智能驾驶研究逐渐向智能网联方向转变。

智能网联交通系统的技术体系架构是一个集车辆自动化、网络互联化和系统集成化三维于一体的高新技术发展架构[6]，是未来智能交通体系的重要组成部分。它将通过快速、低延时的远程交互方式将车端、路端、云端的信息与智能驾驶汽车实时感知信息进行融合，从而使得具备智能网联功能的汽车可以实现车与车、车与路的实时动态信息交互。从局部感知转换到全局寻优，对所有道路参与者行为进行优化，实现车辆主动安全控制和道路协同管理，从而提升交通通行安全与效率。

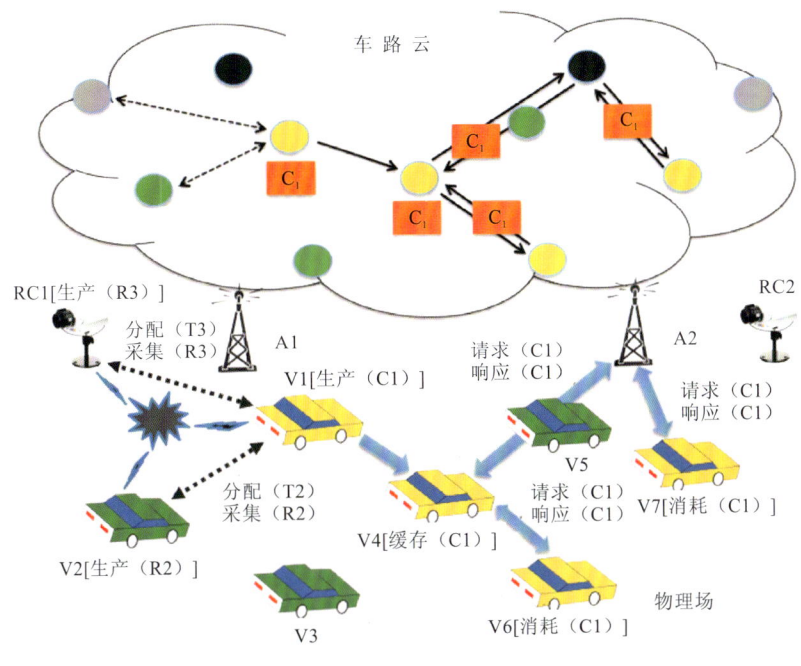

图 2.3 车路云框架示意图

2.2.2 平台体系分层

经过多年的发展，特别是工业物联网的兴起与渗透，智能驾驶技术研究也从单一主体智能驾驶研究转变为单车智能与智能网联并重的方式。有学者[9, 12]将智能网联汽车分为环境感知、智能决策、控制执行、人机共驾、通信与平台、信息安全等部分。本节将以武汉大学智能驾驶平台为例，对目前的智能驾驶平台的通用框架体系进行说明。图 2.4 为平台框架的分层示意图。

智能驾驶平台运行的整体流程大致为以线控转向、油门、制动底盘车辆为基础，以激光雷达、毫米波雷达、超声波雷达、高清相机等多类型传感器为环境感知硬件，基于域控制器集成算法，对多类型传感器数据进行环境识别与道路建模，进行实时规划决策，实现智能驾驶汽车高级别、高精度智能驾驶。

从应用上来看，武汉大学智能驾驶平台针对目前主要面临的三方面应用进行了设计，分别是单车智能驾驶、远程驾驶、智能网联驾驶。层次上可将该平台分为车辆平台层、硬件层、系统层、软件层与应用层。其中，具备线控底盘的车辆平台层和系统层为智能驾驶平台提供基础的物理环境和系统运行环境。硬件层与软件层可根据具体应用的不同进行子模块的定制开发。

面向单车智能驾驶任务时，在硬件层需要对车辆安装激光雷达、毫米波雷达、超声波雷达及高清相机等传感器设备，还需要部署一套高精度定位导航系统，以及集成软件算法的计算平台——域控制器。在软件层需要部署高精度地图与定位子模块、环境感知子模块、规划决策子模块及高精度控制子模块等。

· 39 ·

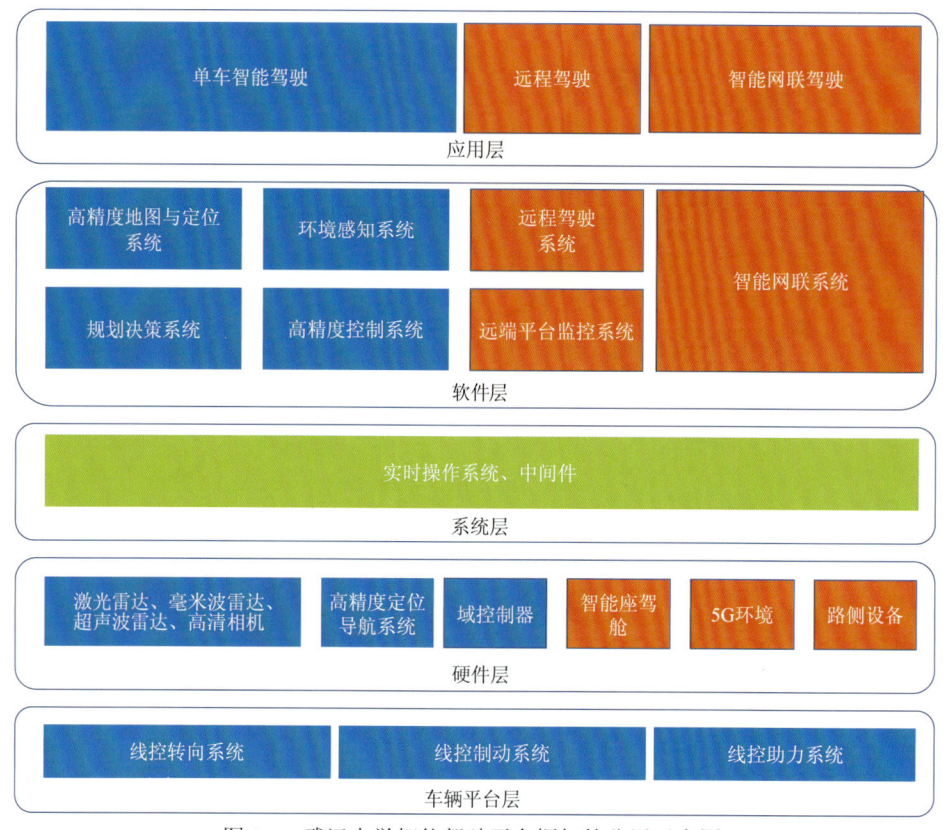

图 2.4　武汉大学智能驾驶平台框架的分层示意图

面向智能网联任务时，则需要在单车智能驾驶基础上增设智能网联的相关硬件和软件。而对于远程驾驶需求而言，软硬件依赖则大大减少，只需要在硬件层面布设远程智能座驾舱及 5G 环境，在软件层部署一套远程驾驶系统及远端平台监控系统即可。

2.3　车辆线控底盘

要实现汽车的智能驾驶，需要能够对汽车实时智能转向、加油与制动。目前为止，主要有三种方式通过电子控制方式：直接或间接地控制智能驾驶汽车的方向、刹车和油门（外加装置间接控制）；用线控组件替换原车控制组件；通过购买或合作方式直接控制带线控功能的汽车。

国内外早期对汽车实现电子控制的方式主要是，采取对汽车方向盘、刹车踏板、加油踏板外加机械控制装置，采用驱动机器人的方式使之能够模拟人类转动方向盘，控制刹车和油门，实现车辆的无人化控制。接下来以转向改造为例进行说明。改造转向控制主要有两种方案。一种是方向盘转矩控制，使用蜗轮蜗杆传动，将蜗轮固定于转向柱，利用电机驱动转换为对转向柱的传动，实现对方向的控制[13]。基于这种方式，当设备安装好后允许驾驶员像正常情况下一样，仍然坐在车内正常驾驶车辆。另一类是方向盘转角控制，将汽车原型开发或者汽车试验中使用的转向测试机器人安装在方向盘上，这种方式不需要对车辆进行过多的改动。转向机器人由计算机控制，在路面试验时，通过向车辆转向系统施加输入，进行精确的可重复的测量，如 AB Dynamics 转向机器人，如图 2.5 所示。

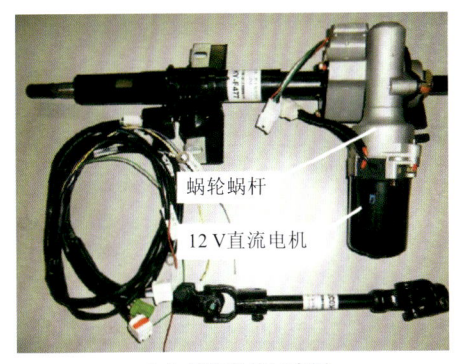
（a）转向机构示意图

（b）AB Dynamics 转向机器

图 2.5 AB Dynamics 转向机器人

随着电子控制技术的发展，博世等电子公司及查尔姆斯理工大学、维也纳大学等联合发起了"Brite-EuRam X-By-Wire"计划，该计划主要进行线控驱动系统的实现及安全性和可靠性方面的研究[14-15]。线控技术（X-By-Wire）包括线控换挡系统、线控制动系统、线控悬架系统、线控增压系统、线控油门系统及线控转向系统[15]。线控技术在高级乘用车及一些工业车辆上有广泛的应用[16-17]，它为智能驾驶提供了良好的平台。随着线控技术可靠性提升、成本降低及智能驾驶/高级辅助驾驶需求的影响，越来越多的普通车辆也开始采用线控技术。目前，更多团队使用电子线控系统取代早期的拉线装置，实现通过简单的改装，使普通车辆在不影响原有人驾驶功能的前提下实现线控功能。

另外，国内外部分团队通过购买或者合作的方式，获取或定制一些本身就具备线控功能的汽车款型[3]，通过其预设接口便可以方便地实现对车辆的控制。这种方式无论是在控制的精度与延迟性能方面，还是在研发便捷性方面都是最佳选择。

2.4 传感器及其集成

2.4.1 传感器分类

作为智能驾驶汽车的"眼睛"，传感器是智能驾驶汽车与外界交互的根本信息来源。一般来说，常见的智能驾驶平台的传感器类型选择方案越来越相近，主要分为环境感知传感器和高精度定位传感器两大类。

环境感知传感器是智能驾驶汽车实时环境感知的最主要设备来源，目前常用的环境感知传感器为相机、激光雷达、毫米波雷达、超声波雷达，如表 2.1 所示。

表 2.1 常用的环境感知传感器

传感器名称	类型	子类
相机	RGB 相机	单目型、双目型
	红外相机	主动型、被动型
	事件相机	

续表

传感器名称	类型	子类
激光雷达	机械旋转式	
	固态式	MEMS 型、Flash 型、相控阵型
毫米波雷达	24 GHz 短距	
	77 GHz 长距	
超声波雷达	UPA 短程超声波	
	APA 远程超声波	

不同研究机构的感知方案根据是否使用相机可分为两类：一类是纯视觉传感器方案，一类是视觉与激光雷达融合方案。图 2.6 是武汉大学智能驾驶汽车"途联号"传感器安装示意图。该方案选择使用长焦、短焦与广角镜头互补的方式极大地扩大了视觉感知的有效范围。利用相机+毫米波雷达实现远距离感知，利用相机+激光雷达实现中近距离感知，利用相机+超声波雷达实现近距离探测。

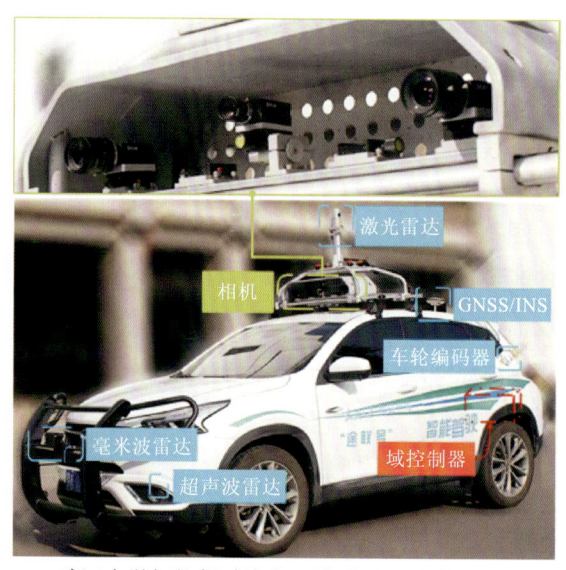

图 2.6　武汉大学智能驾驶汽车"途联号"传感器安装示意图

高精度定位是智能驾驶汽车不可或缺的组件之一，因必要性和困难性，长期以来其都是智能驾驶的核心研究内容。高精度定位传感器主要分为有卫星信号组合导航和卫星信号失锁定位方案两大类。在卫星信号与网络信号良好条件下，采用 GNSS/INS+车轮编码器组合导航，依赖连续运行参考站系统（continuously operating reference system，CORS）的差分改正信号进行纠偏，可实现厘米级的稳定定位。该类方案经多年的发展，在技术层面已较为成熟。然而，无人车的行驶区域存在城市、峡谷、隧道、停车场等弱 GNSS 信号或无 GNSS 信号的地方，不得不依赖于高精度地图匹配的方法来提高定位精度。武汉大学智能驾驶平台系统使用自研 RTK/INS/里程计紧组合算法，基于高精度或场景地图生成的精细化导航模型，利用北斗天基时空传递的定位与导航系统，完成了室内外绝大多数工况下的无缝高精度定位。

2.4.2 时间同步

智能驾驶汽车是一个典型的多传感器集成系统。多传感器集成扩大了汽车对周边环境感知的维度与范围，通过信息融合可以极大地提升识别准确率与可靠性。而多传感器的时间同步是获得准确可靠的信息融合结果的基础。然而，智能驾驶平台系统存在硬件时间基准来源不同、数据采集的触发时间不同、数据采样的频率不同，以及数据传输延时等多种与时间相关的问题。

时间同步主要解决两个问题：一是同步时间基准，二是同步采样触发。在智能驾驶众多传感器中，激光雷达和相机都有自己的内部时钟系统，操作系统也可以通过网络同步网络时间协议（network time protocol，NTP）时间[18]，但是对于智能驾驶应用而言它们的时钟系统精度太低。GNSS 的时间系统是一个较好的时间基准。以 GPS 为例，GPS 具有绝对的时间系统，GPS 时间数据是整秒时间脉冲，相机、激光雷达等传感器均可以用 GPS 授时作为时间基准。

时间同步控制器[19]作为智能驾驶汽车多传感器融合的核心控制单元，以 GNSS 时间输入作为高精度时间基准，其结合车辆里程计脉冲信号，控制多相机的拍照行为，同时为激光雷达每帧数据提供精准的时间戳，以保证整车感知设备拥有相同的时间基准，通过时间内插，匹配不同频率的传感器最近邻数据帧，进一步完成最终信息的时间同步。这种以 GNSS 授时为基准的时间同步依赖于良好的卫星信号环境，当 GNSS 卫星失锁后，同步控制器仍能保证 4 h 漂移 50 μs 的精度[19]。

2.5 智能驾驶域控制器

域控制器（domain control unit，DCU）的前身是电子控制器单元（electronic control unit，ECU）。ECU 是控制汽车的行驶运动状态及实现其各种功能的控制器，被称为汽车的"行车计算机"。工作原理主要是集成各类传感器的信息、汽车总线数据，对行车意图进行判断，对行车指令进行预测，从而达到减少交通事故、提高交通效率的目的[20]。但是，随着汽车数字化、智能化的发展，使用 ECU 的地方越来越多，例如，ABS 系统、安全气囊系统、自动变速箱等都需要 ECU 进行控制。技术层面，各类 ECU 由不同的汽车零配件供应商提供，难以维护和更新；成本上，ECU 的计算能力不一致，不能充分使用的算力造成浪费，而且这种分布式的架构连接复杂，通信线束成本增加，信息安全也难以得到保障。在智能驾驶平台中，各种传感器，如相机、毫米波雷达和激光雷达，产生的数据量很大，各种不同的功能都需要这些数据，每个传感器模块的数据可能需要多方传输，从功能优化、数据安全及成本上考虑，这些传感器数据的计算最好都控制并集中在一套核心计算平台上，这就产生了对智能驾驶域控制器的需求。因此，为了解决信息安全及 ECU 的瓶颈，博世、大陆、德尔福等提出域控制器的概念，即采用高计算性能的多核 CPU 或 GPU 芯片，来相对集中地控制汽车计算单元域，以取代目前相对离散的分布式电子电气架构。

后来又出现多域控制器（multi domain controller，MDC），这是智能驾驶汽车对计算能力与安全冗余要求进一步提高，对智能驾驶汽车功能模块进行集中整合与分块后的结果。博世将整车控制分为动力域、底盘域、座舱域/智能信息域、智能驾驶域和车身域，五域较为完备地集成了 L3+车型的所有控制功能；在特斯拉 Model 3 中，域控制器得到进一步发展，形成了中央计算平台 Central & Zone Concept，分为中央控制模块、左车身控制器与右车身控制器。基于 Flexray 总线的宝马新一代架构共有 3 个域控制器，分别是车身域控制器、座舱域控制器、ADAS 域控制器。

智能驾驶域控制器为智能驾驶平台各软件组件的集成提供了运行平台。基于复杂接口、更高算力和多核处理器芯片，域控制器建立了一个集成平台，兼感知、融合、决策控制一体化平台型架构，灵活支持系统配置、传感器组合、通信接口与协议等。一般来说，域控制器的输入数据是环境感知数据（包含识别数据与定位数据），集成感知识别、决策规划、控制算法对数据进行分析，输出数据为车辆转向角度、油门开度、制动加速度、灯光等信息，完成对车辆的横、纵向控制。具体来说，智能驾驶汽车通过相机、激光扫描仪、毫米波雷达、GPS/INS、里程计等车载传感器对行车周围环境进行探测与自车高精度定位，然后通过数据预处理，经由信息融合算法，进行判断决策规划，进一步控制车辆行驶。

2.6 智能驾驶软件算法设计

智能驾驶软件算法设计是当前智能驾驶研究的热点和难点内容。它上接传感器驱动，下连线控底层，主要涵盖了多传感器数据的获取、数据融合、任务规划、路径规划、运动控制及底层执行一整套数据流。智能驾驶平台软件算法根据功能可分为高精度定位模块、环境感知模块、规划决策模块、高精度跟踪控制模块，详见图 2.7。

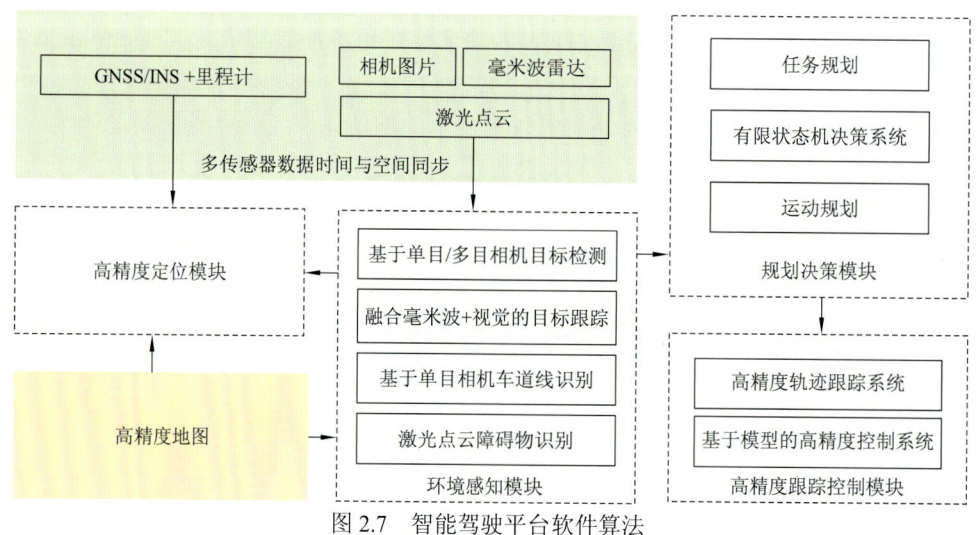

图 2.7 智能驾驶平台软件算法

首先是传感器数据的预处理。所有传感器数据在使用前，经时间同步控制器完成时间同步；通过外参标定，将多传感器数据转换至统一空间坐标系。

高精度地图是智能驾驶的核心组成部分，是定位与感知的依赖内容。高精度地图包含了大量驾驶辅助信息,其中最重要的就是道路网的精确三维表征,如交叉路口布局和路标位置等信息[21-22],高精度地图还包含了很多语义信息,包括信号灯颜色定义、道路限速信息、车辆转弯开始位置等。高精度地图有两个作用:一个是作为已知位置源辅助组合导航进行高精度定位;另一个是将提前采集的精细道路要素作为先验知识,与实时的环境感知数据进行融合,提升感知的精度与效率。小范围的高精度地图生产可利用 SLAM 技术自行建图,大范围高精度地图的生产依靠地图厂商的高精度移动测量采集设备,而当前大范围的高精度地图在生产成本与更新速度方面仍存在瓶颈。

高精度定位是智能驾驶汽车实现自主导航等基础智能驾驶功能的前提,高精度定位模块利用 GNSS/INS+车轮编码器进行组合导航实现自车定位。武汉大学智能驾驶平台高精度定位模块基于自研的 RTK/INS+里程计紧组合算法,匹配实时感知数据与高精度地图模型,实现了厘米级定位。

环境感知模块是智能驾驶汽车的"眼睛",是智能驾驶汽车研究内容的重要组成部分之一。武汉大学智能驾驶平台采用基于单目/多目相机进行道路目标检测,融合毫米波雷达与相机数据对目标检测数据进行跟踪,实现对道路参与者的识别与分类。基于单目相机进行车道线识别,可以有效地帮助车辆进行高精度的横向控制定位。另外,激光点云障碍物识别可帮助智能驾驶汽车获取周边障碍物精确位置信息。

而在规划决策方面,结合环境感知与高精度定位结果,根据导航任务,进行任务规划判断,给出智能驾驶汽车的全局导航路径信息;基于有限状态机决策系统寻优判断,决策局部场景模型,由运动规划子模块实时规划出局部可通行轨迹。

高精度跟踪控制模块将局部最优通行轨迹作为输入,结合车体运动学特性,计算下一时刻车辆运动的预期目标速度与方向,进一步由控制模型给出相应的控制参数。最终由底层执行机构执行控制指令。

参 考 文 献

[1] THRUN S, MONTEMERLO M, DAHLKAMP H, et al. Stanley: The robot that won the DARPA grand challenge[J]. Journal of Field Robotics, 2006, 23(9): 661-692.

[2] URMSON C, ANHALT J, BAGNELL D, et al. Autonomous driving in urban environments: Boss and the urban challenge[J]. Journal of Field Robotics, 2008, 25(8): 425-466.

[3] BUEHLER M, LAGNEMMA K, SINGH S, et al. Odin: Team victortango's entry in the darpa urban challenge[J]. Journal of Field Robotics, 2008, 25(8): 467-492.

[4] KATO S, TOKUNAGA S, MARUYAMA Y, et al. Autoware on board: Enabling autonomous vehicles with embedded systems[C]//2018 ACM/IEEE 9th International Conference on Cyber-Physical Systems (ICCPS), 2018: 287-296.

[5] KATO S, TAKEUCHI E, ISHIGURO Y, et al. An open approach to autonomous vehicles[J]. IEEE Micro, 2015, 35(6): 60-68.

[6] 冉斌, 谭华春, 张健, 等. 智能网联交通技术发展现状及趋势[J]. 汽车安全与节能学报, 2018, 9(2): 119-130.

[7] GERLA M, LEE E K, PAU G, et al. Internet of vehicles: From intelligent grid to autonomous cars and

vehicular clouds[C]// 2014 IEEE World Forum on Internet of Things (WF-IoT). Seoul, 2014: 241-246.

[8] 李克强. 中国智能网联汽车产业化过程中的挑战及发展对策[J]. 机器人产业, 2019(6): 54-57.

[9] 李克强, 戴一凡, 李升波, 等. 智能网联汽车(ICV)技术的发展现状及趋势[J]. 汽车安全与节能学报, 2017, 8(1): 1-14.

[10] HUNT R, LOWREY L, BANET M. Small-scale, integrated vehicle telematics device[P]. US.10/431947 [2005-10-18].

[11] YANG F, WANG S, LI J, et al. An overview of internet of vehicles[J]. China Communications, 11(10): 1-15.

[12] 陈虹, 郭露露, 边宁. 对汽车智能化进程及其关键技术的思考[J]. 科技导报, 2017, 35(11): 52-59.

[13] 肖已达. 面向城区综合环境的智能驾驶车辆平台及关键技术研究[D]. 上海: 上海交通大学, 2013.

[14] PETER D, GERHARD R. Electric power steering: The first step on the way to 'steer by wire'[E]// SAE International. Warrendale, PA, SAE Technical Paper, 1999.

[15] 陈善华, 魏宏, 李文辉, 等. 汽车电子转向技术发展与展望[J]. 汽车技术, 2003(1): 1-7.

[16] 刘齐. 汽车线控转向技术发展综述[J]. 芜湖职业技术学院学报, 2009, 11(2): 10-13.

[17] 王政军, 李星, 李源清, 等. 汽车线控技术的研究现状及展望[J]. 科技创新导报, 2015, 12(21): 8-9.

[18] 杨宗凯, 赵大胜, 王玉明, 等. 无线传感器网络时钟同步算法综述[J]. 计算机应用, 2005(5): 1170-1172, 1176.

[19] 陈长军. 车载移动测量系统集成关键技术研究[D]. 武汉: 武汉大学, 2013.

[20] 李力, 王飞跃, 郑南宁, 等. 驾驶行为智能分析的研究与发展[J]. 自动化学报, 2007(10): 1014-1022.

[21] 周勇, 刘尚魁. 构建基于Appollo的高精度地图解决方案[J]. 电子技术与软件工程, 2018(21): 139.

[22] 潘霞, 张庆余, 朱强. 高精度地图在智能驾驶领域的作用及意义解析[J]. 时代汽车, 2019(4): 49-50, 53.

第 3 章　基于视觉的环境探测

智能驾驶的实时环境探测技术是关键也是难点。环境探测可以看作一种对车辆周围三维环境的实时建模，将周围环境通过计算机视觉算法进行数字化表示，最终传输到智能驾驶大脑的中枢层，帮助车辆自身做出正确的行驶行为。环境探测依托于车端传感器数据的输入，感知内容包括动态的道路参与者和静态的道路状况、交通设施等一切有助于帮助车辆行驶的信息。

计算机视觉最早开始于 20 世纪 70 年代的人工智能研究。从工程学的角度来看，它是利用计算机来实现人类视觉系统可以完成的任务，主要包括数字图像和 3D 图像的采集、处理和分析方法。其应用领域主要有医疗成像、工业机器人自动检测、安保和统计、人机交互等。最近才火爆起来的智能驾驶汽车也是计算机视觉发挥重要作用的市场。将计算机视觉技术应用于高级驾驶辅助系统（ADAS）和智能驾驶领域最成功的公司当属以色列的 Mobileye，其股票市值超过 10 亿美元，全球主要汽车厂商和 Tier1 汽车零配件供应商都在使用该公司的视觉感应处理芯片 EyeQ 及配套的自动感应系统。2018 年 Mobileye 与 BMW 和 Intel 达成合作联盟，共同开发智能驾驶平台和地图。智能驾驶技术链非常长，但基本可分为三个阶段：感知、决策和控制。计算机视觉技术主要应用在智能驾驶的感知阶段，其基本原理大致为：①使用双目视觉系统获取场景中的深度信息，它有助于进行后续的图像语义理解，在智能驾驶中有助于探索可行驶区域和目标障碍物；②通过视频来估计每一个像素的运动方向和运动速度；③对物体进行检测与追踪，智能驾驶中主要是各种车辆、行人、非机动车；④对于整个场景的理解最重要的有两点，第一是道路线检测，第二是在道路线检测下更进一步，即把场景中的每一个像素打成标签，这叫作场景分割或者场景解析；⑤SLAM 技术[1]。随着智能驾驶等新兴技术的快速发展，计算机视觉和机器视觉在传统意义上的区别也变得模糊不清。无论是在工厂还是在商店，是在高速公路上还是在空中，都将看到越来越多的智能"眼睛"在扫视和采集周围环境信息。这些智能设备的普及不但可以解放人手，而且连人的眼睛也可以解放出来。

3.1　智能驾驶中的机器视觉

机器视觉在智能驾驶系统中具有非常重要的作用，相当于驾驶员的眼睛，对周围驾驶环境信息的获取占到 80%，是整个系统中一个发挥着重要作用的部分。机器视觉在智能驾驶汽车中的应用主要有以下两个方面。

（1）障碍物检测。车辆在智能驾驶过程中，会遇到各类不可预知的障碍物，而电子地图只能帮助车辆选择路线，无法显示道路现实情况。因此，对于路面上可能出现的障碍物，只能在车辆的行驶过程中实时检测发现并且及时避开。目前智能驾驶汽车的环境正处于发展初期，对于障碍物的定义暂时没有统一标准，一般将一切影响车辆在道路上正常行驶的物体或地形都称之为障碍物。

障碍物检测算法主要有三种：分别是基于立体视觉、基于特征和基于光流场的障碍物检测法。其中，基于立体视觉的算法是目前障碍物检测的主流研究方向。该算法的优点是能实时检测到障碍物的位置、对于可检测到的障碍物运动状态没有限制并且不需要预先获知障碍物信息，缺点则是需要对摄像机进行动态标定。

（2）道路环境检测。道路环境检测对于车辆的智能驾驶有着重要的意义。它的主要目的是确定汽车在行驶过程中的位置和方向，使车辆能够按照导航的正确路线行驶。另外，它还能有助于缩小障碍物检测区域确定搜索范围、降低算法的复杂度和误识率。鉴于现实中地形复杂，路面状况各不相同，再加上气候、光照等自然环境因素带来的影响，道路环境的检测尤为困难。目前还没有一个能够应对以上所有问题的通用算法，一般都是假定汽车行驶的道路为某一种特定情况，再据此提出具有针对性的算法。例如，道路平坦假设、道路等宽假设、特定兴趣区域假设等。机器视觉技术主要包括硬件和软件部分。目前硬件发展已经十分成熟，如倒车影像、各类行车记录仪、广角视野等功能的实现都应用了摄像头技术，另外，能对图片进行高效压缩处理的芯片技术也已经存在，难点主要在于软件方面，即模拟神经网络的视觉算法。

3.1.1 机器视觉的三个层次

机器视觉在信息处理过程中可以分为图像获取、图像处理和分析、图像显示或输出三个层次。

而基于信息处理系统的角度，对视觉系统的研究可分为计算理论层次、表达与算法层次及硬件实现层次。

计算理论层次要确定视觉系统的计算目的与计算策略或者视觉系统的输入、输出，即通过系统的输入得到系统输出。在这一层次上，二维图形输入视觉系统后经过处理得到三维物体的位置、形状和姿态，而视觉系统的任务就是建立输入、输出之间的约束关系，使其能够由二维灰度图恢复物体的三维信息。表达与算法层次，顾名思义，是要进一步确定如何表达输入输出信息、如何用算法实现计算理论对应的功能及如何变换表示方法。通常用不同表达方式完成同一计算的算法会有不同之处，其中，D.Marr 的视觉计算理论立足于计算机科学，系统地概括了心理物理学、神经生理学、临床神经病理学等方面已取得的所有重要成果，是迄今为止最为系统的视觉理论。此外，硬件实现层次要确定如何用硬件实现上述表达与算法，需要解决诸如计算机体系结构及具体的计算装置与其细节等问题。

从信息处理的角度来看，由于构成知觉的计算本质在于解决计算问题，最高层次即计算理论层次尤为重要。换而言之，只有正确把握问题的本质，才能更好地理解并创造解决问题的算法，若仅仅考虑解决问题的机制和物理实现，往往对于算法的理解收效甚微。

3.1.2 智能驾驶中常用的视觉特征

智能驾驶中常用的视觉特征主要有哈尔（Haar）特征、HOG 特征、LBP 特征等。

1. Haar 特征

全部的 Haar 特征主要有线性特征、边缘特征、中心特征及对角线特征这 4 类,如图 3.1 所示。特征模板内有白色和黑色两种矩形,并定义该模板的特征值为白色矩形像素和减去黑色矩形像素和[2]。灰度变化情况可以由 Haar 特征值体现。但作为矩形特征,Haar 特征只对部分简单的图形结构较为敏感,如线段、边缘等。因此,Haar 特征只能用于描述特定方向的结构,如水平、垂直和对角方向。

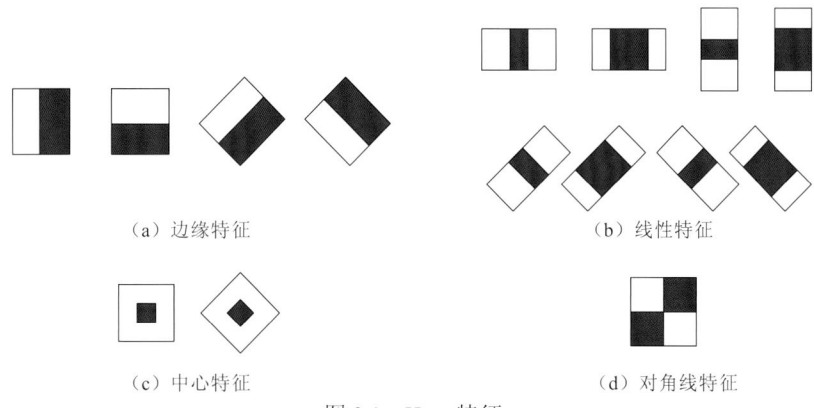

（a）边缘特征　　　　　　　　　　（b）线性特征

（c）中心特征　　　　　　　　　　（d）对角线特征

图 3.1　Haar 特征

实际中,Haar 特征可以在检测窗口中由放大+平移产生一系列子特征,但是白:黑区域面积比始终保持不变。Haar 特征值是整个 Haar 区域内所有像素和与黑色区域内所有像素和的加权和,如下:

$$\text{FeValues}(x) = \text{weight}_{all} \times \sum_{\text{Pixel} \in all} \text{Pixel} + \text{weight}_{black} \times \sum_{\text{Pixel} \in black} \text{Pixel} \quad (3.1)$$

式中:FeValues(x)为 x 区域的 Haar 特征值;weight_{all} 为 Haar 区域内的所有像素的权重值;weight_{black} 为 Haar 区域内黑色区域的权重值;Pixel 为当前位置的像素值。

Haar 特征的维数较多,造成计算时速度较慢,所以为了加速计算这些特征,选择积分图[3]的方式。若图像内一个像素点的坐标为 (x, y),其积分图为像素值之和,为

$$S(x, y) = \sum_{x' \leqslant x,\ y' \leqslant y} I(x', y') \quad (3.2)$$

式中:$S(x, y)$ 为 (x, y) 位置的积分图;$I(x', y')$ 为 (x', y') 位置的像素值,x 和 y 是 Haar 区域的界限。

积分图不需每次遍历像素值,只需要一次迭代便可在常数时间内快速得到任何大小尺寸的特征值,从而加快 Haar 特征的计算速度。

2. HOG 特征

HOG 特征也就是方向梯度直方图（histogram of oriented gradient）。Dalal 和 Triggs[4]于 2005 年提出 HOG 特征的概念,它是一种在计算机视觉和图像处理中非常常见的特征,一种被广泛应用于目标检测的特征描述子。

HOG 特征是利用计算并统计所在图像区域的方向梯度直方图而来的。借用 HOG 特

征，可以很好地描述图像的边缘轮廓特征。在图像识别领域，HOG+SVM 的方法已经被广泛采用，特别是在行人识别方面，更是效果显著。基本上提到行人识别，大家都会对最经典的 HOG 特征有所印象。

HOG 特征的提取过程如下。

（1）为了减少光照、雨雪等对 HOG 特征值计算的影响，对图像进行归一化处理，标准化 Gamma 空间及颜色空间。

（2）图像中的 x 方向、y 方向的导数可以近似为

$$G_x(x,y) = I(x+1,y) - I(x-1,y) \tag{3.3}$$

$$G_y(x,y) = I(x,y+1) - I(x,y-1) \tag{3.4}$$

式中：$I(x,y)$ 为 x，y 位置的像素值。

其梯度为

$$G(x,y) = \sqrt{G_x(x,y)^2 + G_y(x,y)^2} \tag{3.5}$$

梯度方向为

$$\alpha(x,y) = \tan^{-1}\left(\frac{G_y(x,y)}{G_x(x,y)}\right) \tag{3.6}$$

（3）将整个样本图像划分成 8×8 像素大小的子块，将梯度方向的统计数目设为 9，统计梯度直方图。

（4）光照及前景背景对比使得梯度幅值变化范围非常大，这使得局部的方向梯度可能不适合描述目标整体特征。由 4 个子块组成一个块，对其中包含的方向梯度直方图进行累加，利用累加结果对 4 个子块的方向梯度直方图进行归一化处理。4 个子块的直方图相连接组成一个 36 维的特征向量。

（5）为了进一步减少局部极值对最终 HOG 特征的影响，通常设计一个滑动增量，块每次水平或竖直移动 8 个像素，并在新的位置计算该块所对应的 36 维向量。

3. LBP 特征

局部二值模型（local binary patterns，LBP）也是计算机视觉中常用的纹理算子。LBP 算子在 1994 年第一次被提出[5]。由于其定义简单，效率高并且便于扩充，同时其特征计算过程简单、具有灰度不变特性及抗旋转等特性，很快引起了广泛关注。LBP 算子和 HOG 算子类似，同样是先将图像划分成若干子块，在子块内计算该区域的 LBP 编码，进而使用直方图的形式将各子块内计算的 LBP 编码结果组成最终的 LBP 特征值。

LBP 计算过程：首先在灰度图像中选取 3×3 的邻域，共有 9 个像素值，将中间的像素值设为阈值，其他 8 个像素值和中间值比较，若大于阈值，则该位置被记为 1，小于阈值则被记为 0；这样便在区域内生成了 8 位二进制数，将这 8 个数按一定规则排列形成一位二进制数，该二进制数所代表的十进制值即为中心像素的 LBP 值，利用此值即可描述车辆特征，如图 3.2 所示。

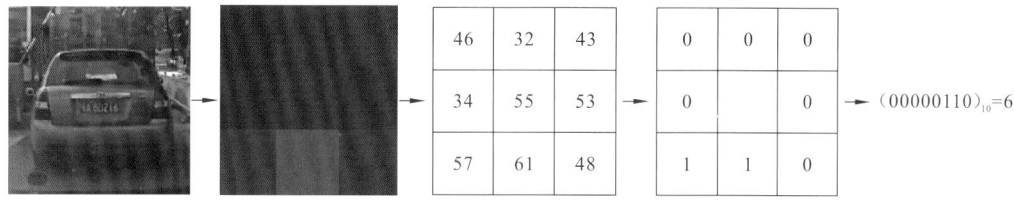

图 3.2 LBP 特征计算

计算过程用公式表示为

$$\text{LBP}(x_c, y_c) = \sum_{p=0}^{p-1} 2^p (i_p - i_c) \tag{3.7}$$

式中：(x_c, y_c) 为区域中心像素坐标；p 为邻域内第 p 个像素；i_p 为第 p 个像素的灰度值；i_c 为区域中心像素的灰度值。

这时考虑将 LBP 纹理图划分成若干个子区域，在各个子区域中利用直方图统计该区域内的 LBP 值的分布。进一步将这些直方图连接组成最终描述目标的特征向量。在这个过程中，划分子区域体现了对位置信息的保留，同时在子区域内使用直方图则体现了对局部细节的统计性描述。

3.1.3 智能驾驶中常用的特征分类

在智能驾驶技术中，特征的分类会有多种情况，具体如下。

1. 支持向量机

支持向量机（support vector machine，SVM）是一种常见的二分类模型，其基本模型是特征空间中的最大间隔的线性分类器[6]。因为采取的是间隔最大的线性分类器，所以它和感知机不同。由于支持向量机中还使用到了核技巧，实质上支持向量机是一个非线性的分类器。它所采用的学习策略是间隔最大化，因此可视作一个凸二次规划的求解问题。同样，它也可视作最小化一个正则化的合页损失函数问题。支持向量机的学习算法即求解凸二次规划问题的最优化算法。

构建从简单到复杂的模型是支持向量机的学习方法之一，包括线性可分 SVM、线性 SVM 和非线性 SVM。简单模型可以看作复杂模型的基础，也可以看作复杂模型的特殊情况。根据训练数据是否线性可分，所采用的间隔最大化方法也有所差异，因此最终得到的支持向量机也被分成三类。通过对线性可分的训练数据进行硬间隔最大化学习得到线性可分的支持向量机。而对近似线性可分的训练数据，则利用软间隔最大化的学习方法得到线性支持向量机。同时，对于线性不可分的训练数据，利用核技巧和软间隔最大化的方法得到非线性的支持向量机。

2. 级联分类器

Adaboost 算法是一种常用的级联分类算法[7]，使用数据迭代的思想。在进行训练时，使用 Boosting 算法对训练数据进行分类，判断样本是否分类正确，若分类正确，给予较小的权值，反之则给予较大的权值，这样在后面弱分类器的训练中就可以将重心放在误分类的数据上，经过多次迭代之后得到数个弱分类器，最后使用 Adaboost 算法将弱分类器级联形成强分类器。

Adaboost 算法由以下三步组成。

（1）训练参数初始化。若训练集中有 N 个采样数据，将每个样本都分配给相同的参数，则

$$D_1 = (W_{11}, W_{12}, \cdots, W_{1n}), \quad W_{1n} = 1/N; i = 1, 2, \cdots, N \tag{3.8}$$

式中：D_1 为第一次迭代每个样本的权值；W_{11} 为第一次迭代时第一个样本的权值；N 为样本总数。

（2）训练弱分类器。在训练迭代时，若一个样本已经被划分为正样本，那么在下一次迭代中，其权值会被降低；相反，如果样本被错误分类，那么权值会相应增大，这些更新过权值的样本会进入下一个阶段的训练。进行 t 轮迭代的过程如下。

训练权值为 D_t 的样本集得到基础分类器：

$$g_t(x): x \longrightarrow \{0,1\} \tag{3.9}$$

式（3.9）表示第 t 次迭代时的弱分类器将样本 x 要么分类成 0，要么分类成 1。

在得到弱分类器 $g_t(x)$ 后，计算每个弱分类器的分类误差，然后选出错误率最小的分类器，其中，分类误差 ε_t 为被误分类样本的加权和。

$$\varepsilon_t = \sum_{i=1} w_i |g_i(x_i) - y_i| \tag{3.10}$$

式中：y_i 为第 i 个样本的标注类型；w_i 为第 i 个样本的权值。

计算 $g_t(x)$ 的系数，其中，α_t 是一个比较重要的参数，它决定弱分类器 $g_t(x)$ 在最终分类器所占的重量，$0 \leq \alpha_t \leq 1/2$，若 ε_t 增大，那么 α_t 将随之减小，这也就意味着 $g_t(x)$ 的误差率减小，说明在对目标进行分类时，$g_t(x)$ 在级联分类器中占较大的判决比重，使得整个分类器在对样本进行分类时更加准确。首先通过 ε_t 计算出系数参数 β_t，然后通过 β_t 计算出 α_t：

$$\beta_t = \frac{\varepsilon_t}{1-\varepsilon_t}, \quad \alpha_t = \log \frac{1}{\beta_t} \tag{3.11}$$

在新一轮训练开始之前，需要重新计算训练数据的权值分布，使被误分类的样本权值变大，正确分类的样本权值减小。计算方法如下，通过之前获得的系数参数和设定的样本类型进行权值更新：

$$\begin{cases} w_{t+1,i} = w_{t,i} \beta_t^{1-e_i} \\ e_i = \begin{cases} 0, & g_t(x_i) = y_i \\ 1, & \text{其他} \end{cases} \end{cases} \tag{3.12}$$

（3）在弱分类训练完成后，通过级联的方式将弱分类组合起来得到强分类器。其中在组成的强分类器中，误差率小的分类器在级联分类器中起到决定性作用。

$$G = \sum_{t=1}^{T} \alpha_t g_t \tag{3.13}$$

式中：g_t 为第 t 个弱分类器；α_t 为它对应的话语权参数。

3.2 车道线检测与跟踪

智能车辆视觉感知系统的核心研究内容就是基于计算机视觉车道检测算法，即如何根据道路图像，通过一定的计算机图像和视觉技术的处理，从中提取车道边缘的曲率和车道宽度等信息。其中，结构化道路以车道标线为道路边缘的视觉检测是其需要实现的最重要功能。

3.2.1 车道线检测框架

常规的车道线检测算法流程如图 3.3 所示[8]，从图中可以看出，车道线的检测流程主要有 6 个步骤，分别如下。

（1）读取图像：读取相机的数据，以帧为单位。

（2）逆透视变换：根据之前灭点的计算，可以得到一个感兴趣区域，然后对该感兴趣区域进行逆透视变换。

（3）预处理：预处理主要包括两步：高斯滤波和二值化。高斯滤波主要用来去除噪声，对图像进行二值化是为后续的 Hough 变换检测直线做准备。

（4）Hough 变换检测直线：对二值化之后的图像进行 Hough 变换，找到图像中所有的直线，然后根据车道线的一些特征，如车道线之间的距离等信息排除一些干扰的直线。

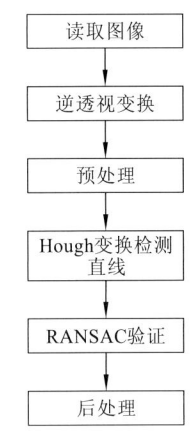

图 3.3 车道线检测算法流程图

（5）随机一致性采样（random sample consensus，RANSAC）验证：对之前检测出的直线，设定一个矩形框，该矩形框能刚好包围该直线，然后在该矩形框里进行 RANSAC 验证，主要包括两步：RANSAC 直线验证和曲线验证。其中，RANSAC 直线验证主要是找到一个最优的车道线结果，而 RANSAC 曲线验证则是找到可能存在的比较弯曲的车道线。

（6）后处理：这一步主要是对检测的结果进行简单的验证，并且对车道线进行延长，使得检测出的结果更加鲁棒。

3.2.2 边缘特征提取

在计算机视觉、机器视觉和图像处理中，边缘检测是一个通常被用于特征提取和特征检测的基本操作。边缘检测可以检测出一张数字图像中不连续的区域或者有明显变化的边缘，类似的操作在一维空间被称为步长检测。边缘是指一幅图像中的不同曲面之间的边界线，一般来说，所谓的边缘图像即为一个二值图像。通常亮度急剧变化的区域都是受到关注的，而边缘检测的目的就是捕获这些区域。一张图像中区域不连续的情况主要有：图像（梯度）朝向不连续、图像光照（强度）不连续、图像深度不连续、纹理变化。对给定图像进行边缘检测，只要情况理想，就能得到一系列表示对象边界的连续曲线。因此，应用边缘检测算法后的图像，数据量将大幅减少，许多不重要的信息被过滤掉，只留下图像的重要结构，之后所要处理的工作得到了极大的简化。然而，图像分割往往会破坏从普通图像上提取的边缘，使得检测到的曲线出现不连续的情况，丢失边缘线段，而且还会出现一些不感兴趣的边缘，因此需要保证边缘检测算法的准确性[9]。边缘检测算法有很多，如通过 Canny 算子和 Sobel 算子进行边缘提取。

3.2.3 基于 B-Snake 模板的车道线检测算法

Wang 等[10]在 2002 年提出了一种基于 B-Snake 曲线的车道线检测与跟踪的方法，该算法不需要摄像机的任何参数。B-Snake 曲线可以通过一系列的控制点生成任意形状的曲线。通过透视平行直线，该算法可以同时检测单车道的两条车道线。通过基于边缘的灭点估计（canny/hough estimation of vanishing points，CHEVP）算法来给 B-Snake 曲线初始化参数。同时，使用最小均方误差估计方法来生成 B-Snake 模型的几个关键点。算法的步骤如下。

（1）建立车道模型：在车道线的检测算法中，车道模型有利于提高识别的抗噪性和稳定性。为了从 2D 图像中完全恢复 3D 信息，车道模型做了几个关于道路结构的假设，如在世界坐标系下，单车道的双车道线之间几乎是相互平行的，如图 3.4（a）所示。此外，假设两条车道线之间的距离 $D=(x_r-x_l)$，其中，x_r 和 x_l 分别为左和右车道线的点横坐标。当从世界坐标系转换到图像坐标系时，水平距离 $d=(c_r-c_l)$，根据转换关系可得

$$d = \frac{\lambda^2 D(r-h_z)}{H(\lambda^2 + h_z^2)} \tag{3.14}$$

式中：λ 为摄像机的物理焦距；H 为摄像机的高度；h_z 为图像中的灭点位置；r 为图像的竖直坐标，如图 3.4（b）所示。

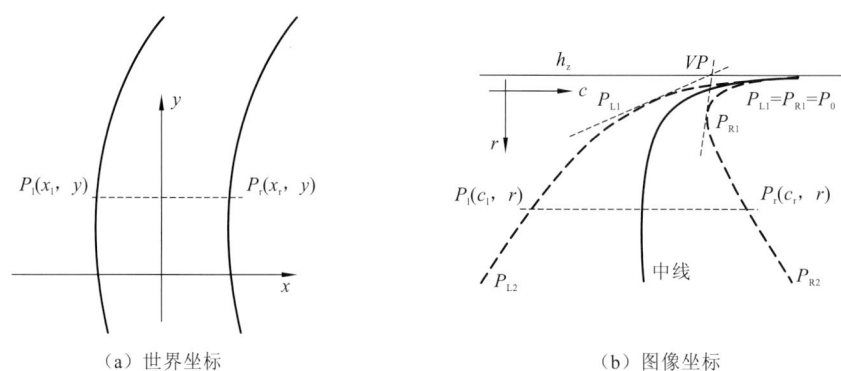

（a）世界坐标　　　　　　　　　　（b）图像坐标

图 3.4　世界坐标系下的车道线

水平距离 d 又可以定义为

$$d = k(r - h_z) \tag{3.15}$$

式中：$k = \dfrac{\lambda^2 D}{H(\lambda^2 + h_z^2)}$，假设定义图 3.4（b）中车道中线的坐标为

$$L_{\text{mid}} = (c_m, r_m) \tag{3.16}$$

因此，左边车道线模型为

$$L_{\text{left}} = (c_l, r_l) \tag{3.17}$$

式中：$c_l = c_m - \frac{1}{2}d = c_m - \frac{1}{2}k(r_l - h_z)$，并且 $r_l = r_m$。

同理，得到右边车道线模型为

$$L_{\text{right}} = (c_r, r_r) \tag{3.18}$$

式中：$c_r = c_m + \frac{1}{2}d = c_m + \frac{1}{2}k(r_r - h_z)$，并且 $r_r = r_m$。

基于上面给定的模型，检测两条车道线的问题变成检测车道中线的问题。下一步，将会基于图像数据对 k 值进行估计。

（2）B-Snake 样条曲线表示车道线：假设有 $n+1$ 个控制点 $\{Q_0, Q_1, \cdots, Q_n\}$ 形成的三阶 B 样条曲线，其包含 $n+2$ 个相连的线段，其中，$g_i(s) = (r_i(s), c_i(s))$，$i = 1, 2, \cdots, (n-2)$。每一条线段都是含有参数 s 的 4 个控制点的线性组合，其中，s 的取值范围为 $0 \leqslant s \leqslant 1$。因此，可以表示为

$$g(s) = \sum_i M_i(s) Q_i \tag{3.19}$$

式中：$M_i(s)$ 为曲线的基本函数。

下面利用 B-Snake 样条曲线的一系列控制点来表示车道的中线和参数 k，从而确定车道模型的左右边界。为了使得 B 样条曲线通过第一个和最后一个控制点，假设最初的三个控制点相等，并且最后的三个控制点也相等。

道路模型的中线用 B-Snake 曲线描述如下：

$$L_{\text{mid}} = (c_m, r_m) = M_R(s) \begin{bmatrix} Q_{i-1} \\ Q_i \\ Q_{i+1} \\ Q_{i+2} \end{bmatrix} \tag{3.20}$$

式中：$i = -1, 0, 1, 2, \cdots, n$。

车道模型的中线又可以用 $E_{\text{M\_sum}}(s)$ 来代替，$E_{\text{M\_sum}}(s)$ 是由车道的左右两边决定的，计算方法如下：

$$E_{\text{M\_sum}}(s) = E_L(s) + E_R(s) \tag{3.21}$$

如图 3.5 所示，图中实线为真实的车道边界，虚线为估计的车道模型，从图中可以看出 $E_{\text{M\_sum}}(s)$ 将会使得车道模型向左偏移。

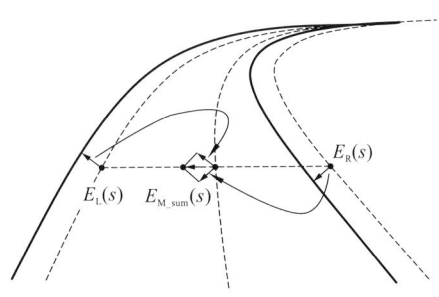

图 3.5 外部因素车道模型中线的影响

同理，假设水平组成部分 $E_L(s)$ 和 $E_R(s)$ 的差分表示为 $E_{M\_dif}^c(s)$，该参数将会影响参数 k 的调整，其计算公式如下：

$$E_{M\_dif}^c(s) = E_L^c(s) - E_R^c(s) \tag{3.22}$$

图 3.6 显示了 $E_{M\_dif}^c(s)$ 将会如何影响参数 k，使其增加[图 3.6（b）]或者减少[图 3.6（a）]，图中实线为真实的道路边界，虚线为估计的车道模型。在图 3.6（a）中，估计的车道模型的左边位于真实道路左边界的左边，估计的车道模型的右边位于真实道路右边界的右边。从图 3.6（a）可以看出 $E_{M\_dif}^c(s)$ 指向右边，因此定义其为参数 k 降低的主要因素。相反，在图 3.6（b）中，$E_{M\_dif}^c(s)$ 指向左边，因此定义其为参数 k 增加的主要因素。

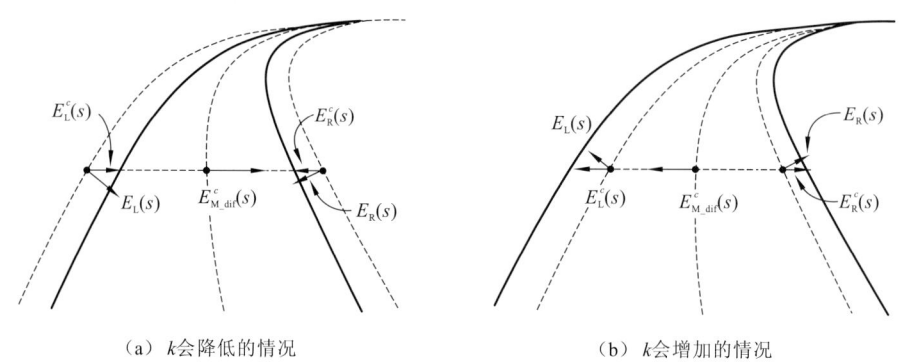

（a）k 会降低的情况　　　　　（b）k 会增加的情况

图 3.6　参数 k 调整的因素

图 3.7 为 B-Snake 方法的检测结果，从图中可以看出，识别的结果准确率高，鲁棒性好，但是在有车道破损、阴影和光照强度等因素存在时，该算法的准确率不是很理想，并且车道模型仅仅初始化一次，在车道线跟踪的时候如果某一帧出现错误，则会有误差积累。除此之外，算法复杂度比较高、计算量较大，目前该算法仍然处于理论研究阶段，很难满足实时性的要求。

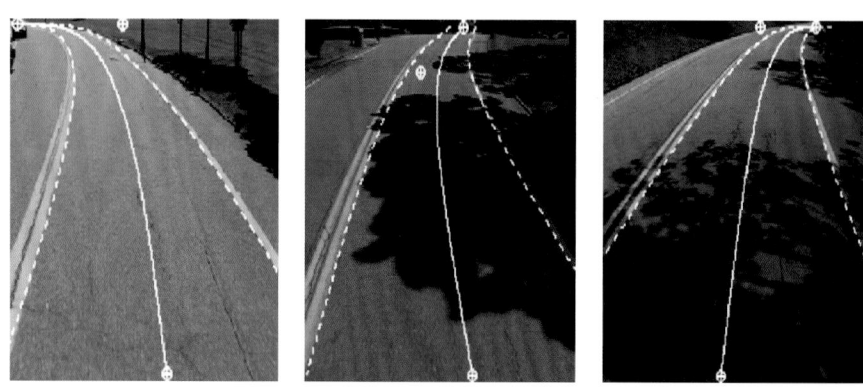

图 3.7　B-Snake 方法的检测结果

3.2.4　基于车道模型和 EKF 的车道线检测算法

由于车辆行驶过程中自身震动、光照强度变化、车道标线破损、路面污浊等因素的影响，不能保证获取车道线的完整性，所以根据道路几何学和车辆动力学建立车道模型并与扩展卡尔曼（Kalman）滤波器相结合，在检测出车道线后利用扩展 Kalman 滤波器进行跟踪估计，大大提高了车道线识别的精度，保证了算法的准确性与鲁棒性。基于车道模型和扩展 Kalman 滤波器的车道线识别算法[11]步骤如下。

1. 边缘点的提取

首先对图像分区域，分为远和近两个区域，设定每个区域中扫描线的数目，然后依次扫描指定扫描线的每个像素，并用以下公式计算每个像素的边缘强度：

$$E(i) = -\sum_{k=-L}^{-1} I(i+k) + \sum_{k=1}^{L} I(i+k) \tag{3.23}$$

式中：$E(i)$ 为扫描线上像素点的边缘强度；$I(i)$ 为像素点的像素值；L 为像素尺度，边缘点检测结果如图 3.8（b）所示，可以看出该滤波算子可以检测到车道中所有车道线上的左右两边的边缘点，准确性和有效性都比较好。

（a）扫描线设定图　　　　　　（b）边缘点检测

图 3.8　边缘点的提取

2. 改进的 Hough 变换

对车道模型重新定义了新的参数空间，将提取到的边缘点在参数空间进行投票。自定义参数空间示意图如图 3.9 所示。直线被定义为 $x = p + y(q/d)$，其中，p 表示直线下端的偏移，参数 q 表示直线上端的偏航。

参数空间的投票算法步骤：边缘点坐标转换，将图像像素坐标系下的边缘点转到世界坐标系中。对边缘点进行 q 的遍历，查表得到对应的 p，并对相应的累加器加 1。其中，p，q 都有相对的取值范围。比较参数空间的值，通过搜寻参数空间的极大值寻找所有可能的候选直线。

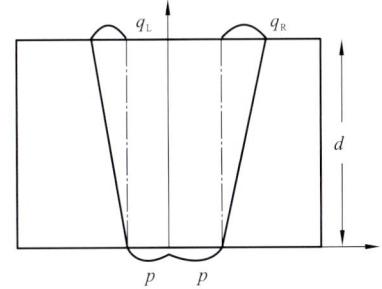

3. 候选线的提取与估计点选择

图 3.9　参数空间示意图

根据车道线的平行和宽度约束可以从前一步的候选直线提取车道线，并从其车道线上选取用来估计车道模型的估计点，选取估计点的原则是图像中距离车体越远的地方，边界点间距离越近，否则边界点间距离越远，从而保证后面车道线的跟踪估计的合理性和准确性。从候选车道线中选取的估计点如图 3.10 所示。

（a）候选车道线

（b）用于参数估计的边界点

图 3.10 边界点的选取

4. 车道模型和扩展 Kalman 滤波

根据道路几何学和车辆动力学对车道进行合适的建模[12]，定义道路边界模型如下：

$$x_{t,k}(z) = \frac{1}{2}kW_t + e_t + \theta_t z + \frac{1}{2}c_{0,t}z^2 + \frac{1}{6}c_{1,t}z^3 \tag{3.24}$$

式中：$x_{t,k}(z)$ 为 t 时刻离车辆距离为 z 的车道边界点的位置；$k = -1$ 或 1 分别为车道模型的左右车道线；e_t 为车体中心与车道中心的偏移；θ_t 为车体的前进方向与车道线切线方向之间的夹角；$c_{0,t}$ 和 $c_{1,t}$ 分别为车道线曲率和曲率变化率，待估计的参数如下：

$$x(t) = (\dot{\theta}_t, \theta_t, \dot{e}_t, e_t, c_{1,t}, c_{0,t}, \phi_t, W_t) \tag{3.25}$$

分析扩展 Kalman 滤波器的更新过程[13]。状态方程和测量方程由如下非线性随机差分公式表示：

$$\begin{cases} x(t) = f(x(t-1), u(t-1), w(t-1)) \\ y(t) = h(x(t), v(t)) \end{cases} \tag{3.26}$$

式中：随机变量 $w(\cdot)$ 和 $v(\cdot)$ 分别为零均值的系统过程噪声和测量噪声；$u(t-1)$ 为控制函数。

扩展 Kalman 滤波器的状态向量与观测向量的时间更新为

$$\begin{cases} \hat{x}_p(t) = f(\hat{x}(t-1), u(t-1), 0) \\ \boldsymbol{P}_p(t) = \boldsymbol{A}(t)\boldsymbol{P}(t-1)\boldsymbol{A}(t)^{\mathrm{T}} + \boldsymbol{W}(t)\boldsymbol{Q}(t-1)\boldsymbol{W}(t)^{\mathrm{T}} \end{cases} \tag{3.27}$$

式中：$\hat{x}_p(t)$ 为 t 时刻的先验状态估计；$\hat{x}(t)$ 为 t 时刻的后验状态估计；$\boldsymbol{A}(t)$ 和 $\boldsymbol{W}(t)$ 为 t 时刻的过程雅可比矩阵；$\boldsymbol{P}_p(t)$ 和 $\boldsymbol{P}(t)$ 分别为先验估计误差协方差矩阵和后验估计误差协方差矩阵；$\boldsymbol{Q}(t)$ 为过程噪声协方差矩阵。

测量更新中的 Kalman 增益为

$$\boldsymbol{K}(t) = [\boldsymbol{P}_p(t)\boldsymbol{H}(t)^{\mathrm{T}}][\boldsymbol{H}(t)\boldsymbol{P}_p(t)\boldsymbol{H}(t)^{\mathrm{T}} + \boldsymbol{V}(t)\boldsymbol{R}(t)\boldsymbol{V}(t)^{\mathrm{T}}]^{-1} \tag{3.28}$$

式中：$\boldsymbol{H}(t)$ 和 $\boldsymbol{V}(t)$ 为 t 时刻的测量雅可比矩阵；$\boldsymbol{R}(t)$ 为测量噪声协方差矩阵。

测量更新中的后验估计误差的协方差矩阵为

$$\boldsymbol{P}(t) = \boldsymbol{P}_p(t) - K(t)\boldsymbol{H}(t)\boldsymbol{P}_p(t) \tag{3.29}$$

测量更新中用观测向量更新估计为

$$\hat{x}(t) = \hat{x}_p(t) + K(t)[y(t) - h(\hat{x}_p(t),0)] \quad (3.30)$$

式中：$y(t)$ 为 t 时刻在图像像素坐标系中实际获取到的特征点的横坐标值；$h(t)$ 为由观测矩阵推导出的观测值。

3.2.5 基于深度学习的车道线检测

随着2012年后深度学习技术的发展，涌现出一批基于深度学习的车道线检测方法，将车道线检测的技术和性能提高到一个新的高度。其中，比较有代表性的方法简要介绍如下。

文献[14]提出了一个端到端学习的方法来直接检测当前车道，主要使用了 SegNet，并使用了不同的开源数据集进行预训练。该网络的编码器通过分层抽象提取特征，而解码器通过上采样重建分段图像。编码器部分与视觉几何组 16（visual geometry group16，VGG16）网络的前 13 个卷积层具有相同的结构，其生成特征映射。为了解决梯度消失和爆炸问题，减少训练过程中损失收敛的迭代次数，还包括批处理归一化技术并使用整流线性单元（rectified linear unit，ReLU）作为激活函数。解码器部分对编码器执行上采样。在通过最终的反卷积层之后，使用可训练的多类 soft-max 分类器来对每个像素进行分类。由于该方法考虑了训练过程中输入图像的全部内容，对环境条件的阻塞和变化不敏感。此外，通过收集各种路况，构建了一个适用于深度神经网络训练的广泛数据集。

文献[15]通过卷积神经网络利用语义分割解决了传统RGB图像中道路场景分割和车道预测的问题，算法实现了分割质量和运行速度上的平衡。该算法结构基于完全卷积网络，即具有类似于分类网络的下采样部分和将特征图扩展到高分辨率向上卷积部分。使用视觉几何组（VGG）分类网络进行初始化，每个上采样层通过双线性插值将输入进行上采样 2 倍，在每次上采样操作之后，使用 ReLU 来更好地处理梯度消失的问题。通过 ReLU 之后的上采样滤波器用作下一个卷积层的输入，在第一层上采样之后加入随机失活（dropout）层以避免过度拟合。为了让网络对道路、车道分割在内存消耗和运行时间上更加有效率，优化了网络结构的参数，具体表现在：①将全连接层的滤波器个数从 4 096 减少到 1 024；②将 7×7 的卷积核变为 3×3 的卷积核。减少参数之后不可避免会造成系统的准确率下降，为此对上采样部分进行了优化改进，具体表现在：增加了上采样网络的宽度，借鉴 U-Net 网络结构，使用标量 C 乘以滤波器的数量，即每个类使用多个过滤器，而没有相当大的网络参数增加。在训练集方面选择开源的 KITTI 数据集，由于用于道路和车道训练的样本数量少，为此，对原始数据进行了一系列数据转换增加样本，包括图像缩放和在 HSV 表示的色调通道添加额外的值等方式。整个网络在 NVIDIA Titan X GPU 上进行训练和测试。具体结构如图 3.11 所示。其中，ReLU 为线性整流函数，Softmax 为归一化指数函数。

文献[16]提出一种语义分割算法并将其运用于车道线的检测（lane marking detection，LMD），LMD 采用 Encoder-Decoder 结构模式，其中，Encoder 部分采用改进的 VGG16 作为基础网络提取车道线特征，丢弃了 VGG16 网络的全连接层，并去掉了 VGG16 中后两个最大池化层，利用空洞卷积可以扩大感受野的特点，将第 11 至第 13 卷积层设置为空洞卷积。Decoder 部分采用 SegNet 同样的方式实现上采样，最后对分割出的车道线使用多项式拟合完成检测。

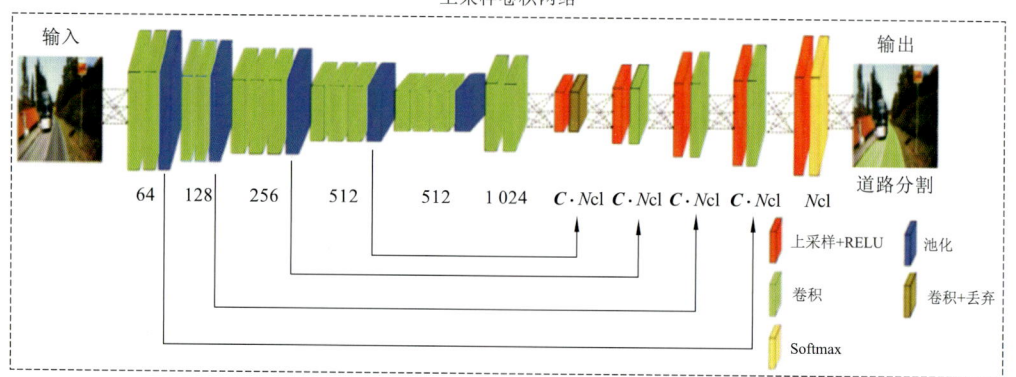

图 3.11 道路分割和车道检测结构示意图

部分深度学习模型以像素方式分割出车道,但只能处理预定义的、固定数量的车道,如当前车道,并且不能应对车道变换的情况。为了克服上述限制,文献[17]提出了一种端到端的车道线检测算法,将车道检测问题转化为实例分割问题。该算法包括 LaneNet 和 H-Net 两个网络模型。其中,LaneNet 是 Encoder-Decoder 结构,而 Decoder 包含有两个分支:一个分支负责二值分割;另一个分支负责对像素进行嵌入表示,训练得到嵌入向量,然后利用二值分割得到的结果作为掩膜对嵌入向量进行聚类实现实例分割;H-Net 是由卷积层和全连接层组成的一个网络模型,负责学习有关逆透视变换转换矩阵 H 的参数,然后利用学习到的参数对属于同一车道线的像素点进行回归,最后拟合出三阶多项式曲线作为预测得到的车道线。整个网络结构编码器部分使用 Enet[18] 前两个阶段,将 ENet 编码器的第 3 阶段和完整的 ENet 解码器作为每个单独分支的主干。值得一提的是,该方法解码器部分像素嵌入分支所利用的损失函数正是文献[19]提出的判别损失函数。LaneNet 网络结构示意图如图 3.12 所示。

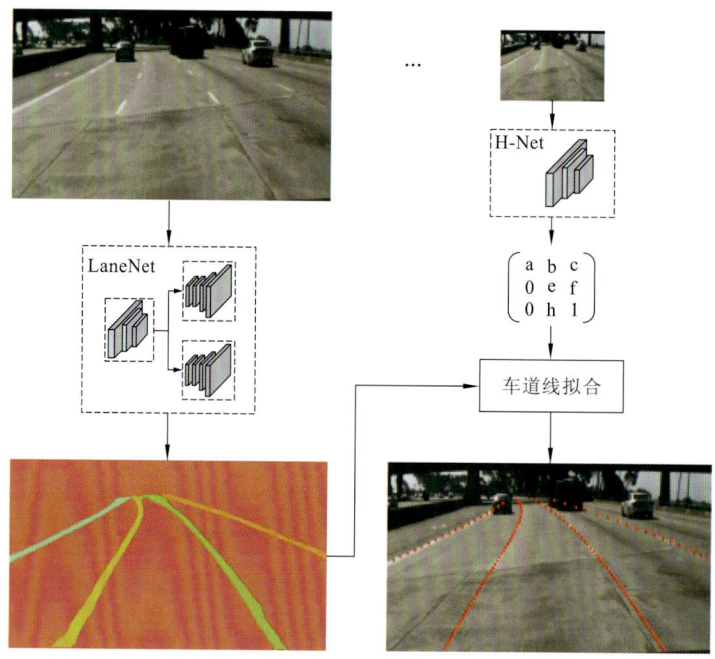

图 3.12 LaneNet 网络结构示意图

3.3 行人目标检测

行人检测作为计算机视觉领域的热门研究话题之一,由于其在实际中的重大应用价值,已经持续被国内外研究学者研究多年。本节将从传统方法角度和深度学习方法角度对行人检测进行相关的理论分析介绍,同时对行人检测的性能指标进行说明。

3.3.1 行人检测算法框架

目前行人识别算法所采用的基本框架基本都基于 Papageorgiou 教授等提出的两阶段算法[20]。首先,利用一些特定的行人特征搜索候选行人目标,然后根据分类器进行候选行人目标的分类和定位(图3.13)。

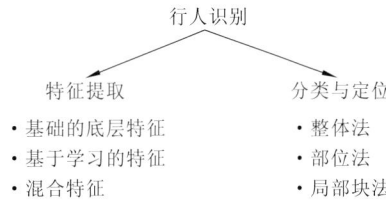

图 3.13 行人识别技术基本框架

3.3.2 目标特征提取

行人特征大致可分为三大类:基础的底层特征、基于学习的特征、混合特征,如颜色、梯度/纹理等图像的基本特征都包含在基础的底层特征范围内[21]。通过使用大量的行人样本图片来进行机器学习,得到的行人特征则为基于学习的特征。基于学习的特征由于其来源较之底层特征更为苛刻,其复杂度与准确度都要高于底层特征。混合特征则是通过多种底层特征进行融合,或者是对底层特征进行高阶统计而得到的。

这三类特征各有优缺点。作为一个单一特征的底层特征,因为其特征简单,所以计算速度快,可用积分图来加快计算速度。但因为它只从单一方面进行描述,所以判别能力较弱,抗干扰能力差。同时,因为基于学习的特征是在大量行人样本中进行学习而得到的,所以它的判别能力比较强。但是,由于特征的选择与所采用的训练样本密切相关,若训练样本不具有代表性,则学习的特征也难以达到效果。混合特征的优点在于它能够从不同角度来描述图像特征,从而提高检测精度。同时,随着特征维度的增加,计算特征所需时间也增加,分类器检测时间也会剧增,从而在实时性方面增加了行人识别的难度。

3.3.3 特征分类

行人识别的第二阶段所要完成的工作是对行人进行分类与定位。其中,针对当前的检测窗口来进行判断是否存在行人的这一过程就是分类。而定位则是对分类结果返回相应行人在图片中的具体的位置信息。根据分类过程中所使用的几何结构信息,可将分类方法分为整体法、部位法及局部块法三种,如图3.14所示。

整体法也就是俗称的滑动窗口法,它针对待检测的图像进行特征的提取,从而获取所需的全局信息。利用提取的行人头部、躯干或四肢等部位特征来构建各部位之间的几何关系,从而完成分类工作的这种方法就是部位法。局部块法则指利用局部特征来进行

（a）整体法　　　　　　　（b）部位法　　　　　　　（c）局部块法

图 3.14　行人分类与定位的三种主要方法

关键点的检索，然后把关键点作为中心，选取相应的固定大小的矩形或圆形区域来进行特征提取的工作，从而获得行人的局部信息。

同时，这三类方法进行特征提取的区域在逐渐减小：整体法检测窗口的大小约为 64×128，部位法中对头肩部的检测窗口大小约为 50×40，局部块法中以关键点为中心的检测窗口大小约为 25×25。由于特征提取区域的减小，各区域的判别能力也受到影响，导致误检率增大。

这三种方法各有优劣。整体法的优势在于判别能力较强，但它存在无法克服行人的部分遮挡影响的劣势。而部位法和局部块法，虽然判别能力比不上整体法，存在误检率较高的问题，但却可以克服行人遮挡的影响。这三类方法的优缺点比较详见表 3.1。

表 3.1　行人分类与定位三种主要方法的比较

项目	整体法	部位法	局部块法
整体思路	在图像中滑动大小固定的窗口，将行人识别问题转化为简单的二值分类问题	将行人整体看作各个不同部位的组合，根据各部位之间的几何关系进行建模	把行人识别问题看作形状不定的广义霍夫变换问题
数据库要求	提供大量的行人正样本及负样本，并对行人所在的矩形区域进行相关信息的标注	对行人各个部位所在位置及部位与整体的关系都要进行标注	对行人所在区域和所对应的分割掩膜进行相关信息的标注
优点	高检测率，且可与积分图和级联等技术结合提高速度	分而治之，能够克服部分遮挡的问题	所需样本数量少，且能够克服部分遮挡的问题
缺点	无法有效克服部分遮挡的问题	行人活动姿态多种多样，各部位之间的几何关系很难有效建模	模块判别水平较低，局限于少量视角效果较好

形变部位模型（deformable part model，DPM）算法由 Felzenszwalb 等在 2008 年提出[22]，作为一种基于部件进行检测的检测方法，DPM 对检测目标的形变有着极高的鲁棒性。目前 DPM 已成为众多分类、分割、姿态估计等算法的核心部分，连续获得视觉目标分类（visual object class，VOC）2007 年、2008 年、2009 年的检测冠军，Felzenszwalb 也因此被 VOC 授予"终身成就奖"。

DPM 算法利用的是改进后的 HOG 特征为行人特征，并使用滑动窗口检测及 SVM 分类器进行分类。由于行人目标存在很大的形变问题，DPM 采用的是图结构基础上的部件模型策略。同时，行人目标也存在多视角问题，为了解决这一问题，该算法采取了多组件的策略思维。另外，在多示例学习的帮助下来自动确定作为潜变量的相应的部件模型位置及样本的模型类别等。

下面以第三版本的 DPM 目标检测模型来进行分析说明。该模型分为两个组件，每个组件中都包含有一个根模型及若干部件模型。图 3.15（a）和（b）分别是对其中一个组件的根模型和部件模型进行可视化操作后的效果图。图像单元内部均是通过 SVM 分类器对梯度方向进行加权叠加而得到的，其中，越亮的梯度方向预示着该方向上行人存在的概率越高。由图 3.15（a）可以明显看出，根模型较部件模型更为粗糙，基本上呈现了直立行人正面或背面的整体轮廓。而图 3.15（b）中的矩形框内部则为部件模型，其中行人共 6 个部件模型。在其中可以明显地区别出行人的头部、足部和手臂等部位。由于部件模型的分辨率达到了根模型的 2 倍，所以较之根模型，使用部件模型能够获得更好的检测效果。DPM 最终采用的是轴对称的根模型和部件模型，原因是轴对称的情况下模型的复杂度能够显著降低。部件模型相应的偏离损失体现在图 3.15（c）中。其中越亮的区域偏离损失越大。理想状况下的部件模型偏离损失应为零。

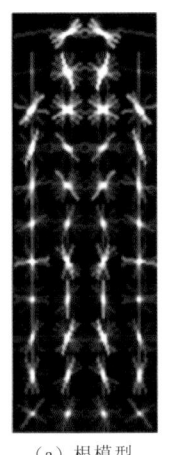 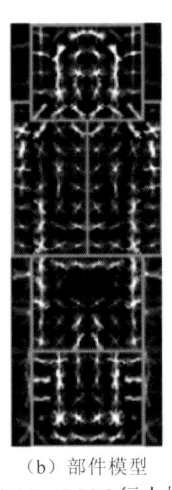 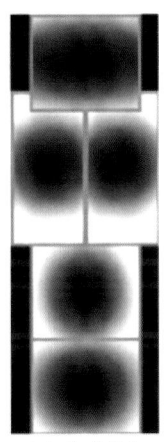

（a）根模型　　　　（b）部件模型　　　　（c）偏离损失

图 3.15　DPM 行人模型

3.3.4　行人检测与跟踪算法

1. 行人目标跟踪算法流程

行人跟踪，可将其理解为预估在当前场景下运动目标的轨迹，这种情况下，跟踪需要完成的工作包括在整个图像序列中标记对应目标，并尽可能地提供目标的尺度、位置等信息[23]。对于一个图像序列而言，首先以手动或自动方式对目标进行检测，然后将检测目标的当前状态作为跟踪工作所需的初始状态来进行初始化。针对该目标进行相关的建模工作，从而得到采用相关特征进行构造的目标模型。最后利用得到的目标模型在后续的图像序列中采取一定的方式来进行目标状态的估计预测，并利用估计结果对目标模型进行更新工作。整体的目标跟踪流程如下。

（1）目标初始化。对于跟踪而言，在初始化阶段，首先对目标进行检测，明确其尺度及位置信息。为了对目标进行初始化，可以手动对目标进行标记，也可以利用相关检测技术进行自动检测。实际的应用情况中，多以运用目标检测手段来对其进行自动标记初始化。

（2）特征提取。在对目标完成初始化工作后，为了确保后续目标跟踪工作的继续，需要提取对应目标的特征，为后续目标的建模提供相关数据，从而实现跟踪工作。

（3）目标模型构建。上一步已经对目标特征完成了提取工作，在这个基础上，需要通过构建目标描述模型来完成后续对目标的搜索更新操作。在跟踪中，目标模型可划分为生成式模型和判别式模型。生成式模型根据对目标和样本进行联合概率的统计计算结果，得到与目标样本模型最接近的样本，也就是对当前目标状态的估计结果。生成式方法也就是利用生成式模型来对目标进行表观特征描述，然后对候选目标进行搜索，它着重于对目标自身的描述，忽略了背景等信息，导致在目标变化或遮挡时极易漂移。判别式模型则是通过条件概率直接对样本进行判断。其对应的判别式方法通过训练相应分类器来对前景和背景进行区分，因而其鲁棒性更强，并逐渐在目标跟踪领域成为主流。

（4）目标搜索。在对目标进行建模后，需要在后续帧的图像中选取目标的候选样本。如何对目标进行搜索获取，这是决定跟踪算法运行效率的重要因素之一。典型的目标搜索方式如核密度估计、贝叶斯滤波、水平集方法等。核密度估计利用逐步迭代来获取函数极值点，其本质可以理解为是一种梯度下降的方法。贝叶斯滤波则通过贝叶斯公式来实现在非高斯非线性场景下的预测工作。水平集为了更好地处理目标的形变问题将图像中的二维数据转换成三维数据，以零水平集来表示目标轮廓。

（5）模型更新。一个很值得关注的问题就是，在跟踪的过程中，目标处在不停变化中。但是，之前所获取的模型只包含有前期的目标样本的基本信息，面对跟踪过程中目标发生的变化，一直维持之前的模型不做更新会导致目标无法识别从而丢失，因此需要对模型进行更新。但是如果对模型的更新进行得过于频繁，一方面是计算量的增大，另一方面是容易导致误差的累积，使得目标发生漂移。因此，对模型更新需要考虑一个合理性的问题，要求尽可能地在避免模型漂移带来的跟踪失败的同时也保证对目标大小形状变化能够适应。

（6）集成后处理。实际应用中，一个跟踪系统中包含的跟踪器不止一个，也就是说，需要进行跟踪的目标数目有多个。此时的最终结果，还需要对跟踪的多个目标进行相关的组合分析，确定其对应关系。也就是说，这种情况之下，除了需要考虑形变、光照、遮挡等问题，还需要对目标间进行关联匹配，这也是研究重点之一。

2. 经典的行人目标跟踪算法

使用生成式模型来描述目标，然后对候选目标进行搜索的生成式方法的跟踪算法存在过于重视对目标自身特征描述而对目标周围的背景信息未加以分析的问题，易导致跟踪过程中目标对象的漂移。与之不同的是，将前景与背景进行分离的判别式方法，也称为基于检测的跟踪方法（tracking-by-detection，TD），其充分考虑了这一情况。通过对初始帧的目标进行分类器的训练来区别前景与背景，有着更强的鲁棒性，并逐渐成为跟踪领域的主流思想，其中的典型算法有检测学习跟踪算法（tracking-learning-detection，TLD）、基于核相关滤波器（kernelized correlation filters，KCF）等。

TLD 跟踪方法中明确将目标跟踪框架分解为跟踪、学习与检测三个部分[24]。三个部分之间采取并行方式执行，各自完成不同的任务。跟踪器负责在帧与帧之间对目标进行跟踪，检测器负责集合所有已观察到的目标外观，同时在必要时刻对跟踪器进行修正。而学习部分则是通过对检测器的误差进行估计并更新，从而避免同样的错误再次出现。TLD 针对如何识别并学习检测器中的误差提出了 P-N 学习方法，借由 P-N 学习反馈来生成检测器更新所需的训练样本。P-N 学习通过两种类型专家来进行检测器的修正工作，P 专家负责对漏检进行识别，N 专家则负责对误检进行纠正。两种方法相互独立工作，但是又可以互相修正对方错误。学习修正后的样本对检测器中的训练集进行了更新，从而使得检测器能够实时更新，以避免重复错误再次发生。无法避免的是，P-N 专家本身会有一定的概率产生错误，但是如果该专家的错误概率维持在一定限度范围内的话，错误是可以通过互相补偿修正来进行修复的，从而维持一个稳定的学习系统。

TLD 跟踪算法总体流程如图 3.16 所示。通过上一帧图像中目标的位置信息，利用光流法来寻找目标物体在当前帧所处的位置，并借此获得一条运动轨迹，同时为学习模块生成正样本。检测器在输入图像序列中进行扫描，从中搜索与目标物体具有相似外观的相应位置。检测器扫描得到的图像元通过级联分类器进行分类，再传送给学习模块进行学习。在实际应用过程中，检测器检测中的漏检和误检情况是无法完全避免的。漏检

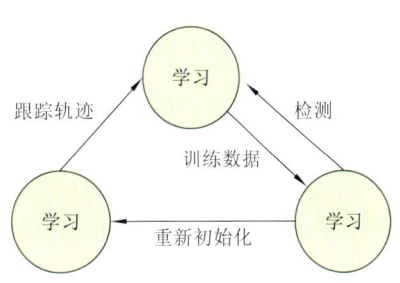

图 3.16　TLD 算法流程

指的是正样本未被检测出来，误检指的是误将负样本检测为正样本。学习模块同时接收来自检测器和跟踪器的样本数据，然后对检测器中的错误进行估计，并生成新的训练样本以避免相同错误再次发生。

KCF[25]的高速目标跟踪方法由于其高效率的表现，在目标跟踪领域占据了重要地位。前面提到，由于判别式方法能够更好地应对目标图像的变化，已经成为跟踪领域的主流方法。其核心组件是判别分类器。进行前景背景的区分需要对大量样本进行训练，但是样本之间由于重叠像素会被约束为相同的类，导致存在许多冗余。因此，KCF 提出使用循环矩阵来生成训练样本，同时利用脊回归来进行目标检测器的训练。运用循环矩阵在傅里叶空间内可对角化的特性，可将复杂的矩阵计算转化为简单的元素点乘运算，从而使得运算量大幅度降低，提高算法运行速度，使得其接近实时性要求。并且脊回归通过核函数从线性空间映射到非线性空间，在非线性空间的求解过程同样可以利用循环矩阵来简化运算过程。

KCF 的最终目标是令采样数据的计算标签和下一帧真实目标位置的真实标签的距离最小化，也就是想要让计算出来的标签尽可能地接近下一帧的真实标签。可将原始问题表述为

$$f(z) = \boldsymbol{w}^{\mathrm{T}} z \tag{3.31}$$

所以 KCF 跟踪可以将其表示为脊回归最小化的问题：

$$\min_{w} \sum_{i} [f(x_i) - y_i]^2 + \lambda \|\boldsymbol{w}\|^2 \tag{3.32}$$

式中：y_i 为相应的期望；λ 为为了防止过拟合引入的正则系数。

下面对其利用公式求解，X 代表样本 x_i 的整体，y 代表元素 y_i 的整体，可得

$$w = (X^T X + \lambda I)^{-1} X^T y \quad (3.33)$$

由于将其转换到傅里叶域涉及复共轭，所以上式写成复数域形式：

$$w = (X^H X + \lambda I)^{-1} X^H y \quad (3.34)$$

$$X^H = (X^*)^T \quad (3.35)$$

其中的样本整体 X 是一个循环矩阵，第一行是真实样本，之后的每一行通过前一行移位操作得到

$$X = C(x) = \begin{bmatrix} x_1 & x_2 & \cdots & x_n \\ x_n & x_1 & \cdots & x_{n-1} \\ \vdots & \vdots & & \vdots \\ x_2 & x_3 & \cdots & x_1 \end{bmatrix} \quad (3.36)$$

循环矩阵存在以下性质：

$$X = F \text{diag}(\hat{x}) F^H \quad (3.37)$$

式中：$\hat{x}$ 为 x 的离散傅里叶变换形式；F 为一个与 x 无关的常量矩阵，也被称为离散傅里叶变换矩阵。所以有

$$X^H X = F \text{diag}(\hat{x}^*) F^H F \text{diag}(\hat{x}) F^H = F \text{diag}(\hat{x}^* \cdot \hat{x}) F^H \quad (3.38)$$

因此，

$$\hat{w} = \frac{\hat{x}^* \cdot \hat{y}}{\hat{x}^* \cdot \hat{y} + \lambda} \quad (3.39)$$

这样一来就将复杂的矩阵求逆运算转换为了简单的对应傅里叶变换与对应元素的乘积运算，大大降低了运算复杂度。接下来在 KCF 中引入核函数使得向量 x 转换到对应的特征空间 $\varphi(x)$。w 的解可表示为样本的线性组合：

$$w = \sum_i \alpha_i \varphi(x_i) \quad (3.40)$$

式中：$\alpha = (K + \lambda I)^{-1} y$，$I$ 表示单位矩阵，K 表示两个矩阵的核相关性。在通过分类器训练后，对新输入的帧进行检测，其实就是跟滤波器计算出相关性 K 再乘上回归系数 α 可在新输入的一帧中确定目标的位置：

$$\hat{f}(z) = \hat{k}^{xz} \cdot \hat{\alpha} \quad (3.41)$$

具有信道可靠性和空间可靠性的判别相关滤波器（discriminative correlation filter with channel and spatial reliability，CSR-DCF）[26]是基于通道和空间可靠性的判别相关滤波器跟踪方法（图 3.17）。它利用前景背景的颜色模型来构建 mask 矩阵从而对滤波器进行空域限制，也就是名称中的空间可靠性的体现，并将不同通道的响应图信息进行分析处理，生成不同通道的加权系数，也就是通道可靠性的系数。该算法由于加入了颜色模型，对复杂的背景变化及目标的形变情况鲁棒性有所提高，但是相对于 KCF 而言，其速度有所下降。

当涉及多个目标跟踪时，在考虑单目标状态的预测和更新的同时，还需对目标进行关联。简单在线实时跟踪（simple online and reatime tracking，SORT）[27]算法为了能够达到在线跟踪效果，对检测框的外观特征不予考虑，而只对运动估计和数据关联中框的位置及尺寸大小进行考虑，以达到简单高效的效果。其自身以 CNN 方法进行行人检测工作，然后结合 Kalman 滤波和匈牙利算法解决跟踪过程中的运动预测及数据关联问题。由于 SORT 试图以最简捷的方式解决目标跟踪的问题，其对长时间遮挡的目标问题并未

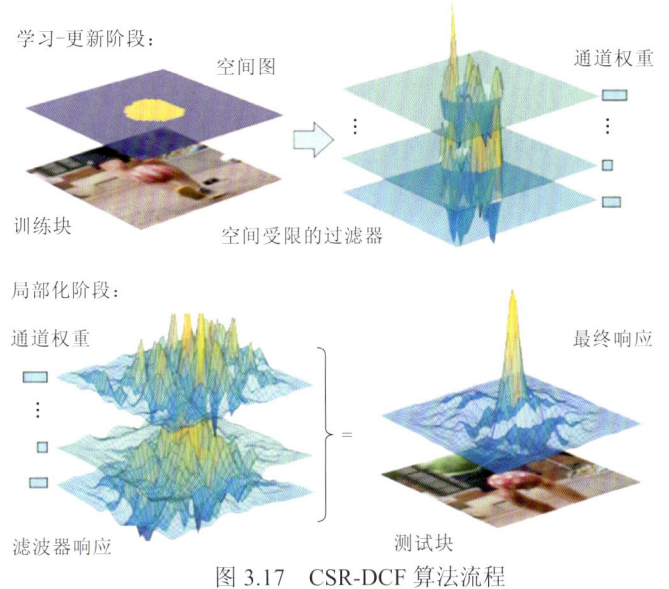

图 3.17 CSR-DCF 算法流程

进行考虑。包含深度关联度量的简单在线实时跟踪算法（simple online and realtime tracking with a deep association metric，DeepSORT）[28]在 SORT 算法的基础上结合了外观信息来对跟踪性能进行改善。DeepSORT 通过使用融合的度量方式来对检测结果框和跟踪框进行匹配程度的计算。其融合的度量方式有两种：一种是 Kalman 滤波得到的预测位置与观测位置的马氏距离；另一种度量则是目标框的外观特征的余弦距离。需要注意的是，DeepSORT 通过使用一个深度网络计算得到 128 维的特征作为目标框的外观特征。同时，在对检测结果和跟踪结果进行匈牙利匹配时采取的是级联匹配方式。因此相较于 SORT 算法计算量有所增加。

3.4 车辆检测及跟踪

3.4.1 车辆检测算法框架

车辆目标检测算法首先使用改进的二值化梯度规范值特征（binarized normed gradients，BING）算法进行显著性检测，通过显著性检测筛选出最可能包含车辆目标的候选区域。然后计算这些区域的 HOG 特征，利用支持向量机（SVM）分类器检测其中是否包含车辆目标。最后使用另一个 SVM 训练得到的车路模型对车辆目标进行筛选，选择其中检测评分高的车辆目标进行跟踪。由于算法的高效性，整个过程不需要进行任何的感兴趣区域（region of interest，ROI）设计，整体算法流程图如图 3.18 所示。

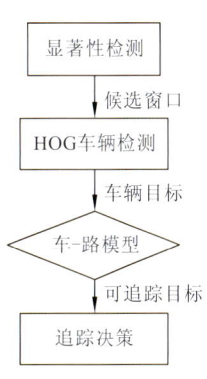

图 3.18 车辆检测整体算法流程图

3.4.2 车辆检测算法

二值化梯度规范值特征（BING）也是一种以显著性检测为出发点的算法，显著性通常指一个图像区域包含目标的可能性高低。真实世界中任何种类的目标对象往往都与其所处的背景有着明显的分割边界[29]。而将任意尺寸的图像目标缩放到一个固定尺寸并计算其梯度图后，发现不同目标之间具有很高的相似性，而目标与背景区域的梯度图则有很明显的对比。

例如图 3.19 中，人和船无论是在大小、色彩、纹理形状上都是有很大差别的两类目标，但是其共同点是都有清晰的边界，当将其都缩放到较小尺寸后，发现两者的梯度图具有很高的相似性，且与图片中其他区域的梯度有明显差异（图 3.19 右上）。

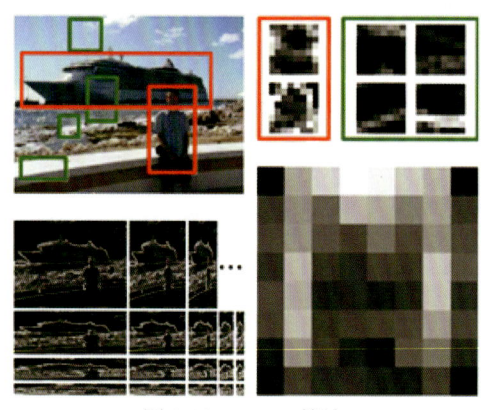

图 3.19 BING 算法

为了计算机计算的高效性，将这一缩放尺寸设为 8×8，即每一个图像区域由 64 维的特征向量描述，这 64 维特征称作赋范梯度（normed gradients，NG）特征。这样在 64 位计算机中对图像的特征计算在几步原子操作（求和、按位异或、位移）内即可完成。

为了衡量一个区域的显著性，计算其包含目标可能性的概率得分（objectness），将其 NG 特征、图像区域的原始大小、尺寸纳入考虑，给出如下定义：

$$s_l = \langle w, g_l \rangle \tag{3.42}$$

$$l = (i, x, y) \tag{3.43}$$

$$o_l = v_i s_l + t_i \tag{3.44}$$

式中：s_l 为这个区域在分类器中的得分，得分越高表示该区域包含目标的可能性越大；w 为 64 维的线性分类器；g_l 为图像区域的 NG 特征；l 为图像区域的位置；$i=\{1,2,\cdots,36\}$，为图像区域大小的编号；x,y 则为具体的图像坐标；$v_i,t_i \in R$，为针对不同尺度 i 的窗口学习到的一个参数；最终由这些得分值计算出最终的显著性状态得分 o_l。

同时考虑不同尺寸的窗口包含目标的概率是不同的（如 96×96 像素的区域明显比 8×128 的区域更可能包含目标），因此对不同尺寸的目标再进行分别打分，给出式（3.44）的定义，其中，参数 v_i、t_i 由不同的分类器训练得到，而最终计算结果 o_l 就是对一个区域显著性的衡量。

为了计算图像区域的最终显著性得分 o_l，提出两层 SVM 级联的计算方式。

第一层中，使用一个线性 SVM 去学习分类模型 w。其中，正样本为包含目标图像区域的图像 NG 特征，负样本是从非目标区域随机选取的一系列图像 NG 特征。

第二层中，SVM 用于计算式（3.44）中的 v_i 与 t_i，在这一过程中依据 i 值将不同尺寸的样本分开处理，并训练 N 个不同的线性分类器。利用非极大值抑制（non-maximum suppression，NMS）算法[30]从原始图像中产生尺寸为 i 的训练样本，将其在第一层分类器中的得分作为训练特征，其中与目标重合度高的样本标签设为正，其余样本标签设为负。

使用第一层 SVM，算法给出了所有可能存在目标的候选框，虽然给出的候选框数目相较滑动模板法产生的候选窗口已经减少很多，但为了更高的检测效率，使用第二层 SVM 给以上所有目标窗口重新打分，将窗口按照包含目标可能性的大小从高到低排序。

在使用 VOC2007 数据集进行分类器训练的过程中也对目标的尺寸大小做了统计，由于目标尺寸大小不一，为了使其可用，统一用式中 i 值表达，给出了如下计算方式：

$$i = \left(\frac{\ln h}{\ln 2} - \min T\right) \cdot \text{num} T + \frac{\ln w}{\ln 2} \quad (3.45)$$

$$\max T = \frac{\ln 500}{\ln 2}, \quad \min T = \frac{\ln 10}{\ln 2} \quad (3.46)$$

$$\text{num} T = \max T - \min T \quad (3.47)$$

式中：h 和 w 分别为目标像素级别的长和宽；T 为映射的精度值；$\text{num}T$ 为映射值的取值范围。

这个计算实质上相当于将离散坐标的二维关系(x, y)映射到了一维空间用 i 值表示，并在一定程度上保留了从 i 反算目标尺寸的能力。其中，常数 500、10 表示了目标长、宽的最大值和最小值；常数 2 表示映射的精度。经过这样的处理，诸如 box1(10, 21, 96, 50)和 box2(37, 46, 100, 48)两个尺寸相近的目标被分配相同的尺寸 ID：i，并将会在第二层支持向量机中当作同一类别进行处理。最终求得的 i 共有 37 个可能的取值。

为了加快算法中分类器的训练速度及后续的检测效率，给出计算一幅图像包含目标区域位置的方法。

（1）依据尺寸 ID 将原始图像缩放为对应尺寸，如一个 960×640 的原始图像，按尺寸 ID 缩放后的一组图像尺寸为 8×8、8×16、…、256×256。

（2）依次计算上述一组图像的梯度图像。

（3）在梯度图中用 8×8 的模板去寻找可能是目标的区域（使用第一层 SVM 分类器进行判别）。

（4）将第一个 SVM 判定为目标的候选区域依据第二层的 SVM 的评分进行排序。

表 3.2 中，滑动窗口方法中金字塔图像尺寸递减比例 1.1，滑动步长 8，第一个滑动窗口尺寸 64×64，第二个滑动窗口 24×24。BING+Objectness 方法参数设置和上文介绍相符。从表 3.2 的对比可以发现，BING 特征和 Objectness 在解决多尺度问题的基础上可以呈数量级地减少候选框的数目。同时值得注意的是，上述标准的 BING 特征和 Objectness 方法产生的候选框中包含了图像中所有可能的目标。将其运用到车辆目标检测时可以利用车辆尺寸先验知识对其候选窗口进行约束，从而进一步减少候选窗口数目。

表 3.2 候选窗口数目对比

方法名称	处理尺度（金字塔层数）/层	候选窗口数目/个
滑动窗口（HOG）	26	41 462
滑动窗口（Haar）	36	50 369
BING+Objectness	28	2 648

直接使用 BING 算法用于前车检测的不足：为不同类别目标检测而设计的 36 个处理尺度在车辆检测这一特定任务中是多余的。算法中使用 SVM 对检测窗口打分策略并不理想。

BING 算法用于前车检测应用中相应的改进：根据输入图像分辨率和车辆特征，减少和简化处理尺度到 14 个左右。使用 Haar+Adaboost 算法替代 BING 中的第二层级联 SVM 的打分策略。

由上可知，BING 算法进行简单的改进就能达到很高的正确率，如表 3.3 所示。

表 3.3 改进 BING 算法候选队列排序情况

项目	计数（共 424）	百分比/%
前 10%的正确预测	396	93.4
前 20%的正确预测	405	95.5
前 30%的正确预测	407	96.0
前 40%的正确预测	412	97.2
前 50%的正确预测	418	98.6

3.4.3 车辆跟踪算法

实时性和稳定性是评价前方车辆检测系统的一个重要指标，虽然车辆检测算法有很好的鲁棒性，并且能准确地进行前方车辆检测，但对每一帧图像进行扫描检测，脱离前帧车辆信息，可能存在检测掉帧的结果。此外，当前方车辆离本车较近时，车辆尾部未完全漏出，车辆检测算法失效，所以进行车辆跟踪是必要的，其不仅依据前帧信息快速检测到本帧车辆，还能准确定位前方车辆位置，提高车辆检测算法的稳定性，还为测距提供了准确的位置信息。

一般化的跟踪问题可以分解成如下几步。

（1）前一帧中，在当前位置附近采样，训练一个滤波器。这个滤波器能计算一个小窗口采样的响应。

（2）当前帧中，在前一帧位置附近采样，用该滤波器判断每个采样的响应。

（3）响应最强的采样作为本帧位置。

可以采用快速跟踪的识别相关滤波器算法（discriminative correlation filter，DCF）[31]，而 DCF 使用的是线性核函数

$$k^{xx'} = F^{-1}(\sum_C \hat{x}_C^* \otimes \hat{x}_C') \tag{3.48}$$

式中：$k^{xx'}$ 为线性核函数；$\hat{x}_C^*$ 和 $\hat{x}_C'$ 为 C 空间域中不同类型的样本标签。

其核心思想是：由于在每一帧图像中检测到的目标都包含了描述该目标的信息，可

以用每一帧图像的目标区域作为训练样本来进行模型训练。具体的训练方法是：根据已检测到的若干帧图像中的目标位置，提取出感兴趣的特征，训练出一个滤波器模板，预测出新帧中可能的目标区域并提取该区域的特征，将其余滤波器模板做相关分析，得到的相关值用来预测新帧中目标的位置，并以该位置为中心提取图像特征，再将得到的特征用于进一步训练滤波器模板，不断重复上述步骤进行后续的目标跟踪与模型训练。这种方法不仅可以在线训练模型，还能实时跟踪目标[32]。

DCF 通过循环移位快速得到很多正负样本，利用特征提取器得到这些样本的特征，结合特征的标签（正/负）训练出相关滤波器 CF，每当一个新图像到来，就在上一帧中目标位置附近选出一些框框，分别提取出特征，与训练好的相关滤波器进行相关，响应最大的位置就是当前图像中的预测目标位置。

车辆检测和跟踪的框架流程如下。

（1）对第 i 帧图像进行车辆检测后，如果没有目标接着进行第 $i+1$ 帧的车辆检测，若第 i 帧检测到车辆时，开始进行车辆位置映射。

（2）判断目标车辆是否在跟踪域内。设当前车道跟踪域为 L_1，目标车辆的位置为 L_2，当 $L_1 \cap L_2 \neq \varnothing$ 时，认为当前车道内有车辆。

（3）判断完车辆位置后，若当前车道无车辆，则进行 $i+1$ 帧的车辆检测，若有车辆，则进行跟踪，此时不进行车辆检测。

（4）进行跟踪时，对跟踪车辆进行位置和特征值的判断，当 $L_1 \cap L_2 = \varnothing$ 时，停止跟踪，同时，当特征值足够小时也停止车辆跟踪，然后进行 $i+n$ 帧的车辆检测。

（5）重复步骤（1）～（4）。

至此，完成车辆的单目标跟踪，本章所设计的车辆预警系统也只跟踪当前车道内最危险的车辆，在其余时刻均进行车辆检测。

3.5 交通标牌与交通灯识别

3.5.1 概述

随着社会经济的快速发展，全球车辆拥有量日益增多。车辆增多在给人们的生活带来便利的同时，也带来了一些负面的影响。交通拥堵日益严重，交通事故频频发生。为提高行车效率、保障交通安全，各国都制定了一系列的交通规则。

交通规则的出现，在一定程度上缓解了交通问题。但是人作为交通规则的执行者，在驾驶过程中难免出现分心和疲劳驾驶的情况，这种情况往往也会造成严重的交通事故。为尽量避免人为操作导致的交通问题，驾驶辅助系统和智能驾驶系统开始出现。驾驶辅助系统和智能驾驶系统旨在部分或完全接管驾驶中人的工作。驾驶辅助系统和智能驾驶系统大大减轻了驾驶时人的负担，从而进一步减缓了交通问题的发生。近年来，智能驾驶兴起，有关驾驶辅助系统和智能驾驶系统的研究也变得越来越重要。

驾驶辅助系统和智能驾驶系统的设计往往比较复杂，一般包括感知系统、规划系统和控制系统等。感知系统为车辆提供了感知周边环境的能力，是驾驶辅助系统和智能驾驶系统中很重要的一个模块。规划系统是分析当前路况,然后制订一个合理的行驶路线。控制系统就是根据规划系统的规划结果来对车辆做出相应的控制。

感知系统在驾驶辅助系统和智能驾驶系统中充当"眼睛"的作用。感知系统要能够对道路上各种交通规则做出识别。交通标牌和交通灯是日常生活中最常见的交通规则的体现。交通标牌是显示交通法规及道路信息的图形符号,它可使交通法规得到形象、具体、简明的表达,用以管理交通、指示行车方向以保证道路畅通与行车安全。常见的交通标牌有"禁止停车""注意行人""环岛行驶"等。交通灯俗称红绿灯,其以颜色为规定,调控各方车辆,减少了交通事故,缓解了交通拥堵。

由于交通标牌和交通灯的形状和颜色等相对比较固定,有一定的不变性,所以识别交通标牌和交通灯也就成为计算机视觉步入交通领域的最早研究方向之一。

3.5.2 交通标牌与交通灯识别难点

交通标牌与交通灯识别的研究工作虽然已开展了多年,但是检测的精度尚未达到理想状态。这是因为交通标牌与交通灯识别受到很多因素的影响。

(1)运动抖动。交通标牌与交通灯的识别一般是通过车载摄像机拍摄的画面进行的。在车的行进过程中难免出现颠簸、晃动等现象。这样一来,所拍摄的图像就会很模糊,对后续的识别造成影响。

(2)光照变化。交通标牌多为金属材质,在光线照射下易出现反光现象,对识别造成影响。在光线较暗的情况下,交通标牌不易被清晰呈现出来。

(3)天气影响。大雨、大雾是经常出现的天气现象,在诸如此类的天气影响下,交通标牌和交通灯的图像采集都会受到影响。

(4)成像不完全。交通标牌通常位于道路两侧,而道路两侧又可能有树木等对交通标牌造成遮挡,使得交通标牌的成像不完全,从而对识别造成影响。

(5)干扰物。交通灯本质上是一个发光体,在车辆行驶中还有其他很多类似的灯,如车尾灯、车前灯和道路旁的广告灯等。这些灯都有可能被误识别为交通灯,从而对识别造成影响。

3.5.3 交通标牌与交通灯识别方法

利用计算机视觉对交通标牌和交通灯进行识别一般包括几个步骤:图像采集、图像预处理、图像分割、特征提取和特征匹配。

1. 图像采集

图像采集是后续识别工作的基础,为保证图像采集能够把所有交通标志和交通灯捕捉到,图像采集的范围应尽可能大。但是为了减轻后续的工作量,采集的图像范围又应该尽量小。

因为交通标志和交通灯几乎都只出现在视平线以上的位置,所以应使车载摄像机拍摄的画面中心位于视平线偏下一点,这样可以保证不漏拍交通标志和交通灯(图3.20)。

图 3.20　画面中心示意图

如图 3.21 所示，交通标志和交通灯一般只出现在视平线以上的位置。

图 3.21　交通标志未知示意图

除此之外，把采集到的图像进行裁剪，只保留所采集到的图像的下半部分。这样就可以使数据量减少一半，在交通标志和交通灯检测这样实时性要求比较高的算法中，极大地加快了整体处理速度。

2. 图像预处理

通过图像均衡、图像增强和图像去噪等算法，将图像的光线均衡，避免图像太暗或太亮对检测造成影响。

针对雨天的影响，可以使用去雨算法对图像进行处理。降雨天气往往会导致室外监控视频质量下降，使成像的图像产生畸变和模糊现象。为了改善雨天拍摄的图像的质量，Xiao 等[33]提出基于景深和稀疏编码的图像去雨算法。He 等[34]利用联合双边滤波和短时傅里叶变换将图像进行分解，使得图像低频部分中的轮廓得到较好的保留，并引入景深改善低频成分中的雨痕残留和高频成分中与雨痕具有相同梯度的背景误判问题。该算法主要分为 4 个部分：图像分解、字典学习、基于主成分分析和支持向量机的原子聚类、景深修正。基于景深和稀疏编码的图像去雨算法能够在去雨的同时较好地保留图像的纹理细节。

针对雾天图像处理，以暗通道先验（dark channel prior）为基础的去雾方法得到了广泛的应用[34]。近年来有作者提出了基于霾层学习的深度卷积神经网络的单幅图像去雾算法[35]。直接学习和估计有雾图像及霾层图像之间的映射关系的网络模型，采用有雾图像作为输入，并输出有雾图像与无雾图像之间的残差图像，然后直接从有雾图像中去除此霾层图像，即可恢复出无雾图像。

车载摄像机成像往往会有画面模糊的情况，画面模糊可以使用图像增强的方法解决。图像增强方法主要包括传统算法和机器学习的方法。传统图像增强方法具有针对性强、过程条理清晰和数学形式强等优点，然而其缺点是泛化能力较差，对于不同类型的问题往往需要不同的解决办法。例如，图像超分辨率增强时，传统方法只能顾及纹理或者噪声等单一的问题，而不能在保证图像分辨率的同时很好地解决掉噪声等附加问题。而基于深度神经网络的图像增强方法可以学习到传统方法难以学习到的众多特征，因此其泛化能力相较于传统方法有所提升，使得基于深度学习的方法可以全方位地提升图像质量。如图 3.22 所示，增强算法能够显著地提升图像质量，有利于交通标志的分辨。

（a）低对比度低分辨率原始图像及增强后图像

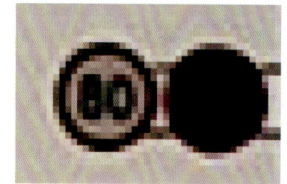 

（b）低对比度低分辨率原始图像及增强后放大图像

图 3.22　交通标志增强对比图

3. 图像分割

预处理后的图像仍然是一整幅图像，而交通标志和交通灯都是相对比较小的目标。所以，图像中还是存在大量的冗余信息。为了进一步减小处理的数据量，加快处理速度，先把交通标志和交通灯所在的区域分割出来。

交通标志和交通灯在形状上都比较固定，可以尝试使用形状特征进行图片的分割。

但是实际应用中，通过车载摄像机得到的图像往往存在形变，或者因为不能正射拍摄导致了形变，这样通过形状特征对图像进行分割就不可取了。虽然有一些算法可以校正形变，但是计算量往往比较大，不适合交通标志和交通灯检测这种实时性要求高的任务。

如图 3.23 所示，交通标志和交通灯都有严格的颜色分类体系，以交通标志为例，主要可以分为三个类型的交通标志：禁令标志、警告标志、指示标志。除此之外，还有比较少见的旅游区标志和道路施工安全标志。

图 3.23　常用交通标志

通过颜色进行分割，可以直接在 RGB 颜色空间进行，通过对图像中采集到的各种交通标志和交通灯的颜色范围做统计，得出一个色域范围。使用色域范围作为评判，过滤掉不相关颜色范围内的图像。这样就会过滤掉大部分与交通标志、交通灯无关的区域。部分分割效果如图 3.24 所示。

图 3.24　交通标志颜色分割

对颜色过滤后的二值图像再做轮廓检测。为了进一步去除不是交通标志的区域，对检测出的每个轮廓做筛选。筛选的标准为：轮廓太大的去除，轮廓太小的去除，轮廓长宽相差太大的去除。经过前序步骤处理后，图像会变为一个个小的图像，而且这些小图像都被认为包含了交通标志或交通灯。在整个交通标志和交通灯的位置获取过程中，都使用较为简单的运算，处理速度快。

4. 特征提取

对上一步得到的小图像进行特征提取。因为交通标志和交通灯的特征比较简单稳定，HOG 特征就可以满足分类的要求。在对小图像进行 HOG 特征提取之前要把小图像归一化到同一尺寸，这样才能得到维度一致的特征。

以"禁止右转弯"为例，说明特征提取的流程。上一步得到的小图片都是被认为存在交通标志的图片。

首先将图片大小归一化到 64×64，然后灰度化，接着把图像分成 8×8 的小块。分块示意图如图 3.25 所示。

图 3.25 交通标志分块示意

每个小格计算梯度直方图，像素梯度为

$$G_x(x,y) = I(x+1,y) - I(x-1,y) \quad (3.49)$$

$$G_y(x,y) = I(x,y+1) - I(x,y-1) \quad (3.50)$$

$$G(x,y) = \sqrt{G_x(x,y)^2 + G_y(x,y)^2} \quad (3.51)$$

梯度方向：

$$\alpha(x,y) = \tan^{-1}\frac{G_y(x,y)}{G_x(x,y)} \quad (3.52)$$

根据梯度方向值，将整个区间分为 9 段，分别是 0~20、20~40、40~60、60~80、80~100、100~120、120~140、140~160、160~180，区间的右端点是不包含的。

根据梯度值，在相应的区间加对应的数值。例如，某一像素的梯度值为 27，梯度方向为 65，那么就在 60~80 区间，数值加入 27。

每个绿色小格会得出 9 个数值，为了去掉光照、阴影等影响，需要在更大范围内做规一化。这里选择 4 个绿色小格为归一化的单位，如图 3.26 中红色范围所示。

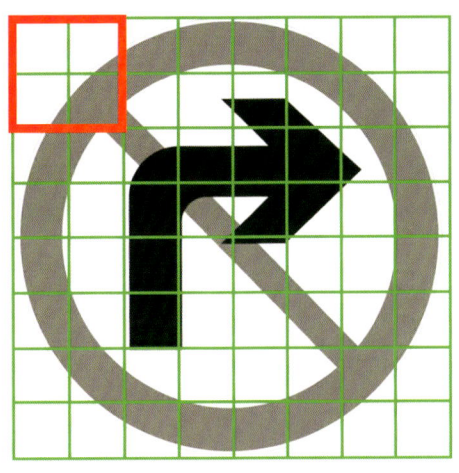

图 3.26 交通标志分块归一化示意

红色范围包含 4 个绿色小格，形成一个共有 36 个数值的向量。一般使用 L2-Norm，先对整个向量的各个元素都求平方和，然后开根号作为规范化因子，再对原向量中每一个元素都除以这个规范化因子。

$$v = \frac{v}{\sqrt{\|v\|_2^2 + \varepsilon^2}} \quad (3.53)$$

式中：v 为原向量中的某个元素；ε 为调配参数，是一个很小的常数，以避免分母为0，进而计算得到一个归一化向量 v。

然后红色区域移向下一个计算位置，每次右移或下移一个绿色小格。图 3.27 为下一个计算位置。

图 3.27 交通标志分块归一化移动示意

红色区域会右移 7 次，下移 7 次，每次得到一个 36 维向量。最后把所有向量拼接成一个维度为 7×7×36=1 764 大小的向量，该向量为该小图的特征向量。

5. 特征匹配

上一步得到的 HOG 特征在训练好的 SVM 分类器中进行分类，就可以得到其对应的类别。

SVM 是一个二分类方法，但是交通标志和交通灯的种类有很多，要对 SVM 做适当改进，才能使其满足需求。

为使 SVM 应用到多分类中，常用的改进方法有一对一法、一对多法和多对多法。一对一法是对所有样本训练一个一对一的分类器，在使用时对所有分类的结果进行统计，得票最多的一类即为结果。一对多法是先将一个类别和其他所有类别分为两个类别，再将子类进一步划分为两个次级子类，如此循环下去，直到所有的节点都只包含一个单独的类别为止。多对多法是将所有类别平均分为两个大类，再分别对两个大类进行均分，直到每个大类中只有一类。

假设有 16 种交通标志，下面分别分析三种方法的耗时。

一对一法，需要训练（15+1）×15/2=120 个分类器，在使用时每张图片都要经过 120 个分类器的计算。而且最后还要统计结果，耗时比较严重。

一对多方法，需要训练 16 个分类器。在使用时每张图片都要经过 16 个分类器的计算（图 3.28）。

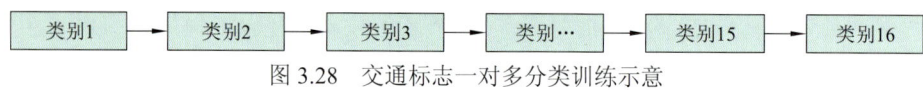

图 3.28 交通标志一对多分类训练示意

多对多方法，需要训练 15 个分类器。在使用时每张图片只需要经过 4 个分类器的计算（图 3.29）。

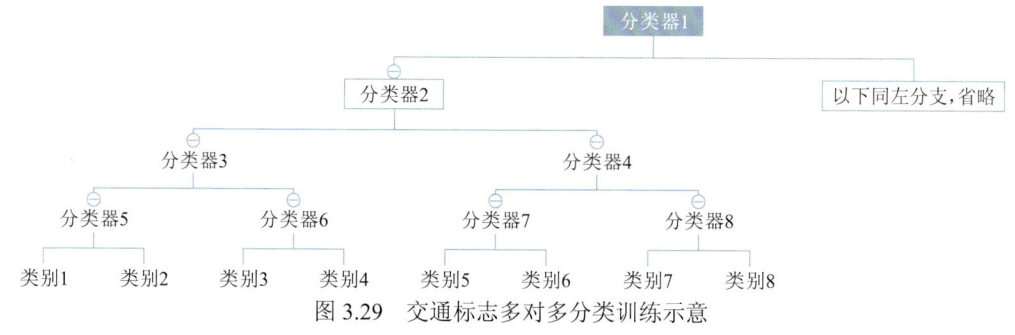

图 3.29 交通标志多对多分类训练示意

综合时耗的考虑，使用多对多的方式作为最终的分类方式。

3.5.4 交通标牌与交通灯识别的异同

以上识别流程适用于交通标牌和交通灯，但是在实施细节略有不同。

（1）交通灯比交通标牌要小，在轮廓筛选时，要注意调整两者的大小。

（2）交通灯的误检会比交通标牌更多，因为道路上和交通灯相似的物体太多。为了尽量避免误检，只有当连续三帧都检测到交通灯时，才认为有交通灯出现。同时，为了避免漏检，只有当连续三帧都没检测到交通灯时，才认为有交通灯消失。

参 考 文 献

[1] 卢伟. 基于深度学习的无人机航拍图像目标检测[D]. 厦门: 厦门大学, 2019.

[2] 潘安. 基于显著性检测的前车识别算法研究[D]. 武汉: 武汉大学, 2016.

[3] VIOLA P, JONES M. Robust real-time object detection[J]. International Journal of Computer Vision, 2001, 4: 51-52.

[4] DALAL N, TRIGGS B. Histograms of oriented gradients for human detection[C] // IEEE Computer Society Conference on Computer Vision and Pattern Recognition, 2005. San Diego, CA, USA, 2005: 886-893.

[5] OJALA T, PIETIKAINEN M, HARWOOD D. Performance evaluation of texture measures with classification based on Kullback discrimination of distributions[C] // Proceedings of the 12th IAPR International Conference on Pattern Recognition (ICPR 1994). Jerusalem, Israel, 1994: 582-585.

[6] PLATT J. Sequential Minimal Optimization: A Fast Algorithm for Training Support Vector Machines[R]. Technical Report MSR-TR-98-14, Microsoft Research, 1998: 1-1.

[7] VIOLA P A, JONES M. Rapid object detection using a boosted cascade of simple features[C] // Proceedings of the IEEE Conference on Computer Vision and Pattern Recognition. Kauai, 2001: 511-518.

[8] 程显. 基于 Beamlet 变换和 k-means 聚类的车道线检测算法[D]. 武汉: 武汉大学, 2015.

[9] 张永霞. 基于 PTZ 主动摄像头的动目标检测跟踪系统[D]. 成都: 电子科技大学, 2013.

[10] WANG Y, TEOH E, SHEN D. Lane detection and tracking using B-Snake[J]. Image and Vision Computing, 2004, 22(4): 269-280.

[11] 彭红, 肖进胜, 程显, 等. 基于车道模型和扩展卡尔曼滤波器的车道线检测算法[J]. 光电子·激光, 2015, 26(3): 567-574.

[12] 马颂德, 张正友. 计算机视觉: 计算理论与算法基础[M]. 北京: 科学出版社, 1988.

[13] XIAO J S, XIONG W X, YAO Y, et al. Lane detection algorithm based on road structure and extended Kalman Filter[J]. International Journal of Digital Crime and Forensics (IJDCF), 2020, 12(2): 1-20.

[14] KIM J, PARK C. End-to-end ego lane estimation based on sequential transfer learning for self-driving cars[C]// Computer Vision and Pattern Recognition, Honolulu, HI, USA, 2017: 1194-1202.

[15] OLIVEIRA G L, BURGARD W, BROX T, et al. Efficient deep models for monocular road segmentation[C]// intelligent Robots and Systems, Daejeon, South Korea, 2016: 4885-4891.

[16] CHEN P, LO S, HANG H, et al. Efficient road lane marking detection with deep learning[C]// International Conference on Digital Signal Processing, Shanghai, China, 2018.

[17] NEVEN D, DE BRABANDERE B, GEORGOULIS S, et al. Towards end-to-end lane detection: An instance segmentation approach[C]//IEEE Intelligent Vehicles Symposium, Changshu, China, 2018: 286-291.

[18] ADAM P, ABHISHEK C, SANGPIL K, et al. Enet: A deep neural network architecture for real-time semantic segmentation[J]. CoRR, 2016, arXiv preprint arXiv: 1606. 02147.

[19] DE BRABANDERE B, NEVEN D, VAN GOOL L. Semantic instance segmentation with a discriminative loss function[C]// The 2017 IEEE Conference on Computer Vision and Pattern Recognition

Workshops, 2017.

[20] PAPAGEORGIOU C, POGGIO T. Trainable pedestrian detection[C]// Proceedings 1999 International Conference on Image Processing. Kobe, Japan, 1999(4): 35-39.

[21] 罗丽. 基于车道先验的行人碰撞预警系统研究[D]. 武汉: 武汉大学, 2019.

[22] FELZENSZWALB P, MCALLESTER D, RAMANAN D. A discriminatively trained, multiscale, deformable part model[C]// Proceedings of the IEEE Conference on Computer Vision and Pattern Recognition. Anchorage, 2008, 2(6): 7.

[23] 高文, 朱明, 贺柏根, 等. 目标跟踪技术综述[J]. 中国光学, 2013, 7(3): 365-375.

[24] 李炎, 尹东. 基于TLD的增强现实跟踪注册方法[J]. 系统仿真学报, 2014, 26(9): 2062-2067.

[25] HENRIQUES J F, CASEIRO R, MARTINS P, et al. High-speed tracking with kernelized correlation filters[J]. IEEE Transactions on Pattern Analysis and Machine Intelligence, 2015, 37(3): 583-596.

[26] LUKEZIC A, VOJIR T, CEHOVIN ZAJC L, et al. Discriminative correlation filter with channel and spatial reliability[C]// Proceedings of the IEEE Conference on Computer Vision and Pattern Recognition. Honolulu, 2017: 6309-6318.

[27] BEWLEY A, GE Z, OTT L, et al. Simple online and realtime tracking[C]// 2016 IEEE International Conference on Image Processing (ICIP). Phoenix. IEEE, 2016: 3464-3468.

[28] WOJKE N, BEWLEY A, PAULUS D. Simple online and realtime tracking with a deep association metric[C]// 2017 IEEE International Conference on Image Processing (ICIP). Beijing, IEEE, 2017: 3645-3649.

[29] CHENG M M, ZHANG Z, LIN W Y, et al. BING: Binarized normed gradients for objectness estimation at 300fps[C]// Proceedings of the IEEE Conference on Computer Vision and Pattern Recognition, 2014: 3286-3293.

[30] DÍEZ BUIL M. Non-Maxima Supression[R]. Technical Report: ICG-TR-xxx, Graz, 2011: 1-34.

[31] DANELLJAN M, HÄGER G, KHAN F S, et al. Accurate scale estimation for robust visual tracking[C]// In Proceedings of British Machine Vision Conference, 2014: 1-11.

[32] 周密. 基于无人机航拍图像的天线姿态测量[D]. 西安: 西安电子科技大学, 2019.

[33] XIAO J S, ZOU W T, CHEN Y H, et al. Single image rain removal based on depth of field and sparse coding[J]. Pattern Recognition Letters, 2018, 116: 212-217.

[34] HE K, SUN J, TANG X. Single image haze removal using dark channel prior[J]. IEEE Transaction on Pattern Analysis and Machine Intelligence, 2011, 33(12): 2341-2353.

[35] XIAO J S, SHEN M Y, LEI J F, et al. Single image dehazing based on learning of haze layers[J]. Neurocomputing, 2020, 389: 108-122.

第 4 章 基于激光点云的实时环境探测

本章基于激光点云的环境探测，先探索激光传感器与智能驾驶的发展，再深入研究环境探测任务。基于激光点云的环境探测任务分为通用障碍物检测，以及道路动态目标识别、检测和跟踪两部分。4.1 节主要介绍三维激光扫描仪硬件传感器，包括测距原理、发展历史及其在智能驾驶中的应用。4.2 节主要介绍通用障碍物检测，即可通行区域和障碍物的区分，包括了路面检测、障碍物检测、道路边界检测和拟合等。4.3 节主要介绍道路动态目标检测和跟踪任务，在障碍物检测的基础上，上升到目标级别的环境探测，包含目标建模、目标检测和目标跟踪方法。

基于激光点云的环境探测任务涉及计算机视觉和人工智能技术中的模式识别、场景分割、目标检测等方面，经过研究人员的不断探索已经有很多进展。但是，这些仅仅是智能驾驶环境探测中的基石。如果想让智能驾驶汽车拥有像人一样智慧的大脑，还需要将感知升华为认知，使智能驾驶汽车理解周围的环境，合理预测动态环境未来的发展趋势，对场景做出理性的分析判断。这也是智能驾驶环境探测技术不断研究和发展的方向。

4.1 激光雷达与智能驾驶的发展

激光雷达（light laser detection and ranging，LiDAR），全称是激光探测与测距系统。激光雷达最初用于测绘领域[1]，进行高精度的非接触式距离测量。自第一束激光最早在 1960 年被美国加利福尼亚州休斯实验室的科学家梅曼宣布获取之后，激光雷达就大规模发展起来。激光成为真正的推动者，使得激光雷达变得既便宜又可靠，与其他传感器技术相比更具有竞争力。例如，与常见的微波雷达相比，激光雷达发射的激光束信号窄且密，因此具有分辨率高、抗干扰能力强、隐蔽性好、精度高等特点。同时，它体积小并且质量轻，因此被广泛应用于移动测绘及高级智能驾驶的相关领域。

4.1.1 激光雷达测距原理

激光雷达根据测距原理可分为三角法激光雷达、相位法激光雷达和时间飞行法（time of flight，TOF）系列激光雷达。

三角法激光雷达的激光发射器按照一定的角度发射激光束，光束遇到被测物体后被反射回来，反射回来的光线被电荷耦合器件（charge coupled device，CCD）或者互补金属氧化物半导体（complementary metal oxide semiconductor，CMOS）检测器检测，通过计算偏移值 L，利用相似三角形原理来反推距离。三角法激光雷达目前主要用于扫地机器人和服务机器人等领域。

相位法激光雷达，是指通过对激光器进行调制，把内光路和外光路结合起来，通过把两个激光信号进行混频检测相位差来测定距离。这类激光雷达的精度很高，可以达到毫米级，不过也因为技术难度较大，成本高，目前应用领域不是很广泛。

时间飞行法把半导体激光器调成纳秒级的光脉冲，其测距的基本原理是首先通过向被测目标发射激光脉冲，然后通过测量发射和反射或散射信号到达的时间差异，计算光速和时间的乘积的一半来确定其距离。其原理如图 4.1 所示。

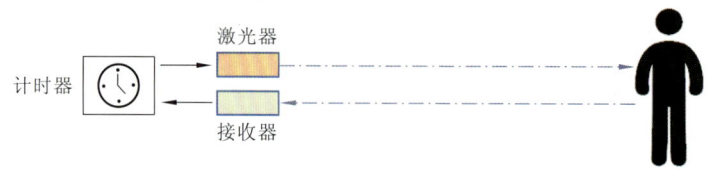

图 4.1 TOF 系列激光测距原理

目前，大多数车载激光雷达使用的都是 TOF 系列激光雷达。本节通过比对三角法激光雷达和 TOF 系列激光雷达的优缺点，说明 TOF 系列激光雷达在车载激光雷达领域广受青睐的原因。

TOF 系列激光雷达原理看上去比三角法激光雷达要简单很多，但是遇到的难题也有很多，具体举例如下。

一是计时问题。由上文所述可知，TOF 系列的激光距离测量依赖于时间的测量。但是由于光速很快，要获得精确的距离，对计时系统的要求就变得很高。因此，时间精度要求十分高。

目前，测量时间差有三种方法，分别是脉冲检测法、相干检测法和相移检测法，对应三种 TOF 系列的激光雷达。脉冲检测法通过建立两个寄存器，接收两次信号差异在不同寄存器的存储变换来计算时间。相干检测法是利用光的相干性对光载波所携带的信息信号进行检测和处理。只有采用相干性好的激光器作为激光源才能实现相关处理。相移检测法使用两个缓存器：一个用于存储数据阵列中每一行的电荷总量累加值；一个用于数据阵列中每一列的电荷总量累加值。通过公式对两个值进行计算，将处理后的输出信号与原有光信号位置进行对比得出相位差。

二是脉冲信号的处理问题。信号处理分两个部分：一个是激光驱动方案部分。因为测量依赖激光回波的位置，三角法雷达对激光器驱动几乎没什么要求。而 TOF 雷达要求出射光脉宽在几纳秒左右，上升沿更是要求越快越好，对这种激光的激光驱动方案要求比较高。另一个是接收器部分。回波时刻鉴别即对上升沿的时间鉴别，在对回波信号处理时，必须保证信号尽量不要失真。另外，即便信号没有失真，由于回波信号不可能是一个理想的方波，在同一距离下对不同物体的测量也会导致前沿的变动，这就需要特别的处理。除此之外，接收端还面临信号饱和、低噪处理等问题。

虽然 TOF 系列激光的难度更高，但是其相对于三角法激光雷达，具有以下几点优势。

（1）TOF 激光雷达测量距离更远。一是因为三角激光雷达测量距离受 CCD 大小的限制；二是三角法激光雷达没办法处理较高的信噪比。TOF 系列激光雷达采用脉冲激光采样，而且能够严格控制市场以减少环境光的影响，因此 TOF 距离更远。

（2）TOF 系列激光雷达扫描环境的采样率更高。因为 TOF 完成一次测量只需要一个光脉冲，而三角雷达需要运算的时间比较长。

（3）TOF 激光雷达的精度更高。三角法激光雷达在近距离下的精度很高，但是随着距离的增大，精度也会变差，这是由于距离增加，角度差异变小，三角雷达在标注精度时往往是采用百分比的标注（如1%），那么在20 m的距离时最大误差就是20 cm。而TOF雷达依赖飞行时间，时间测量精度并不随时间长度增加而明显变化，大部分TOF激光雷达的测量精度都可以保持在几个厘米的精度。

正因为上述原因，目前大部分测绘领域及智能驾驶领域使用的激光雷达都是TOF系列激光雷达，因此本章在不加赘述的情况下，默认的激光雷达就是TOF系列激光雷达。

4.1.2　激光雷达发展简史

1960年，激光问世，4年后，美国麻省理工学院林肯实验室成功研制出了第一台激光雷达，并在多个领域进行了应用测试。20世纪70年代，激光雷达因其测量精度高、方向性好、不受地面杂波干扰等优点开始被广泛应用于军事领域。80年代，美国国防部（Department of Defense，DOD）制定了无人作战系统战略计划，随后围绕这一计划进行了不同项目的测试与实施，其中比较有名的项目就有地面无人战斗车辆——UGCV。90年代，随着地理测绘行业的快速发展，被大量使用的激光雷达也正式进入了商用落地时代。到21世纪，随着智能驾驶车辆、智能机器人、无人机等领域的大量开发研究，激光雷达在上述领域的应用也呈现蓬勃之势。

激光雷达与智能驾驶车辆的"缘分"起源于美国军方的自主地面车辆（autonomous land vehicle，ALV）项目。早期ALV项目和DEMO II项目中所采用的激光雷达，由密歇根环境研究所（Environmental Research Institute of Michigan，ERIM）研制开发，采用基于相干TOF测距方法，利用单线激光雷达进行二维扫描，最远的探测距离为30多米，更新频率为2 Hz。后面的DEMO III项目则采用了8线阵激光雷达直接脉冲TOF测距生产的8线激光雷达，采用直接脉冲TOF测距。在PerceptOR中采用了SICK激光组合，位置分别是水平方向和垂直方向放置。到21世纪，为挖掘军事应用革命性的新技术，美国国防部高级研究计划局（DARPA）分别于2004年、2005年和2007年举办了城市智能驾驶挑战赛。在挑战赛中，大部分参赛车辆使用了大量的激光雷达，并通过信息融合技术取得了不错的成绩。这一举动极大加速了环境感知传感器、相关算法和地面无人车系统集成技术的发展，并促进激光雷达产品应运而生，如IBEO系列、SICK系列、Velodyne系列和Hokuyo系列等。

4.1.3　激光雷达成像原理

激光雷达按扫描方式可分为机械旋转式激光雷达和不旋转的固态激光雷达。下面详细介绍这两种激光雷达的扫描特点和点云数据特点。

机械扫描式激光雷达通过将一束激光或者多束激光竖列而排，绕轴进行360°旋转，每一束激光扫描一个平面，纵向叠加后呈现出三维立体图形。机械旋转式激光雷达由于激光束固定，垂直角分辨率由激光束安装角度固定，因此获取的点云空间分辨率在水平方向和垂直方向不一致，在数据处理时一般需要区别对待。

另外，目前发展较为热门、大部分激光雷达厂家致力于研究生产的是固态激光雷达，它摒弃了原有的机械扫描方式，采用相控阵原理，由许多个固定的细小光束组成，通过每个阵元点产生光束的相位与幅度，以此强化光束在指定方向上的强度，并压抑其他方向的强度，从而实现让光束的方向发生改变。由于固态式激光雷达不具备旋转组件，这在一定程度上降低了硬件成本和磨损消耗,且在个别光束阵元损坏的前提下,固态式激光雷达整体仍可持续工作,在可靠性上实现了大大提升。

下面将详细介绍这两类激光雷达的特点。

1. 机械旋转式激光雷达

机械旋转式激光雷达按照扫描线数量可分为单线激光雷达和多线激光雷达。单线激光雷达又称为 2D 激光雷达,是指激光扫描线束为一条线的激光雷达,它的特点是扫描速度快及可靠性高。其缺点是所有点云都在一个平面上,不能测量物体高度,一般应用于移动机器人身上,或者将多个单线激光组合安装在不同位置和方向,增加探测范围。多线激光雷达又分为 2.5D 激光雷达和 3D 激光雷达,其中,2.5D 激光雷达是指 4 线到 8 线激光雷达,其垂直角度视野范围一般在 10°以内,因此常放到车辆一角做数据的补充。3D 激光雷达则一般指 16 线及以上的激光雷达,常见的还有 32 线、64 线和 128 线激光雷达,垂直视野范围在 30°甚至 40°以上,线束多,数据丰富,大多被放置在车辆顶端做 360°环视范围的扫描。

机械旋转式激光扫描仪为了实现扫描成像,在产品内部设计了机械旋转结构带动激光发射器和接收器实时旋转。目前车载所用的多线激光雷达代表性产品是 Velodyne 公司推出的多线激光雷达。以武汉大学"途联号"使用的 Velodyne HDL-32E 为例(图 4.2,表 4.1),分析机械旋转式多线激光雷达的特点。

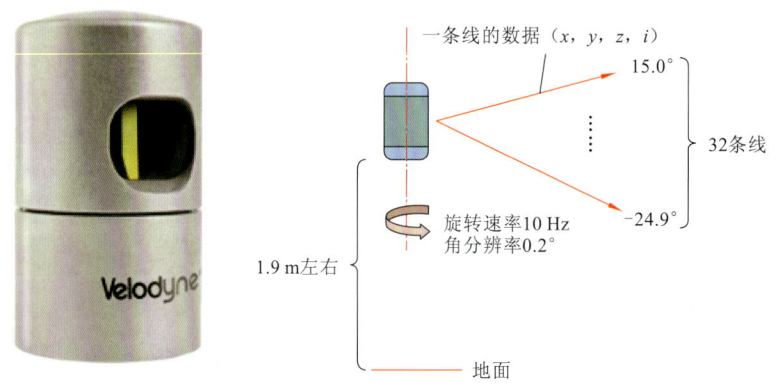

图 4.2　Velodyne HDL-32E 及其成像原理

表 4.1　**Velodyne HDL-32E 参数**

项目	参数	项目	参数
测量距离/m	最远 100	耗电量/W	12(常规)
精确度/cm	±2(常规)	工作电压/V	9~24
视场角(垂直)	+10.67°~-30.67°	重量/kg	1.0
角分辨率(垂直)	1.33°	尺寸	85 mm(直径)×144 mm(高度)
视场角(水平)	360°	防护标准	IP67,类型 4 外壳
角分辨率(水平)	0.1°~0.4°	工作温度/℃	-10~+60
旋转速率/Hz	5~20	存储温度/℃	-40 ~ +105
波长/nm	903	安全性	1 级-人眼安全

多线激光雷达工作状态时 64 根线在水平平面旋转可以采集一周 360°的数据。雷达的旋转速度和角分辨率是可以调节的，常用速度为 10 Hz（100 ms 转一圈）对应每 0.2°采集一次数据，即角分辨率为 360°/0.2°=1 800。

由于光速非常快，所以在 1 800 中任何一个位置进行一次发射和接收动作可以看作是瞬时完成的。受硬件能力的限制，一般转速越快则发射和接收激光的次数越少，即角分辨率越小。常用雷达采集到的数据点距离雷达中心一般不会超过 150 m。

通常采集到的 360°的数据被称为一帧，上面的例子中一帧数据在理论上最多包含 64×(360/0.2)=115 200 个点。

实际情况中如果雷达被放置在车的上方大约距地面 2 m 的位置，则在比较空旷的场景中大约获得 80 000 个点，一部分激光点因为被发射向天空或被吸收等并没有返回到接收器，也就无法得到对应的点。图 4.3 为多线激光雷达扫描原理及成像示意图。

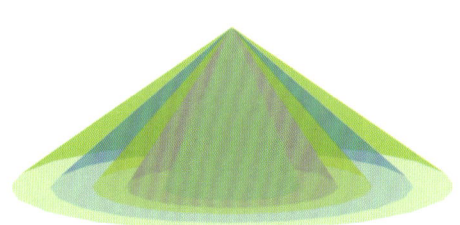

图 4.3　多线激光雷达扫描原理及成像示意图

另外，激光点云数据有很多独特的地方。

（1）距离中心点越远的地方越稀疏。机械激光雷达的帧率比较低，一般可选 5 Hz、10 Hz 和 20 Hz，但是因为高帧率对应低角分辨率，所以在权衡了采样频率和角分辨率之后常用 10 Hz。

（2）点与点之间根据成像原理有内在联系，如平坦地面上的一圈点是由同一个发射器旋转一周生成的。

（3）激光雷达生成的数据中只保证点云与激光原点之间没有障碍物及每个点云的位置有障碍物，除此之外的区域不确定是否存在障碍物。

（4）由于自然中激光比较少见，激光雷达生成的数据一般不会出现噪声点，但是其他激光雷达可能会对其造成影响，另外落叶、雨雪、沙尘、雾霾也会产生噪声点。

（5）与激光雷达有相对运动的物体的点云会出现偏移，例如，采集一圈激光点云耗时为 100 ms，在这一段时间内如果物体相对激光有运动，则采集到的物体上的点会被压缩或拉伸。如果对激光点云做相应的偏移改正，那么会出现扫描线起点和终点不闭合的情况。

从表 4.1 可以知道，激光雷达的水平旋转角分辨率受激光雷达工作时旋转频率的影响。例如，当激光雷达以 5Hz 的频率工作时，水平旋转角度分辨率为 0.086°，当激光雷达以 15 Hz 的频率工作时，水平旋转角度分辨率为 0.258°。在激光雷达旋转速度一定的情况下，激光雷达不同线的激光线数也不同。表 4.2 为激光雷达安装在垂直距地面 2.0 m 处，10 Hz 水平间距分辨率和扫描线束的关系。

表 4.2　Velodyne32 线激光雷达分辨率

扫描线 ID	距车水平距离/m	垂直间距/m	水平间距/m
1	4	0.5	0.010
10	8	0.8	0.016
20	15	1.0	0.020
30	20	3.0	0.060

同时，根据激光雷达 32 根射线垂直角度的固定关系计算每根线的理论照射地面距离，将每条射线与下一条射线的距离作为激光的垂直距离分辨率。根据三角知识计算，如表 4.2 第 3 列所示。

从表 4.2 可以发现，多线机械旋转式激光雷达的点云呈现水平分辨率高、垂直分辨率低的问题，在垂直安装的情况下，其在地面的成像特点呈现同心圆的形式。并且在激光中心到激光第一条扫描线会出现一个圆形盲区，即激光雷达扫描不到的地方。

同时，机械旋转的设计也会导致产品有以下缺陷：

（1）光路调试、装配复杂，生产周期漫长，成本居高不下；

（2）机械旋转部件寿命有限，长期工作损耗严重，且在运动过程中可靠性不高，难以符合车规的严苛要求；

（3）机械旋转结构设计所占空间体积较大，很难将产品设计微型化。

2. 固态激光雷达

固态激光雷达与机械旋转式激光雷达不同，它通过光学相控阵列（optical phased array，OPA）、光子集成电路（photonic IC）及远场辐射方向图（far field radiation pattern）等电子部件代替机械旋转部件实现发射激光角度的调整。

光学相控阵和微波相控阵是一个原理，利用的是光的相干干涉，出现了相位差，也就出现了干涉峰。所以，如何让通过器件后光产生相位差是研究的重点，这就需要找到合适的材料和激发方法。为了解决这个问题，目前有三大未来发展的技术思路：MEMS、OPA 与 FLASH。其中，MEMS 和 OPA 为扫描式，而 FLASH 为非扫描式。

（1）MEMS。微机电系统（micro-electro-mechanical system，MEMS），指代将机械结构进行微型化和电子化设计，通过微电子工艺集成于芯片。MEMS 价值在于微机电系统可在硅基芯片上集成体积十分精巧的微振镜，由旋转的微振镜反射激光发射器发出的光线，从而实现微米级的运动扫描，即使是在产品内部也将看不到任何机械旋转部件。

从成本角度分析，机械旋转式激光雷达需要为每条扫描线构建一组芯片，产品成本与线束呈比例增长。而 MEMS 微振镜激光雷达可将各种分立芯片集成设计到统一的控制芯片组中，大大缩减成本。从产品外形分析，MEMS 微振镜激光雷达通过一面微振镜来反射激光器的光线，微振镜和激光发射器采用微秒级的频率协同工作，通过一束激光光线即可实现目标的三维扫描。机械旋转式激光需要将多组激光器并排排列，产品体积压缩空间有限，而 MEMS 微振镜从结构设计角度使得产品微型化成为可能。除了成本和产品体积上的优势，MEMS 微振镜不存在机械磨损，可靠性高；功耗小，对人眼更安全；

整体探测距离更远。

（2）OPA。光学相控阵（OPA）技术利用了光的相干原理。相控阵发射器由若干发射接收单元组成阵列，通过调节从各个相控单元辐射出的光波的相位关系，在指定方向上产生互相加强的干涉从而实现高强度光束，而在其余方向光波彼此相消。相比 MEMS，OPA 的电子化实现更彻底。

光学相控阵激光雷达有很多优势，除了替换机械旋转结构带来的成本下降、体积变小等优点以外，其扫描频率可以达到兆赫兹（MHz）量级以上，扫描精度高，可指定密集扫描和稀疏扫描区域。但整体来说，光学相控阵的制造工艺难度较大。美国固态激光公司 Quanergy 主打光学相控阵技术，于 2017 年推出的 S3 是全球首款车规级固态 LiDAR 系统，在成本、性能和可靠性方面均处于行业领先地位。

（3）FLASH。FLASH 激光传感器在短时间能发出面阵光，再以高灵敏度的接收器成像。其成像原理更接近传统相机，差别在于 FLASH 激光雷达主动发出光源。目前，FLASH 原理的技术可靠性还有待验证，技术产品普遍具有观测距离近、信噪比大等缺陷。

虽然固态激光雷达具有响应速度快、控制电压低、扫描角度大、价格低等优势，但由于目前固态激光大部分厂家技术还不成熟，智能驾驶中使用的激光雷达还是以机械旋转式激光雷达为主，后续算法也是围绕机械旋转式激光雷达展开的。

4.1.4 激光雷达在智能驾驶中的应用

目前普遍将智能驾驶技术分为环境感知、定位导航、路径决策与规划、车辆控制 4 个技术方向。其中，智能驾驶的实时环境感知技术是关键也是难点。环境感知可以看作是一种对车辆周围三维环境的实时建模，将周围环境通过计算机视觉算法数字化表示，最终传输到智能驾驶大脑的中枢层，帮助车辆自身做出正确的行驶行为。环境感知依托于车端传感器数据的输入。感知内容包括动态的道路参与者和静态的道路状况、交通设施等一切有助于帮助车辆行驶的信息。

基本的感知任务有针对动态道路参与者的多目标检测、识别和跟踪预测，即 MODAT，涉及计算机视觉和人工智能领域中的目标检测、目标跟踪和场景分割任务，这些感知任务在很多应用场景中有广泛应用。目前针对这些感知任务有多重传感器的方案，常用的有视觉方案、毫米波雷达方案和激光雷达方案。表 4.3 为三种方案应对环境感知的优缺点。

表 4.3 不同感知传感器对环境感知的优缺点比较

分类	优点	缺点
视觉方案	价格相对便宜，光谱信息充分，数据分辨率大	平面数据，测距不准确，被动传感，受环境影响大
毫米波雷达方案	受天气影响小，穿透力强，测量距离远	精度较差，分辨率低，范围小
激光雷达方案	探测精度高，范围广，可靠性高	成本较高，受极端天气影响大

从表 4.3 可以看出，激光雷达具有不受光照影响和直接获得准确三维信息的特点，因此常被用于弥补摄像头传感器的不足。下面分析激光雷达对于智能驾驶的具体应用。

1. 检测与识别

由于激光雷达是一种主动式传感器，点数多且可以获得周围物体的深度信息，广泛应用于智能驾驶的目标检测和识别领域。

近年来关于激光雷达目标及障碍物检测识别的研究层出不穷，其核心目标是找出可通行区域供无人车规划驾驶使用。目标检测识别任务分为两类。一是静态障碍物，如道路边缘、树木、城市建筑物及两边停靠的车辆，对于静态障碍物，只需要其大小和位置即可。另外，由于像道路边缘和路灯等长期的静态物体，可以通过高精度地图来辅助进行障碍物检测。二是动态障碍物，主要对象是人和车辆。行人一般线束较少，远处识别困难；车辆则比较清晰，但同样面临速度过快、跟踪困难的问题。另外，所有障碍物及目标检测，都有遮挡和其他环境干扰的问题。在激光雷达检测过程中，都需要考虑这些难题。

目前，传统的激光雷达障碍物检测的方法大致分为两种：一种是先通过扫描线提取特征点或者特征线，然后根据特征检测识别障碍物的方法；另一种是先通过平面分割方法提取出道路，然后将除道路以外的所有点云当作障碍物处理。对于第一种方法，Himmelsbach 等[2]提出了点特征直方图的方法，通过先提取目标三维点云的几何特征，归入 SVM 分类器，然后进行分类检测障碍物。Wojke 和 Haselich[3]寻找点云的线特征和角特征，结合时间线索进行车辆检测。针对第二种方法，大部分研究采用激光点云栅格化的方式进行平面提取。Levinson 和 Thrun[4]提出构建最大最小高度栅格地图的方法实现道路提取，他们将栅格地图中高度差值小于一定阈值的当作地面点。除了笛卡儿栅格之外，Himmelsbach 等[5]通过构建极坐标栅格地图实现地面分割。他们通过在扇形区中用直线地面拟合的方式来实现地面提取。不过这种方法有很明显的缺陷，无法处理坡度较大的地面及受噪声影响很大。

2. 定位与建图

智能驾驶定位的目的是估计智能驾驶车辆相对于地图或者道路的位置和姿态，从而更好地确定自己的状态。目前大多数一般用途的定位子系统是基于 GPS 来做的，但是在智能驾驶领域，由于城市环境存在太多的 GPS 遮挡的复杂区域，如树下、两旁高楼大厦的 GPS 遮挡及隧道里等，单纯用 GPS 定位并不可靠。

因此，许多研究学者开始致力于研究不依赖 GPS 实现定位的方法，目前主要分为三类：基于激光的定位、联合激光和相机的定位及基于相机的定位[6]。由于激光雷达能够提供精确的距离信息，采用激光雷达来进行自主车定位与建图日益受到研究者的重视。

激光雷达定位一般是指局部定位，其一般步骤为获取每一帧的激光点云数据特征点，然后将后一帧的激光特征点和前一帧做数据关联，即寻找相邻帧的特征点的对应点。得到关联点之后，求取关联点之间建立满足对应点变换最小的变换矩阵，如此得到相邻点云的相对位置和姿态的关系。如果将后面点云根据变换矩阵转换到同一帧点云，然后做相关处理，即可以得到行驶轨迹环境下的扫描地图，实现定位与建图。

不过一般来说，由于激光雷达定位方法采用相邻帧位置传递的方法，单纯用激光雷达的定位和建图会出现误差累积的问题，则定位误差会随着距离的增大而急剧增大，后续远不能满足车辆定位的要求。目前学者针对这个问题有两种解决方案：一是利用激光点云感知做闭环检测，当机动车检测到车辆来到曾经到过的地方，通过目标检测和识别来和已经建好的做匹配,从而达到修正位置的目的;二是通过多数据融合,如加入 GPS 位置信息来做纠正。详细部分见第 5 章。

4.1.5 激光雷达在自主车的安装发展

激光雷达用于智能驾驶起源于 21 世纪初美国 DARPA 举办的三次智能驾驶挑战赛。其中最著名的当属 2007 年举办的 DARPA 城市挑战赛,每个参赛队伍都在比赛时用了多种激光雷达传感器。下面介绍比赛中决赛队伍的激光雷达的安装方式。

1. DARPA Urban Challenge 比赛车辆

(1) Boss。比赛冠军车辆 Boss 使用传感器的组合来提供冗余度和覆盖范围,以便在城市环境中安全导航。主动感应主要使用如表 4.4 所示的激光传感器。Boss 车辆使用这么多激光传感器是因为车辆团队认为在城市挑战中,直接测量距离和目标速度比从视觉系统获得更丰富但更难解释的数据更重要。Boss 上使用的传感器参数如表 4.4 所示。

表 4.4 Boss 上使用的传感器参数

激光传感器	简要描述
SICK LMS 291-S05/S14 LiDAR(LMS)	视场角:180°/90°×0.9° 角度分辨率:1°/0.5° 最大范围:80 m
Velodyne HDL-64 LiDAR(HDL)	视场角:360°×26° 角度分辨率:0.1° 最大范围:70 m
Continental ISF 172 LiDAR(ISF)	视场角:12°×3.2° 最大范围:150 m
IBEO Alasca XT LiDAR(XT)	视场角:240°×3.2° 最大范围:300 m

Boss 车辆传感器安装示意图及 Boss 车如图 4.4 所示。

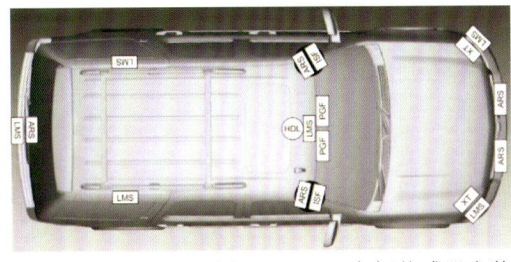

图 4.4 Boss 车辆传感器安装示意图及 Boss 车

Boss 在车辆顶部安装一个 64 线激光雷达,用于 360°视角的环视,同时在车前左右侧、车后左右侧、车辆正后方及 64 线激光前面分别放了一个单线 SICK 激光雷达,车前两个单线激光雷达上放了两个 IBEO 的 4 线激光雷达。图中各传感器说明如下。

LMS：激光雷达传感器。
ARS：毫米波雷达传感器。
HDL：激光雷达传感器。
ISF：摄像头传感器。
PGF：摄像头传感器。
XT：毫米波雷达传感器。

（2）Junior。图 4.5 所示的自主车 Junior 是经过改装的 2006 年大众帕萨特货车，配备五激光测距仪（由 IBEO、Riegl、SICK 和 Velodyne 制造）。其中，Velodyne 64 线激光安装在车顶，前方放置一个 Riegl 激光，车前方两边放置 IBEO 4 线激光，车后两方放置单线激光检测车辆近处的盲区。

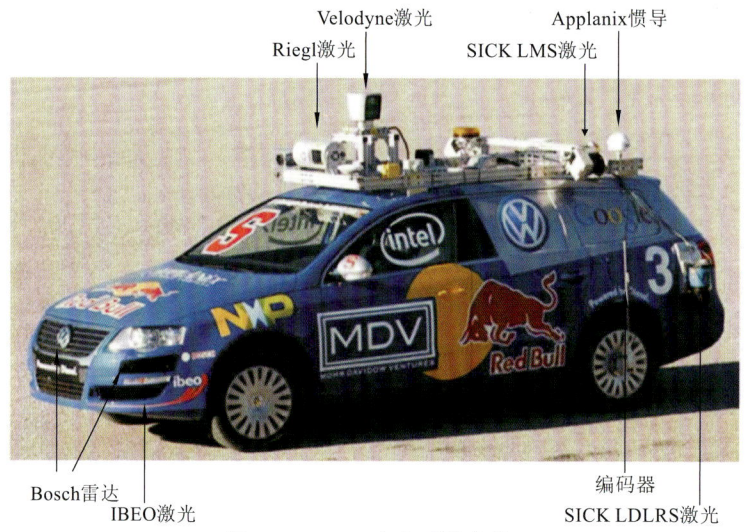

图 4.5 Junior 车传感器安装

（3）Odin。VictorTango 队伍的参赛车辆 Odin 如图 4.6 所示，改装自 2005 年混合动力福特车，它不同于之前两个车辆，并没有使用多线激光雷达在车顶。使用的激光雷达有车前方两侧的 IBEO 4 线激光雷达及在车后方两侧倾斜放置的 SICK 单线激光雷达。

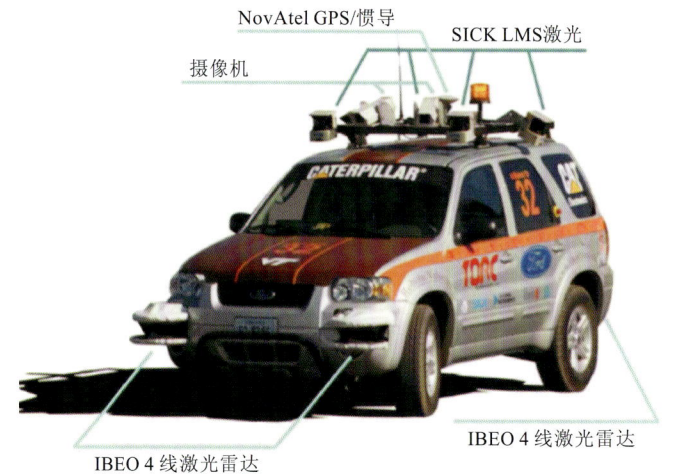

图 4.6 Odin 车传感器安装

（4）MIT 参赛车辆。MIT 团队使用的两种车辆如图 4.7 所示，分别是 the Ford Escape 和 the LR3 Talos，MIT 团队最初设计避免使用昂贵的传感器，但是后来还是鉴于安全考虑使用了 Velodyne 的 64 线激光雷达[图 4.7（b）]。MIT 团队的 LR3 Talos 共安装了 5 个相机、15 个雷达、12 个单线雷达和 1 个 Velodyne 的多线激光雷达。

（a）the Ford Escape　　　　　　　　（b）the LR3 Talos

图 4.7　MIT 车队比赛车辆

（5）DARPA 比赛其他车辆。图 4.8 是 DARPA 比赛的其他车辆，从图中可以看出，为了大规模覆盖，这些车辆使用了大量多线激光雷达和单线激光雷达。

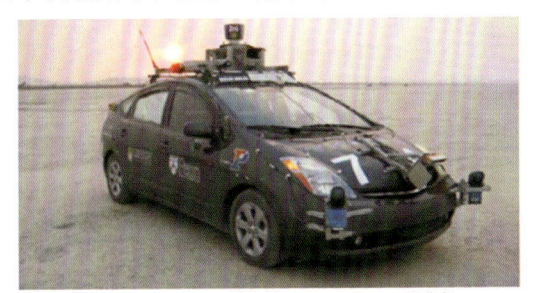

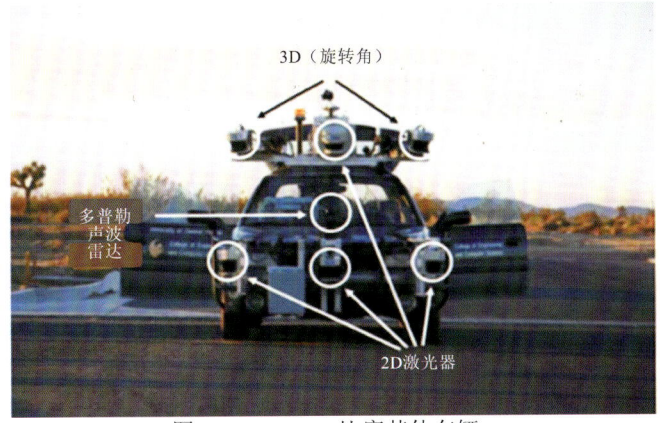

图 4.8　DARPA 比赛其他车辆

2. 目前智能驾驶公司激光雷达安装方案

（1）Waymo。Waymo 是谷歌的智能驾驶项目，后来发展成为 Alphabet 旗下的一家企业。该公司将开始销售其定制的 LiDAR 传感器——这项技术在 2018 年针对优步的一场商业机密诉讼中处于核心地位。其传感器安装示意图如图 4.9 所示。

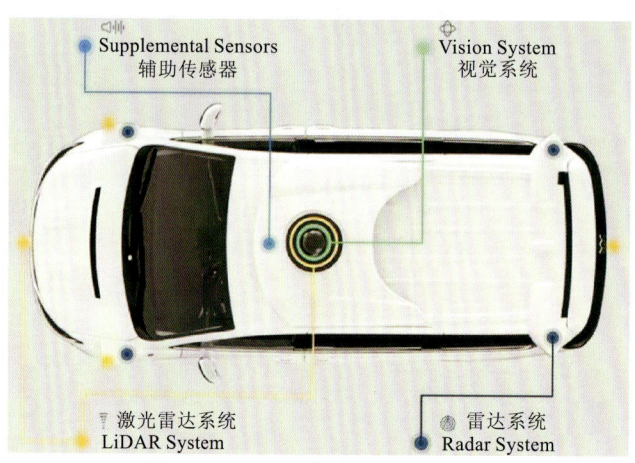

图 4.9　Waymo 传感器安装示意图

截至 2019 年 3 月，Waymo 的 LiDAR 系统包括内部开发的三种类型激光雷达：短程激光雷达可以让车辆持续不断地观察和监控；高分辨率的中程激光雷达；新一代功能强大的长距离激光雷达，视线面积可达三个足球场。其中，该短程 Laser Bear Honeycomb 是 Waymo 准备向外部公司销售的唯一产品。

（2）特斯拉。特斯拉（Tesla），如图 4.10 所示，是一家美国电动车及能源公司，产销电动车、太阳能板及储能设备。特斯拉最出名的是它的电动汽车和他的辅助驾驶，它的愿景是"加速全球向可持续能源的转变"。

图 4.10　特斯拉

特斯拉的 CEO 马斯克一直秉承着激光雷达无用论，因此特斯拉系列的车辆全都没有安装激光雷达，主要是因为如果希望无人车的平民化，目前激光雷达的价格还一直是一个瓶颈。

（3）Cruise。Cruise 自动化首席技术官是 Kyle Vogt，他 2013 年与 Dan Kan 共同创办了 Cruise。Cruise 被看作全球智能驾驶市场的领头羊，其首先瞄准了主要市场。但 Cruise

的入门门槛很高。在城市街道上驾驶智能汽车是一件困难的事情，需要相当大的监管力度。但当 Cruise 克服了这些障碍，在圣弗朗西斯科和纽约推出真正的智能驾驶服务时，它将从那些同样试图在这些城市推出智能驾驶服务的竞争对手中脱颖而出。

如图 4.11 所示，Cruise 的激光雷达安装方式采用多个低线数激光雷达组合而成，3 个垂直安装，2 个倾斜安装，垂直安装的激光雷达用于环视 360°范围，倾斜激光用于盲区补充。

图 4.11 Cruise 无人车

（4）百度。在国内科技巨头公司里，百度公司最早开始研究智能驾驶技术。百度于 2016 年 9 月获得美国加利福尼亚州的测试许可，并于同年 11 月在浙江乌镇开展普通开放道路的无人车试运营。2017 年 4 月百度发布名为"Apollo（阿波罗）"的计划，目的是为智能驾驶领域提供一个可靠、开放、全面的软件平台，帮助领域学习者快速结合自己的车辆和硬件系统，构建一整套属于他们自己的智能驾驶系统。2019 年 1 月短短不到两年的时间，其阿波罗计划已经更新迭代到 3.5 版本。

百度主要有自主研发的无人车阿波罗和智能驾驶量产无人巴士阿波龙，如图 4.12 所示，两辆车都有一个 64 线激光雷达安装在车顶。另外，阿波龙无人巴士由于体型较大，在车前方侧面安装了两个 16 线激光雷达。

图 4.12 百度无人车及无人巴士

（5）AutoX。AutoX 自成立之初，技术开发就以量产为导向，在过去两年里获得了若干个重大突破。2019 年 1 月底，AutoX 正式成立中国研发总部，办公室位于科技公司总部云集的深圳南山区，并迅速代替 Roadstar，成为深圳第一智能驾驶公司。AutoX 自创始以来，主打以摄像为主（Camera First）的感知方案。不过出于安全考虑，AutoX 在实际运行过程中仍然采用激光雷达，将其作为多传感器信息冗余来使用。

AutoX 无人车（图 4.13）研究致力于应用在自动出租和自动送货上，车辆只垂直安装一个激光雷达。由于 AutoX 并不深入做激光雷达的研究，这种简单的安装方式只是做感知辅助而已。

图 4.13　AutoX 无人车

总的来说，得益于近几年来软件算法、硬件计算能力的大幅度提高，相对于 21 世纪初 DARPA 比赛的车辆，出于对车辆量产成本的考虑，目前大部分智能驾驶研究公司只安装一个激光雷达或者直接不使用安装雷达。激光雷达的安装方式就是垂直安装车顶，部分公司出于安全考虑，也只是对盲区部分加装了几个小的激光雷达而已。

4.2　激光点云数据处理

点云（point cloud）是海量点数据集合的简称，每个点存储（x, y, z）三维信息，同时根据获取数据源的不同还有其他信息。通过激光雷达测距仪得到的点云数据一般还有强度（intensity）信息；通过深度相机或者多目相机得到的点云数据则还有颜色（RGB）信息。一般来说，点云根据距离间隔大小分为稀疏点云和稠密点云。稠密点云要求每个点分布均匀，不过最近点的间距大小阈值随场景需求的不同而不同，对智能驾驶领域来说，由于大部分精度要求在厘米级别，每个均匀分布点最近点间距在 5 cm 以内的点都可以称为稠密点云。在上节所述的激光雷达中，机械旋转式激光雷达得到的单帧点云因数据不均匀，因此为稀疏点云；而固态激光得到的一帧点云被认为是稠密点云。

4.2.1 点云数据采集过程

实时点云在三维激光雷达的采集过程主要由发射周期、采集周期和扫描周期三部分组成。发射周期指三维激光雷达中同一个激光发射器两次脉冲信号发送之间的间隔。以 Velodyne 公司生产的 HDL-32 型号三维激光雷达为例,所有 32 个激光发射器在垂直方向以 1.33°的方向间隔进行安装。在实时采集过程中,所有发射器平均分布在上下两部分,分别在下部区域、上部区域依次选择一个发射器完成脉冲信号的发射。在一个发送周期内,前后两个脉冲信号之间的发射角度保持为激光垂直发射范围的一半。发射周期如图 4.14 所示。

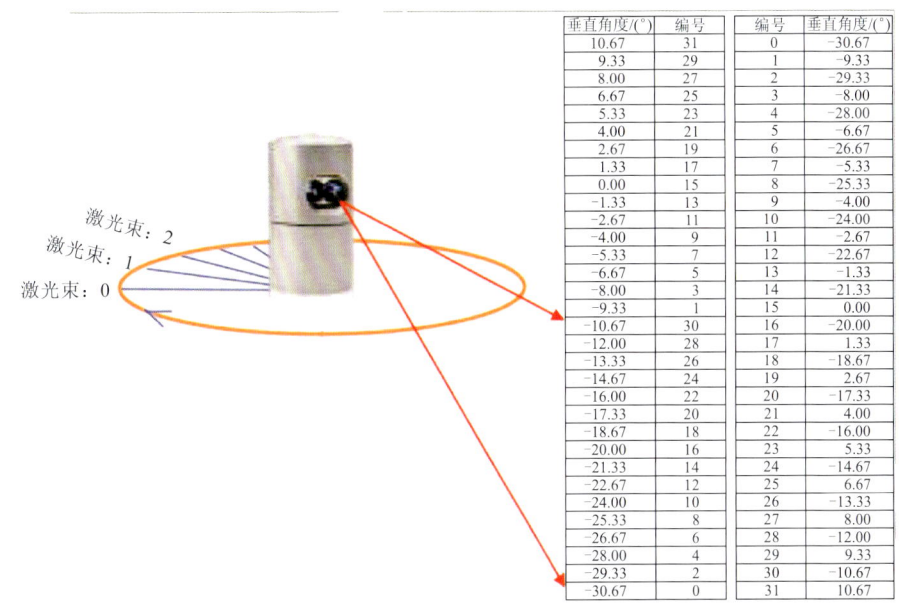

图 4.14 激光发射周期数据

由于三维激光雷达产生的点云数据是随着设备旋转过程逐步采集得到的,目前三维激光雷达通常采用 UDP 数据包的形式,以固定长度的发射周期为间隔进行打包。采集周期即三维激光雷达完成一个 UDP 数据包的点云数据的采集过程。同样以 HDL-32 激光雷达为例,受 UDP 数据包大小的限制,三维激光雷达扫描过程中产生的 UDP 数据包大小为 1 248 个字节。其中,起始 42 个字节为 UDP 数据头,结尾的 6 个字节包含数据包的打包时间及激光雷达的采集模式和型号信息。如图 4.15 所示,每个 UDP 数据包中包含 12 个发射周期采集的激光雷达数据,共 100 个字节,记录对应的距离数据和强度数据及周期内首个脉冲信号发射时水平角度传感器的方位角。两个发射周期之间方位角的偏差与电机转速相关。Velodyne HDL-32E 激光传感器一次扫描的垂直截面会有 32 条激光线,并且数据以 UDP 形式广播,其返回的每个 UDP 数据包包含 1 248 字节的数据,其中包含文件头、12 组点云数据包,以及时间戳和包尾标识符。12 组点云数据中,每组数据都包括了当前截面的航向角信息 azimuth、32 个激光点云的距离信息 distance 及反射度信息 reflectivity(图 4.15)。

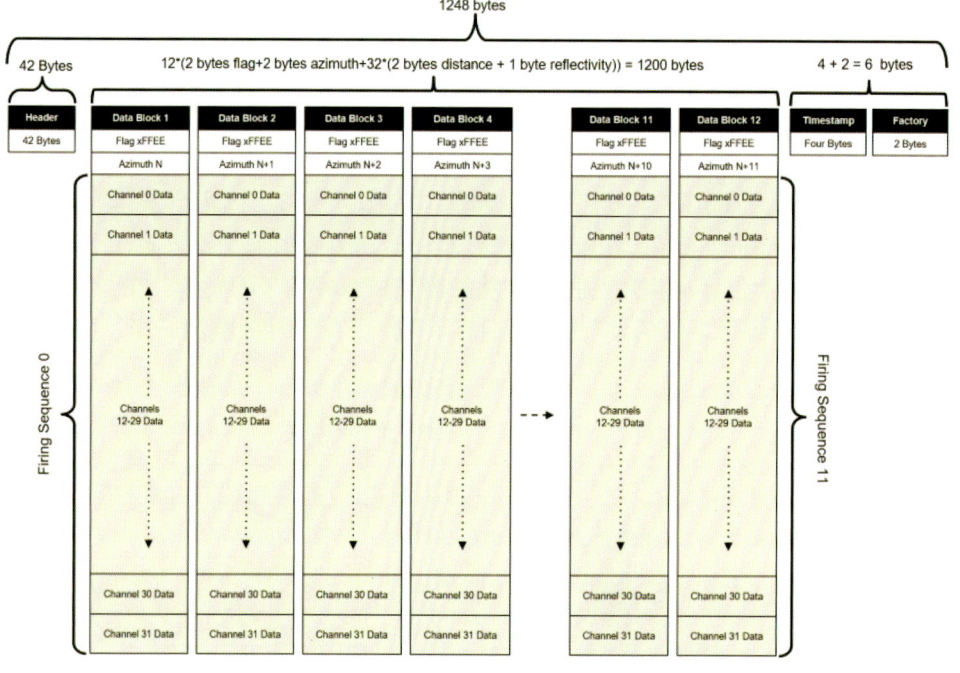

图 4.15　Velodyne HDL-32E 一个 UDP 包数据

4.2.2　点云数据坐标计算

激光雷达测量得到的原始数据并不是常用的 (x,y,z) 格式，而只有一个测量距离 S。需要先对数据进行处理，计算每一个点的三维坐标。旋转平面极坐标系是激光雷达采集过程中普遍使用的数据表达坐标系。在该坐标系下，点云数据由距离 S 和角度（θ 和 α）数据组成。激光雷达坐标系则是以传感器发射中心为原点的三维笛卡儿坐标系。激光雷达的坐标系如图 4.16 所示。

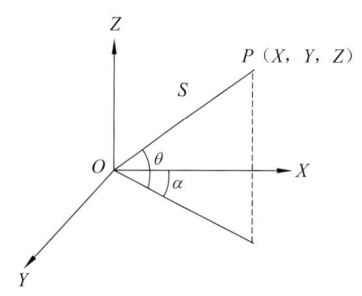

图 4.16　激光雷达坐标系

图 4.16 中，θ 为激光雷达的单个激光发射器发射的脉冲信号相对于激光 XOY 平面的夹角；α 为点云对应的水平方向的方位角。对于任意一点激光采集得到的距离值 S，其对应的三维点坐标可以表示为

$$\begin{cases} X = S\cos\theta\cos\alpha \\ Y = S\cos\theta\sin\alpha \\ Z = S\sin\theta \end{cases} \tag{4.1}$$

利用垂直方向已知的角度参数，结合实时采集得到方位角可以计算实时的水平角度信息。由于每个数据包内的角度参数只记录了初始脉冲对应的水平角度，三维激光雷达的每个发射周期之间需要间隔固定时间来保证激光脉冲信号得到有效采集。结合单个发射周期时间和电机转速，可以计算得到同一个激光发射器在连续两个发射周期之间的水

平方位角，如下：

$$\text{Azimuth}_{\text{resolution}} = \text{RPM} \times 60 \times 46.08 \times 10^{-6} \quad (4.2)$$

式中：$\text{Azimuth}_{\text{resolution}}$ 为两次发射周期之间角度间隔；RPM 为电机转速，对应每分钟旋转周期数；46.08×10^{-6} 为 HDL-32 激光雷达单个发射周期的耗时。

4.2.3 点云数据结构化处理

由于单帧点云数据量大，需要对点云数据做结构化的预处理以便于数据后续计算。三维点云数据处理最基本的方式是建立索引结构，以便于点云的快速查找。

1. 点云索引方法

1）基本索引

根据 4.1 节提到的激光点云的特性，在不排除点云异常点的情况下，点云个数为激光扫描线数的整数倍。因此，第一种常见的点云数据存储方式为矩阵方式。一般设置矩阵行高为扫描线数，宽高为单条线旋转一周的点云个数。这种存储方式最基础、最直接，也最符合多线旋转式激光雷达的点云数据特点。

2）八叉树索引

八叉树（octree）是一种对三维空间数据进行组织索引的树形数据结构，树的子节点有 8 个，只用叶节点存储数据。八叉树是在四叉树的基础上建立起来的，四叉树虽然常被用于二维数据的索引组织方法，但是有时在三维索引中也有所引用。

四叉树（Q-tree）是一种对二维平面数据进行划分索引的数据结构，其基本原理为：通过对二维平面进行面元剖分，同一层的每个面元具有相同的大小，并以此进行递归，对大小为 $2n \times 2n$ 的二维平面进行分割，构成一棵每子节点有 4 个节点的方向树。使用四叉树对数据组织时，假如针对 $2n \times 2n$ 的二维平面数据，首先确定整个平面数据的数据包围矩形，它此时相当于树结构中的根节点。然后对平面数据进行横竖两个方向的四等分，分别作为根节点的 4 个子节点。最后对其每一个节点根据某一个条件判断是否需要继续划分，对需要分割的平面区域再次按照上述步骤循环递归到最后每一个子节点符合条件为止。四叉树结构示意图如图 4.17 所示。

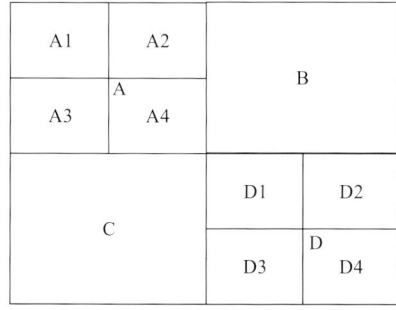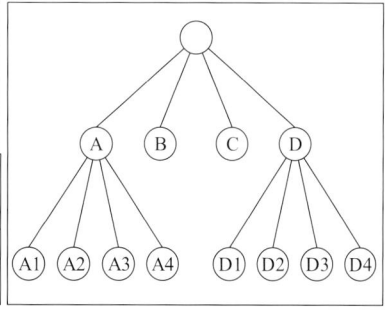

图 4.17 四叉树结构示意图

相较于四叉树,八叉树的索引方法较好地符合空间的特性,是一种更适用于三维空间现象的一种三维空间数据结构。八叉树分割方法基本与四叉树一样,不过是将大小为 $2n×2n×2n$ 的地理空间对象平均划分为 8 个相同的区域,并依次递归划分到满足每一个体元符合规定的要求为止。八叉树结构示意图如图 4.18 所示。

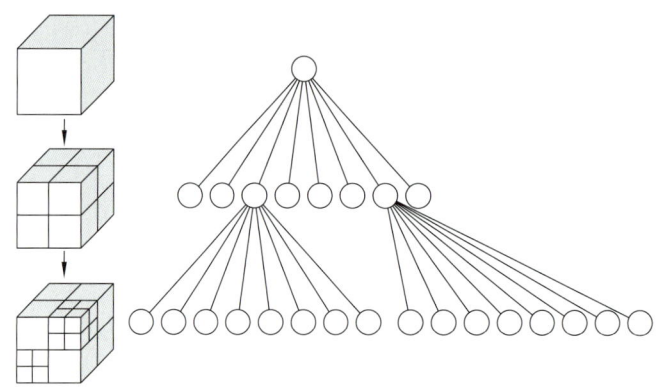

图 4.18　八叉树结构示意图

使用八叉树对点云数据进行组织和索引时,其基本思想是先找到点云数据的包围体,对包围体所在空间进行八等剖分。剖分后的体元再次进行八等剖分,直到符合激光点云可视化最大的一层为止。

八叉树的优点:相较于其他复杂树易于编程实现;符合计算机存储逻辑,易于计算机存储;剖分过程简单,具有良好的可操作性;对均匀且不是很大的数据有较好的快速查询检索功能。

3)KD 树索引

KD 树(k-dimension tree)是一种分割 k 维数据空间的数据结构,主要应用于多维空间数据的搜索,而且适用于范围搜索和最邻近搜索。KD 树是 B 树在多维空间的扩展,不过其本质上还是一个二叉树,每一个节点既存储每一个数据点的位置,也存储该数据点所包含的空间范围。它可以理解为将一个空间进行二分搜索,只不过将这个适用到了多维空间层次上。

在 k 维平面上,KD 树按照 k 维坐标进行的方差计算中的较大的方向作为分割方向,并按照分割方向的维度进行排序,找出中位数的点作为父节点,在该节点按照分割方向确定的超平面进行区域分割。之后对分割后的两个区域按上述方法再次进行循环递归分割,直到分割后的区域只剩下 1 个数据或者一侧没有数据点为止。三维空间的 KD 树结构示意图如图 4.19 所示。

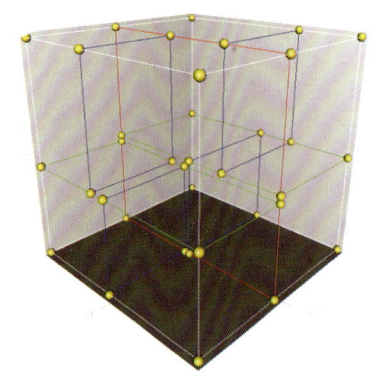

图 4.19　三维空间的 KD 树结构示意图

KD 树通过空间对象的相互关系创建,较好地记录了对象的拓扑关系。它作为二叉树的扩展结构,具有与二叉树一样的结构单一及查找速度快等优点。KD 树是平衡树,因此深度不高,搜索时可以以最短的路径查询。因此,KD 树是搜索最邻近问题的最好数据结构之一，适用于检索和查询[6]。

2. 点云二维映射方法

激光雷达原始点云数据信息量巨大，可以覆盖激光雷达周围一定范围内的所有地面信息及路沿、行人、车辆、树木和围墙等各种障碍物信息。原始点云数据信息繁杂，为了提高算法的速度，很多算法并不直接作用于三维点云数据，而是先将点云数据映射到二维平面中再处理。常见的二维数据形式有深度图（range image）、占据栅格地图（occupied gird map）及极坐标栅格地图（polar grid map）。

1）深度图

将点云转换为深度图是比较常见的一种点云数据表示形式，因为它最符合多线机械旋转式激光雷达的数据特点。激光雷达扫描一周得到的扫描点云作为深度图宽度数据，高度为激光射线光束的数量，深度图的值为每一个激光的距离值。

点云深度图和矩阵存储格式类似，不过根据普通线束建立的矩阵形式里存储的数据为三维点云坐标，或者还加入强度（intensity）属性及其他属性等。而深度图所建立的图像值只是其灰度，并且对应索引可以映射每一个激光点的水平角度和垂直角度，从而可以反算出每一个激光点的三维坐标。

由于深度图的灰度值为其距离值，可以比较容易地在图像中反映出物体的边缘信息。物体边缘的地方，一般对应于距离突变的点，而距离突变点在深度图中灰度差异明显，可以用图像边缘检测的方法找到物体边缘。

2）占据栅格地图

占据栅格地图对点云所在平面按一定分辨率进行采样，每个栅格保存点云部分数据信息，需要处理的数据量变小。它们处理数据的效率比较高，并且由于和图像像素很类似，可以使用计算机图像视觉的知识做后续分割和识别处理。不过，栅格地图容易出现数据欠分割的问题。

构建栅格地图的基本流程如下。

（1）给定栅格范围和分辨率。栅格大小的选择可以按照自动车感兴趣区域进行划分，也可以求取单帧激光点云的包围框作为整个栅格的范围。不过，由于智能驾驶一般只关注规划所需要的前方及侧方一定距离的区域，并且太远的区域由于点云稀疏可靠性也很低，一般按照实际环境自主选择栅格范围。分辨率的选择则与激光雷达距离分辨率和所需要的精度有关。例如，4.1节所描述的Velodyne 64线激光第40条线的水平间距为 m，为了保证在激光扫描范围内每一个栅格存在点，栅格的分辨率应不大于感兴趣区域最远处的间距。同时，还需要综合考虑智能驾驶规划决策控制的精度需求，给出合理的分辨率。

（2）确定栅格起始点和激光坐标点的相对位置。这里表示应该如何将栅格地图覆盖在点云数据中，如何进行点云坐标和栅格索引的计算。一般来说，坐标原点（0，0）应该对应栅格地图的中心位置，同时为了坐标计算方便，栅格地图的方向与激光坐标轴保持一致。

（3）遍历每一个点，通过点和栅格索引的映射计算点所在栅格的索引，在对应位置进行统计投票。当然这与所建立的栅格类型有关。如果只是计算栅格内是否有扫描点，那么只需要将栅格属性设置为1或者0,否则应该按栅格所需要的信息统计该点的信息。

(4)遍历每一个栅格,计算所需要的栅格属性。

栅格属性一般有均值高度、最大最小值差、点云个数等,分别对应均值高度图、最大最小值高度图和占据数量图等。

(1)均值高度图。均值高度图为高度图一种具体的表现形式,是一种最常见的栅格地图。通过每个栅格保留激光投影在栅格中的高度平均值,对点云第三位高度进行部分建模。均值高度图的优点是可以滤除噪声干扰的平滑表面,不会出现比较尖锐的障碍物,适合对地面进行建模。缺点是不能表示悬挂结构,也不利于道路和障碍物的分割。

(2)最大最小值高度图。每个栅格仅保留所有栅格点云的高度最大值和最小值。在可视化中,将最大值和最小值的差异作为像素的灰度图,可以有效保留点云俯视环境下的高度差异大的区域,而这些区域一般都是物体的边缘点。这种高度图计算的效率比较高,而且在城市环境中数据分割能取得不错的效果;但是相较于均值高度图,其对噪声的敏感性比较高,仍然不能处理悬挂结构和进行三维数据分割。

(3)占据数量图。占据数量图是以栅格中投影的点云总数作为属性值,它的效果和最大最小值高度图类似。对于较高的物体或者墙面,由于激光扫描到的点数比较多,在栅格地图中也会呈现较大的值。不过由于这种栅格地图在点云遍历时只需要做投票累加的操作,并且不需要再遍历每个栅格做属性计算操作,生成效率会比最大最小值高度图快很多。

3)极坐标栅格地图

极坐标栅格地图是根据机械旋转式激光雷达的工作原理提出的一种地图表示方式。激光雷达以单条射线围绕中心轴360°旋转,这和极坐标的定义非常像。因此,围绕这种方式创建的地图,可以在一定程度上克服随着距离的增加,激光雷达的返回点变得越来越稀疏所带来的数据分布不均匀的问题。但由于这种地图保存了激光点云一帧完整的数据,数据存储量较大,处理的时间也比较长,并且它无法像普通栅格地图那样直接转化为图像做视觉方法处理。

极坐标栅格地图制作流程如下。

(1)与普通栅格地图类似,确定栅格地图的范围和分辨率。范围指的是极坐标的最大半径,分辨率分为360°范围的角分辨率。由于这种方式和激光点云的数据特征类似,不需要考虑点云分辨率和间距问题,角分辨率可以设置得比较大。在距离方向,由于机械旋转式激光雷达扫描线束的扫描距离分布不均匀,越远的线间距越大,所以只根据扫描线束ID进行分块,每一条扫描线代表极坐标栅格地图的垂直块。

(2)计算每个点的栅格索引。根据原始获取的带距离和角度信息的点云数据,将角度值除以角分辨率得到角度索引值,距离除以距离分辨率得到距离索引值。

(3)计算好对应的索引值之后同样计算每个栅格的属性值。

4.2.4 点云数据点特征提取

在通用障碍物提取中,最重要的是激光点云特征点的提取。在点云特征提取方式上,现有算法可以分为基于全局特征的方法和基于局部特征的方法两类。全局特征利用点云上所有点的信息构建特征描述子。然而，由于复杂场景下的物体遮挡、数据分辨率变化、噪声干扰、背景影响及视点变化等，获取的点云具有显著的多样性。这些多样性使得局部特征比全局特征更加胜任现实世界中的点云表示。因此，着重介绍局部特征的方法。目前局部特征点有以下几种常用特征点。

1. 平滑特征

平滑特征由 Zhang 和 Singh[7]提出，用于描述某个三维点邻域内的平滑程度。该特征充分考虑机械旋转式激光雷达扫描的特点——水平分辨率远小于垂直分辨率，其水平数据的相关性较大。这个特征采用同一条扫描线周围点计算水平曲率，离散点曲率的定义如图 4.20 所示。

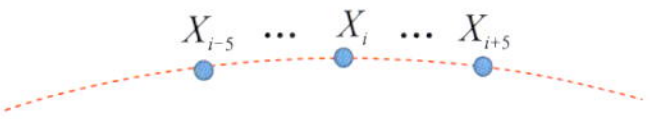

设 i 是扫描线上的某一个点，n 为同一扫描线连续点 i 点一侧的集合个数，那么离散点曲率公式为

$$c = \frac{1}{n \cdot \|X_i\|} \left\| \sum_{j=0}^{n} (X_i - X_{i+j}) \right\| \quad (4.3)$$

图 4.20 水平扫描线曲率计算

式中：X_i 为扫描线上第 i 个点的三维坐标形式，也可以称为向量形式，因此公式中的减法是向量减法。除了向量减法之外，光滑特征还有一种曲率表示方式：

$$c = \frac{1}{n \cdot \|r_i\|} \left\| \sum_{j=0}^{n} (r_i - r_{i+j}) \right\| \quad (4.4)$$

式中：r_i 为第 i 个点的距离。这种特征充分考虑水平邻域内的点的距离相关性，理论上照射到地面的点由于距离一致其曲率 c 为 0，而当遇到距离突变的点时，c 会变大，邻近点的距离差值越大，表示点附近越不平滑。

2. 垂直角度特征

在实际道路场景下，道路边沿、障碍物等相对于道路区域有明显的起伏特征，在三维点云数据中会反映出一定的相对高度变化、角度变化。基于三维激光雷达的深度图构建了三维点云之间的高效关联关系，栅格点与水平和垂直相邻栅格之间保持固定的角度间隔，这种特性能够较好地适用于文献[8]和文献[9]提出的基于角度特征的路面特征计算方法。三维激光雷达在一个发射周期内相邻的三个扫描线与地面之间的关系如图 4.21 所示。

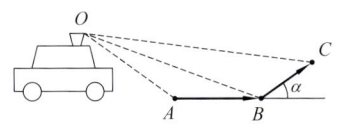

图 4.21 激光雷达垂直角度特征示意图

A、B、C 分别对应于同一个发射周期内的连续三个激光点。相应的，从原始数据得到的距离值分别为 R_A、R_B、R_C。在三维激光雷达自身坐标系下，激光点在三维空间的坐标可以根据原始距离数据结合水平和垂直角度参数计算得到。此时，存在以下几何关系：

$$\begin{aligned} \overrightarrow{AB} &= \overrightarrow{OB} - \overrightarrow{OA} \\ \overrightarrow{BC} &= \overrightarrow{OC} - \overrightarrow{OB} \end{aligned} \quad (4.5)$$

在单个发射周期内由近到远进行计算，假设激光点（A、B）位于道路平面，判断与

B 点在一个发射周期内下一个激光脉冲得到的激光点是否位于路面。当 BC 与 AB 之间的夹角接近 $180°$ 时，认为 C 点为路面点。$\overrightarrow{AB}$ 与 $\overrightarrow{BC}$ 之间的角度关系可以通过计算其单位矢量的点积得到，如下：

$$\text{Theta} = \frac{\overrightarrow{AB} \times \overrightarrow{BC}}{|\overrightarrow{AB}| \times |\overrightarrow{BC}|} \tag{4.6}$$

这种进行点特征提取的方法，其提取效果只与实际环境的局部平整度有关。由于采用向量夹角的方式来计算特征点平整性特征，其计算结果不会受到车辆颠簸起伏的影响，因此该方法简单高效。

3. 局部最大最小高度差特征

局部范围的最大最小高度差特征是通过在该点周围寻找最大和最小高度值的点作差得到的。其局部范围可以是栅格地图中的一个栅格单元，也可以是通过 KD 树建立之后离该点最近的数个点。该特征被广泛用于多线激光的路面分割中，但是在实际工作中发现，局部范围内高度差特征在两种情况下会失效：一种为路面潮湿，一种为远处低矮路沿。当激光束投射在潮湿路面时，一方面会造成数据丢失，另一方面会造成高度测量不准确，由此会引起单独使用高度差特征时障碍物点的误检。当激光束投射在远处低矮路沿上时，射线方向接近水平，这会导致局部范围内高度差变化平缓，造成路沿漏检。

4. 径向与切向之间角度特征

根据多线激光扫描特点，同一条射线旋转一周在地面的投影是一个圆环，而投影到障碍物之后会打破其圆环的特性。这种情况可以通过计算径向和切向之间的角度来表征。图 4.22 是径向和切向示意图。

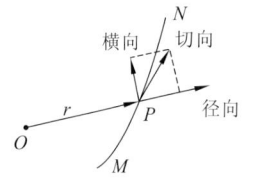

图 4.22　径向和切向示意图

由于激光扫描点为离散点云，其径向被定义为被测点与激光雷达连线所在方向，而切向定义为被测点同一圈雷达数据上相邻点形成方向。确定两种方向后，将径向和切向的夹角作为角度特征，计算公式如下：

$$\text{Angle}_{\text{Feature}} = \left| \frac{|\overrightarrow{OP} \cdot \overrightarrow{MN}|}{\|\overrightarrow{OP}\| \cdot \|\overrightarrow{MN}\|} \right| \tag{4.7}$$

该特征反映的是径向与切向夹角的余弦值。由上述分析可知，该值范围为[0, 1]，而该值越接近 0，表明该位置处弧度越光滑，该点为路面点的可能性越大。不过这种方法假设激光扫描线为圆弧，而遇到带坡度的地面或者激光安装不是严格按照垂直安装的时候，这种特征方法就不能很好地提取障碍物。

4.2.5　点云数据直线段提取

在常见的点云数据处理中，除了需要提取点云特征点以外，还要对点云数据存在的直线进行提取，一来点云直线段一般为物体边缘，直线段可以为后续物体检测和分类做基础；二来道路要素中的边沿呈现明显的直线特性，对于点云直线段的提取，可以提取道路边缘作为可通行区域的基本边界。

三维点云直线段提取的方法可以分为两类[10]：第一类方法先将三维点云转为图像或者前面所述的二维结构体，再利用图像处理提取二维边缘或直线段，进一步与三维点云数据相对应，进而提取三维直线段特征，称之为"转换法"；第二类方法就是直接对三维点云数据进行直线段提取，常称之为"直接法"。

1. 转换法

转换法首先将三维点云通过上述方法转化为二维图像，然后在图像中提取二维边缘，再与相应三维点云数据对应以提取三维边缘。转换法中转换到图像中最常见的方法是霍夫变换。对于图像空间中的所有像素点坐标对应的行和列信息，通过霍夫变换可以得到通过该点的所有直线的斜率和距离信息。对图像中可能存在的所有直线，构建一个累加投票空间，所有的特征点在投票空间中进行投票，在投票空间中统计投票个数，设置阈值条件来获取图像中的直线特征。在得到图像中的直线特征之后，通过二维图像到三维点云数据的反映射或者迭代查找最符合原三维投影的映射，找到三维点云数据中的直线段。

学者通过转换法来研究三维直线段提取的算法层出不穷。Wang 等[11]首先在三维点云对应的二维图像及由点云生成的距离图像中检测二维边缘，然后与原三维点云数据相对应，再合并多组边缘点，作为检测到的三维点云边缘；Li 等[12]利用三维点云对应的二维图像进行边缘检测，并利用三维点云中提取的屋顶模型来确定图像边缘追踪区域，然后与三维点云对应以确定初始边缘点，再通过数学形态学方法优化并提取三维点云边缘；Li 等[13]首先在三维点云中利用高程差异来提取粗糙边缘，然后将这些粗糙边缘投影到图像空间进行精细边缘提取，进而提取三维点云中的精细边缘；Chen 等[14]利用单景三维点云数据和单幅图像进行匹配，然后在图像中进行边缘检测并与点云对应；Poullis[15]将机载激光点云中的建筑物屋顶点转化为二值图像，再利用二值图像边界检测方法提取屋顶轮廓。

2. 直接法

在三维点云中直接提取线特征，分为两种常用的方法：一种是基于点特征的线提取，一种是基于平面的线提取。基于点特征提取的一般操作是在边缘特征点提取的基础上，通过直线拟合或者三维霍夫变换、RANSAC 等方法得到直线方程。不过对于三维霍夫变换或者 RANSAC 方法，由于维度相较于二维高了一维，其投票空间也从二维升到三维，计算复杂度从 $O(n^2)$ 变到 $O(n^3)$，速度大大降低，很难满足实时性的要求。基于平面的线提取的一般操作是首先通过平面分割方法寻找出三维点云尽可能多的平面，然后计算平面交线来得到直线方程。这种方法依赖于平面提取，在平面特征比较弱的情况下，一些边缘线如智能驾驶场景中的路沿，其靠道路边沿的垂直平面只有一点点，一般的平面提取很难提取到这种平面，则容易出现路沿漏检的情况。

由于直接在三维空间中提取直线特征对实时性的要求很难满足，在这方面的研究比较少。其中：Borges 等[16]利用点云分割面片相交和深度不连续特征来检测面相交边缘与深度不连续边缘；Demarsin 等[17]利用点云分割方法及图理论检测封闭锐利边缘；Sampath 和 Shan[18]利用凸包算法检测建筑物屋顶轮廓；Lee[19]利用椭圆邻域搜索来改进凸包算法从而提取更加紧致的多种形状建筑物轮廓；Wang 等[20]利用高程差异来提取机载激光扫描点云数据边缘；Truong-Hong 等[21]利用夹角限制来提取三维点云中建筑物立面边缘；Yang 等[22]利用 Gibbs 能量模型、马尔可夫过程及数学形态学算子来提取三维点云中建筑物屋顶轮廓；Seo 等[23]利用矩形来近似表达三维点云中建筑物屋顶轮廓；Lu 等[24]结合 RANSAC 和马氏距离来检测三维直线段，但是该方法只能检测出很少的直线段，不能满足后续研究的需要。

4.2.6　点云数据平面段提取

在点云数据中，还有一种常见的数据处理就是数据中的平面提取。与线提取类似，平面提取可以作为目标检测和分类的基础。同样在智能驾驶领域中，点云平面提取可以用于路面提取作为可通行区域为规划决策提供必要的规划信息。

智能驾驶领域中，由于实际场景多是地面为最大的平面，并且地面是分割的主要对象，大多数算法只针对地面分割提取。目前基于地面的提取方法可分为基于单个栅格的方法、基于分块直线拟合的方法、平面拟合的方法和种子填充的方法。

1. 基于单个栅格的方法

在普通栅格高度地图中基于栅格的地面分割方法被广泛应用于 2007 年 DARPA 城市智能驾驶挑战赛中。最常见的方法是在最大最小值高度图中计算高度差值的方法，当得到的高度差值小于预设的阈值时，将栅格属性设置为地面；否则设为障碍物。这种方法不能很好地反映障碍物的高度，因此，Douillard 等[25]根据栅格阻塞与否对该方法做了改进。对于非阻塞的栅格，采用最大最小值高度来赋予栅格属性，根据高度差阈值判断是否为障碍物。对于阻塞的栅格，先寻找栅格中最近的属于地面的，用其最小值近似为该栅格的最小值，最大高度值保持不变，然后用更新后的最大最小高度值计算栅格的高度差。不过这个算法仍然不能把悬挂物体的分割问题解决。

2. 基于分块直线拟合的方法

基于分块直线拟合的分割方法将点云数据形式转化为极坐标栅格地图，每一个角度分块区为一个扇形区域，假设分成了 N 个扇形区域。Himmelsbach 等[5]采用对每一个扇形区域中的点提取直线的方法来拟合平面，具体方法是对每一个扇形区域中每条扫描线寻找出高度值最低的点作为该区域的高度值，然后将每个扫描线的高度值做直线提取。常用的直线提取算法有：霍夫变换、RANSAC 算法、合并和分割算法、线性回归算法和增量算法等。对每一个扇形区域提取直线，N 个扇形直线构成的曲面即为地面模型。

上述方法对结构化道路有较好的拟合结果，但是对于非结构化道路和山区道路，直线拟合的方法具有一定的局限性。因此，Chen 等[26]对这种方法做出了改进，用曲线拟合的方式代替直线拟合来对地面进行建模。不过曲线拟合有一个比较大的弊病，那就是对噪声比较敏感。为了最大限度地提升算法的抗噪声能力，算法先在扇形区域对每个点做 RANSAC 直线提取，删除最小高度普遍大于其他区域栅格块的栅格，然后对剩下的栅格块用线性高斯回归模型做曲线拟合。这种方法的好处是对野外的山区道路也可以做很好的建模。

3. 平面拟合的方法

对于结构化道路，对道路直接采用进行拟合的方法就可以得到良好的效果。其平面拟合的方法与直线方法类似，有霍夫变换算法、RANSAC 算法、最小二乘及主成分分析法等。Lam 等[27]针对车载激光雷达获得的三维数据，采用 RANSAC 和最小平方差来拟合多个地面，使用卡尔曼滤波（Kalman filtering，KF）来监控这些局部平面的变化。Vosselman 等[28]采用扫描线分割、平面生长、3D 霍夫变换等分割方法对机载激光雷达获得的城市环境数据进行地面分割。针对越野环境中的起伏路面，平面拟合并不能达到很好的效果。Vasudevan 等[29]采用相关高斯过程回归对三维激光雷达和 GPS 获得的数据进行融合，获得易于理解的大范围复杂地面模型，并且说明了非静态核（神经网络）在地面分割中的优势。Douillard 等[25]针对 64 线激光雷达获得的稀疏数据，在栅格地图中使用二维的高斯过程回归和 INSAC 算法对地面进行曲面分割，取得了很好的结果[30]。

4. 种子填充的方法

与应用于图像分割的区域填充算法类似，种子填充同样适用于点云中的地面分割。图像分割中，种子填充生长和终止条件一般是灰度相近和灰度突变，而点云由于分割的低高度的地面和高度值较大的障碍物，填充生长的条件的高度或者距离近似，终止条件为高度或者距离突变的点。其具体步骤如下。

（1）确定种子点。种子点的确定方法可以分为两种：随机抛洒和根据特定约束条件的种子点选取。随机抛洒种子点的方法根据概率分布的规则确定，然后每个点单独填充，最后根据面积和高程等信息确定最有可能为地面的平面。根据特定约束条件的种子点选取首先可以根据高度信息过滤，然后通过局部特征信息确定地面种子点。第二种方法对种子选取的正确率有很大的要求，不然容易导致误分割的现象发生。

（2）根据填充规则向四周生长。按照上述描述的矩阵存储方法，针对种子点所在的矩阵行列，类似图像四向连通或者八向连通的方式生长。生长条件可以根据点高度或者点的局部特征（如曲率、法向量）等来作为判断依据。满足填充条件的认为满足地面点条件，将该点标记为地面点，将周围 4 个点或者 8 个点加入堆栈等待后续判断。

每次推出堆栈中的点，按步骤（2）反复操作，直到堆栈为空。

种子填充地面分割算法可以有效解决越野环境地面不平整的问题，但是整体算法效率比较低，部分遮挡情况也容易出现生长失败的情况。

由于点云平面提取直接影响可通行区域提取情况，对规划决策具有决定性的意义，大部分智能驾驶学者都对平面提取做过深入研究。Chen 等[31]引入双目视觉视差图的原理，针对车辆前方 90°范围的激光数据，构建垂直方向的视差图，在视差图中提取道路平面参数来实现路面分割。Douillard 等[25]在稠密点云处理方法的基础上，提出基于高斯过程和渐进采样的路面拟合方法，该方法能够从稀疏点云中有效估计道路区域的高度分布并给出拟合误差,但计算效率较差,只能用于离线处理。Chen 等[32]在此基础上,结合文献[25]的方法,将三维空间的平面拟合问题转化为极坐标空间的曲线拟合问题。利用 RANSAC 方法从扇形区域内提取直线特征,将属于直线的激光点作为训练集,通过增量迭代的方式构建扇形区域的曲线模型。该方法在保证路面表达精度的同时,有效提高了算法计算效率。尽管文中采用的平面拟合方法在算法效率上有了较大的提高,但是考虑后续还需对障碍物进行有效聚类,算法实时性仍然是面临的关键问题。此外,基于高斯过程回归的方式对异常点较敏感。

基于栅格特征的路面分割方法通过对实时采集的点云数据进行重采样,以及降维的方式将三维空间的点云数据投影到 2.5 维的矩形或者扇形栅格中,通过计算栅格内部点云的特定特征将路面分割问题转化为类似图像处理中常用的背景分割问题。在栅格单元的特征选择上,不同的研究团队给出了不同的方案。其中,基于栅格内点云数据的最大高度差最早应用于斯坦福大学智能驾驶团队的"Stanley"无人车[8]并获得由 DARPA 举办的针对越野环境的智能驾驶挑战赛冠军。利用该方法,研究团队将安装在车辆前方的多个单线激光雷达数据投影到包含时间属性的局部栅格中,通过统计栅格内部点云的最大最小高度差来确定栅格是否为路面。来自 KIT 的智能驾驶团队[2]在 2007 年的城市环境智能驾驶挑战赛中将该方法应用于对三维激光雷达的路面分割中。由于在栅格投影上选择矩形为栅格单元的集合结构,这种方法的优点在于能够较好地保留笛卡儿空间的结构特征,计算效率高且适用于与高精度地图结合实现大范围路面分割;缺点则在于规则栅格的方式破坏了三维激光雷达原始数据结构,必然会导致远处区域的栅格内没有足够数据来支撑特征计算。此外,对于激光雷达实时产生的噪声数据,抗干扰能力较弱,容易在路面区域出现异常跳点。针对规则网格的这些问题,Leonard 等[33]采用饼状栅格的方式来对点云数据重采样,首先根据栅格内投影点密度来确定栅格内是否存在候选路面点,在剔除部分粗差之后,以高度最低点为路面候选点,多个候选点之间通过道路坡度参数进行约束,从而实现路面的分割。陈龙[34]、Zhu 等[35]结合三维激光雷达的工作原理,采用虚拟圆柱扫描仪的方式来对点云数据进行重采样。该方法将车辆周围平面 360°方向安装角度以等间距的方式划分为一系列的扇形结构,扇形内部按照固定长度分割成不同的栅格单元。无论是规则栅格还是扇形栅格,其特征计算通常采用高度差的方式来实现。无人车在实际道路场景中自主驾驶时,不可避免地出现颠簸,激光雷达相对于车体姿态发生变化,从而导致高度计算不准确。为了避免这一问题,Petrovskaya 和 Thrun[8]利用单个发射周期内连续扫描线得到的激光点之间的矢量角度关系来判定是否为路面点。由于需要在同一个扫描周期内同时存在三个激光点数据,对于远处道路无返回点云数据的情况,会导致检测区域比实际区域少,且角度阈值无法有效地反映实际的高度信息,难以设置合适的阈值。针对这一问题,Bogoslavskyi 和 Stachniss[9]假设三维激光雷达水平安装,通过计算同一发射周期内两个激光点之间的距离差,并结合激光雷达自身的垂直角度参数,实现角度参数向高度参数的转化。此外,利用 Savitsky-Golay 滤波方法对角度特征进行处理,得到更加平滑的角度特征来实现路面分割。这种基于角度深度图的路面分割方法实现了点云数据从稀疏点云到密集图像的转化,能够更好地反映点云之间的空间关联。

4.3 道路动态目标检测与跟踪

智能驾驶的实现需要一系列协作技术,包括大数据、地图定位导航服务、模式识别、人工智能等。其关键技术可分为环境探测、定位导航、路径决策与规划、车辆控制4个方面[36]。其中,智能驾驶的实时环境探测技术是关键也是难点。环境探测的主要任务是接收车端传感器数据,感知车辆周围的环境(包括动态的道路参与者和静态的道路状况、交通设施等),最后将外部环境建模结果发送给路径决策与规划模块,从而帮助车辆自身做出正确的驾驶行为。环境探测针对动态道路参与者的感知任务即多目标识别、检测和跟踪预测(MODAT)[37],涉及计算机视觉和人工智能技术中的目标检测、目标跟踪和场景分割任务。本节即基于三维点云数据实现城市交通场景下的目标检测与识别。如图 4.23 所示,三维点云数据几何信息丰富,测距准确,对于复杂城市场景下目标的识别、定位和跟踪具有重大意义。基于三维点云的检测意在从实时的单帧点云数据中识别并定位目标,目标级别的三维检测需要获取目标的位置、大小、朝向等信息,基于时间序列的数据关联可以对目标运动轨迹进行跟踪,甚至预测目标运动意图[38]。这些工作将是智能驾驶汽车真正商业落地、驶入城市交通场景、与其他道路参与者进行良好交互的前提,也是人工智能领域中机器对城市交通场景高层次理解的基础。

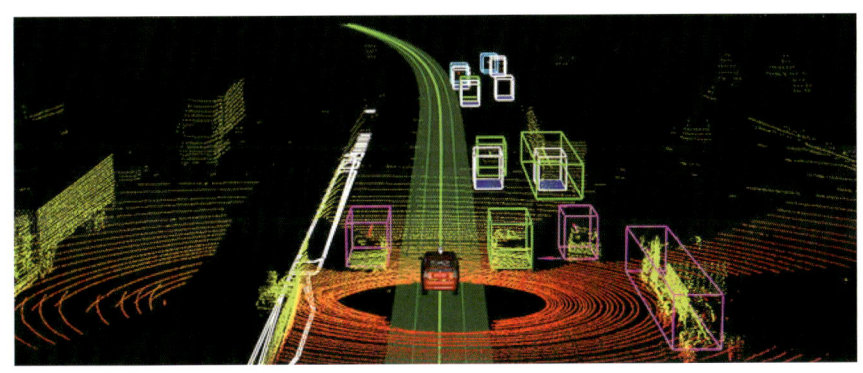

图 4.23 激光点云示意图

本节主要介绍城市及高速场景中 L4 级以上智能驾驶应用场景下,基于激光点云的目标检测和跟踪方法,主要针对道路参与者(行人、非机动车和机动车),同时也包含道路上常见的交通设施(锥桶、路障等)。动态目标既可以指语义上有自主移动能力的目标,如道路参与者,也可以指在道路上可被动移动,无法用地图先验获得位置和边界的目标,如临时设置的交通设施。道路场景动态且复杂,很难穷举所有情形,以上介绍的道路参与者和交通设施仅仅是将这个开放问题转换为一部分封闭问题。此外,道路上还有可能出现动物、车上掉落的物体等,它们会影响车辆正常行驶,此类目标也有检测和跟踪的必要。本节先介绍目标建模的数学形式,再介绍目标检测和跟踪算法。目标建模是目标检测和目标跟踪模块之间数据表达和传递的形式,是这两个模块之间的桥梁,其数学形式也包含了对道路目标的抽象和理解。

近年来很多基于图像的目标检测和跟踪算法相继提出。这些算法在二维图像投影空间的检测效果表现优异,但缺失运动跟踪预测所关注的三维位姿信息。毫米波雷达广泛应用于 ADAS 功能中，其对目标速度估计较好，但定位和分类效果不佳，L4 级别以上的高级智能驾驶功能实现受限。鉴于三维激光点云数据包含丰富的几何信息及高精度的定位信息，使用激光点云数据作为输入，可完成三维空间的道路动态目标检测、识别和分割，输出精准的三维目标位姿。本节内容从激光点云数据出发，在目标检测部分详细介绍依赖单一点云输入的算法，但因点云的优势，更为关注和突出三维目标检测。此外，目标建模和目标跟踪部分将更具有普适性，其中很多内容也适用于其他传感器或者多传感器融合的环境探测。

4.3.1 目标建模

激光点云数据（图 4.23）因其丰富的几何信息和高精度定位信息，可以用于进行三维目标检测和跟踪。本节主要介绍基于检测的跟踪方法，检测和跟踪将分步完成，检测和跟踪模块之间需要将目标检测结果进行建模，表达成数学形式传递。目标模型将分为三维几何模型和运动模型，这既是检测和跟踪结果的存储形式，也是目标的抽象概括，更包含了对目标的理解和认知。

1. 三维几何模型

获得目标检测结果后，需要对目标建立几何性质描述的模型，包括目标的中心位置、尺寸、朝向角等信息。本节介绍的几何模型作为目标检测和目标跟踪模块之间通用的数据传递数学形式，尽量避免设计针对特定类型的独特模型，而是采用一些抽象的几何描述，如立体多边形、有向包围盒及点模型等。本节设计的目标几何模型适用于 3D 目标检测，因其抽象概括性，使用范围不仅包括激光雷达的目标检测模块，也可适用于其他传感器的 3D 目标检测，如相机和毫米波雷达等。接下来详细介绍几种常见的三维几何模型的数学表达形式。

1) 点模型

倪欢等[10]提出了目标几何描述的点盒模型，其中点模型的几何原型为圆柱体，包含三维中心位置、占地半径和高度。点模型表征参数记为

$$\text{PModel}^{3D} = (c_x, c_y, c_z, r, h), \quad \text{PModel}^{3D} \in \mathcal{R}^5 \tag{4.8}$$

2) 有向包围盒

有向包围盒（oriented bounding box，OBB）可作为一种目标三维检测框，其几何原型为长方体。在三维空间中包含三维位置、三维尺度大小和三轴旋转，共 9 个维度变量，记为式（4.9）。智能驾驶场景下目标检测常常更关注目标朝向 yaw，忽视目标的俯仰角 pitch 和横滚角 roll。所以三维有向包围盒可精简为 7 个维度的变量表示，记为

$$\text{BBox}^{3D} = (c_x, c_y, c_z, dx, dy, dz, \text{roll}, \text{pitch}, \text{yaw}), \quad \text{BBox}^{3D} \in \mathcal{R}^9 \tag{4.9}$$

$$\text{BBox} = (c_x, c_y, c_z, dx, dy, dz, \theta), \quad \text{BBox} \in \mathcal{R}^7 \tag{4.10}$$

3) 立体多边形

立体多边形几何原型为多边形，意在将目标在俯视投影平面看作平面多边形，或称

为计算几何中的凸包，拓展到三维空间后变成多边形立柱的形式。表征参数主要包含三维几何中心、多边形平面顶点列表和高度，记为

$$\text{Polygon}^{3D} = (c_x, c_y, c_z, \text{nodes}, h) \quad (4.11)$$

$$\text{nodes} = \{(x, y)_i \mid i = 0, 1, 2, \cdots, n\} \quad (4.12)$$

交通场景下常见的路面交通参与者有行人、自行车、小汽车、巴士、卡车等。此外，路面会意外出现一些基础交通设施，如路障、锥桶、水马等，常常用于市政工程和交通事故现场。不同类别和属性的目标，适用不同的几何模型。点模型常用于表示孤立的行人、自行车、锥桶等小型目标，这些目标占地范围小，估计尺寸意义较小，且从物理意义上很难精准定义朝向，故而使用无方向差异、仅仅包含中心位置和半径的点模型表示。有向包围盒常用于表示小汽车、巴士和卡车等，这些目标有一定占地面积，有明确的长宽定义，一般呈规则矩形，故而适合使用立方体为原型的有向包围盒描述。立体多边形表达形式自由，盒子模型也可以看作是立体多边形的一种特例。没有明确类别定义的通用障碍物，因其定义开放，很适合用自由抽象的立体多边形描述。此外，也有一些特定目标适合用立体多边形描述。其一，类似人群这类目标，不适合将每一个目标孤立看待，需要作为一个整体建模，又因遮挡效应和流动特性，使用自由度高的立体多边形描述更为合适。其二，一些几何形状呈三角形，或者流线形等不规则形状的目标，若使用规则的圆或者矩形描述，造成目标占地面积异常增大，导致决策和规划层的碰撞检测算法失效，而立体多边形可以更加精致地描述这类目标的占地范围。

基于分割的目标检测算法，包括通用目标检测和基于运动分割的方法，将输出目标点云实例分割结果作为目标检测输出。从目标点云实例分割结果中计算目标三维几何模型可运用一系列计算几何算法（其中，计算点集的三维中心位置、半径范围、高速范围可通过简单的点云遍历计算获得，本节将不再赘述。以下详细介绍几种从点集中回归有向包围盒，以及基于立体多边形参数的方法）。

基于模型的目标检测方法，在模型训练或者设计过程中，预先设定的目标几何模型，几何模型参数计算方法已经包含于模型中，模型检测可直接回归获得该目标的几何模型参数。

2. 运动模型

基于激光点云的目标检测结果通常只能获取目标位置，目标跟踪将在时序上分析目标运动。输入是一系列的目标位置，算法可估计目标的速度、加速度、旋转等微分量，称为估计值。运动估计时需要时序上连续的观测值，也需要对目标运动建模。运动模型建立了观测值和估计值之间的关系，是目标运动估计的基础。本节将详细介绍智能驾驶场景中常见的目标运动模型：匀速直线模型、匀加速直线模型和自行车模型。

输入上一时刻的估计状态 x_{k-1} 和当前的测量值 z_k 就能获得 k 时刻的最佳估计状态 x_k。动态线性模型如下：

$$\begin{cases} x_k = Fx_{k-1} + w_k \\ z_k = Hx_k + v_k \end{cases} \quad (4.13)$$

式中：Fx_{k-1} 为 x_{k-1} 状态下的状态转移模型；Hx_k 为包含处理过程噪声 w_k 和观测噪声 v_k 的观测模型。

1）匀速直线模型

匀速直线模型是一种简单且常见的运动模型，其状态转移方程为

$$\begin{bmatrix} x_t \\ \dot{x}_t \end{bmatrix} = \begin{bmatrix} 1 & \Delta t \\ 0 & 1 \end{bmatrix} \cdot \begin{bmatrix} x_{t-1} \\ \dot{x}_{t-1} \end{bmatrix} \quad (4.14)$$

式中：x_{t-1}、x_t 分别为 $t-1$、t 时刻位置向量；$\dot{x}_{t-1}$、$\dot{x}_t$ 分别为 $t-1$ 和 t 时刻速度向量；Δt 为 t 和 $t-1$ 之间的时间间隔。

2）匀加速直线模型

匀速直线模型可视为匀加速直线模型的特例，即加速度恒定为 0 的情形。匀加速直线模型在匀速直线模型的基础上增加了加速度状态量，其状态转移方程如下：

$$\begin{bmatrix} x_t \\ \dot{x}_t \end{bmatrix} = \begin{bmatrix} 1 & \Delta t \\ 0 & 1 \end{bmatrix} \cdot \begin{bmatrix} x_{t-1} \\ \dot{x}_{t-1} \end{bmatrix} + \begin{bmatrix} \dfrac{\Delta t^2}{2} \\ \Delta t \end{bmatrix} \cdot \ddot{x}_{t-1} \quad (4.15)$$

式中：$\ddot{x}_{t-1}$ 是一个常量。

4.3.2 目标检测方法

目标检测任务主要包含检测是否存在感兴趣目标、目标语义分类、定位目标位置及确定目标所占空间范围等。目标检测是计算机视觉中的经典任务，最常见的是二维 RGB 图像中的目标检测，而智能驾驶车载传感器多样，基于激光雷达、毫米波雷达或超声波雷达的目标检测也是必不可少的。

智能驾驶汽车行驶在公共交通空间，能与其他交通参与者和谐共处，友好交互是高级智能驾驶实现的前提与必要条件。所以需要在车辆行驶过程中实时检测、识别，甚至跟踪预测它们的运动轨迹，理解它们的行驶意图，做出恰当的让行、换道超车等动作。交通设施指引车辆行驶方向、包含行驶要求，智能驾驶汽车对交通设施的理解也是融入现有交通场景、严格按照交通法规行驶。当然，无法穷举道路上可能出现的目标类别，一切意外皆有可能发生。所以，除了检测有限类别的目标，通常还会检测一些无法明确定义的通用障碍物，它们可能是动物或者车上坠落的货物等。通用障碍物出现在智能驾驶汽车的行驶轨迹上时，智能驾驶汽车需要对其进行绕障动作，故而所有可阻碍行驶的目标都要被检测，这也是目标检测算法应用于智能驾驶的难点之一。

本节按照目标检测检出条件将算法分为通用目标检测、基于运动的目标检测和基于模型的目标检测。通用目标检测即所有目标都可以被检测，其与基于运动的目标检测都属于基于分割的目标检测方法，目标检测主要依靠分割获取目标实例的点集合，再回归获取目标属性和目标分类。基于模型的目标检测通常采用监督学习的方法训练模型，模型识别并检测特定类型的目标。

1. 通用目标检测

通用目标检测，即不区分目标类别和目标是否运动，检出所有可能影响智能驾驶汽车行驶的目标实例。智能驾驶场景中，无法预估会出现什么情景，道路动态目标类别无

法穷举。为了提供可靠的感知系统，即使该类型的目标在数据集或者训练系统中从未出现过，也需要能检测和跟踪到；检测也和目标是否运动无关，运动中的目标肯定会让人们提高警惕，但智能驾驶汽车也需要无差别地避让静态目标。

通用目标检测常常会依赖通用障碍物点云，4.3.1 小节中介绍的目标建模算法可以完成障碍物与路面的分割，而通用目标检测输入障碍物点云，借助聚类分割算法获取目标实例点云集合，故而通用目标检测也可以称为基于分割的目标检测方法。然而，目标语义类别对于道路场景理解也至关重要，通用目标检测意为目标检出与否与目标类别和运动状态无关，并非回避提供目标语义类别。通用目标检出结果，常常会作为目标分类算法输入，基于目标点云特征，识别目标类别。

1）欧氏距离分割

欧氏距离分割通过点点之间的距离，迭代聚类小于阈值内的点。这是点云数据处理中最基本的分割聚类方法。

具体的实现步骤：

（1）对点云集合 P 建立 KD 树；

（2）不重复遍历 P，随机选择种子点 p_i，初始化类别 ID 为 i；

（3）由 KD 树找到种子点距离阈值内 n 个点，放入集合 Q_i，且标记该点为已访问；

（4）不重复地遍历集合 Q_i 中的点，转步骤（3）。

2）区域生长分割

基于欧氏距离的分割和基于区域生长的分割本质上都是用区分邻里关系远近来完成的。由于点云数据提供了更高维度的数据，很多几何特征可被获得。欧几里得算法使用邻居之间距离作为判定标准，而区域生长算法可利用法线、曲率、颜色等信息来判断点云是否应该聚成一类。

区域生长分割方法最早由 Besl 等[39]提出，首先按照一定规则从最开始的数据中选择一个种子区域，其次根据相似性原则对种子区域与其最近邻区域进行对比，然后确定是否接着生长，最后遵循生长停止准则，结束生长。点云处理算法库（point cloud library，PCL）中实现区域生长分割是建立在点的法线角度差的基础之上，预先设定好一个角度差阈值，比较种子点与其邻域点之间的法线夹角，将小于平滑阈值的作为同一平滑曲面的一部分。

3）基于点云深度图的快速分割方法

针对 Velodyne 此类 360° 旋转扫描的激光雷达，单帧点云数据按照扫描顺序可快速构建深度图，具体构建方式详见 4.2.3 小节介绍。Moosmann 等[40,41]初次尝试在点云深度图上展开目标检测算法。Bogoslavskyi 和 Stachniss[9]借鉴其思想提出一种简单快速的目标聚类算法，假设激光扫描线之间夹角已知，定义一种角特征 β 作为扫描连续性描述，如图 4.24 所示，并在点云深度图空间应用广度优先算法（breadth first search，BFS）快速聚类目标。算法伪代码如表 4.5 所示。

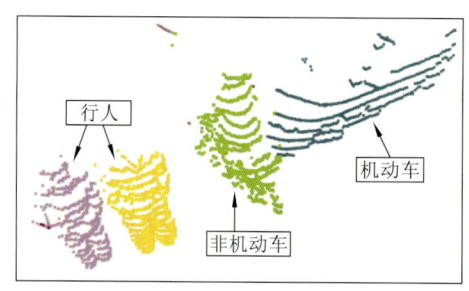

图 4.24 深度图点云目标分割结果

表 4.5 深度图目标分割算法伪代码

Algorithm 1 Range Image Labeling

```
1:  procedure LABELRANGEIMAGE
2:      Label ← 1, R ← range image
3:      L ← zeros (R_rows×R_cols)
4:      for r = 1… R_rows do
5:          for c=1... R_cols do
6:              if L(r, c)=0 then
7:                  Label Component BFS (r, c, Label);
8:                  Label ← Label + 1;
9:  procedure LABEL COMPONENT BFS (r, c, Label)
10:     queue.push({r, c})
11:     while queue is not empty do
12:         {r, c} ← queue.top( )
13:         L(r, c) ← Label
14:         for {r_n, c_n} ∈ Neighborhood {r, c} do
15:             d_1 ← max(R(r, c), R(r_n, c_n))
16:             d_2 ← min(R(r, c), R(r_n, c_n))
17:             if arctan (d_2 sinα)/(d_1 - d_2 cosα) >θ then
18:                 queue.push ({r_n, c_n})
19:         queue.pop ( )
```

因目标类别和运动状态未知，通用目标检测成为一类开放问题，很难找到通用的规则和策略将所有目标精准检出。目标类别通过目标实例点集分类获取，缺失了目标所在周边场景的信息，分割、分类和跟踪模块之间耦合不紧密，分割模块伴随出现的过分割和欠分割问题常常会对下游的目标分类和目标跟踪形成一定困扰。

2. 基于运动的目标检测

基于目标运动完成目标点云实例分割，从而获得运动目标检测结果。这类方法只能检出运动中的目标，所以常用于动态目标跟踪方法中。运动的定义取决于点云坐标所在的坐标系，既可以是激光坐标系，也可以是车辆坐标系，甚至是绝对坐标系。

1）场景流

点云运动表征可以通过连续 2 帧以上的数据关联获得，场景流是获取逐点运动表征的一种方式，即每个三维点的运动矢量。场景流由 Vedula 等[42]首次提出，定义为三维点云的运动场。若场景流经透视投影到图像平面，则为光流，光流计算是图像处理领域中一种被广泛研究与应用的问题。而三维点云因自带三维信息，可直接计算逐点的运动矢量，获取场景流。场景流是一种对三维动态空间的低层次理解，不包含任何自运动、目标或者场景的先验信息。利用场景流这种低层次的运动表征，结合点云目标分割算法，可获取高层次的基于运动的目标检测结果。

在机器人领域，很多研究者提出算法从三维激光点云中恢复场景流，用于让机器人理解外部三维场景。基于人工特征，经一系列策略和规则的算法，依赖很多先验假设，包括场景连续、点云扫描结果连续、局部运动连续等。Dewan 等[43]提出在三维激光点云中估计场景流。该方法将方位直方图特征（signature of histogram of orientation，SHOT）描述子用于数据关联，将场景流求解问题定义为能量最小化问题[44]。之后，Ushani 等[45]提出训练一种逻辑分类器用于区分栅格匹配关系。结合基于深度学习的神经网络 PointNet++等算法，Liu 等[46]提出一种网络 FlowNet3D，可端到端计算连续帧点云的场景流。

2）背景建模

点云运动表征也可以通过对静态背景建模，寻找当前场景和先验静态场景模型中的差异获取。从另一种角度看，静态场景模型更接近于静态场景地图，地图组织形式既可以是点云，也可以是栅格。考虑存储和压缩等方面，栅格形式地图应用更为广泛，本节接下来将主要介绍基于栅格的背景建模和运动表征计算。

通过地图采集车搭载三维激光扫描仪和 GPS/IMU 组合导航定位系统，采集特定路段的激光点云数据和定位数据。通过实时的三维点云数据和位姿构建室外场景的三维点云地图。删除地图中动态目标的数据，即可以获得静态背景三维点云模型。为了方便数据存储和压缩，常常会在三维点云模型基础上采样为 2.5D 的栅格数据[47]。通过比对实时路况下的三维点云数据和先验的背景地图，可以获取有差异的点云或者栅格。

获取运动表征后，可以得到三维场景中动态部分的离散表达，如点云和栅格。基于此，辅以上节中提及的点云分割算法，也可以获得类似的目标实例点集。因此，基于运动的目标检测方法与通用目标检测方法同属于基于分割的目标检测方法，目标检出与否与目标类别无关，原始检测结果是目标实例点集。

3. 基于模型的目标检测

传统点云处理算法多采用人工提取的几何结构特征，结合人为制定的规则和策略，完成点云聚类、分割、识别分类等任务，如欧氏聚类、区域生长、超体素分割、基于密度的聚类等[48]。这类基于分割方法的规则和策略对不同类别的目标具有普适性。

而基于机器学习的目标检测算法通过监督学习样本，采用端到端的方法省去人工提取特征和制定规则策略的步骤，可应对更加复杂多样的场景。训练获取特定类别目标的检测模型，称为基于模型的目标检测方法。其中，基于深度神经网络的算法在分类、回归等任务中表现优异，本节将详细介绍基于深度学习的点云目标检测方法。

目前，深度学习已经广泛应用于二维图像处理，应用于三维点云数据仍面临一些挑战：非结构化、稀疏性，以及标注数据的缺失[49]。不同于二维图像中规则排列的像素点，点云在三维空间中是没有特定顺序的，同一组点云输入顺序不同会导致点云训练结果不同。此外，点在点云中并非孤立的，单点和周围的点构成特征，是完成识别和分割任务的关键。但非结构化的形式导致传统的二维卷积无法作用于点云提取局部特征。为了解决该问题，有的研究者提出把点云制作成三维体素[50]，得到结构化的表示，但是点云在三维空间中是稀疏的，尤其是室外场景，大部分的体素栅格中是没有点云数据的，体素栅格编码方式引入多个无效的栅格输入到网络中，不利于数据训练。目前图像领域有很多知名的标注数据集，如知名的 ImageNet[51]和 COCO[52]等。然而很长一段时间内，三维数据标注成本高，数据获取难度大，故而数据驱动的算法很少应用于点云数据。

点云数据中基于深度学习的目标检测分类算法主要有几种思路：多视角（multi view）、体素（volumetric）、点云及非欧氏[53]。近年来，各思路算法论文发表数量和算法效果对比如图 4.25[21]所示。从总体趋势来看，前期基于体素和多视角的方法居多，2017 年开始出现基于点云的算法，且论文数量大幅增加，算法效果提升明显。

图 4.25 不同数据组织形式算法在三维目标检测效果和发表年份统计图

1）多视角

早期研究者希望套用成熟的图像处理算法应对三维点云处理，多视角思路算法应运而生。将三维点云数据通过投影等方式，变换为不同视角的二维图像，这样可直接应用图像处理的算法进行目标检测等任务[54]。常用的视角主要是前视视角（front view，FV）和俯视视角（bird view，BV）。智能驾驶场景下，实时单帧点云的俯视视角投影特征信息最为丰富，目标重叠遮挡少，该视角下真实目标具有真实可观的大小、位置、姿态等。前视视角即驾驶视角，与人驾驶车辆的直观感受相同，与前视相机输出图像处理方式相似。智能驾驶领域中最常用的是多线旋转扫描成像激光雷达，如 Velodyne HDL、VLP 系列、禾赛 Pandar40 等。多线旋转扫描激光雷达成像原理也是二维成像，将点云按照扫描的水平角和垂直角排列可以形成稠密二维深度图[55-56]，像素点灰度值表示激光测距值，类似于柱形或者球形投影视角。2018 年提出的 SqueezeSeg[57-58]算法基于深度图进行卷积。由于点云的稀疏性及不规律性，一般的卷积神经网络（convertional neural network，CNN）无法直接处理，需要事先转换成结构化数据。SqueezeSeg 使用球面投影，将单帧旋转扫描的点云数据转化为 360°侧视图，网络结构沿用了经典的图像处理卷积神经网络。

2）体素

为了方便扩展二维图像处理方法到三维点云数据，研究人员很自然会想到将点云数据组织成规则的三维体素栅格。以往广泛应用于二维图像的特征提取方法——二维卷积，扩展一个维度成为三维卷积操作，依旧适用于体素化数据。三维体素的组织形式成功把不规则的点云数据规则化，但因扩展了一个维度，时间和空间复杂度都明显增大。早期研究者[59]直接应用三维卷积操作，表现非常耗时。点云数据具有稀疏性，智能驾驶场景中的单帧点云体素化后 90%以上的栅格都为空，所以体素化后数据所占的大部分存储空间并不包含任何有效信息。Apple 提出的 VoxelNet[60]采取稀疏张量表示结构，将非空的栅格紧密排列，压缩存储空间，并建立相应的空间索引机制和加速算法。OctNet[61]、Vote3Deep[62]和 Sparse Submanifold CNN[63]也都旨在优化类似问题。PointPillars[64]方法提出在 z 维度不再划分栅格，以立柱形式组织点云，大大加速了体素类算法的效率。点云密度不均匀，不免导致不同栅格中点云个数不一致，这是不利于三维卷积特征提取一致性的。常规操作是降采样栅格内的点云，控制每个栅格内点云个数上限，但是这显然会导致点云特征细节损失。

总而言之，体素组织形式使得不规则的点云数据规整统一，易于类比二维图像的处理方法；但会无端构建很多空体素浪费存储和计算资源，不恰当的采样方法会导致损失点云细节特征，不利于目标检测和识别精度的提升。与之相对的思路是直接把点云序列送入网络中进行处理，即点云系列算法。但考虑计算效率和数据特性，智能驾驶场景中很少直接应用点云算法处理三维点云数据，基于深度学习的实时目标检测仍广泛采用体素栅格化算法，且此系列算法在 KITTI 数据集上表现优异。

3）点云

点云系列算法直接将三维点云输入网络进行训练，设计了专门适用于点云这类不规则数据的训练网络，采用最简单点云组织形式，最大限度保留了原始点云的几何结构信息，避免了体素栅格化伴随的降采样操作无端损失点维度特征信息。代表性算法是 2017 年提出的 PointNet[65]，该算法使用多层感知机（multi-layer perception，MLP）提取点云特征，针对点云几何变换不变性设计了 T-Net，并使用对称函数最大池化（max polling）

解决点云输出顺序不确定性的问题。后续 2018 年提出 PointNet++[66]，旨在提升提取多尺度特征的能力。此系列算法在 ModelNet40、ShapeNet 等数据集上的分类和分割任务上表现优异。

点云系列算法直接跨越了点云数据规则化表示这个问题，将神经网络适用于任意组织形式的点云数据，是近期点云数据处理的重大理论性突破之一。

PointRCNN 是一种应用于智能驾驶场景点云数据三维目标检测任务的网络，在 KITTI 数据集上有着优异表现[67]。网络输入是点云组织形式的数据，不同于 VoxelNet 和 PointPillars 等将点云预处理为体素栅格。PointRCNN 在网络结构中尝试加入了点云分割任务，以及点维度的候选区域生成，实验证明这两点创新提升了最终的三维目标检测任务效果。整体的网络结构主要分为两步：第一步网络执行点云前景背景的分割和候选区域的生成两个任务；第二步网络接收前一个网络输出的点维度语义特征和三维候选区域结果，执行三维有向包围盒的回归任务和分类任务。首先，网络在点云特征部分使用了 PointNet++的多尺度特征。点云前景和背景分割任务对最终的目标检测任务有很大意义，所以在网络中增加了点云分割任务。计算机视觉领域的目标检测算法也有先提出候选区，再进行包围盒的精确回归的思路。因三维目标检测包围盒相比图像空间的二维检测框多了一个维度的位置和大小，还增加了一维的旋转因子标记目标朝向，为了最终目标三维包围盒回归结果更加精确，很多算法采样了极多的三维候选区域，这样的做法十分盲目，且大大增加了计算量。PointRCNN 提出训练一种网络自动生成三维候选区域。正如前文所述，点云前景和背景分割对于目标框回归有巨大贡献，所以三维候选区域生成任务与点云分割任务共享相同的点云特征层。第一部分网络提取的特征，作为一种语义特征和点云分割结果会作为特征送入第二部分网络；第二部分网络将候选框区域中的点云坐标转换到局部坐标系，作为几何特征，一同优化最终三维检测框的回归任务。

因目标点云主要存在于目标表面，直接在已有的点云中选取的区域建议中心通常与真实的目标中心相去甚远。Charles 等提出 VoteNet[68]，采用深度霍夫变换，投票生成更接近目标中心的区域建议中心，在 ScanNet 和 SUN RGB-D 数据集上获得了优异的成绩。

4.3.3 目标跟踪方法

目标跟踪是目标检测在时间轴上的延续，获得连续时间序列的目标检测结果后，关联不同时刻下的检测结果是否属于同一目标，并推算目标运动速度、加速度等不可直接观测的微分运动信息，甚至于预测目标未来时刻的运动状态。

目标跟踪也是计算机视觉中的重要研究方向，除了在智能驾驶领域，在视频监控、人机交互、军事侦察等方向也有广泛应用。前文曾提及理解道路参与者运动的趋势对智能驾驶的意义，其中除了目标检测任务，目标跟踪也起到重要作用。交通场景是动态变化的，智能驾驶系统要做出正确的驾驶行为需要对周围环境有动态的认识，即在时序上理解周围动态环境。智能驾驶平台上的目标检测算法通常以高频率输出，单帧检测返回视野内可观测的所有目标的类型和位置。目标检测返回周边有其他车辆目标时，智能驾驶系统通常需要对目标进行持续观测，预测其是否有概率影响自身运动，并精准计算其与自身在何时何地如何发生干预。基于这样全面的认识，智能驾驶系统才可在恰当的时机做出恰当的动作，兼顾行车安全和舒适的驾驶要求。

经典的跟踪器会基于目标检测结果，采取先检测后跟踪的分步策略。本节将重点介绍先检测后跟踪的方法。当然，如果考虑多传感器融合，跟踪器可能还需要接收多传感器的目标检测结果。这种多传感器融合方案常常被称为后融合方案。

目标跟踪算法通常包含数据关联、运动模型和滤波三个关键。目标跟踪需要接收目标检测结果作为观测值进行估计（下文中简称目标检测为观测值），目标跟踪输出结果称为估计值。数据关联旨在将不同时刻的观测值在时间维度上关联起来，数学上可定义为匹配问题，即通过目标位置或者外形的相似度量计算分值，找到时序上最优的匹配结果。记 t 时刻，跟踪中的目标为 $p^t = \{p_0, p_1, \cdots, p_n\}$，跟踪系统内部会维护目标的特征向量 $F_p^t = \{f_0, f_1, \cdots, f_n\}$，跟踪系统在 $t+1$ 时刻收到新的观测值 $D^{t+1} = \{d_0, d_1, \cdots, d_m\}$，观测包含一系列特征向量 $F_D^{t+1} = \{f_0, f_1, \cdots, f_m\}$。这里的最优匹配可以定义为局部最优的最邻近，即在特征空间中找到与目标 p_i 最近的观测值 d_j 注册匹配关系。而通常被跟踪的目标不止一个，难免会遇到两个目标匹配上同一个观测值的情形，这在现实世界中是不可能发生的。因而定义了全局最优的全局最邻近搜索，约束匹配关系只可一对一，代表算法有匈牙利匹配。此外，真实场景并非完全理想，观测值包含错误，可能发生误检、漏检、观测值分裂和合并的问题。错误的观测值还会导致错误的匹配，乃至造成跟踪系统错误，影响后续的匹配。为了应对更复杂的情形，后续提出了联合概率数据关联[69]（joint probabilistic data association，JPDA）和多假设跟踪算法[70]（multiple hypothesis tracking，MHT）。数据关联并非完全独立于目标检测，基于目标在空间中的运动连续这一假设，目标检测可以根据跟踪系统输出的估计值，预测目标在 $t+1$ 时刻的位置并在附近搜索目标，减少目标检测预选 ROI 的个数。目标跟踪估计值输出目标稳定的位置、姿态、运动线速度、旋转角速度、加速度等，观测输入频率高且包含误差，且观测值并非涵盖所有估计值，运动微分量通常很难直接观测，所以目标跟踪任务会为目标创建运动模型，结合滤波算法消除观测值的误差，并计算所有估计值。常见的运动模型有匀速模型、匀加速模型，针对特定类别的目标还可以建立车辆运动模型和自行车模型等。常用的滤波算法主要有 Kalman 滤波、扩展 Kalman 滤波（extended Kalman filter，EKF）、粒子滤波等。

1. 数据关联

多目标跟踪主要包含几个基本要素：跟踪起始与终结、跟踪门的形成、数据关联（data association）、跟踪维持等。目标跟踪系统中数据关联是必不可少的关键步骤，原因在于传感器所获得的观测数据的不确定性和多目标跟踪环境的复杂性。实际中的传感器系统总是不可避免地存在测量的误差，加上缺乏多目标跟踪环境的先验知识，目标的跟踪个数往往也不是先验知道的，观测数据到底是来自真实目标还是虚假目标这也不能先验知道。这就使得观测数据与真实目标之间的对应配对关系很难确定，因此，数据关联是多目标系统中最关键的一步。

数据关联是将不确定性观测与轨迹进行关联的过程。数据关联的关键步骤有：①建立跟踪门并使用门限值过滤；②确定相似性度量并构建关联矩阵或者关联图；③关联判定准则算法。下面将详细介绍几种经典的关联准则算法。

1）最邻近搜索

最邻近搜索（nearest neighbor search，NNS）又称"最近点搜索"（closest point search），是一个在尺度空间中寻找最近点的优化问题。

具体问题描述为：在尺度空间 M 中给定一个集合 S 和一个目标 $q \in M$，在 S 中找到距离 q 最近的候选。很多情况下，M 为多维的欧几里得空间，距离由欧几里得距离或曼哈顿距离决定。在目标跟踪的数据关联计算时，待匹配目标和候选目标之间的相似度量可以使用目标位置、大小、类别和检测框交并比等特征，全局最邻近可在特征空间中搜索获得。

跟踪中的目标经常会因为遮挡或者超出感知范围而消失，如果依旧盲目相信最邻近搜索的结果会造成错误匹配。因此在数据关联时，常常会设置门限值（gating），小于门限值范围的目标称为落入跟踪门，即最邻近距离在阈值内才可认为匹配上，否则认为匹配失败。门限值也适用于接下来介绍的其他方法。

最邻近搜索时，每个目标的配对结果之间相互独立。作为一种最简单的匹配方式，匹配结果不可避免会出现"多对一""一对多"的情形，而这在真实场景中是不可能发生的，即真实世界中的一个目标在时序上只能与一个目标匹配，或者没有配对，不可能与多个目标配对。这个问题将在后续介绍的算法中得以解决。

2）匈牙利算法

匈牙利算法是一种在多项式时间内（$O(n^3)$）求解任务分配问题的组合优化算法，并推动了后来的原始对偶方法。美国数学家哈罗德·库恩于 1955 年提出该算法。此算法之所以被称作匈牙利算法，是因为算法很大一部分是在以前匈牙利数学家 Dénes Kőnig 和 Jenő Egerváry 的工作之上创建起来的。

匈牙利匹配算法从图的角度解释匹配问题。设 $G=(V, E)$ 是一个无向图，如顶点集 V 可分割为两个互不相交的子集 V_1、V_2，子集 V_1、V_2 之间距离小于门限值则生成一条边，选择这样的子集中边数最大的子集称为图的最大匹配问题（maximal matching problem）。因匹配问题中目标和待匹配目标是两个互不相交的子集，匹配边不允许指向同一个目标，匹配关系求解时考虑了整体匹配边数最大，所以匈牙利算法可以保证一对一匹配关系。将匈牙利算法应用于分配问题，考虑匹配边的分值，得到整体匹配分值最高的匹配关系，其是一种广泛应用于时序数据关联的算法。

3）联合概率数据关联

联合概率数据互联（joint probabilistic data association，JPDA）[71]是数据关联算法之一，它的基本思想是：对应于观测数据落入跟踪门相交区域的情况，这些观测数据可能来源于多个目标。JPDA 的目的在于计算观测数据与每一个目标之间的关联概率。JPDA 算法的优点在于它不需要任何先验信息，并且在有大量观测噪声的环境中是对多目标进行跟踪的较好方法之一。然而当目标和量测数目增多时，JPDA 算法的计算量将出现组合爆炸现象，从而造成计算复杂。

4）多假设跟踪

多假设跟踪（MHT）[72]是数据关联另一种算法。MHT 算法保留真实目标的所有假设，并让其继续传递，从后续的观测数据中来消除当前扫描周期的不确定性。MHT 算法和前文介绍的算法相比，有着本质的差异。最邻近搜索、匈牙利算法和联合概率数据关联都属于当下决策算法，而 MHT 属于一种滞后决定算法，即后续观测结果可以影响前期匹配结果。在理想条件下，MHT 是处理数据关联的最优算法，它能检测出目标的终结和新目标的生成。但是当观测噪声增大时，计算复杂度呈指数增长，在实际应用中，要想实现目标与测量的配对也是比较困难的。

2. 运动模型更新

1）Kalman 滤波与扩展 Kalman 滤波

Kalman 滤波（KF）一种利用线性系统状态方程，通过系统输入输出观测数据，对系统状态进行最优估计的算法。由于观测数据中包括系统中的噪声和干扰的影响，最优估计也可看作是滤波过程。

数据滤波是去除噪声还原真实数据的一种数据处理技术，Kalman 滤波在测量方差已知的情况下能够从一系列存在测量噪声的数据中，估计动态系统的状态。由于它便于计算机编程实现，并能够对现场采集的数据进行实时的更新和处理，Kalman 滤波是目前应用最为广泛的滤波方法，在通信、导航、制导与控制等多领域得到了较好的应用。

状态估计是 Kalman 滤波的重要组成部分。一般来说，根据观测数据对随机量进行定量推断就是估计问题，特别是对动态行为的状态估计，它能实现实时运行状态的估计和预测功能，如对飞行器状态估计。状态估计对于了解和控制一个系统具有重要意义，所应用的方法属于统计学中的估计理论。最常用的是最小二乘估计、线性最小方差估计、最小方差估计、递推最小二乘估计等。其他如风险准则的贝叶斯估计、最大似然估计、随机逼近等方法也都有应用。

受噪声干扰的状态量是个随机量，不可能测得精确值，但可对它进行一系列观测，并依据一组观测值，按某种统计观点对它进行估计。使估计值尽可能准确地接近真实值，这就是最优估计。真实值与估计值之差称为估计误差。若估计值的数学期望与真实值相等，这种估计称为无偏估计。Kalman 提出的递推最优估计理论，采用状态空间描述法，算法采用递推形式，Kalman 滤波能处理多维和非平稳的随机过程。

扩展 Kalman 滤波（EKF）线性化围绕当前估计的均值的分布，在 Kalman 滤波算法的预测和更新状态中使用该线性化。EKF 使用一阶 Taylor 展开式逼近非线性项，用高斯分布近似状态分布。

2）粒子滤波 PF

粒子滤波（particle filter，PF）是指通过寻找一组在状态空间中传播的随机样本来近似地表示概率密度函数，用样本均值代替积分运算，进而获得系统状态的最小方差估计的过程，这些样本被形象地称为"粒子"，故而称粒子滤波。

在现代目标跟踪领域，由于实际问题的复杂性，所面对的更多的是非线性非高斯问题，Hue 等把 PF 推广到多目标跟踪和数据关联，Hernandez 等结合 PF、数据融合和优化算法实现多传感器资源管理。研究表明，PF 是解决此类非线性问题的有力工具之一。PF 在计算机视觉、可视化跟踪领域被称为凝聚算法，该领域是 PF 的一个非常活跃的应用领域，Bruno[73]提出图像序列中目标跟踪的 PF 算法，Maskell 等[74]提出基于图像传感器多目标跟踪的 PF 算法。

在粒子滤波算法下一些传统的难点问题如目标检测、遮挡、交叉、失跟等得到更好的结果。在无线通信中 PF 被广泛用于信道盲均衡、盲检测、多用户检测等方面。其他的应用领域还有机器人视觉跟踪、导航、图像处理、生物信息、故障诊断和过程控制、金融数据处理等。

粒子滤波器采用一组随机粒子逼近状态的后验概率分布，有可能用粒子逼近平滑分布，由于重采样使得粒子丧失多样性，直接由滤波分布边缘化得到的平滑分布效果很差，Doucet 等[75]应用 MCMC 方法增加样本多样性用于固定延迟平滑取得好的效果，Fong 等[76]把 RBPF 推广到粒子平滑器，并用于语音信号处理。

最近几年，粒子方法出现了一些新的发展，一些领域用传统的分析方法解决不了的问题，现在可以借助基于粒子仿真的方法来解决。在动态系统的模型选择、故障检测、诊断方面，出现了基于粒子的假设检验、粒子多模型、粒子似然度比检测等方法。在参数估计方面，通常把静止的参数作为扩展的状态向量的一部分，但是由于参数是静态的，粒子会很快退化成一个样本，为避免退化，常用的方法有给静参数人为增加动态噪声及 Kernel 平滑方法，而 Doucet 等提出的点估计方法避免对参数直接采样，在粒子框架下使用最大似然估计（maximum likelihood，ML）及期望值最大（expectation maximum，EM）算法直接估计未知参数。在随机优化方面，出现了基于粒子方法的梯度估计算法，使得粒子方法也用于最优控制等领域。Andrieu 等在文献[77]中详细回顾了粒子方法在变化检测、系统辨识和控制中的应用及理论上的一些最新进展，许多几年前不能解决的问题现在可以求助于这种基于仿真的粒子方法。

马尔可夫链蒙特卡洛（Markov chain Monte Carlo，MCMC）方法通过构造马尔可夫链，产生来自目标分布的样本，并且具有很好的收敛性。在序贯重要性采样（sequential importance sampling，SIS）的每次迭代中，结合 MCMC 使粒子能够移动到不同地方，从而避免退化现象，而且马尔可夫链能将粒子推向更接近状态概率密度函数（probability density function，PDF）的地方，使样本分布更合理。基于 MCMC 改进策略的方法有许多，常用的有 Gibbs 采样器和 MetropolisHasting 方法。

无迹 Kalman 滤波器（unscented Kalman filter，UKF）是 Julier 等提出的。EKF 使用一阶 Taylor 展开式逼近非线性项，用高斯分布近似状态分布。UKF 类似于 EKF，用高斯分布逼近状态分布，但不需要线性化，只使用少数几个称为 Sigma 点的样本。这些点通过非线性模型后，所得均值和方差能够精确到非线性项 Taylor 展开式的二阶项，从而对非线性滤波精度更高。Merwe 等提出使用 UKF 产生 PF 的重要性分布，称为无迹粒子滤波器（unscented PF，UPF），由 UKF 产生的重要性分布与真实状态 PDF 的支集重叠部分更大，估计精度更高。

Rao-Blackwellised 粒子滤波器（RBPF）。在高维状态空间中采样时，PF 的效率很低。对于某些状态空间模型，状态向量的一部分在其余部分条件下的后验分布可以用解析方法求得，例如，某些状态是条件线性高斯模型，可用 Kalman 滤波器得到条件后验分布，对另一部分状态用 PF，从而得到一种混合滤波器，降低了 PF 采样空间的维数，RBPF 样本的重要性权的方差远远低于重要性采样（sampling importance resampling，SIR）方法的权的方差，为使用粒子滤波器解决 SLAM 问题提供了理论基础。而 Montemerlo 等[78]

在 2002 年首次将 Rao-Blackwellised 粒子滤波器应用到机器人 SLAM 中，并取名为 FastSLAM 算法。该算法将 SLAM 问题分解成机器人定位问题和基于位姿估计的环境特征位置估计问题，用粒子滤波算法做整个路径的位置估计，用 EKF 估计环境特征的位置，每一个 EKF 对应一个环境特征。该方法融合 EKF 和概率方法的优点，既降低了计算的复杂度，又具有较好的鲁棒性。

目前，粒子滤波器的研究已取得许多可喜的进展，应用范围也由滤波估计扩展到新的领域，作为一种新方法，粒子方法还处于发展之中，还存在许多有待解决的问题，如随机采样带来蒙特卡洛误差的积累甚至导致滤波器发散、为避免退化和提高精度而需要大量的粒子使得计算量急剧增加、粒子方法是否是解决非线性非高斯问题的万能方法还值得探讨。此外，粒子滤波器还只是停留在仿真阶段，全面考虑实际中的各种因素也是深化 PF 研究不可缺少的一个环节。尽管如此，在一些精度要求高而经典的分析方法又解决不了的场合，这种基于仿真的逼近方法发挥了巨大潜力，而现代计算机和并行计算技术的迅速发展又为粒子方法的发展和应用提供了有力支持，相信粒子滤波器的研究将朝着更深、更广的方向发展。

参 考 文 献

[1] 戴永江. 激光雷达原理[M]. 北京: 国防工业出版社, 2002.

[2] HIMMELSBACH M, LUETTEL T, WUENSCHE H J. Real-time object classification in 3D point clouds usingpoint feature histograms[C]// IEEE 2009 IEEE/RSJ International Conference on Intelligent Robots and Systems (IROS 2009)-St. Louis, MO, USA, 2009: 994-1000.

[3] WOJKE N, HASELICH M. Moving vehicle detection and tracking in unstructured environments[C]// IEEE 2012 IEEE International Conference on Robotics and Automation (ICRA) - St Paul. MN, USA, 2012: 3082-3087.

[4] LEVINSON J, THRUN S. Unsupervised Calibration for Multi-beam Lasers[M]//KHATIB O, KUMAR V, SUKHATME G. eds Experimental Robotics. Springer Tracts in Advanced Robotics, vol 79. Berlin: Springer, 2014: 179-193.

[5] HIMMELSBACH M, HUNDELSHAUSEN F V, WUENSCHE H J. Fast segmentation of 3D point clouds for ground vehicles[C]// 2010 IEEE Intelligent Vehicles Symposium. IEEE, 2010. San Diego, CA, 2010: 560-565.

[6] 李世锟. 基于分布式文件系统的海量车载点云管理[D]. 武汉: 湖北工业大学, 2018.

[7] ZHANG J, SINGH S. Low-drift and real-time lidar odometry and mapping[J]. Autonomous Robots, 2017, 41(2): 401-416.

[8] PETROVSKAYA A, THRUN S. Model based vehicle detection and tracking for autonomous urban driving[J]. Autonomous Robots, 2009, 26(2-3): 123-139.

[9] BOGOSLAVSKYI I, STACHNISS C. Efficient online segmentation for sparse 3D laser scans[J]. PFG-Journal of Photogrammetry, Remote Sensing and Geoinformation Science, 2017, 85(1): 41-52.

[10] 倪欢, 张继贤, 林祥国. 三维点云边缘检测和直线段提取进展与展望[J]. 测绘通报, 2016(7): 1-4.

[11] WANG Y, EWERT D, SCHILBERG D. Edge extraction by merging 3D point cloud and 2D image

data[C]// 10th International Conference and Expo on Emerging Technologies for a Smarter World (CEWIT). Melville, NY, 2013: 1-6.

[12] LI H, ZHONG C, HU X G. New methodologies for precise building boundary extraction from LiDAR data and high resolution image [J].Sensor Review, 2013, 33(2): 157-165.

[13] LI Y, WU H, AN R. An improved building boundary extraction algorithm based on fusion of optical imagery and LiDAR data[J]. OPTIK, 2013, 124(22): 53575362.

[14] CHEN Y M, ZHANG W M, ZHOU G Q. A novel building boundary reconstruction method based on LiDAR data and images[C]// 5th International Symposium on Photoelectronic Detection and Imaging-Laser Sensing and Imaging and Applications. Beijing, China, 2013.

[15] POULLIS C. A framework for automatic modeling from point cloud data[J]. IEEE Transactions on Pattern Analysis and Machine Intelligence, 2013, 35(11): 2563-2575.

[16] BORGES P, ZLOT R, BOSSE M, et al. Vision-based localization using an edge map extracted from 3D laser range data[C]// IEEE International Conference on Robotics & Automation. IEEE, Anchorage, AK, USA, 2010: 4902-4909.

[17] DEMARSIN K, VANDERSTRAETEN D, VOLODINE T, et al. Detection of closed sharp edges in point clouds using normal estimation and graph theory[J]. Computer Aided Design, 2007, 39(4): 276-283.

[18] SAMPATH A, SHAN J. Building boundary tracing and regularization from airborne lidar point clouds[J]. Photogrammetric Engineering & Remote Sensing, 2007, 73(7): 805-812.

[19] LEE J. Extraction and regularization of various building boundaries with complex shapes utilizing distribution characteristics of airborne LIDAR points[J]. ETRI Journal, 2011, 33(4): 547-557.

[20] WANG R, LAI X, HOU W. Study on edge detection of LiDAR point cloud[C]// International Conference on Intelligent Computation & Bio-medical Instrumentation. IEEE, Wuhan, Hubei, China, 2012: 71-73.

[21] TRUONG-HONG L, LAEFER D F, HINKS T, et al. Combining an angle criterion with voxelization and the flying voxel method in reconstructing building models from LiDAR data[J]. Computer-Aided Civil and Infrastructure Engineering, 2013, 28(2): 112-129.

[22] YANG B, XU W, DONG Z. Automated extraction of building outlines from airborne laser scanning point clouds[J]. IEEE Geoscience and Remote Sensing Letters, 2013, 10(6): 1399-1403.

[23] SEO S, LEE J, KIM Y. Extraction of boundaries of rooftop fenced buildings from airborne laser scanning data using rectangle models[J]. IEEE Geoscience and Remote Sensing Letters, 2014, 11(2): 404-408.

[24] LU Z, BAEK S, LEE S. Robust 3D Line extraction from stereo point clouds[C]// 2008 IEEE Conference on Robotics, Automation and Mechatronics. IEEE, Chengdu, China, 2008: 1-5.

[25] DOUILLARD B, UNDERWOOD J, KUNTZ N, et al. On the segmentation of 3D LIDAR point clouds[C]// 2011 IEEE International Conference on Robotics and Automation. IEEE, Shanghai, China, 2011: 2798-2805.

[26] CHEN T T, DAI B, LIU D X, et al. 3D LiDAR-based ground segmentation[C]// Pattern Recognition. IEEE, Beijing, China, 2012: 446-450.

[27] LAM J, KUSEVIC K, MRSTIK P, et al. Urban scene extraction from mobile ground based LiDAR data [C]// Proceedings of IEEE 5th International Symposium on 3D Data, Visualization and transmission. France, 2010: 3-8.

[28] VOSSELMAN G, GORTE B G, RABBANI SHAH T, et al. Recognising structure in laser scanner point clouds[J]. International Archives of Photogrammetry Remote Sensing and Spatial Information Sciences, 2008: 94-95.

[29] VASUDEVAN S, RAMOS F, NETTLETON E, et al. Non-stationary dependent Gaussian processes for data fusion in large-scale terrain modeling[C]// IEEE International Conference on Robotics & Automation. IEEE, Shanghai, China, 2011: 1875-1882.

[30] 谌彤童. 三维激光雷达在自主车环境感知中的应用研究[D]. 长沙: 国防科学技术大学, 2011.

[31] CHEN L, YANG J, KONG H. Lidar-histogram for fast road and obstacle detection[C]// 2017 IEEE International Conference on Robotics and Automation (ICRA). IEEE, Singapore, 2017: 1343-1348.

[32] CHEN L, ZHU Q, LI M, et al. Intersection detection and recognition for autonomous urban driving using a virtual cylindrical scanner[J]. IET Intelligent Transport Systems, 2013, 8(3): 244-254.

[33] LEONARD J, HOW J, TELLER S, et al. A perception-driven autonomous urban vehicle[J]. Journal of Field Robotics, 2008, 25(10): 727-774.

[34] 陈龙. 城市环境下无人驾驶智能车感知系统若干关键技术研究[D]. 武汉: 武汉大学, 2013.

[35] ZHU Q, CHEN L, LI Q, et al. 3D LIDAR point cloud based intersection recognition for autonomous driving[C]// IEEE 2012 IEEE Intelligent Vehicles Symposium (IV) - Alcal de Henares. Madrid, Spain, 2012: 456-461.

[36] GEIGER A. Are we ready for autonomous driving? The KITTI vision benchmark suite[C]// IEEE Conference on Computer Vision and Pattern Recognition, 2012. IEEE, Providence, RI, USA, 2012: 3354-3361.

[37] PEDRO GIRÃO, ASVADI A, PEIXOTO P, et al. 3D object tracking in driving environment: A short review and a benchmark dataset[C]// 2016 IEEE 19th International Conference on Intelligent Transportation Systems (ITSC). IEEE, 2016.

[38] PETROVSKAYA A, THRUN S. Model based vehicle detection and tracking for autonomous urban driving[J]. Autonomous Robots, 2009, 26(2): 123-139.

[39] BESL P J, JAIN R C. Segmentation through variable-order surface fitting[J]. IEEE Transactions on Pattern Analysis and Machine Intelligence, 1988, 10(2): 167-192.

[40] MOOSMANN F. Interlacing Self-Localization, Moving Object Tracking and Mapping for 3D Range Sensors[M]. Germany: KIT Scientific Publishing, 2013.

[41] MOOSMANN F, PINK O, STILLER C. Segmentation of 3d lidar data in non-flat urban environments using a local convexity criterion[C]// Intelligent Vehicles Symposium, 2009: 215-220.

[42] VEDULA S, RANDER, COLLINS R, et al. Three-dimensional scene flow[J]. IEEE Transactions on Pattern Analysis and Machine Intelligence, 2005, 27(3): 475-480.

[43] DEWAN A, CASELITZ T, TIPALDI G D, et al. Rigid scene flow for 3D LiDAR scans[C]// 2016 IEEE/RSJ International Conference on Intelligent Robots and Systems (IROS). IEEE, Daejeon, South Korea, 2016: 1765-1770.

[44] TOMBARI F, SALTI S, STEFANO L D. Unique signatures of histograms for local surface description[C]// Computer Vision-ECCV 2010, 11th European Conference on Computer Vision, Heraklion, Crete, Greece, 2010: 356-369.

[45] USHANI A K, WOLCOTT R W, WALLS J M, et al. A learning approach for real-time temporal scene flow estimation from LIDAR data[C]// 2017 IEEE International Conference on Robotics and Automation (ICRA). IEEE, Singapore, 2017: 5666-5673.

[46] LIU X, QI C R, GUIBAS L J. FlowNet3D: Learning scene flow in 3D point clouds[C]// IEEE/CVF Conference on Computer Vision and Pattern Recognition (CVPR), Long Beach, CA, USA, 2019: 529-537.

[47] ASVADI A, PEIXOTO P, NUNES. Detection and tracking of moving objects using 2.5D motion grids[C]//IEEE International Conference on Intelligent Transportation Systems. Las Palmas, 2015: 788-793.

[48] PU S, RUTZINGER M, VOSSELMAN G, et al. Recognizing basic structures from mobile laser scanning data for road inventory studies[J]. ISPRS Journal of Photogrammetry and Remote Sensing, 2011, 66(6): S28-S39.

[49] BEN-SHABAT Y. 3D point cloud classification using deep learning-recent works[EB/OL]. (2017-09-20) [2020-05-20]. http://www.itzikbs.com/3d-point-cloud-classification-using-deep-learning.

[50] IOANNIDOU A, CHATZILARI E, NIKOLOPOULOS S, et al. Deep learning advances in computer vision with 3D data: A survey[J]. Acm Computing Surveys, 2017, 50(2): 1-38.

[51] KRIZHEVSKY A, SUTSKEVER I, HINTON G E. ImageNet classification with deep convolutional neural networks[J]. Communications of the ACM, 2017, 60(6): 84-90.

[52] LIN T Y, MAIRE M, BELONGIE S, et al. Microsoft COCO: Common Objects in Context//FLEET D, PAJDLA T, SCHIELE B, et al. Computer Vision-ECCV2014[M]. Switzerland: Springer International Publishing, 2014: 740-755.

[53] BEN-SHABAT Y. Deep learning on 3D data-references[EB/OL]. (2017-05-24)[2020-07-18]http://www.itzikbs.com/deep-learning-3d-data-references. 2017.

[54] TANG J, LUO J, TJAHJADI T, et al. 2.5D multi-view gait recognition based on point cloud registration[J]. Sensors, 2014, 14(4): 6124.

[55] BOGOSLAVSKYI I, STACHNISS C. Fast range image-based segmentation of sparse 3D laser scans for online operation[C]// IEEE/RSJ International Conference on Intelligent Robots and Systems. Daejeon, 2016: 163-169.

[56] MOOSMANN F, STILLER C. Joint self-localization and tracking of generic objects in 3D range data[C]// 2013 IEEE International Conference on Robotics and Automation (ICRA), Karlsruhe, 2013: 1146-1152.

[57] WU B, WAN A, YUE X, et al. SqueezeSeg: Convolutional neural nets with recurrent CRF for real-time road-object segmentation from 3D LiDAR point cloud[C]// 2018 IEEE International Conference on Robotics and Automation (ICRA). Brisbane, QLD, 2018: 1887-1893.

[58] WU B, ZHOU X, ZHAO, et al. SqueezeSegV2: Improved model structure and unsupervised domain adaptation for road-object segmentation from a LiDAR point cloud[C]// 2019 International Conference on Robotics and Automation (ICRA). Montreal, QC, Canada, 2019: 4376-4382.

[59] MATURANA D, SCHERER S. VoxNet: A 3D convolutional neural network for real-time object recognition[C]// 2015 IEEE/RSJ International Conference on Intelligent Robots and Systems (IROS).

Hamburg, 2015: 922-928.

[60] ZHOU Y, TUZEL O. VoxelNet: End-to-end learning for point cloud based 3D object detection[C]// 2018 IEEE/CVF Conference on Computer Vision and Pattern Recognition. Salt Lake City, UT, 2018: 4490-4499.

[61] RIEGLER G, ULUSOY A O, GEIGER A. OctNet: Learning deep 3D representations at high resolutions[C]// 2017 IEEE Conference on Computer Vision and Pattern Recognition (CVPR). Honolulu, HI, 2017: 6620-6629.

[62] ENGELCKE M, RAO D, WANG D Z, et al. Vote3Deep: Fast object detection in 3D point clouds using efficient convolutional neural networks[C]// 2017 IEEE International Conference on Robotics and Automation (ICRA). Singapore, 2017: 1355-1361.

[63] GRAHAM B, ENGELCKE M, LAURENS V D M. 3D semantic segmentation with submanifold sparse convolutional networks[C]// 2018 IEEE/CVF Conference on Computer Vision and Pattern Recognition. Salt Lake City, UT, 2018: 9224-9232.

[64] LANG A H, VORA S, CAESAR H, et al. PointPillars: Fast encoders for object detection from point clouds[C]// 2019 IEEE/CVF Conference on Computer Vision and Pattern Recognition (CVPR). Long Beach, CA, USA, 2019: 12689-12697.

[65] CHARLES R Q, HAO S, MO K, et al. PointNet: Deep learning on point sets for 3D classification and segmentation[C]// 2017 IEEE Conference on Computer Vision and Pattern Recognition (CVPR). Honolulu, HI, 2017: 77-85.

[66] QI C R, YI L, SU H, et al. PointNet++: Deep hierarchical feature learning on point sets in a metric space[J]. Advances in Neural Information Processing Systems, 2017: 5099-5108.

[67] SHI S, WANG X, LI H. PointRCNN: 3D object proposal generation and detection from point cloud[C]// 2019 IEEE/CVF Conference on Computer Vision and Pattern Recognition (CVPR). Long Beach, CA, USA, 2019: 770-779 .

[68] QI C R, LITANY O, HE K, et al. Deep hough voting for 3D object detection in point clouds[C]// 2019 IEEE/CVF International Conference on Computer Vision (ICCV). Seoul, Korea (South), 2019: 9276-9285.

[69] FISHER J L, CASASENT D P. Fast JPDA multitarget tracking algorithm[J]. Applied Optics, 1989, 28(2): 371-376.

[70] BLACKMAN S S, DEMPSTER R J, BUSCH M T, et al. IMM/MHT solution to radar benchmark tracking problem[J]. IEEE Transactions on Aerospace and Electronic Systems, 1999, 35(2): 730-738.

[71] SVENSSON L, SVENSSON D, GUERRIERO M, et al. Set JPDA filter for multitarget tracking[J]. IEEE Transactions on Signal Processing, 2011, 59(10): 4677-4691.

[72] LAU B, KAI O A, BURGARD W. Multi-model hypothesis group tracking and group size estimation[J]. International Journal of Social Robotics, 2010, 2(1): 19-30.

[73] BRUNO M G S. Bayesian methods for multiaspect target tracking in image sequences[J]. IEEE Transanctions on Signal Processing, 2004, 52(7): 1848-1861.

[74] MASKELL S, ROLLASON M, GORDON N, et al. Efficient particle filtering for multiple target tracking with application to tracking in structured images[C]// Proceedings of SPIE on Signal and Data Processing

of Small Targets. Washington: SPIE Press, 2002, 4728: 251-262.

[75] DOUCET A, GORDON N J, KRISHNAMURTHY V. Particle filters for state estimation of jump Markov Linear systems[J]. IEEE Transanctions on Signal Processing, 2001, 49(3): 613-624.

[76] FONG W, GODSILL S J, DOUCET A, et al. Monte Carlo smoothing with application to audio signal enhancement[J]. IEEE Transanctions on Signal Processing, 2002, 50(2): 438-449.

[77] ANDRIEU C, DOUCET A, SINGH S S, et al. Particle methods for change detection,system identification,and control[J]. Proceedings of the IEEE, 2004, 92(3): 423-438.

[78] MONTEMERLO M, THRUN S, KOLLER D, et al. FastSLAM: A factored solution to the simultaneous localization and mapping problem[C]// Proceedings of the National Conference on Artificial Intelligence, 2002: 593-598.

第 5 章 面向智能驾驶的高精度地图

5.1 传统导航地图的产生和发展

20 世纪 90 年代以来,我国就出现了电子地图。目前国内的导航电子地图数据已广泛应用于车载导航终端、智能手机、交通运输、互联网及各行指挥调度信息系统等方面。随着互联网时代的高速发展,跨界融合的产业大数据时代地球空间信息学呈现无所不在、多维动态、互联网+网络化、全自动与实时化等特点[1-2]。地球空间信息技术与智能交通技术的集成应用开创了地理信息产业的新业绩[3],涌现出了许多诸如"互联网+"智能交通、无人系统等基于位置信息的新型服务和行业[4-8]。根据中国地理信息产业协会测算,2018 年我国地理信息产业总产值超过 6200 亿元,有超过 5 亿用户使用车载导航、移动端的定位及位置查询等产品和服务。此外,导航对物流行业的渗透使得中国的社会物流总费用占 GDP 的比例连续 5 年保持下降。社会对地理信息的应用需求快速增长,市场应用模式呈现多样化发展,为导航地理信息产业发展开辟了巨大的市场空间。

纵观导航电子地图 30 多年的发展历程,其无不与汽车领域的发展息息相关,工业 4.0 时代也不例外[9]。人工智能技术、"互联网+"、云计算、大数据、物联网、智能交通和智能制造等信息技术与地理信息技术的交叉应用,地图的服务对象不再仅仅是人类,而是慢慢向机器过渡,这对地图的精度、内容结构和计算模式等都提出了新的要求[10]。导航与位置服务与汽车智能化的深度融合,为导航电子地图的发展迎来了新的契机。如果说电子导航在移动出行时代是锦上添花作用,那么在智能驾驶时代高精度地图是必不可少的关键基础设施。因此,面向智能驾驶的高精度地图成为近年来国际地理信息科学领域的研究热点。

5.1.1 导航电子地图的兴起

传统地图的研究和开发已有几千年历史,测绘学的分支——地图制图学也得到发展。随着制图学的发展,在 20 世纪 90 年代出现了电子地图[11]。电子地图是以数字形式记录、存储的地图[12]。电子地图的出现提高了路径搜索的效率,为人们出行提供了极大的便利。1993 年,第一台商用车载卫星导航仪诞生。1992~2001 年,导航电子地图主要面向汽车电子行业的主机厂。从 2007 年开始,导航电子地图的应用向手机移动端进行扩展。目前,前装车载导航市场整体形势略显低迷,另外手机地图导航应用在数据实时更新方面性能优于前装车载导航系统,对前装车载导航市场造成一定程度的冲击。

导航电子地图是电子地图的一种,能够比较全面地反映道路、路口及其他道路相关的信息[13]。传统电子地图将路网抽象成有向图的形式,用结点-弧段模型来表达路网的主干道,通过有向图的顶点和边的属性来存储道路相关的地图要素的属性[14]。

5.1.2 地图空间实体数据结构

空间的实体目标分为简单实体目标和复杂实体目标,而复杂实体目标可以进一步分解为多种简单实体目标,通过多种简单实体目标来表达。为表示空间中的实体,按照几何类型进行划分,可将地理空间目标抽象为点、线、面三种不同的类型,如图 5.1 所示。

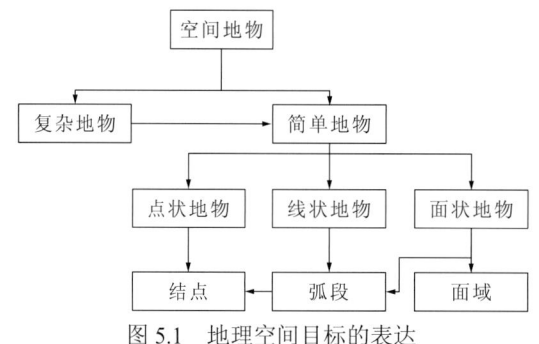

图 5.1 地理空间目标的表达

点类型可用一对坐标 (x,y) 来描述,表示空间上具体的或抽象的不可再分的地理空间目标(图 5.1),包括地物点、文本位置点或线段网络的结点等,如地面上的矿点、水井、高程控制水准点等都是点实体。线类型由一组有序点组成,用一组有序的坐标 (x,y) 来描述,表示空间上具有一定延伸方向性的线状地物,如河流和道路、断层、地质体分界线等为线状地物。面类型采用一组首尾位置重合的有序线段表示,指有封闭边界和面积的实体,由一组有序线段包围而成,如湖泊、矿区、土壤类型等。

电子地图中需要表达道路等地物的形状、地物的背景数据等内容,按照数据结构的不同可以划分为数字矢量地图和数字栅格地图。其中,矢量地图多用于地图多尺度变换、路径分析、导航计算等,栅格数据多用于设置固定比例尺的地图显示。

矢量,是指通过线段的长度表示大小、线段端点的顺序表示方向的量。地图中的矢量数据是指用于表达地图图形的有序的离散的平面坐标点集合。矢量数据在连续的坐标空间中通过坐标 (x,y) 来精确表达点、线、面状的地理实体。因此,矢量数据能比较精确地描述地物的位置、长度及大小。与栅格数据相比,矢量结构描述数据的精度高,所占用的存储空间比较小,是一种相对高效的空间数据结构。点、线、面状目标的矢量数据结构如图 5.2 所示。

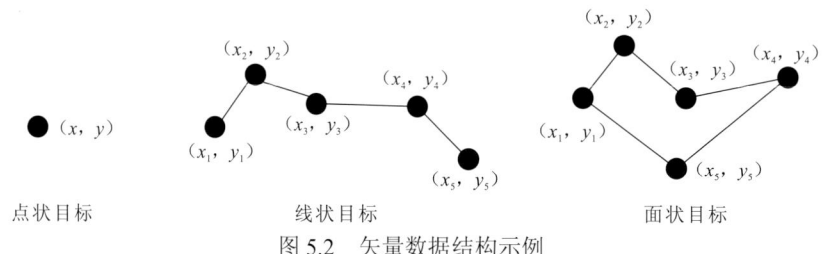

图 5.2 矢量数据结构示例

栅格数据结构是指将空间分割成大小均等的紧密排列的网格,通过行、列来定义网格的位置。栅格数据中的网格又称为栅格单元,属性值存储在栅格单元上。最常见的栅格单元是正方形，此外还有矩形、三角形、菱形、六边形等其他形状。栅格数据的比例尺为栅格的大小与地物相应单元大小的比值。由此可见，栅格数据的分辨率越高，其尺寸越小，栅格数据量也越大。栅格数据结构直接记录地物属性自身或者属性指针，与矢量数据结构相比，能更具体地描述地物。但是，如果栅格单元太细会导致栅格数据量太大，而且放大到一定程度出现像元比较模糊的情况，导致无法分辨信息。此外，栅格单元中可能会存在不同的地物，导致属性误差，出现"混合像元"的问题。

5.1.3 导航电子地图的内容

普通的导航电子地图的数据主要由背景数据、道路形状数据、注记数据和索引数据等内容组成，这些数据通过相互匹配和紧密结合，为车辆提供路线导引、位置查询等服务。图 5.3 给出了传统导航电子地图的一个示例。

图 5.3 导航电子地图示例

背景数据是指现实生活中行政区划、公共场所、植被、水系等背景信息。此外，随着智能交通的发展，与智能导航相关的各自实时交通信息也存储在背景数据中。背景信息为地图的显示提供了非常重要的可视化图形环境，满足多模式的动态交通网络路径分析，可提高出行的灵活性和便利性。

道路形状数据是导航电子地图数据中最重要的数据内容之一，它必须准确地对真实世界进行抽象，为电子地图中其他类型数据提供基础空间数据。其内容主要包括道路的地理位置信息、几何形状信息、路面隔离带及其他相关的附属和配套设施等。道路形状数据是导航电子地图与多种导航应用功能紧密结合的重要载体。

注记数据分为要素注记和整饰注记，其中，要素注记是指表示地图中各种要素的名称、数量、质量、特征等内容，整饰注记则包括地图的图名、图号、说明性注记、附图、附表、图例注记等内容。地图注记通过不同的符号、颜色及文字对地图的各个成图要素进行表达，不同要素的地图注记的字体和规格均不同。

索引数据是一种供用户进行目的地查询、选择并进行路径引导的导航要素，主要包括设施索引、地址索引、邮编索引、交叉点索引、点门牌索引，以及显示文字等内容[15]。索引数据从很大程度上补充了当前以特殊位置服务和出行服务为代表的地球空间信息，极大改善了生活的便利性。

5.1.4 导航电子地图的数据库标准和格式

国际标准化组织在 1992 年成立了智能交通委员会 ITS 204，TC204 下面又专门设置了工作组 ISO TC204/WG3，这是目前世界上最主要的制定导航电子地图相关标准的组织。目前国外与地理空间道路信息相关的标准和规范有很多，但是导航电子数据最主要的标准/格式有地理数据文件（geographical data file，GDF）和 KIWI。

1. GDF 格式

GDF 重点强调道路及其相关信息。它规定了用于智能交通系统（intelligent traffic system，ITS）应用和服务相关的地理数据库的概念、逻辑数据模型和物理编码格式[16]。目前官网上可查询的 GDF 最新版本为 GDF5.0，其数据模型如图 5.4[16]所示，该版本已经通过了 2018 年的重新审核，主要用于车载或便携式导航系统、与道路管理系统相关的交通管理中心系统和与公共交通系统等相关的应用及服务中。

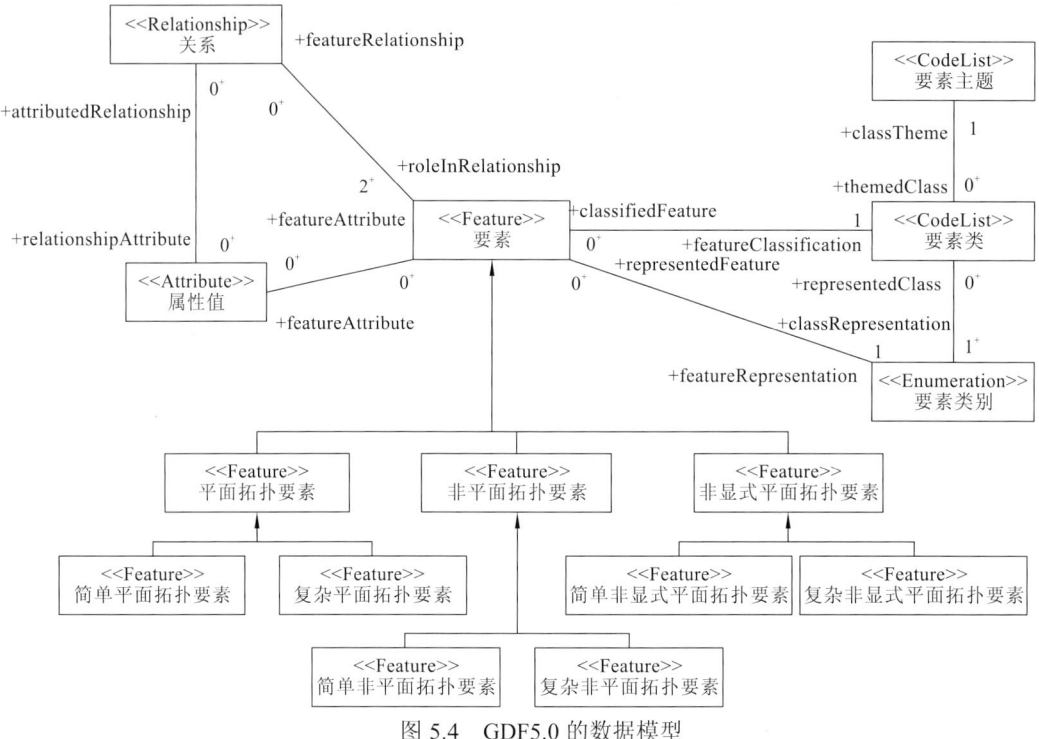

图 5.4 GDF5.0 的数据模型

GDF5.0 将真实世界模型化为要素、要素属性和要素关系并构建相应的数据库。要素（feature）用于表示真实世界中的地理对象。例如，道路或建筑物是真实世界中的地理对象。每个要素对应唯一的要素类（feature class）和要素类型（feature category）。要素类通过唯一的名称和代码引用。GDF 中既不允许要素没有类（不属于任何要素类的要素），也不允许要素类混合（属于多个要素类的要素）。属性用于表示不依赖于其他要素的特征，每个要素可以没有或有多个属性。关系用于将两个或多个要素关联在一起。但是，要素不属于关系的本身，关系可以没有或有多个属性。要素类型也是通过唯一的名称和代码引用。GDF 定义了 4 个要素类型，点、线、面和复杂要素类。其中，点、线和面要素统称为简单要素类。复杂的要素类型是其他要素类型的集合，由简单、复杂或者简单和复杂的要素组合。

完整的 GDF 文件包含在 Album 中，Album 包含一个或多个数据集（dataset），每个数据集又由一个或者多个层（layer）组成，其中，层包含一个或多个要素主题的数据。拓扑可以分为平面拓扑、非平面拓扑或非显式拓扑三种，平面拓扑的基本元素为结点、边和面，非平面拓扑包含结点和边。图 5.5[16]为 GDF5.0 的数据组织的统一建模语言（unified modeling language，UML）图。

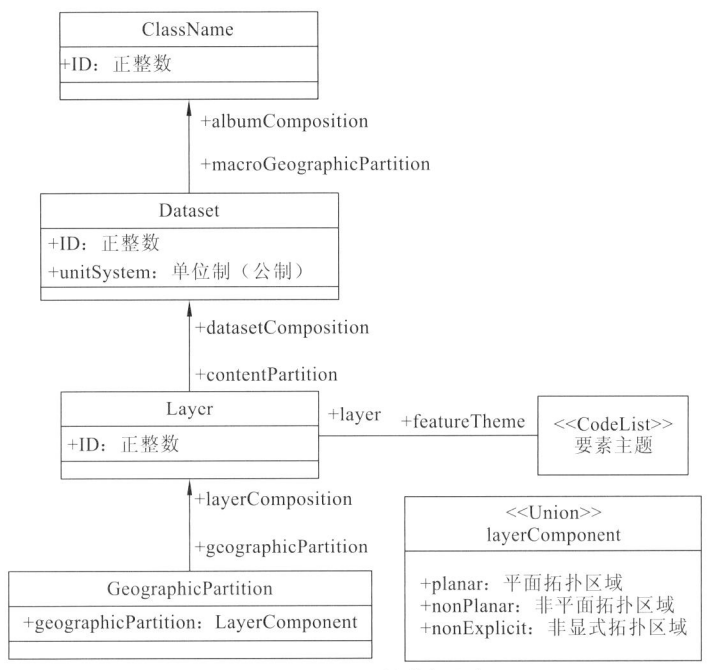

图 5.5 GDF5.0 的数据组织

GDF 的建模语言为 UML，UML 类描述了属性、操作关系和语义的对象（实例）。图 5.6[16]显示了 GDF 中 UML 类的表达。

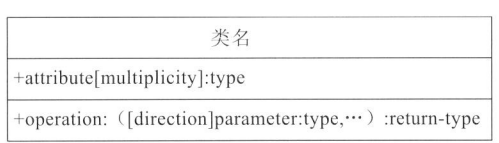

图 5.6 GDF 中 UML 类的表达

2. KIWI 格式

KIWI 的制定机构 KIWI-WConsortium 成立于 2001 年 7 月，KIWI 是一种应用于嵌入式硬件的导航电子地图数据的存储格式。

KIWI 中地理实体包含形状数据、拓扑数据和属性数据三个方面的内容。其中，形状数据详细表达了道路数据，主要用于地图的显示和道路的导引，此外还为拓扑数据提供用于计算的道路形状数据。形状数据比拓扑数据和属性数据包含的内容要多。拓扑数据主要用于路径计算。属性数据主要用于场所和服务检索。这三类数据都分开单独进行管理。在模型的组织结构上，KIWI 模型将形状数据和拓扑数据分别分为不同的等级，每个等级用层来封装。最底层的数据最详细，通过将相邻的低等级的数据进行取舍逐级形成高等级的数据。对每一个等级上的层继续分块，并以树结构保存在物理介质中。

3. 我国的导航电子地图标准格式

国家测绘地理信息局提出的与导航电子地图相关的《导航电子地图增量更新基本要求》《导航电子地图框架数据交换格式》等标准，进一步填补了测绘地理信息标准体系空白。其中，《导航电子地图框架数据交换格式》中规定了我国所用的导航电子地图交换格式，从导航应用所关注的现象和基本特征出发，描述导航地理要素及其之间的相互关系。将现实世界中的导航地理要素及其关联关系通过要素、属性、几何和关系 4 个方面内容进行表达。此外，还将导航数据概念模型抽象为几何图元、简单要素和复杂要素三个层次，如图 5.7[17]所示。

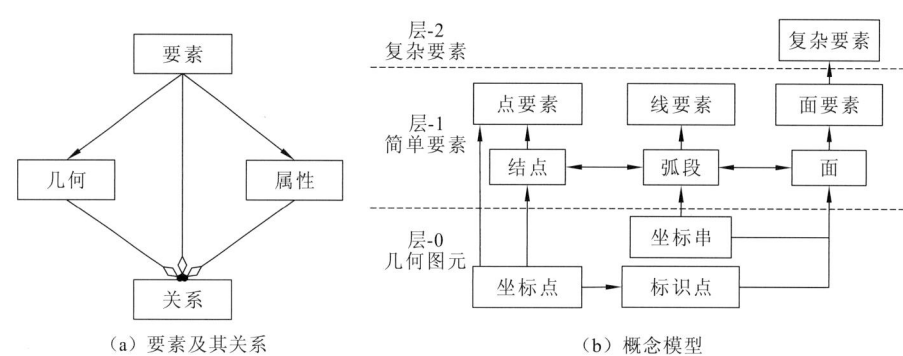

(a) 要素及其关系　　　　(b) 概念模型

图 5.7　《导航电子地图框架数据交换格式》中的要素及其关系、概念模型

5.1.5 导航电子地图的制作流程

导航电子地图的制作工艺和流程主要分为外业采集、内业处理、质量检查及审查发布 4 个方面。

外业采集又包括原始测图资料准备、实地测绘两个内容。在测图前，首先需要准备测区的资料，如测区里面的原有地形图或者原有的导航电子地图。进行实地测绘时，通常用移动测量车以"扫街"的方式进行信息采集。采集的信息包括全球导航卫星系统（GNSS）轨迹、道路等级、车道数量等道路属性、交通路径指引信息及 POI 信息等。内业处理是指将采集到的信息按照特定的电子地图格式进行数据录入和数据编辑，并添加相应的地图成图元素。目前，国内不同的电子地图厂商的数据规格有所区别。质量检查是保证导航电子地图质量的前提，包括几何数据的检查、属性数据的检查及拓扑关系的检查等内容，如路段悬挂节点的检查、道路连接关系的检查、环岛封闭等。制作完成的导航电子地图不能直接发布，必须通过国家有关测绘部门的审查和批准才能发布。

5.2 高精度地图的表达和生成

高精度地图已是发展智能交通和普及智能驾驶必不可少的核心因素,根据知名投资机构 Goldman Sachs 的市场评估报告,未来 15 年是高精度地图发展的黄金时期,市场规模将从 2020 年的 21 亿美元增加到 2025 年的 94 亿美元。目前,各大图商、互联网巨头及传感器厂商纷纷加入地图行业展开地图资源争夺,地图行业投资并购频繁。占据国内导航电子地图市场主流的有专业的地图厂商 TomTom、Here、四维图新、高德软件和凯立德等公司,互联网公司如 Google、Uber、BAT(百度、阿里巴巴、腾讯)等,传感器厂商博世、Mobileye 等,传统汽车制造商如通用、福特、奔驰、丰田、宝马、奥迪等。资本带动了高精度地图产业的发展,地图产品的商用化速度明显得到提升。尽管工业界加强在智能辅助驾驶及智能驾驶中核心技术突破和产品研发,但是高精度地图相关的产品还处于研发和测试阶段,高精度地图产品在自助驾驶中的功能和应用也处于试验阶段。在智能驾驶行业中全面普及高精度地图技术还有很多问题需要解决。

5.2.1 高精度地图的概念

目前学术界对高精度的定义还没有形成统一的定义,不过高精度本质上是一种新的导航电子地图。与传统的导航电子地图相比,高精度地图有两个重要的特点:第一个特点是精度高,也就是地图的绝对位置精度高;第二个特点是要素全面,也就是说,地图所包含的信息内容更丰富,刻画得更细致。按照汽车行业对导航电子地图的需求应用将导航电子地图分成三类,如表 5.1[18]所示。

表 5.1 导航电子地图的分类

项目	第一阶段	第二阶段	第三阶段
名称	基础导航电子地图	ADAS 地图	高精度地图
绝对精度	10 m	1~5 m	绝对优于 1 m 相对 10~20 cm
数据采集	GNSS 轨迹	GNSS 轨迹和惯导	高精度 POS 和激光点云
数据制作	道路网络数据	传统地图和 ADAS	多源数据融合
功能	道路导航	高级辅助驾驶	智能驾驶

(1)基础导航电子地图。基础导航电子地图也就是传统的导航电子地图,目前已经发展得比较成熟。地图的服务对象主要是人,通过语音等方式提醒驾驶员。地图精度大约为 10 m,地图要素包含路网、背景、注记、索引四大类数据[19],主要提供基于普通地图的基础道路导航功能。

(2)ADAS 地图(advancing map)。ADAS 地图由 ADASIS Forum 提出。ADASIS Forum 是由欧洲道路交通远程通信协调组织(European Road Transport Telematics,ERTICO)管

理的非营利性国际协会,负责制定 ADAS Horizon 的实施标准及统一的地图数据接口。ADAS 地图主要面向 ADAS(高级驾驶辅助系统)的主动安全应用,地图的精度一般为 1~5 m[18]。它在基础电子导航地图的基础上扩展了数据内容,增加了高精度的道路数据(道路形状、坡度、曲率、路面、方向等)信息,在道路形状信息和位置精度方面的描述更加精确。而且 ADAS 地图起到了预测传感器的作用,可提供先验的道路知识,能够预测可视范围外的情况,从而提高驾驶的安全性。

(3) 高精度地图(high definiton map, HD map)。高精度地图面向高度自动化的智能驾驶,其服务对象是更为广泛的智能体。高精度地图的绝对精度优于 1 m,相对精度为 10~20 cm[10]。高精度地图含有非常丰富的地图信息。例如,增加了详细的与道路车道相关的数据(如车道、车道边界、车道中心线和车道限制信息等)、大量的目标数据(如道路边缘目标、防护栏、路边的地标等)及更详细的行驶导引。除了提供基本的道路导航功能,高精度地图还可以恢复实际的道路场景,并协助车辆实现车道级别的高精度定位功能、规划功能和决策功能,从而使车辆实现更安全的智能驾驶。图 5.8 是两种高精度地图范例。

(a) DeepMap高精度地图

(b) Here高精度地图

图 5.8　高精度地图

根据高精度地图的表现形式,常用的高精度地图可以分为两大类。

第一类是平面地图。平面地图是指基于地理信息系统(GIS)中图层或平面的地图,如用于导航的高精度电子地图。平面地图可以借助立体相机等传感器提供的详细信息,进一步生成三维(3D)地图。平面地图不仅可以表示环境相关的静态信息,还可以融合并表示交通状况、道路上的事件、其他移动对象的位置等动态信息。平面地图主要用于 GNSS 等传感器定位。

第二类是点云地图。这类地图指基于地理信息系统中一组数据点的地图,常常也用栅格图来表示,如 Here、Google、Uber 和 TomTom 等公司发布的高精度地图,如图 5.9 所示。点云地图由三维扫描仪生成,代表三维空间中物体的外表面,如激光雷达传感器生成的三维点云图。点云地图可以利用来自行驶车辆的近实时众包信息进行维护,并更新到后台的地图系统。点云地图主要用于基于激光雷达、视觉传感器等进行定位,而且基于点云的定位常使用即时定位与地图构建(simultaneous localization and mapping, SLAM)技术。

5.2.2 高精度地图的格式规范

高精度地图的格式规范，即对采集到的地图如何进行一个完整的表述。动态地图将静态信息与动态信息叠加形成实时地图，国际上从动态地图的角度对高精度地图标准展开研究。局部动态地图（local dynamic map，LDM）是用来表达动态地图的一种标准化概念，包括特定地理区域内的地形、位置和状态信息等。最早在欧洲的 SAFESPOT 和 CVIS 项目中得到实施。国际标准化组织中的智能运输系统技术委员会 ISO/TC204 与欧盟合作发布了多项关于 LDM 的标准，如 ISO/TR 17424:2015、ISO 18750:2018 等。但是目前 LDM 还没有形成统一的标准和定义。LDM 涉及四类信息：第一类表示地图的静态元素，如地图的道路网、建筑物和其他永久性特征；第二类包含瞬时静态，如路边基础设施、可变速度限制；第三类包含瞬态动态数据，如天气信息、红绿灯计时和相位；第四类包含高度动态数据，如车辆、行人等交通参与者的实时状态数据。LDM 可用于自适应定位，让地图更精确更有效率。目前国际上关于动态地图的标准化工作还在继续推进中，如 ISO/AWI TS 22726-1、ISO/AWI TS 22726-2 等标准还在制定过程中。

此外，目前比较有影响力的通用格式规范还有 NDS（navigation data standard）、OpenDRIVE 和 Liblanelet 等。对此，Althoff 等[19]提出了第一个公开可用的从 OpenDRIVE 到 Lanelets 的转换器。下面对这些格式一一进行详细叙述。

1. NDS

NDS 组织（NDS Association）由德国宝马等汽车生产厂商与导航数据、软件提供商于 2005 年联合成立，2010 年发布了第一个 NDS 版本。早期的 NDS 是一种基于嵌入式数据库的导航电子地图数据存储标准，主要支持导航电子地图的增量更新。而近几年，随着智能驾驶的发展，NDS 不断升级版本，发布了越来越多的支持智能驾驶的数据内容，最新版本是 2018 年 12 月发布的 NDS version 2.5.4。总的来说，NDS 比较关注兼容性和互操作性，注重应用程序与数据分离，而且支持数据更新。

NDS 最新版本包括车道信息、路标、障碍物、规划、基础地图显示（basic map display，BMD）、名称、POI 等内容，如图 5.9[20]所示。

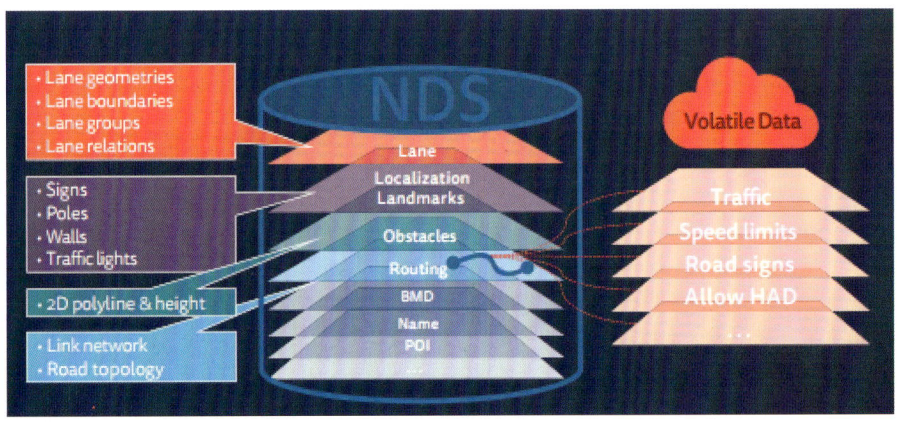

图 5.9 NDS 的地图内容

最新的 NDS 车道模型具备很多高级的功能，如车道级的交通表达、车道级别的停车等，为智能驾驶提供简便高效的地图。因保密性原因，仅公开开放了其中一部分内容，该内容就是开放车道模型（open lane model，OLM），如图 5.10[20]所示。开放车道模型比传统模型更精确，所存储的车道拓扑结构和高精度几何形状的分辨率高达 1 cm。除了能够提供高精度的车道属性信息，该模型还能显示丰富的边界信息，如墙壁或者彩色车道标志线等，而且复杂的交叉口是通过复杂的连接模型进行描述的。

图 5.10 NDS 开放车道模型

2. OpenDRIVE

OpenDRIVE 是一种用于道路网络逻辑描述的开放文件格式。由 MSC 旗下的 VIRES 仿真技术公司于 2006 年发布第一个版本，目前最新的版本是 2019 年 2 月发布的 OpenDRIVE 1.5。

OpenDRIVE 将道路内容划分为路段、交叉口、停车道、交通标志和道路的入口及出口、交通信号设置等内容。在这个基础上，最新版 OpenDRIVE 进一步细化了道路信息的描述，包括车道形状、高程和横向坡度、横向剖面、道路连接关系、表面、选择布局、铁路描述等内容。OpenDRIVE 是基于 XML 语言描述的。每条道路从类型、平面图、立面图、横断面等方面分开描述，交叉口、信号灯也单独进行描述。

OpenDRIVE 按照道路车道数量变化、道路实线和虚线的变化、道路属性变化的原则来对道路进行切分。一条道路可以切分为多个 Section。基准线（reference line）用于定义道路的几何形状，车道的编号 ID 以基准线为标准向左递增，向右递减，如图 5.11[21]所示。

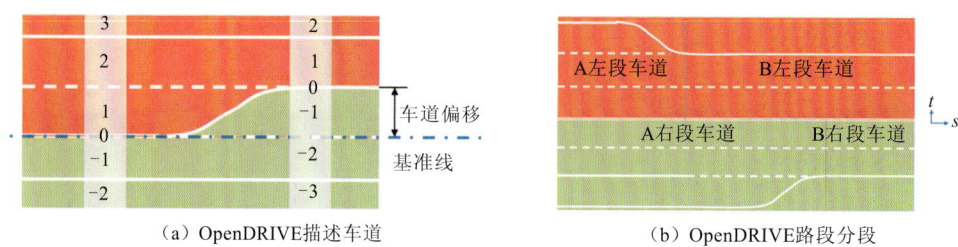

（a）OpenDRIVE 描述车道　　　　　　　　（b）OpenDRIVE 路段分段

图 5.11 OpenDRIVE 车道的描述

OpenDRIVE 在路口中引入虚拟路，用来连接路口可通行方向。图 5.12（a）[21]中红色线为虚拟路。路口拓扑的描述根据道路情况的不同而有所区别，如果两条路之间的连接简单时可采用标准连接，如果两条路之间的连接比较复杂（如存在继承关系产生冲突）则需要产生交叉点来描述拓扑关系。OpenDRIVE 将路口划分成节点，再将节点划分成组，如图 5.12（b）[21]所示。

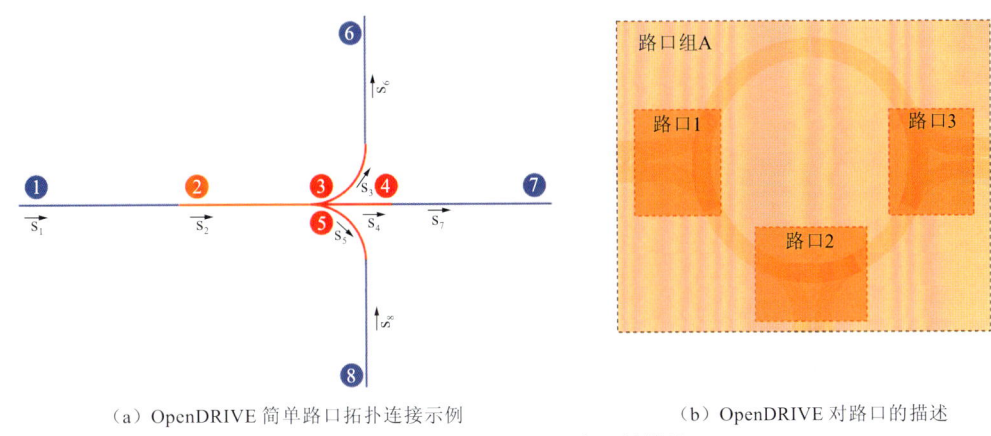

（a）OpenDRIVE 简单路口拓扑连接示例　　　　（b）OpenDRIVE 对路口的描述

图 5.12　OpenDRIVE 路口的描述

3. Liblanelet

德国信息技术研究中心（FZI Research Center for Information Technology）在 2014 年提出了一种用于智能驾驶的地图库 Liblanelet。该框架可以在网上进行公开下载，并且在奔驰智能车 MERCEDES BENZ S500 INTELLIGENT DRIVE 上进行了测试和验证。Liblanelet 是为特定的、预先已知的路径而设计的，例如，Liblanelet 只有在预定义的地点才可能改变车道，也就是说，Liblanelet 不支持超车。此外，Liblanelet 不支持在定位和特殊侦察等领域的推广和扩展应用。学者针对这些缺点对其进行修改，在 Liblanelet 的基础上进行扩展和推广，提出了 Liblanelet2。

Liblanelet2 地图由 5 个元素组成：属于物理层点和线串（linestrings）、Liblanelet、属于关系层的区域和规则元素。所有元素由一个唯一的 ID 标识。但是针对特殊情况，Liblanelet 的定义可以进行修改。图 5.13 为一个高速环境下的 Liblanelet2 结构示意图。

点是 Liblanelet2 地图中最基本的要素，用度量坐标系中的三维位置来描述。点是唯一具有位置信息的要素，其他要素都是直接或间接地由点组成的。例如，垂直的杆可用点表示。

线串是由两个或多个点进行线性插值组成的有序数组，用于表达地图元素的形状信息。例如，路标、马路边线、外墙、围栏等都可以用线串表示。线串多用来描述一维的实体，也可以表达虚拟实体，如可以表达一条小巷的隐式边界。

Liblanelet 表示地图中定向运动发生的静态（atomic）区域部分，如人行横道。静态表示当前有效的交通规则在 Liblanelet 内没有发生改变，并且与其他 Liblanelet 的拓扑关系也不变。Liblanelet 由左边界线串和右边界线串表示，Liblanelet 也可以重叠或相交，但是同一个线串可能有多个交通规则元素。Liblanelet 允许向相反的方向移动，此时左右边界互换，反之亦然。

· 137 ·

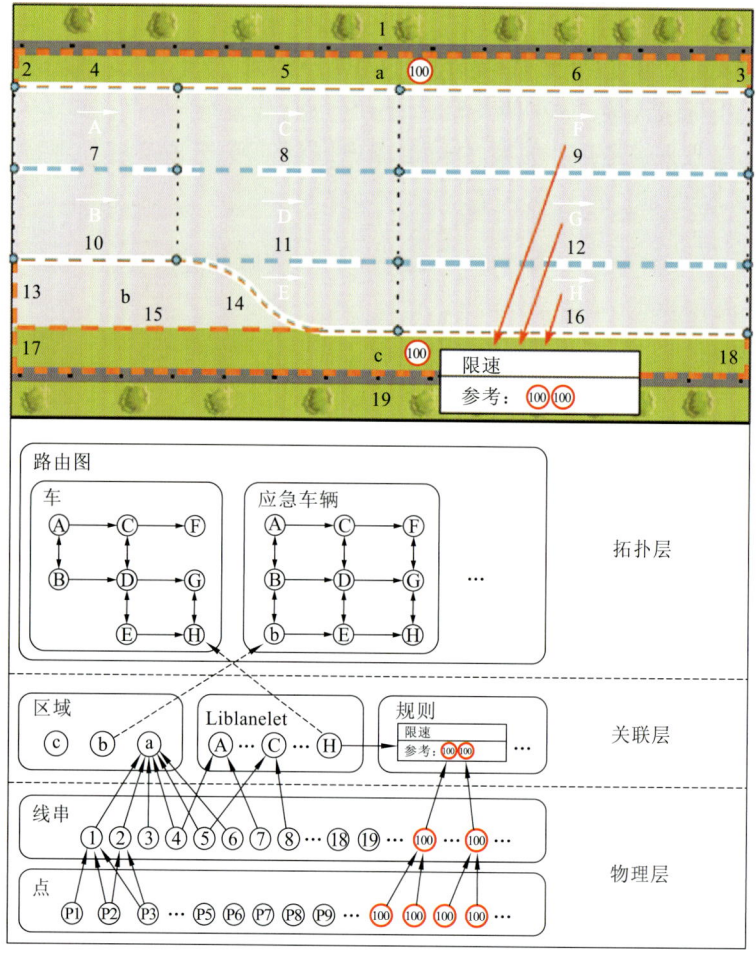

图 5.13 高速环境下的 Liblanelet2 结构示意图

区域是地图上没有方向或没有运动的区域，由一个或多个线串定义，这些线串形成一个封闭的外部边界。单个或多个线串，可以定义几个内部边界，从而在区域内形成孔。与 Liblanelet 类似，区域也可有规则元素，如停车场、广场、绿地或建筑物等区域的规则不同。

规则元素（简称 RegElems）定义交通规则，如限速、优先级规则或交通灯等，由一个或多个 Liblanelet 或区域引用。不同类型的交通规则对应的规则元素结构可能不同。规则通常表示定义规则的元素（如交通标志）和表示取消规则的元素（如限速区末尾的标志），如定义停止线。规则元素的属性指定它是哪种规则。RegElems 也可以是动态的，只在某个条件下有效。例如，数字速度指示器或交通规则只在一天的特定时间有效。

为了保证框架的可扩展性，Liblanelet2 对单个任务进行相应的模块化。按照模块进行划分，Liblanelet2 分为核心（core）模块、交通规则、物理连接、路线规划、匹配、投影、输入/输出（IO）模块、有效性、ROS、Python 共 10 个模块。

核心模块：包含上面描述的基本定义、层及计算中心线几何函数，如计算距离和重叠的功能函数，此外，核心模块还负责原始数据内容的显示。

交通规则：根据道路使用者的类型和国家来解释地图中包含的规则。例如，交通规则模块决定是否可以改变车道，是否允许某个道路使用者进入 Liblanelet 或者在单个 Liblanelet 上的最大限速等。

物理连接：此模块允许直接地、合理地访问物理层的元素。

路线规划：按照交通规则设置用于精确行驶的路线图，包括可能的车道变化、预测可能的路线和与其他道路使用者的冲突点（图 5.14）。同时，将相邻区域和 Liblanelet 相结合可以构造机动区域。

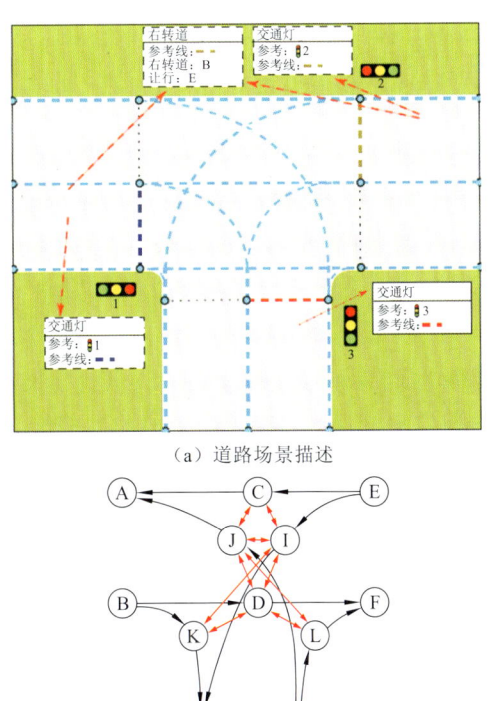

（a）道路场景描述

（b）路径规划路线图

图 5.14 常规车辆在交叉口的规划路线图

匹配：此模块用于为道路用户分配 Liblanelet，或根据传感器的特定观测结果确定地图上可能的位置。

投影：包含将全局纬度/经度坐标转换为本地度量坐标的功能函数。

输入/输出模块：包含从各种地图格式（特别是 OSM 格式）读取和编写地图的函数。

有效性：在地图中搜索和报错模块。

ROS：与机器人操作系统（ROS）的连接，通常用于演示。

Python：在 Python 中使用上述模块。

4. 中国的格式

导航电子地图是导航系统的主要数据来源，地图数据的现势性极大影响着导航的准确性。近几年来，中国导航应用产业化发展加快，但是高精度地图制图、地图表达和地图应用方面尚缺乏统一的、可参考的依据和标准。目前国家测绘地理信息局、全国地理信息标准化技术委员会下达的 2017 年度测绘地理信息标准项目研究计划中包括高精度电子地图相关的标准《道路高精度电子导航地图数据规范》《道路高精度电子导航地图生产技术规范》，包括上海市测绘院、浙江省第一测绘院、百度、凯立德、四维图新、易图通、公安部交通管理科学研究所、解放军信息工程大学、同济大学在内的国内主流的车载电子企业和地图企业及高校科研机构等都将参与该高精度道路导航地图的标准制定工作。鉴于高精度导航电子地图的数据格式和模型尚未形成公开统一的标准，国内图商在实际应用时大多以现有导航电子地图为基础，扩展智能驾驶需要的道路和设施信息，如增加基础设施隔离带类型等，同时补充完整拓扑关系和全面的交通信息。

5.2.3 高精度地图的采集

智能驾驶技术和用户需求的不断提升，对高精度地图的数据容量、精确程度、更新频率等提出了更高的要求，也对高精度地图的制作提出了更大的挑战。现阶段各大地图生产商的主流采集解决方案是通过安装有高精度采集设备的移动采集车进行数据采集。

全景移动测量系统利用 POS 系统（集成了 GPS、惯性导航 IMU、里程计等设备）、360°全景相机模块、三维激光扫描仪等设备[20]，通过位置信息、影像信息与点云信息的相互标定和融合，能够获取移动状态下的地物的空间信息、三维激光点云信息及实景影像信息[21]。全景移动测量系统采集的数据成果包括空间坐标、点云数据及连续的三维图像等内容。美国加州大学河滨分校 Sutarwala[22]使用节点方法设计了车道级的数字地图采集系统及地理数据库，通过 RTK-GPS 的采集车（Rover）沿道路中心线进行采集并使用 ArcGIS 等 GIS 管理工具开发了数据库管理查询系统。目前，国内研究车载移动测量系统的有武汉大学[23]、首都师范大学[24]、山东科技大学[25]等单位。此外，国内外已经有多款移动测量系统在行业内推出[26]。与传统的测图方式相比，全景移动测量系统使用灵活、地图更新周期短、现势性高，能够实现道路的快速测制与高效更新，减少了人工费用和作业成本，并且车载方式下的作业更加安全和舒适。但是，使用专业的测绘手段实现高精度地图生产的最大难题是高昂的制作成本。例如，行业内一般用于测绘 10 cm 级别的高精度地图采集车的造价大于百万，严重制约了高精度电子地图的生产。图 5.15（a）为高德公司地图采集车，图 5.15（b）为 Here 公司地图采集车。

（a）高德公司地图采集车　　　　　（b）Here公司地图采集车

图 5.15　高精度地图采集车

鉴于专业化的高精度地图测绘设备投入巨大、地图制作过程复杂且较多地依赖人工，更多的学者充分利用现有智能交通和智慧交通中的单个或者多种交通传感器探寻地图采集的新思路和新办法。例如，以半社会化的方式从大量的浮动车或者公交车的出行数据中进行地图数据的精确估计[27-28]，或者通过后装的 ADAS、手机等全社会用户化的方式进行地理数据采集并与视觉等信息融合实现地图的有效提取[29-30]。按照数据的获取手段，学者们的研究可以分为下述类别。

第一类，以激光点云作为数据提供手段。Xu 等[31]提出了一种新的能量函数和最小成本模型提取道路边界，该方法体现出了比较好的鲁棒性、准确性和效率。Gwon 等[32]从 3D 激光雷达提取车道线，并提出了一种同时考虑精度、存储效率和可用性的地图生成系统。基于激光办法的优点是提取精度高，缺点是激光数据运算量很大。

第二类是利用航空影像[33]或者视觉影像的办法。基于神经网络方法是从遥感图像中提取道路网络构建地图最常用的方法之一[34-37]。Saati 和 Amini[38]使用网络蛇模型（network snake model）从合成孔径雷达图像中提取路网，该方法在数据的正确性、完整性及数据质量方面表现优越。航空影像的数据由于分辨率有限，不能提取精度很高的路网，因而对高精度地图的构建难度很大。Guo 等[39]提出了使用低成本传感器创建车道级地图的方法，利用 GPS/INS 紧耦合结合视觉的方法，从拼接的正射影像图中提取车道线信息。这类办法的优点是价格便宜，但是不适合非结构化路段或者是道路标线不清晰等情况。

第三类是将 OpenStreetMap（OSM）数据和其他地图数据作为数据来源。Li 等[40]提出了一种基于多边形的 OSM 方法来提取多车道道路，该方法取得了较好的提取效果，但它在道路情况比较复杂和数据集重复的情况下表现不佳。OSM 数据因其来自全球志愿者而在数据精度和准确性方面受到限制。Li 和 Peng[41]集成了线密度分布策略用于自适应生成可变比例网络图，显著提高了地图的清晰度和可读性，但是该方法不能支持高精度地图的显示。

第四类是从浮动车数据[42-43]或者采集 GPS 轨迹数据中获取地图中的地理元素信息。Jia 和 Wang[44]提出了一种分段和归组框架用于道路地图推理，该方法显示了比较高的几何精度，但是噪声和稀疏采样对方位估计的精度影响很大。Wu 等[45]用局部地图的办法解决地图更新问题，但是该方法不适合大规模路网建立。Zhang 等[46]和 Zheng 等[47]学者提出基于点轨迹计算的方法生成高精度地图，计算量比较大。

5.2.4 高精度地图的制作流程

基于采集车的高精度地图的生成流程可以分为 3 个步骤。首先，利用 GNSS/INS 数据融合进行定位，获取地图采集车的高精度位置坐标及高精度的航向信息，同时获取地图采集车行驶的轨迹点及车载相机的位置坐标。其次，利用车载相机拍摄道路图像数据，通过视觉定位方法，获取道路要素相对于相机的空间位置关系，同时利用深度学习算法对图像数据进行分类，获取图像上的道路、车道线、道路标志等语义信息。最后，根据相机的高精度位置坐标和道路要素相对相机的空间位置关系，获取道路要素的绝对位置坐标，从而创建车道级高精度地图[18]。其流程如图 5.16[18]所示。

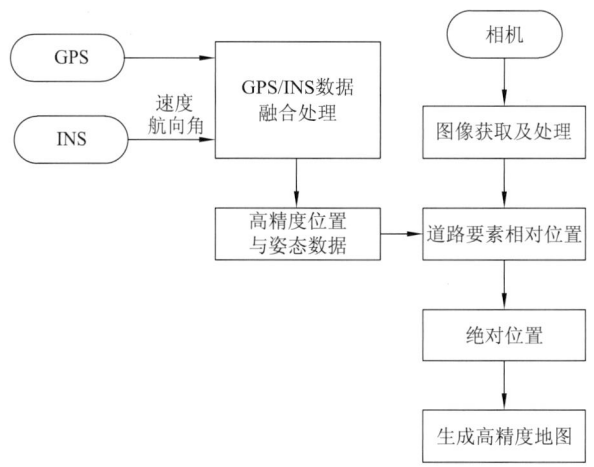

图 5.16 高精度地图采集流程图

5.3 地图辅助智能驾驶应用

作为人工智能技术在智能交通领域的核心应用,近几年,智能驾驶行业呈现出百花齐放的状态,车辆智能化领域的生态体系正处于深刻调整之中[48]。根据美国导航研究(Navigant Research)机构 2018 年的预测报告,L4 级别智能车的 2020 年年销量不高于 8 000 辆,15 年以后年销量将上升至 9 540 万辆;从全球汽车市场占有率来说,智能驾驶车辆的份额 2020~2035 年可从 0.01%提升到 75%。2005 年由美国国防部高级研究计划局(DARPA)牵头举办的 DARPA 陆地挑战赛(DARPA grand challenge)将智能驾驶的研究推向一轮新高潮。目前,工业界已经实现了部分智能辅助驾驶功能,如中高级车市场中车辆搭载的自动泊车、疲劳驾驶等功能,更多的辅助驾驶功能有待进一步在汽车电子产业整合落地;而智能驾驶功能在环境相对单一园区、景区、矿区、工厂等特定区域内点对点的场景中有诸多应用,但全工况的智能驾驶尚处于道路测试阶段,与智能驾驶相关的高精度地图示范产品随之展开测试。与此同时,学术界从控制理论、视听觉认知计算、汽车控制等领域的深度研究逐渐向与高精度地图的跨界融合研究方向发展[49-54]。

5.3.1 地图与智能驾驶的关系

首先,地图是智能驾驶特殊的基础设施。地图分为动态和静态两种类型。通常静态地图存储先验知识,而动态地图需要通过实时测绘形成。与智能驾驶车辆上常用的其他传感器相比,地图拥有很多得天独厚的优势,如常用作障碍物检测的激光雷达的探测距离一般为百米范围内,而且其作用距离受大气湍流和恶劣天气的影响较大。

其次,地图能够充当特殊的工具辅助智能驾驶,降低智能驾驶的成本。为了实现智能驾驶,智能驾驶车辆目前常用传感器有激光雷达、微波雷达、视觉传感器及定位传感器等。例如,智能驾驶车辆为了实现车道内安全行驶,定位精度必须在分米级别。智能驾驶车辆的标准配置一般选择高精度 GYRO/DMI/POS 或 CORS 等技术进行组合集成，这些分米级别的配置在市场上价格超过 1 万美元，厘米级别的定位设备更加昂贵。而高精度地图能有效辅助智能驾驶定位，有利于无人车大规模推广应用。此外，高精度地图可以辅助智能驾驶车辆预先认知到复杂的路面信息，极大地提高智能驾驶车辆感知计算的复杂度和准确度。

最后，智能驾驶车辆可看作单智能体，成为高精度地图数据来源。汽车电子产业的格局正随着智能化、网联化、电动化、共享化为代表的汽车四化面临颠覆性的变化和洗牌。物联网技术与智能驾驶技术的结合能够提供一个强大的传感器平台。智能驾驶车载云是指以智能驾驶车辆为主体具有通信能力能实现智能驾驶车辆群信息交换的物联网实例[55]。智能驾驶车辆作为智能车载云中的单智体，具有激光点云、图像、位置等多种类型的数据，能提取丰富的地理信息，为局部地图的生成和更新提供了可能。在车联网环境下，单智体能够实现交换和共享，为地图厂商增加了一种高精度地图数据渠道，有望实现网络覆盖范围的地图构建和更新。

高精度地图能极大地推动智能驾驶技术的发展，而智能驾驶的全面普及又能加快高精度地图的建设和完善。总的来说，面向智能驾驶的高精度地图已经成为抢占智能驾驶的核心关键技术的制高点。

5.3.2 高精度地图辅助智能驾驶的应用

汽车上的导航系统通常采用地图来表示车辆的绝对位置。最常见的汽车导航应用是通过融合全球导航卫星系统（GNSS）和一些其他辅助传感器数据估计车辆的位置和姿态，然后应用地图匹配技术将这些值投影到地图上。按照高精度地图对智能驾驶的辅助作用类型进行划分，大约可以分为以下三类。

第一类是通过精细的地图元素信息帮助无人车实现车道级的定位。Nedevschi 等[56]及 Bétaille 和 Toledo-Moreo[57]提出了增强地图（Emap），通过融合全球导航卫星系统（GNSS）、航位推算（测距和陀螺仪）和地图数据实现车道级的定位。Suganuma 和 Uozumi[58]通过测量车道线来补偿 GNSS/INS 的漂移误差，解决了 GNSS 信号中断长时间后位置漂移的问题。Nedevschi 等[56]提出了一种改进的基于视觉地标和扩展数字地图（EDM）的车辆全局定位方法，实现了交叉口处的亚米级别定位。Rohani 等[59]提出了一种改进的基于车辆协作的定位方法，在自车地图匹配过程中利用其他车辆的信息作为约束，显著提高了定位效果。Cao 等[60]将地图数据与粗略的位置估计相结合提升了场景中的定位效果。Gruyer 等[61]通过融合 GPS、INS /里程计、车道线检测数据和地图数据四种类型的数据实现了准确的横向定位。Karlsson 和 Gustafsson[62]将车辆在路上花费时间的先验知识与地图信息融合，达到没有 GNSS 的定位效果与使用 GNSS 传感器的定位效果基本相同。

第二类通过地图中存储的地理信息减少感知的计算量及对缺失传感器信息进行修复或者补充，用来弥补环境感知设备的不足。Li 等[63]提出了一种用地图辅助视觉的车辆定位方法，该方法通过地图提供粗略位置确定车辆的可能位置范围，在给定的范围内实验基于视觉的交通标志检测和车道检测模块确定高精度的纵向和横向定位信息。用地图辅助视觉的方法经济可靠并且不需要任何建设工作或改变当前交通环境。Havlak 和 Campbell[64]提出了一种面向城市环境下自主机器人的基于信号点变换和非线性动力学函数的高斯分裂方法，根据当前目标跟踪状态和环境图来预测给定视野范围内未来障碍物状态的概率分布。Romero 等[65]定义了一种量化障碍物检测传感器（二维激光雷达和单目相机）和算法性能的方法，解决已知环境中环境传感器的感知融合。Häne 等[66]提出了基于视觉导航的稀疏 3D 地图，使用该地图对汽车进行准确的定位，同时基于实时深度图检测障碍物。Gu 等[67]提出了一种基于地图和轨迹锚点的多位置联合粒子滤波框架来校正位置误差，解决传统视觉定位方法在远距离导航定位中误差累积的问题。Verma 等[68]提出了一种实时车辆检测和跟踪系统，利用基于深度学习的车辆检测、基于激光雷达的高精度范围估计及基于先验地图知识的道路环境分析三个关键组件，实现了城市环境中复杂任务的驾驶行为分析。

第三类是根据地图中预先存储的地理元素信息和动态交通信息，基于全局路径规划给出最佳的行驶路径和合理的行驶策略。Daily 等[69]第一个给出了机器人及车辆基于地图和传感器自主操作的描述，并阐述了相应的感知和规划技术细节。Kummerle 等[70]提出了一种在车库等室内环境中利用多层次地形图实现汽车自主导航的方法，解决了缺乏精确 GPS 信息的情况下车辆路径的计算问题。Jo 等[71]设计了行为规划器，并提出了一种由地图、路径选择器及本地路径规划器三个组件组成的分层路径规划策略，为无人车提供安全可行的路径规划。Tang 等[72]结合交叉口车道平面图提出了一种通用交叉口驾驶员意图预测模型。王任栋等[73]提出了一种基于常规电子地图稀疏坐标的导航路径生成与优化方法，解决了无人车的自适应精确导航问题。Darweesh 等[74]设计了一个由全局路径规划器、行为状态生成器和本地规划器组成的开源规划器"OpenPlanner"，使用地图辅助完成最优平滑路径规划。Zhou 等[75]采用基于地图的跳点搜索算法对城市环境下的智能驾驶汽车进行局部路径规划，提供了一种路径规划的快速搜索方法。高精度地图在智能驾驶中的应用如图 5.17 所示。

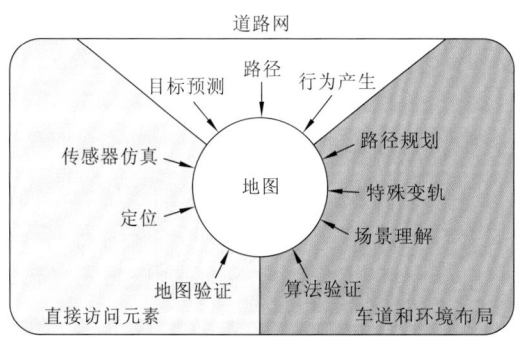

图 5.17 高精度地图在智能驾驶中的应用[28]

参 考 文 献

[1] 李清泉, 李德仁. 大数据 GIS[J]. 武汉大学学报(信息科学版), 2014, 39(6): 641-644.

[2] 李德仁. 展望大数据时代的地球空间信息学[J]. 测绘学报, 2016, 45(4): 379-84.

[3] 李德仁, 李清泉, 杨必胜, 等. 3S 技术与智能交通[J]. 武汉大学学报(信息科学版), 2008, 33(4): 331-336.

[4] 李德毅. 大数据时代的位置服务[J]. 测绘科学, 2014, 39(8): 3-6.

[5] 刘经南, 邓国臣. 大数据与位置服务[J]. 测绘科学, 2014, 39(3): 3-9.

[6] YANG B S, ZANG Y F, ZHEN D, et al. An automated method to register airborne and terrestrial laser

scanning point clouds[J]. ISPRS Journal of Photogrammetry and Remote Sensing, 2015, 109: 62-76.

[7] 李德仁. 论"互联网+"天基信息服务[J]. 遥感学报, 2016, 20(5): 708-715.

[8] 叶语同, 李必军, 付黎明. 智能驾驶中点云目标快速检测与跟踪[J]. 武汉大学学报(信息科学版), 2019, 44(1): 139-144.

[9] 杨殿阁, 李克强, 郑四发, 等. 智能交通系统中的汽车技术[J]. 汽车工程, 2003, 25(3): 223-226.

[10] LIU J N, WANG H B, GUO C, et al. Progress and consideration of high precision road navigation map[J]. Engineering Sciences, 2018, 20(2): 99-105.

[11] 杜清运, 邬国锋. 万维网电子地图[J]. 测绘地理信息, 2000 (3): 17-19.

[12] 王家耀. 地图学原理与方法[M]. 北京: 科学出版社, 2014.

[13] 李德仁, 郭丙轩, 王密, 等. 基于GPS与GIS集成的车辆导航系统设计与实现[J]. 武汉大学学报(信息科学版), 2000, 25(3): 208-211.

[14] 杨殿阁, 罗禹贡, 丁捷, 等. 基于单线模型的交通车载电子地图[J]. 清华大学学报(自然科学版), 2006, 46(5): 716-719.

[15] 曹晓航, 徐晋晖, 陈丹, 等. 导航电子地图框架数据交换格式[M]. 北京: 中国标准出版社, 2017.

[16] ISO TC204/WG3. Intelligent transport systems—Geographic Data Files (GDF)—GDF5.0[S]. International Standards Organization, 2011: 1231.

[17] 中华人民共和国国家质量监督检验检疫总局, 中国国家标准化管理委员会. 车载导航电子地图产品规范(GT/T 20267—2006)[S]. 北京: 中国标准出版社, 2006.

[18] Editorial Department of China Journal of Highway and Transport. Review on China's automotive engineering research progress: 2017[J]. China Journal of Highway and Transport, 2017, 30(6): 1-197.

[19] ALTHOFF M, URBAN S, KOSCHI M. Automatic conversion of road networks from openDRIVE to lanelets[C] // 2018 IEEE International Conference on Service Operations and Logistics, and Informatics (SOLI). Singapore, 2018: 157-162.

[20] 陈长军. 车载移动测量系统集成关键技术研究[D]. 武汉: 武汉大学, 2013.

[21] 卢秀山, 滕腾, 刘如飞. 移动测量、地理信息更新与城市管理智能化[J]. 测绘学报, 2017, 46(10): 1592-1597.

[22] SUTARWALA B Z. GIS For Mapping of Lane-Level Data and Re-Creation in Real Time For Navigation[D]. Riverside: University of California: Riverside, 2011.

[23] 闫利, 胡晓斌, 谢洪. 车载LiDAR海量点云数据管理与可视化研究[J]. 武汉大学学报(信息科学版), 2017, 42(8): 1131-1136.

[24] 吕冰, 钟若飞, 王嘉楠. 车载移动激光扫描测量产品综述[J]. 测绘与空间地理信息, 2012(6): 184-187.

[25] 卢秀山, 谢欣鹏, 刘如飞. 轻便型移动测量系统在乡村地形测量中的应用[J]. 测绘科学, 2016, 41(10): 149-152.

[26] 余建伟, 姚立, 翁国康. 中海达iView激光高清全景系统[J]. 测绘通报, 2014(1): 139-140.

[27] KUNTZSCH C, SESTER M, BRENNER C. Generative models for road network reconstruction[J]. International Journal of Geographical Information science, 2016, 30(5-6): 1012-1039.

[28] OLOO F. Mapping rural road networks from global positioning system (GPS) trajectories of motorcycle taxis in sigomre area, Siaya County, Kenya[J]. ISPRS International Journal of Geo-Information, 2018,

7(8): 309.

[29] MUSA A, ERIKSSON J. Tracking unmodified smartphones using wi-fi monitors[C] // Proceedings of the 10th ACM Conference on Embedded Networked Sensor Systems. Toronto, Ontario, Canada, 2012: 281-294.

[30] ALY H, BASALAMAH A, YOUSSEF M. Robust and ubiquitous smartphone-based lane detection[J]. Pervasive and Mobile Computing, 2016, 26: 35-56.

[31] XU S, WANG R S, ZHENG H. Road curb extraction from mobile LiDAR point clouds[J]. IEEE Transactions on Geoscience and Remote Sensing, 2016, 55(2): 996-1009.

[32] GWON G P, HUR W S, KIM S W, et al. Generation of a precise and efficient lane-level road map for intelligent vehicle systems[J]. IEEE Transactions on Vehicular Technology, 2017, 66(6): 4517-4533.

[33] GRINIAS I, PANAGIOTAKIS C, TZIRITAS G. MRF-based segmentation and unsupervised classification for building and road detection in peri-urban areas of high-resolution satellite images[J]. ISPRS Journal of Photogrammetry and Remote Sensing, 2016, 122:145-166.

[34] LI P K, YU Z, CHENG W, et al. Road network extraction via deep learning and line integral convolution[C] // 2016 IEEE International Geoscience and Remote Sensing Symposium (IGARSS). Beijing, 2016: 1599-1602.

[35] CHENG G, YING W, XU S, et al. Automatic road detection and centerline extraction via cascaded end-to-end convolutional neural network[J]. IEEE Transactions on Geoscience and Remote Sensing, 2017, 55(6): 3322-3337.

[36] GAO X, SUN X, ZHANG Y, et al. An end-to-end neural network for road extraction from remote sensing imagery by multiple feature pyramid network[J]. IEEE Access, 2018, 6: 39401-39414.

[37] JIANG Y T. Research on road extraction of remote sensing image based on convolutional neural network[J]. EURASIP Journal on Image and Video Processing, 2019, 2019(1): 31.

[38] SAATI M, AMINI J. Road network extraction from high-resolution SAR imagery based on the network snake model[J]. Photogrammetric Engineering and Remote Sensing, 2017, 83(3): 207-215.

[39] GUO C Z, KIDONO K, MEGURO J, et al. A low-cost solution for automatic lane-level map generation using conventional in-car Sensors[J]. IEEE Transactions on Intelligent Transportation Systems, 2016, 17(8): 2355-2366.

[40] LI Q Q, FAN H C, LUAN X C, et al. Polygon-based approach for extracting multilane roads from openStreetMap urban road networks[J]. International Journal of Geographical Information Science, 2014, 28(11): 2200-2219.

[41] LI Z, PENG T. Adaptive generation of variable-scale network maps for small displays based on line density distribution[J]. Geoinformatica, 2015, 19(2): 277-295.

[42] LI L, LI D G, XING X Y, et al. Extraction of road intersections from gps traces based on the dominant orientations of roads[J]. ISPRS International Journal of Geo-Information, 2017, 6(12): 403.

[43] YANG X, TANG L, NIU L, et al. Generating lane-based intersection maps from crowdsourcing big trace data[J]. Transportation Research Part C: Emerging Technologies, 2018, 89: 168-187.

[44] JIA Q, WANG R S. Road map inference: A segmentation and grouping framework[J]. ISPRS International Journal of Geo-Information, 2016, 5(8): 130.

[45] WU T, XIANG L G, GONG J Y. Updating road networks by local renewal from GPS trajectories[J]. ISPRS International Journal of Geo-Information, 2016, 5(9): 163.

[46] ZHANG T, ARRIGONI S, GAROZZO M, et al. A lane-level road network model with global continuity[J]. Transportation Research Part C: Emerging Technologies, 2016, 71:32-50.

[47] ZHENG L, LI B J, ZHANG H J, et al. A high-definition road-network model for self-driving vehicles[J]. ISPRS International Journal of Geo-Information, 2018, 7(11): 417.

[48] KUN A L, BOLL S, SCHMIDT A. Shifting gears: User interfaces in the age of autonomous driving[J]. IEEE Pervasive Computing, 2016, 15(1): 32-38.

[49] 徐友春, 李克强, 连小珉, 等. 智能车辆机器视觉发展近况[J]. 汽车工程, 2003, 25(5): 438-443.

[50] LI D Y, LIU C Y, GAN W Y. A new cognitive model: Cloud model[J]. International Journal of Intelligent Systems, 2009, 24(3): 357-375.

[51] 李克强, 张书玮, 罗禹贡, 等. 智能环境友好型车辆的概念及其最新进展[J]. 汽车安全与节能学报, 2013, 4(2): 109-120.

[52] 中华人民共和国国家质量监督检验检疫总局, 中国国家标准化管理委员会. 导航电子地图增量更新基本要求(GB/T 35646—2017)[S]. 北京: 中国标准出版社, 2017.

[53] ZHENG N N, LIU Z Y, REN P J, et al. Hybrid-augmented intelligence: Collaboration and cognition[J]. Frontiers of Information Technology and Electronic Engineering, 2017, 18(2): 153-179.

[54] GU S, ZHANG Y, YUAN X, et al. Histograms of the normalized inverse depth and line scanning for urban road detection[J]. IEEE Transactions on Intelligent Transportation Systems, 2019, 20(8): 3070-3080.

[55] GERLA M, LEE E-K, PAU G, et al. Internet of vehicles: From intelligent grid to autonomous cars and vehicular clouds[C] //2014 IEEE World Forum on Internet of Things (WF-IoT). Seoul, 2014: 241-246.

[56] NEDEVSCHI S, POPESCU V, DANESCU R, et al. Accurate ego-vehicle global localization at intersections through alignment of visual data with digital map[J]. IEEE Transactions on Intelligent Transportation Systems, 2013, 14(2): 673-687.

[57] BÉTAILLE D, TOLEDO-MOREO R. Creating enhanced maps for lane-level vehicle navigation[J]. IEEE Transactions on Intelligent Transportation Systems, 2010, 11(4): 786-798.

[58] SUGANUMA N, UOZUMI T, Precise position estimation of autonomous vehicle based on map-matching[C] // 2011 IEEE Intelligent Vehicles Symposium (IV), Baden-Baden, 2011: 296-301.

[59] ROHANI M, GINGRAS D, GRUYER D . A novel approach for improved vehicular positioning using cooperative map matching and dynamic base station DGPS concept[J]. IEEE Transactions on Intelligent Transportation Systems, 2015: 1-10.

[60] CAO G, DAMEROW F, FLADE B M, et al. Camera to map alignment for accurate low-cost lane-level scene interpretation[C] // 2016 IEEE 19th International Conference on Intelligent Transportation Systems (ITSC). Rio de Janeiro, 2016: 498-504.

[61] GRUYER D, BELAROUSSI R, REVILLOUD M. Accurate lateral positioning from map data and road marking detection[J]. Expert Systems with Applications, 2016, 43(C): 1-8.

[62] KARLSSON R, GUSTAFSSON F. The future of automotive localization algorithms: Available, reliable, and scalable localization: Anywhere and anytime[J]. IEEE Signal Processing Magazine, 2017, 34(2): 60-69.

[63] LI H, NASHASHIBI F, TOULMINET G. Localization for intelligent vehicle by fusing mono-camera, low-cost GPS and map data[C] // 13th International IEEE Conference on Intelligent Transportation Systems. Funchal, 2010: 1657-1662.

[64] HAVLAK F, CAMPBELL M. Discrete and continuous, probabilistic anticipation for autonomous robots in urban environments[J]. IEEE Transactions on Robotics, 2014, 30(2): 461-474.

[65] ROMERO A R, BOEGES P V K, ELFES A, et al. Environment-aware sensor fusion for obstacle detection[C] //2016 IEEE International Conference on Multisensor Fusion and Integration for Intelligent Systems (MFI). Baden-Baden, 2016: 114-121.

[66] HÄNE C, HENG L, LEE G H, et al. 3D visual perception for self-driving cars using a multi-camera system: Calibration, mapping, localization, and obstacle detection[J]. Image and Vision Computing, 2017, 68:14-27.

[67] GU S, XIANG Z, ZHANG Y, et al. A multi-position joint particle filtering method for vehicle localization in urban area[C] //2018 IEEE/RSJ International Conference on Intelligent Robots and Systems (IROS). Madrid, 2018: 656-662.

[68] VERMA S, ENG Y H, KONG H X, et al. Vehicle detection, tracking and behavior analysis in urban driving environments using road context[C] //2018 IEEE International Conference on Robotics and Automation (ICRA). Brisbane, QLD, 2018: 1413-1420.

[69] DAILY M, HARRIS J, KEIRSEY D, et al. Autonomous cross-country navigation with the ALV[C] // Proceedings. 1988 IEEE International Conference on Robotics and Automation. Philadelphia, PA, USA, 1988, 2: 718-726.

[70] KUMMERLE R, HAHNEL D, DOLGOV D, et al. Autonomous driving in a multi-level parking structure[C] //2009 IEEE International Conference on Robotics and Automation. Kobe, 2009: 3395-3400.

[71] JO K, KIM J, KIM D, et al. Development of autonomous car—Part I: Distributed system architecture and development process[J]. IEEE Transactions on Industrial Electronics, 2014, 61(12): 7131-7140.

[72] TANG B, KHOKHAR S, GUPTA R. Turn prediction at generalized intersections[C] //2015 IEEE Intelligent Vehicles Symposium (IV). Seoul, 2015: 1399-1404.

[73] 王任栋, 章永进, 徐友春, 等. 基于稀疏地图坐标的智能车导航路径生成与优化[J]. 军事交通学院学报, 2015, 17(6): 26-31.

[74] DARWEESH H, TAKEUCHI E, TAKEDA K, et al. Open source integrated planner for autonomous navigation in highly dynamic environments[J]. Journal of Robotics and Mechatronics, 2017, 29(4): 668-684.

[75] ZHOU K, YU L, LONG Z, et al. Local path planning of driverless car navigation based on jump point search method under urban environment[J]. Future Internet, 2017, 9(3): 51.

第 6 章　智能驾驶自主定位技术

GNSS 是室外高精度测量的主要手段，在开阔环境中 GNSS 信号不受遮挡，观测质量良好，利用实时动态（real-time kinematic，RTK）等技术可实现厘米级动态定位。GNSS 高精度定位技术已广泛应用于社会民生各个领域。与之密切相关的移动测量系统也得以迅速发展，它通过 GNSS 和惯性导航系统（INS）等位置及姿态传感器将环境遥感传感器（激光雷达、相机等）采集到的信息转换到统一的框架下，实现高精度的定位和地图绘制。然而，在森林、城市峡谷等区域内，GNSS 卫星信号受到树冠或者建筑物的遮挡和多次折返射后，造成有效数据丢失，信号强度变弱，同时会导致观测噪声扩大，利用 RTK 技术时，其载波相位模糊度很难固定，定位精度从厘米级退化到分米级，甚至制约了 GNSS/INS 组合导航系统的定位精度。

然而对于智能驾驶汽车，连续可靠的高精度定位至关重要。高精度定位将智能驾驶汽车的环境感知结果与高精度地图进行对比，得到车辆在高精度地图中的精确位置和姿态。由此可见，实现高精度定位是智能驾驶汽车路径规划的前提条件。高精度的定位技术提供的位置和姿态是实现车辆决策、控制的重要前提。要求定位系统具备高精度和高鲁棒性。因此除了传统 GNSS 导航定位技术，智能驾驶还需要新的定位技术，本章将对这些定位技术进行详细介绍。

6.1　坐标基准及转换

导航首先要确定参考基准，即坐标系，导航的主要目的是在某个参考基准下确定位置、速度和姿态等信息。传感器的测量值都是基于某个坐标系下的观测量，通过观测量获取的导航信息是在相应参考基准下的描述。为了融合这些传感器的观测信息，需要将各传感器的观测量统一到共同的参考基准，建立各传感器观测量与参考基准下导航状态量的函数关系。各传感器的观测量统一到共同参考基准后，在估计导航信息过程中，由于各传感器的观测量都有相应的随机噪声和测量误差，滤除这些噪声和误差的影响，获取精确的导航信息，需要利用最优估计方法，如 Kalman 滤波或者扩展 Kalman 滤波方法。

6.1.1　坐标系及姿态表达

1. 相关坐标系

坐标系定义了基准，导航状态的描述都基于这个基准，不同的基准下导航状态的描述也有所不同。组合导航中不可避免地要涉及多坐标系的问题，需要精确定义一系列坐标系及其相互转换关系[1]。本书涉及的坐标系主要包括：地心惯性坐标系、地心地固坐标系、当地水平坐标系、载体坐标系、激光雷达坐标系、相机坐标系等。

1）地心惯性坐标系（i 系）

地心惯性坐标系的定义是在空间保持静止或做匀速直线运动的坐标系[2]，惯性传感器的测量值都是以惯性传感器为基准的。当载体在地球附近运动时，一般近似选择地心惯性坐标系为基准，简写为 i 系，虽然地心惯性坐标系不是严格意义上的惯性坐标系，但是对于地面附近的导航应用是一种足够精确的近似坐标系[1]。如图 6.1[2]所示，其坐标系原点位于地球质心，z 轴平行于地球自转轴指向协议北极，x 轴位于赤道平面指向春分点，y 轴垂直于 x、z 轴构成右手坐标系。目前，国际地球自转服务（The International Earth Rotation Sevice，IERS）组织负责定义并维持地心惯性坐标系[3]。

2）地心地固坐标系（e 系）

地心地固坐标系与地心惯性坐标系的 z 轴是重合的，不同的是地固坐标系随着地球一起转动，简写为 e 系。如图 6.1 所示，其坐标系原点位于地球质心，z 轴平行于地球自转轴指向协议北极，x 轴位于赤道平面指向赤道与参考子午线的交点，y 轴与 x、z 轴垂直构成右手坐标系[4]。地固坐标系有不同的实现形式，如 ITRF、WGS-84、CGCS2000 等。

3）当地水平坐标系（导航坐标系 n 系）

在导航应用中，姿态的物理意义是载体固连的坐标系与某个参考坐标系的相对关系，姿态表达的参考坐标系一般默认为当地水平坐标系。原点为导航对象上的参考点，z 轴沿参考椭球的法线方向，x 轴在垂直于 z 轴的平面内，沿子午线方向指北，y 轴沿参考椭球卯酉圈方向指向东，这种定义的当地水平坐标系也称北东地（north-east-down，NED）坐标系。当地水平坐标系的轴向还有不同的定义，如东北天（east-north-up，ENU）坐标系。本书所采用的导航坐标系 n 系即为东北天坐标系，值得注意的是，当地水平坐标系在地球两极处存在歧义，这是因为在两极地区无法定义北向和东向。

4）载体坐标系（b 系）

载体坐标系（body frame，BF）坐标轴与载体本身固联，简称 b 系，定义了运动物体的姿态参考方向。载体坐标系的原心通常取惯性测量单元 IMU 的测量中心，各轴平行于右手正交的传感器输出轴[5]，捷联加速度计和陀螺仪所测比力及角速度投影在 b 系中[6]。通常认为载体坐标系和惯性传感器坐标系重合。其定义也有很多种，如图 6.2 所示，取运动载体的右侧作为 x 轴（又称 R 轴），前向作为 y 轴（又称 F 轴），朝上作为 z 轴（又称 U 轴），如此定义的坐标系也可称为右前上（right front up，RFU）坐标系。

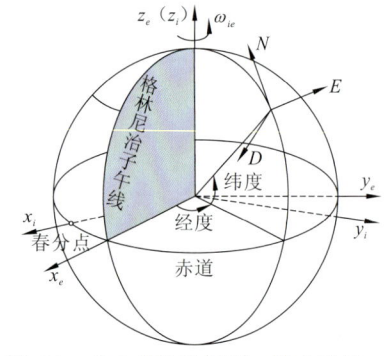

图 6.1 地心惯性坐标系、地心地固坐标系和当地水平坐标系

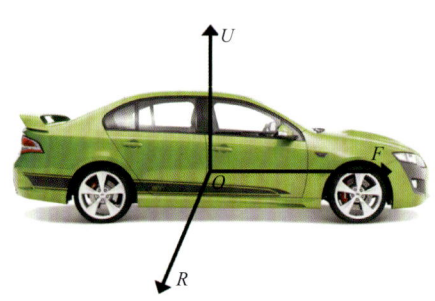

图 6.2 载体坐标系示意图

5）激光雷达坐标系（L系）

激光雷达坐标系与激光雷达固连，简称L系，一般该坐标系在激光雷达生产的过程中就已经确定，所以也有很多不同的定义方法，如图6.3所示，其原点位于激光脉冲发射参考点，x轴指向激光雷达的正前方，y轴垂直于x轴指向激光雷达的左向，z轴垂直于x、y轴指向上，构成右手坐标系。

6）相机坐标系（C系）

相机坐标系，简称C系，该坐标系与相机本身相关，通常相机需要有内外检校参数与之对应。相机外参数描述的是相机在世界坐标系下的位置和姿态，而内参数则描述相机本身的参数，如焦距、像主点坐标、镜头畸变参数。如图6.4所示，O_c-$X_cY_cZ_c$即相机空间坐标系，投影中心为原点，o-xy为图像坐标系，光心为图像中点，uv为像素坐标系，图像左上角为原点，$P(X_w,Y_w,Z_w)$为真实世界坐标系中的一点，$p(x,y)$为点$P(X_w,Y_w,Z_w)$在图像上的成像点，其在图像坐标系中的坐标为(x,y)，像素坐标系坐标为(u,v)，f为相机焦距。

图6.3 激光雷达坐标系

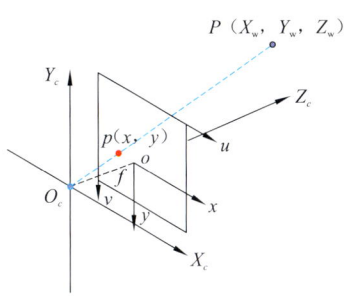

图6.4 图像坐标系

2. 姿态角定义及相互转换

如果把坐标系看作刚体，两个坐标系之间的角度相对关系即坐标系旋转可以用姿态来表达[7]。在惯性导航中，常用的姿态数学表达方式有欧拉角序列、方向余弦矩阵、等效旋转矢量、姿态四元数等。这些表达方式有各自的优势和不足，以欧拉角为例，它表达姿态十分简便而且几何意义明显，但是存在奇点。在解算过程中，这几种表达方式会互相转换交替使用，一些学者也对这些姿态表达方法做了详细的总结和归纳[1, 5]，本节将会对各姿态表达式做简要介绍，并采用方向余弦矩阵介绍以上坐标系之间的角度相对关系。

1）欧拉角

刚体（坐标系）在三维空间中的定点转动具有三个自由度，需要三个广义坐标才能完整描述。最早由欧拉（Euler）提出的欧拉角序列就是三个一组的角参数广义坐标，其参数的数目最少，物理含义直观、容易理解[8]，是一种用于描述两个坐标系之间相对姿态最直观的方法。欧拉角随着旋转顺序的不同，存在多种定义方式。惯性导航中的姿态角就是一组欧拉角序列，它描述了导航坐标系（n系）与载体坐标系（b系）之间的相对角度关系。如图6.5[8]所示，以导航坐标系为东北天坐标系，载体坐标系为右前上坐标系

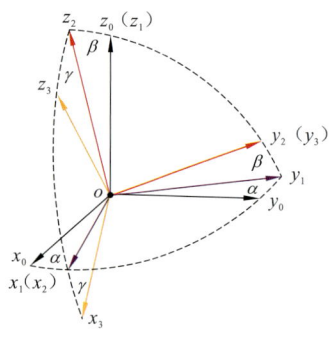

图 6.5 欧拉角示意图

为例,假设载体坐标系 $ox_0y_0z_0$ 的三轴与 n 系三轴平行,首先绕载体系的 z 轴转动 α 角度至 $ox_1y_1z_1$,α 称为航向角,然后绕 $ox_1y_1z_1$ 的 x 轴转动 β 角度至 $ox_2y_2z_2$,β 称为俯仰角;最后绕 $ox_2y_2z_2$ 系的 y 轴转动 γ 角度至 $ox_3y_3z_3$,γ 称为横滚角。三次旋转后的 $ox_3y_3z_3$ 与真实的载体坐标系 b 系重合,航向角、俯仰角和横滚角即为姿态角。这一组欧拉角 α、β 和 γ 唯一确定了 n 系和 b 系的相对角度关系,即姿态。这里需要注意的是,欧拉角遵循数学中关于旋转角度的定义,保证"逆正顺负"的约定,即从坐标轴的正轴向原点望去,绕着该坐标轴逆时针旋转为正、顺时针旋转为负[9]。而姿态角由于定义正负的方法不同,符号与欧拉角可能相反,例如航向角定义为北偏东为正时,航向角与 α 符号相反,航向角定义为北偏西为正时,航向角与 α 符号一致。

2)方向余弦矩阵

将某个坐标系下的一个向量投影到另一个坐标系下时,方向余弦矩阵是较为方便的方法之一[10],因为其常用于坐标转换,所以也称为坐标转换矩阵。由于矩阵中的每一个元素均表示两套坐标系相应坐标轴之间夹角的余弦值,因此称为方向余弦阵(direction cosine matrix,DCM),在捷联惯性导航中被频繁用于描述两个坐标系之间的相对姿态。欧拉角序列可以和方向余弦矩阵互相转换,图 6.4 中欧拉角序列对应的方向余弦矩阵为

$$\boldsymbol{C}_b^n = \begin{bmatrix} \cos\alpha & -\sin\alpha & 0 \\ \sin\alpha & \cos\alpha & 0 \\ 0 & 0 & 1 \end{bmatrix} \begin{bmatrix} 1 & 0 & 0 \\ 0 & \cos\beta & -\sin\beta \\ 0 & \sin\beta & \cos\beta \end{bmatrix} \begin{bmatrix} \cos\gamma & 0 & \sin\gamma \\ 0 & 1 & 0 \\ -\sin\gamma & 0 & \cos\gamma \end{bmatrix}$$

$$= \begin{bmatrix} \cos\alpha\cos\gamma - \sin\alpha\sin\beta\sin\gamma & -\sin\alpha\cos\beta & \cos\alpha\sin\gamma + \sin\alpha\sin\beta\cos\gamma \\ \sin\alpha\cos\gamma + \cos\alpha\sin\beta\sin\gamma & \cos\alpha\cos\beta & \sin\alpha\sin\gamma - \cos\alpha\sin\beta\cos\gamma \\ -\cos\beta\sin\gamma & \sin\beta & \cos\beta\cos\gamma \end{bmatrix} \quad (6.1)$$

$$= \begin{bmatrix} C_{11} & C_{12} & C_{13} \\ C_{21} & C_{22} & C_{23} \\ C_{31} & C_{32} & C_{33} \end{bmatrix}$$

同样地,从方向余弦矩阵中也可以提取出欧拉角序列,具体的公式见文献[8]。

3)等效旋转矢量

假设有坐标系 1 和坐标系 2 的原点重合,肯定存在某一向量,将坐标系 1 绕着该矢量方向旋转其模值大小的角度后与坐标系 2 重合,那么该矢量定义了转动的旋转轴和转动的角度,被称为描述这一姿态变化的等效旋转矢量(rotation vector),其可以有效地解决不可交换性误差的问题。等效旋转矢量唯一确定了坐标系 1 和坐标系 2 的相对姿态,同样,坐标系 1 和坐标系 2 的相对姿态也唯一确定了该等效旋转矢量。等效旋转矢量可以方便地转换成余弦矩阵,其表达式为

$$\boldsymbol{C}_2^1 = \boldsymbol{I} + \frac{\sin\|\boldsymbol{\phi}\|}{\|\boldsymbol{\phi}\|}(\boldsymbol{\phi}\times) + \frac{1-\cos\|\boldsymbol{\phi}\|}{\|\boldsymbol{\phi}\|^2}(\boldsymbol{\phi}\times)^2 \quad (6.2)$$

式中：$\boldsymbol{\phi}$ 为等效旋转矢量；$\|\boldsymbol{\phi}\|$ 为 $\boldsymbol{\phi}$ 的模值。值得注意的是，$\boldsymbol{\phi}$ 在坐标系 1 和坐标系 2 内的投影分量相等。方向余弦阵的特征值幅角表示等效旋转矢量的转角大小，对应特征值为 1 的特征向量表示转轴方向[7]。

特别地，若分别取 $\boldsymbol{\phi}_1 = \alpha[1\ 0\ 0]^T$、$\boldsymbol{\phi}_2 = \beta[0\ 1\ 0]^T$ 和 $\boldsymbol{\phi}_3 = \gamma[0\ 0\ 1]^T$，则有

$$C_2^1(\boldsymbol{\phi}_1) = I + \sin\alpha \begin{bmatrix} 0 & 0 & 0 \\ 0 & 0 & -1 \\ 0 & 1 & 0 \end{bmatrix} + (1-\cos\alpha)\begin{bmatrix} 0 & 0 & 0 \\ 0 & 0 & -1 \\ 0 & 1 & 0 \end{bmatrix}^2 = \begin{bmatrix} 1 & 0 & 0 \\ 0 & \cos\alpha & -\sin\alpha \\ 0 & \sin\alpha & \cos\alpha \end{bmatrix} \quad (6.3)$$

$$C_2^1(\boldsymbol{\phi}_2) = I + \sin\beta \begin{bmatrix} 0 & 0 & 1 \\ 0 & 0 & 0 \\ -1 & 0 & 0 \end{bmatrix} + (1-\cos\beta)\begin{bmatrix} 0 & 0 & 1 \\ 0 & 0 & 0 \\ -1 & 0 & 0 \end{bmatrix}^2 = \begin{bmatrix} \cos\beta & 0 & \sin\beta \\ 0 & 1 & 0 \\ -\sin\beta & 0 & \cos\beta \end{bmatrix} \quad (6.4)$$

$$C_2^1(\boldsymbol{\phi}_3) = I + \sin\gamma \begin{bmatrix} 0 & -1 & 0 \\ 1 & 0 & 0 \\ 0 & 0 & 0 \end{bmatrix} + (1-\cos\gamma)\begin{bmatrix} 0 & -1 & 0 \\ 1 & 0 & 0 \\ 0 & 0 & 0 \end{bmatrix}^2 = \begin{bmatrix} \cos\gamma & -\sin\gamma & 0 \\ \sin\gamma & \cos\gamma & 0 \\ 0 & 0 & 1 \end{bmatrix} \quad (6.5)$$

式中：$\boldsymbol{\phi}_1$、$\boldsymbol{\phi}_2$、$\boldsymbol{\phi}_3$ 表示分别以坐标轴 x、y、z 为旋转轴的等效旋转矢量，上述三公式称为基本转动，坐标系的任意转动都可以由三次基本转动合成。

4）姿态四元数

1843 年，数学家哈密顿（Hamilton）提出了四元数（quaternion）的概念，使用四元数描述刚体转动或姿态变换比较抽象，但是十分简洁。四元数就是包含四个元的一种数，可表示为

$$q = q_0 + q_v = q_0 + q_1 i + q_2 j + q_3 k \quad (6.6)$$

式中：q_0、q_1、q_2 和 q_3 都为实数，q_0 称为实部，$q_v = q_1 i + q_2 j + q_3 k$ 称为虚部。四元数可以表示为等效旋转矢量的函数，其表达式为

$$q_2^1 = \begin{bmatrix} \cos(0.5\|\boldsymbol{\phi}\|) \\ \dfrac{\sin(0.5\|\boldsymbol{\phi}\|)}{0.5\|\boldsymbol{\phi}\|} 0.5\boldsymbol{\phi} \end{bmatrix} \quad (6.7)$$

式（6.7）中的符号定义与式（6.2）一致。四元数同样可以用来表示向量的投影变换，具体表达式见文献[11]。

以上的欧拉角、方向余弦矩阵、等效旋转矢量和姿态四元数均可以表达坐标系间的相对姿态，它们之间可以互相转换，更多的转换关系可以参考文献[5-6]。

5）姿态表达式的微分方程

在惯性导航机械编排过程中，需要利用姿态表达式的微分方程，这里分别介绍方向余弦矩阵、等效旋转矢量和四元数的微分方程：

$$\dot{C}_2^1 = C_2^1(\omega_{i2}^2 \times) - (\omega_{i1}^1 \times)C_2^1 \quad (6.8)$$

$$\dot{\boldsymbol{\phi}} = \omega_{12}^1 + \frac{1}{2}\boldsymbol{\phi} \times \omega_{12}^1 + \frac{1}{\|\boldsymbol{\phi}\|^2}\left(1 - \frac{\|\boldsymbol{\phi}\|\sin\|\boldsymbol{\phi}\|}{2(1-\cos\|\boldsymbol{\phi}\|)}\right)\boldsymbol{\phi} \times (\boldsymbol{\phi} \times \omega_{12}^1) \quad (6.9)$$

$$\begin{bmatrix} \dot{q}_0 \\ \dot{q}_1 \\ \dot{q}_2 \\ \dot{q}_3 \end{bmatrix} = \begin{bmatrix} 0 & -\omega_x & -\omega_y & -\omega_z \\ \omega_x & 0 & \omega_z & -\omega_y \\ \omega_y & -\omega_z & 0 & \omega_x \\ \omega_z & \omega_y & -\omega_x & 0 \end{bmatrix} \begin{bmatrix} q_0 \\ q_1 \\ q_2 \\ q_3 \end{bmatrix} \quad (6.10)$$

3. 坐标系转换关系

本节会利用方向余弦矩阵对以上坐标系的转换关系进行简要的介绍。

1）i 系与 e 系的转换关系

e 系相对 i 系的运动就是地球自转，其相互转换关系的余弦矩阵表达为

$$C_i^e(t) = \begin{bmatrix} \cos\omega_e t & \sin\omega_e t & 0 \\ -\sin\omega_e t & \cos\omega_e t & 0 \\ 0 & 0 & 1 \end{bmatrix} \quad (6.11)$$

式中：t 为旋转时间；ω_e 为地球自转角速度值，约等于 $7.292\ 115\ 8 \times 10^{-5}$ rad/s，且有 $C_e^i = C_i^{eT}$。

2）n 系与 e 系的转换关系

如果定义 n 系为北东地坐标系，则 e 系经过绕 Z 轴旋转 λ，绕 Y 轴旋转 $-\pi/2-\varphi$ 这两次基本转动后转换至导航坐标系，λ 和 φ 分别为大地经度和纬度。e 系和 n 系之间转换关系的余弦矩阵表达为[6]

$$\begin{aligned} C_n^e &= \begin{bmatrix} \cos(-\pi/2-\varphi) & 0 & -\sin(-\pi/2-\varphi) \\ 0 & 1 & 0 \\ \sin(-\pi/2-\varphi) & 0 & \cos(-\pi/2-\varphi) \end{bmatrix} \begin{bmatrix} \cos\lambda & \sin\lambda & 0 \\ -\sin\lambda & \cos\lambda & 0 \\ 0 & 0 & 1 \end{bmatrix} \\ &= \begin{bmatrix} -\sin\varphi\cos\lambda & -\sin\varphi\sin\lambda & \cos\varphi \\ -\sin\lambda & \cos\lambda & 0 \\ -\cos\varphi\cos\lambda & -\cos\varphi\sin\lambda & -\sin\varphi \end{bmatrix} \end{aligned} \quad (6.12)$$

同样地有 $C_e^n = C_n^{eT}$。

3）b 系与 n 系的转换关系

相关内容已在方向余弦矩阵一节中介绍了。

4）L 系（或者 C 系）和 b 系的转换关系

激光雷达（相机）在安装的时候会尽量使 L 系（C 系）与 b 系重合，或者有明确的相对关系，但可能存在很小的安装角误差向量 ϕ_{bL}。设基于安装信息旋转后 L 系（C 系）与 b 系的方向余弦矩阵为 C_b^L，则根据小角度假设有

$$C_b^L = I - (\phi_{bL} \times) \quad (6.13)$$

6.1.2 传感器模型

每种传感器都有各自的优势和局限性，在使用多传感器组合之前，需要掌握各个传感器的观测模型和误差模型，这样才可以使用各传感器的优势克服其他传感器的局限性，

实现多传感器间的优势互补。例如，惯性导航的优势在于其可以在任何条件任何环境下实现自主导航，不需要外部条件的支持且十分稳定，短时间的推算精度很高，它的局限性在于其测量误差会导致导航结果的快速漂移，导航误差会随着时间迅速累积。卫星导航的优势在于其可以获取高精度的绝对位置、速度信息，但是它对观测条件有比较苛刻的要求，卫星信号受到遮挡或者干扰时，高精度的导航信息无法保持，而且无法提供姿态信息，解算频率较低。激光雷达导航的优势在于其可以采集丰富的环境几何特征信息，观测信息丰富，由于测距精度很高，所以从激光雷达点云中提取的特征信息精度较高，基于特征计算的导航信息的精度也较高，其缺点是需要环境中有丰富的几何特征信息，而且需要精确的特征匹配，利用相对特征推算导航时其导航精度随距离不断累积。为了在组合导航中有效地融合以上传感器的观测信息，必须建立各传感器的观测模型和误差模型。本节将对惯性传感器模型、GNSS 模型、激光雷达模型进行描述。组合导航的实际应用中，各传感器的观测值在空间和时间上是各自独立的，在融合各传感器观测值的过程中，需要将这些传感器设备在空间上和时间上实现同步，这样才能保证组合导航的有效和正确，所以本节也对空间和时间同步的方法进行了总结。

1. 惯性传感器模型

惯性导航系统由惯性测量单元（IMU）和惯性导航算法组成，其传感器为 IMU。惯性传感器的测量均相对于惯性坐标系，IMU 在三个正交的敏感轴上安装了三个加速度计和三个单自由度陀螺。本节主要讨论捷联式惯性导航系统，其加速度计的观测值是载体相对于惯性空间的比力在载体坐标系下的投影，比力等于载体在惯性坐标系的绝对加速度与引力加速度的矢量差；陀螺仪的观测值是载体相对于惯性坐标系的转动角速度在载体坐标系下的投影。捷联式惯导 IMU 常将比力和角速度在采样周期内积分后输出为离散增量的形式[6]：

$$\Delta v_{f,k}^b = \int_{t_{k-1}}^{t_k} f^b \mathrm{d}t \tag{6.14}$$

$$\Delta \theta_k = \int_{t_{k-1}}^{t_k} \omega_{ib}^b \mathrm{d}t \tag{6.15}$$

式中：f^b 和 ω_{ib}^b 分别为加速度计和陀螺测量的比力和角速度；$\Delta v_{f,k}^b$ 和 $\Delta \theta_k$ 分别为输出的速度增量和角度增量。

在 IMU 的测量过程中不可避免地存在误差，这些误差包括系统性误差和偶然误差，系统误差主要包括零偏误差、比例因子误差、交轴耦合误差等，偶然误差主要指随机噪声。系统误差中，零偏误差是指在零输入的情况下传感器的平均输出量；比例因子误差是指传感器实际输出与真实输入的比值相对 1 的偏差；交轴耦合误差是指传感器敏感轴并非相互正交而造成的误差。这些系统性误差在一个常值附近随着温度、逐次上电、工作期间不断变化[1]，在惯性导航算法中，常常通过随机过程对随时间变化的传感器输出进行建模[12-13]。这些系统性误差的常值项及其随温度的变化可以通过实验室标定的方法进行补偿修正。不能通过标定修正的系统性温差和随机噪声等决定了惯性导航的精度。经过标定补偿后的加速度计和陀螺测量的主要误差可以表示为

$$\delta f = b_a + M_a f + w_a \tag{6.16}$$

$$\delta\omega_{ib}^b = b_g + M_g \omega_{ib}^b + w_g \qquad (6.17)$$

式中：δf 和 $\delta\omega_{ib}^b$ 分别为加速度计和陀螺测量的比力误差和角速度误差；b_a 和 b_g 分别为加速度计和陀螺零偏误差；w_a 和 w_g 分别为加速度计和陀螺测量噪声；M_a 和 M_g 为比例因子误差 s 和交轴耦合误差 m 的合并项，设三轴分别为 x、y、z，则可表示为[1]

$$M_a = \begin{bmatrix} s_{a,x} & m_{a,xy} & m_{a,xz} \\ m_{a,yx} & s_{a,y} & m_{a,yz} \\ m_{a,zx} & m_{a,zy} & s_{a,z} \end{bmatrix} \qquad (6.18)$$

$$M_g = \begin{bmatrix} s_{g,x} & m_{g,xy} & m_{g,xz} \\ m_{g,yx} & s_{g,y} & m_{g,yz} \\ m_{g,zx} & m_{g,zy} & s_{g,z} \end{bmatrix} \qquad (6.19)$$

在惯性导航中，陀螺的零偏误差对导航结果的影响最大，所以往往根据陀螺的零偏误差对惯性传感器进行分级。从应用场景的角度，常用的惯性传感器可以分为消费级、汽车级、战术级、导航级和战略级[14]，如图 6.6 所示。

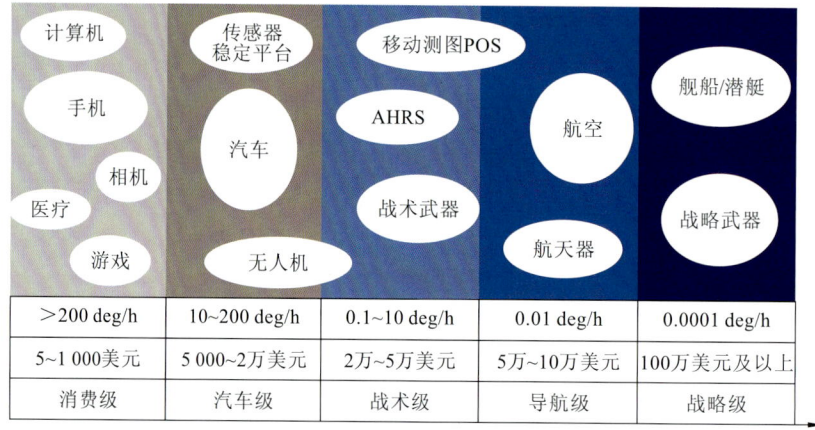

图 6.6 IMU 分级、应用、成本

2. GNSS 模型

全球卫星导航系统（GNSS）开始于 20 世纪 70 年代，其可以全天候、实时提供导航、定位、授时服务。为了满足军用及民用导航的需求，世界主要的现代化大国及经济体都在发展自己的导航系统。目前主要有四大全球卫星导航系统：美国的 GPS 系统（global positioning system）、俄罗斯的格洛纳斯（global navigation satellite system，GLONASS）、中国的北斗卫星导航系统（Beidou satellite navigation system，BDS）和欧盟的伽利略系统。受益于 GNSS 的建设，全球将有越来越多的导航卫星投入使用，这将显著改善 GNSS 的可用性、连续性和可靠性。

GNSS 属于无线电导航系统，卫星导航技术本质上是一种无线电导航技术。接收机接收卫星发射的数据码，其中包括信号发射时间、星历等。接收机接收到数据码后计算出信号的到达时间，根据数据码中的发射时间乘以光速推算传播距离。然而接收机时钟与系统时间无法实现高精度同步，计算的传播时间有一个偏差，所以测量的距离值也被称为伪距。在利用伪距解算的过程中需要解算出接收机的三维位置和这个时间偏差（接收机钟差），所以需要至少 4 颗卫星的距离观测值，以 GPS 为例，其测量原理如图 6.7 所示。

除了伪距观测值，GNSS 还有载波相位观测值，与伪距不同，其波长短，观测噪声小，测量精度高，但是存在整周未知数（整周模糊度），当整周模糊度能正确解算时，基于载波的定位精度可以达到厘米至毫米级。

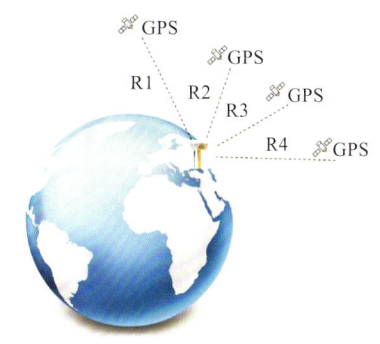

图 6.7　GNSS 测量原理图（以 GPS 为例）

GNSS 的测量值也包含误差，同样地可以分为系统误差和随机误差两类。系统误差主要包括星历误差、钟差、对流层延迟、电离层延迟等[15-18]。系统误差往往存在一定的规律性，可以利用建模估计或者是利用误差的空间相关性削弱或者消除其影响，例如差分定位就是目前广泛使用的消除或削弱空间相关误差的方法[19]。随机误差包括测量噪声和多路径等随机变化的误差等，难以通过模型化或者利用相关性消除，只能通过滤波的方法降低其影响[20-21]。

在 GNSS 高精度动态定位中，RTK 是目前应用最为成熟的方法，如图 6.8 所示，它通过基准站和流动站观测的相同卫星的观测值构建双差观测值，从而削弱甚至消除系统性误差的影响，利用实时模糊度固定技术求解模糊度，在双差模糊度固定后（即得到固定解）可获取厘米级的动态定位精度，RTK 属于 GNSS 差分定位方法。下面以单系统为例对 RTK 的数学模型进行介绍。

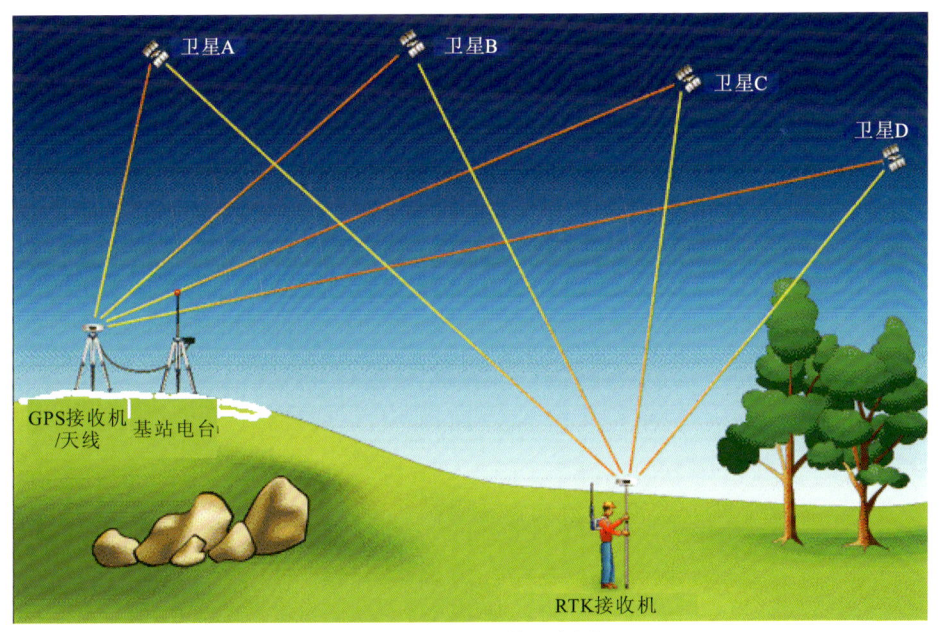

图 6.8　RTK 工作示意图

参考站和基准站的原始观测值经过站间做差和星间做差，得到双差观测方程，如下：

$$P_{rb,k}^{ij} = \rho_{rb}^{ij} + \mu_k I_{rb}^{ij} + \alpha_r^{ij} T_r - \alpha_b^{ij} T_b + \varepsilon_{P,k} \quad (6.20)$$

$$L_{rb,k}^{ij} = \rho_{rb}^{ij} - \mu_k I_{rb}^{ij} + \alpha_r^{ij} T_r - \alpha_b^{ij} T_b + \lambda_k N_{rb,k}^{ij} + \varepsilon_{L,k} \qquad (6.21)$$

式中：r 和 b 分别为流动站和基准站；i 为参考星；j 为非参考星；L 和 P 分别为载波和伪距观测值；ρ 为几何距离；T 为对流层误差；λ 为波长；α 为对流层投影系数；N 为模糊度；k 为频率号；μ 为与频率相关的常数，$\mu_k = f_1^2 / f_k^2$；I_{rb}^{ij} 为 1 号频率的电离层延迟；ε 为观测噪声和多路径误差（伪距一般在亚米级，载波一般在厘米级），其中卫星钟差在站间差分的过程中消除，接收机钟差在星间差分的过程中消除。

常规 RTK 作业中，基准站和流动站之间的基线距离较短，此时轨道误差、对流层延迟、电离层延迟均可认为在站间差分中消除[16,19]。利用 LAMBDA[22-23]方法搜索固定整周模糊度后，即可利用高精度的载波相位观测值实现厘米级的绝对定位，其定位结果的参考坐标系为 e 系。

3. 激光雷达模型

激光雷达是一种先进的主动式传感器，通过激光测距仪与光学机械扫描仪的结合，测量并记录激光脉冲的飞行延时，可精确测定激光雷达与激光脚点之间的空间距离与脉冲发射角，多次扫描后形成精确描述外部环境立体形态的三维点云。结合导航系统提供的位置、姿态等信息，能够精确获取激光脚点在世界坐标系中的位置。

激光测距是激光技术的最重要用途之一，利用具有高度方向特性的激光束在空间和时间上的高度相干性，实现光源至反射点的精确距离测量。激光测距主要有两种模式：一种是利用激光脉冲进行测量；另一种是利用发射/接收信号的相位差进行测距。第二种模式需要采取连续波激光发射器，在实际激光雷达中并不多见。目前，大多数激光雷达采用的是第一种测距方法，即激光脉冲法。脉冲测距是通过测量光波飞行时间实现的，激光脚点到光源的距离表示为

$$R = 0.5cT_F \qquad (6.22)$$

式中：c 为光速，T_F 为传播时间。

激光测距的精度由测时精度决定，目前主流的激光雷达采用高精度的电子时间计时器，精度可达 10 ps，对应的测距精度在 1.5 mm。针对脉冲式测量，Willers 等详尽分析了测距精度、测距分辨率、激光功率、测距量程等问题[24]。

二维（单线）激光雷达主要基于线扫描体制，在该体制下，线扫描激光雷达一般通过旋转棱镜实现，通过激光脉冲在棱镜上反射角度的不同实现扫描，扫描形成与旋转轴垂直的激光脚点线，定义激光雷达的发射坐标参考系 S 如图 6.9[25]所示，激光脉冲绕 z 轴旋转，在角度 θ 处发射的激光脉冲所测距离为 ρ，θ 为激光脉冲与 x 轴夹角，由固联于棱镜的码盘准确

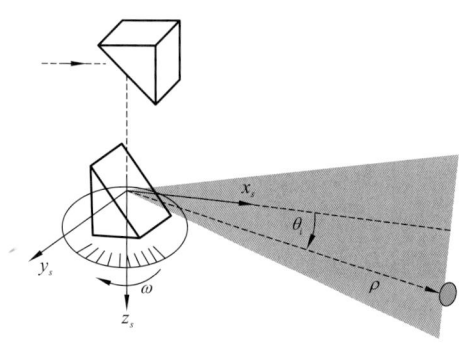

图 6.9 线扫描激光雷达原理图

测量，则在 S 系下表征的激光脉冲坐标为激光脚点在激光雷达坐标系中的位置向量为

$$\begin{bmatrix} x_S \\ y_S \\ z_S \end{bmatrix} = \begin{bmatrix} \rho\cos\theta \\ \rho\sin\theta \\ 0 \end{bmatrix} \qquad (6.23)$$

这里的 S 系等价于激光雷达坐标系 L 系。对于三维（多线）激光雷达，可以看作是在垂直方向上有多束激光，并按一定角度绑在一起。以 Velodyne 生产的 64 线激光雷达 HDL64 为例，其在垂直方向上可以几乎同时在 64 个方向上发射激光。这 64 束垂直分布的激光，随上部机体一起旋转，从而完成对环境 360°的扫描。大量的数据点绘制在三维空间中，形成了云状分布。因此，除了角度 θ，每束出射激光在竖直方向上的俯仰角为 β，式（6.23）即可扩充为

$$\begin{bmatrix} x_S \\ y_S \\ z_S \end{bmatrix} = \begin{bmatrix} \rho \cos\beta \cos\theta \\ \rho \cos\beta \sin\theta \\ \rho \sin\beta \end{bmatrix} \quad (6.24)$$

根据激光雷达空间量测几何模型，可以获取激光雷达坐标系下激光脚点的精确坐标。激光雷达坐标系随着载体的运动不断变化，利用导航系统的导航参数，可以将激光雷达坐标系下的激光脚点转换到其他绝对坐标系；反过来，如果已知激光脚点在绝对坐标系下的坐标，可以反算出激光雷达坐标系与该绝对坐标系的相对关系，也就推算出了激光雷达在该绝对坐标系下的位置和姿态。当仅有激光雷达传感器导航时，该绝对坐标系可以选择初始状态下的激光雷达坐标系；当激光雷达与 INS、GNSS 等传感器组合时该绝对坐标系可以选择 e 系，运动范围较小时可以选择 n 系。以 n 系为例，激光脚点在激光雷达坐标系与 n 系中的坐标关系为

$$x^n = r^n + C_b^n (C_L^b x^L + l^b) \quad (6.25)$$

式中，x^n 和 x^L 分别为激光脚点在 n 系和 L 系下的位置向量；r^n 为载体在 n 系的位置向量；C_b^n 为 b 系相对 n 系的方向余弦矩阵；C_L^b 和 l^b 分别为 L 系相对 b 系的方向余弦矩阵和激光雷达在 b 系下的杆臂（常量）。

4. 空间同步和时间同步

多传感器间的空间同步即精确确定传感器间的相对几何关系。在精确确定了传感器间的相对几何关系后，才能有效地进行传感器之间的相互辅助及信息的融合。时间同步也是同样的道理，各个传感器采集数据的时间信息必须保证在同一个时间系统之下，否则进行组合数据解算时会存在大的系统误差，甚至导致组合算法失败。

空间同步的目的是建立 GNSS 天线和 IMU、激光雷达和 IMU 间的相对几何关系。GNSS 的坐标框架是确定的，仅需要确定 GNSS 天线相位中心在 IMU 载体坐标系中的位置矢量，就是通常而言的杆臂值，该杆臂值完全可以通过对设备的外部量测得到。另外，三维激光雷达的导航信息包括六自由度姿态和位置，需要确定两传感器间六自由度的转换关系，即上节中 C_L^b 和 l^b，l^b 可以通过外部测量获取，而 C_L^b 一般利用已知地标点通过式（6.25）解算，GNSS/INS 组合导航计算 b 系与 n 系的相对关系 C_b^n，结合已知地标点的 x^n、x^L 和 l^b 信息，C_L^b 的求解可以利用非线性最优估计解决[25]。

时间同步包括两个方面的同步：一是导航系统内部的时间同步；二是测量传感器与导航系统的同步。实现数据同步的方式有软同步与硬同步两种，软同步利用高阶数字滤波器进行时间保持，硬同步则通常利用总线系统和采集板进行数据同步。导航系统与传感器的时间同步一般是利用 GNSS 秒脉冲输出或高精度晶振输出作为传感器的触发信号实现，现有的大多数工业级别传感器均实现了与外部触发信号的交互[25]。

6.1.3 Kalman 滤波

Kalman 滤波作为一种最优估计方法,自 1960 年提出以来,就被广泛地应用于工程实践中,这是因为 Kalman 滤波采用状态空间法在时域内进行数学建模,避免了频域内对信号功率谱作分解带来的麻烦,滤波器设计简单易行;采用了递推算法,实时量测信息经提炼被浓缩在估计值中,而不必存储整个观测时间段内的量测信息,适用于实时动态建模。另外,Kalman 滤波方程可通过最小方差估计理论、贝叶斯估计理论及广义最小二乘理论推导而来,是一种考虑了待估参数先验统计信息的平差方法[26]。

给定离散线性系统,其状态方程和量测方程的形式如下:

$$\begin{cases} \boldsymbol{X}_k = \boldsymbol{\Phi}_{k/k-1}\boldsymbol{X}_{k-1} + \boldsymbol{\Gamma}_{k/k-1}\boldsymbol{W}_{k-1} \\ \boldsymbol{Z}_k = \boldsymbol{H}_k\boldsymbol{X}_k + \boldsymbol{V}_k \end{cases} \tag{6.26}$$

式中:$\boldsymbol{X}_k$ 为 $n\times 1$ 维的状态向量;$\boldsymbol{Z}_k$ 为 $m\times 1$ 维的量测向量;$\boldsymbol{\Phi}_{k/k-1}$、$\boldsymbol{\Gamma}_{k/k-1}$、$\boldsymbol{H}_k$ 是已知的系统结构参数,分别称为 $n\times n$ 维的状态一步转移矩阵、$n\times l$ 维的系统噪声分配矩阵、$m\times n$ 维的量测矩阵,为简洁可将 $\boldsymbol{\Gamma}_{k/k-1}$ 简记为 $\boldsymbol{\Gamma}_{k-1}$;$\boldsymbol{W}_{k-1}$ 为 $l\times 1$ 维的系统噪声向量;$\boldsymbol{V}_k$ 为 $m\times 1$ 维的量测噪声向量,两者都是零均值的高斯白噪声向量序列(服从正态分布),且它们之间互不相关,即满足

$$\begin{cases} E[\boldsymbol{W}_k] = 0, \quad E[\boldsymbol{W}_k\boldsymbol{W}_j^\mathrm{T}] = \boldsymbol{Q}_k\delta_{kj} \\ E[\boldsymbol{V}_k] = 0, \quad E[\boldsymbol{V}_k\boldsymbol{V}_j^\mathrm{T}] = \boldsymbol{R}_k\delta_{kj} \\ E[\boldsymbol{W}_k\boldsymbol{V}_j^\mathrm{T}] = 0 \end{cases} \tag{6.27}$$

式中:$\boldsymbol{Q}_k$ 为状态误差协方差;$\boldsymbol{R}_k$ 为观测误差协方差。

式(6.27)是 Kalman 滤波状态空间模型中对于噪声要求的基本假设,一般要求 Q_k 是半正定的且 R_k 是正定的,即 $Q_k \geq 0$ 且 $R_k > 0$。

基于最小方差估计理论,可以推导出 Kalman 滤波的五个基本公式,如下[27-28]:

(1)状态一步预测:

$$\hat{\boldsymbol{X}}_{k/k-1} = \boldsymbol{\Phi}_{k/k-1}\hat{\boldsymbol{X}}_{k-1} \tag{6.28}$$

(2)状态一步预测均方误差:

$$\boldsymbol{P}_{k/k-1} = \boldsymbol{\Phi}_{k/k-1}\boldsymbol{P}_{k-1}\boldsymbol{\Phi}_{k/k-1}^\mathrm{T} + \boldsymbol{\Gamma}_{k-1}\boldsymbol{Q}_{k-1}\boldsymbol{\Gamma}_{k-1}^\mathrm{T} \tag{6.29}$$

式中:$\boldsymbol{P}_{k/k-1}$ 为状态协方差矩阵。

(3)滤波增益:

$$\boldsymbol{K}_k = \boldsymbol{P}_{k/k-1}\boldsymbol{H}_k^\mathrm{T}(\boldsymbol{H}_k\boldsymbol{P}_{k/k-1}\boldsymbol{H}_k^\mathrm{T} + \boldsymbol{R}_k)^{-1} \quad \text{或简写为} \quad \boldsymbol{K}_k = \boldsymbol{P}_{XZ,k/k-1}\boldsymbol{P}_{ZZ,k/k-1}^{-1} \tag{6.30}$$

(4)状态估计:

$$\hat{\boldsymbol{X}}_k = \hat{\boldsymbol{X}}_{k/k-1} + \boldsymbol{K}_k(\boldsymbol{Z}_k - \boldsymbol{H}_k\hat{\boldsymbol{X}}_{k/k-1}) \tag{6.31}$$

式中:$\boldsymbol{K}_k$ 为增益矩阵;$\boldsymbol{Z}_k$ 为观测量。

(5)状态估计均方误差:

$$\boldsymbol{P}_k = (\boldsymbol{I} - \boldsymbol{K}_k\boldsymbol{H}_k)\boldsymbol{P}_{k/k-1} \tag{6.32}$$

Kalman 滤波可用流程框图表示,如图 6.10 所示。

Kalman 滤波被明显地划分为两个回路:一个是与状态 $\hat{\boldsymbol{X}}_k$ 计算有关的回路,称为滤波计算回路;另一个是与均方误差阵 $\boldsymbol{P}_k$ 计算有关的回路,称为增益计算回路。图 6.10

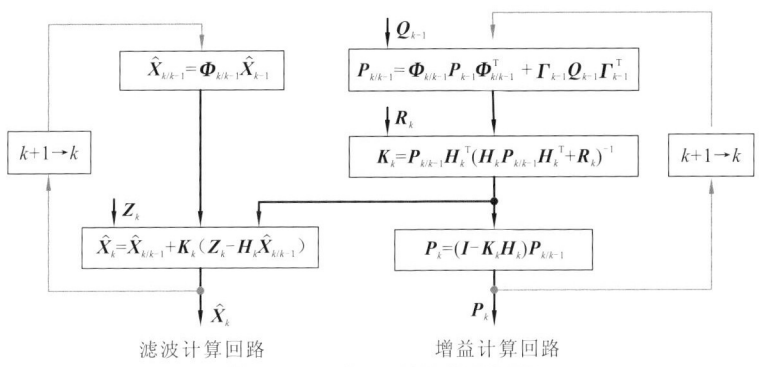

图 6.10 Kalman 滤波流程框图

显示，两回路之间的唯一联系是增益矩阵 $\boldsymbol{K}_k$，且联系是单向的，即滤波计算回路受增益计算回路的影响，而滤波计算回路不对增益计算回路产生任何影响。

标准 Kalman 滤波仅能适用于线性系统。对于非线性系统，一种常见的解决思路是进行泰勒级数展开，略去高阶项，近似为线性系统，再作线性 Kalman 滤波估计。这种处理非线性系统的 Kalman 滤波方法称为扩展 Kalman 滤波（EKF）[29-30]。

假设离散时间状态空间模型为

$$\begin{cases} \boldsymbol{X}_k = f(\boldsymbol{X}_{k-1}) + \boldsymbol{\Gamma}_{k-1}\boldsymbol{W}_{k-1} \\ \boldsymbol{Z}_k = h(\boldsymbol{X}_k) + \boldsymbol{V}_k \end{cases} \tag{6.33}$$

其中

$$\begin{cases} E[\boldsymbol{W}_k] = 0, & E[\boldsymbol{W}_k\boldsymbol{W}_j^\mathrm{T}] = Q_k\delta_{kj} \\ E[\boldsymbol{V}_k] = 0, & E[\boldsymbol{V}_k\boldsymbol{V}_j^\mathrm{T}] = R_k\delta_{kj} \\ E[\boldsymbol{W}_k\boldsymbol{V}_j^\mathrm{T}] = 0 \end{cases} \tag{6.34}$$

$f(\boldsymbol{X}_k) = [f_1(\boldsymbol{X}_k)\ f_2(\boldsymbol{X}_k)\ \cdots\ f_n(\boldsymbol{X}_k)]^\mathrm{T}$ 是 n 维非线性向量函数，$h(\boldsymbol{X}_k) = [h_1(\boldsymbol{X}_k)\ h_2(\boldsymbol{X}_k)\ \cdots\ h_m(X_k)]^\mathrm{T}$ 是 m 维非线性向量函数。

若已知 $k-1$ 时刻状态 $\boldsymbol{X}_{k-1}$ 的一个参考值（或称名义值、标称值），记为 $\boldsymbol{X}_{k-1}^n$，该参考值与真实值之间的偏差记为

$$\Delta\boldsymbol{X}_{k-1} = \boldsymbol{X}_{k-1} - \boldsymbol{X}_{k-1}^n \tag{6.35}$$

当忽略 0 均值的系统噪声影响时，直接通过公式的状态方程对 k 时刻的状态进行预测，可得

$$\boldsymbol{X}_{k/k-1}^n = f(\boldsymbol{X}_{k-1}^n) \tag{6.36}$$

状态预测的偏差记为

$$\Delta\boldsymbol{X}_k = \boldsymbol{X}_k - \boldsymbol{X}_{k/k-1}^n \tag{6.37}$$

同样，若忽略 0 均值量测噪声的影响，利用公式的量测方程和参考值 $\boldsymbol{X}_{k/k-1}^n$ 可对量测进行预测，有

$$\boldsymbol{Z}_{k/k-1}^n = h(\boldsymbol{X}_{k/k-1}^n) \tag{6.38}$$

量测预测的偏差记为

$$\Delta\boldsymbol{Z}_k = \boldsymbol{Z}_k - \boldsymbol{Z}_{k/k-1}^n \tag{6.39}$$

现将系统式（6.32）中的状态非线性函数 $f(\cdot)$ 在 $k-1$ 时刻的参考值 X_{k-1}^n 邻域附近展开成泰勒级数并取一阶近似，可得

$$X_k \approx f(X_{k-1}^n) + J(f(X_{k-1}^n))(X_{k-1} - X_{k-1}^n) + \Gamma_{k-1}W_{k-1}$$
$$= X_{k/k-1}^n + \Phi_{k/k-1}^n(X_{k-1} - X_{k-1}^n) + \Gamma_{k-1}W_{k-1} \quad (6.40)$$

即

$$X_k - X_{k/k-1}^n = \Phi_{k/k-1}^n(X_{k-1} - X_{k-1}^n) + \Gamma_{k-1}W_{k-1} \quad (6.41)$$

其中：简记非线性状态方程的雅可比矩阵 $\Phi_{k/k-1}^n = J(f(X_{k-1}^n))$。

同理，若将公式中的量测非线性函数 $h(\cdot)$ 在参考状态预测 $X_{k/k-1}^n$ 附近展开成泰勒级数并取一阶近似，可得

$$Z_k \approx h(X_{k/k-1}^n) + J(h(X_{k/k-1}^n))(X_k - X_{k/k-1}^n) + V_k$$
$$= Z_{k/k-1}^n + H_k^n(X_k - X_{k/k-1}^n) + V_k \quad (6.42)$$

即

$$Z_k - Z_{k/k-1}^n = H_k^n(X_k - X_{k/k-1}^n) + V_k \quad (6.43)$$

其中：简记非线性量测方程雅可比矩阵 $H_k^n = J(h(X_{k/k-1}^n))$。

在式和式中，若将偏差量 $\Delta X_k = X_k - X_{k/k-1}^n$ 和 $\Delta X_{k-1} = X_{k-1} - X_{k-1}^n$ 当作新的状态，且将 $\Delta Z_k = Z_k - Z_{k/k-1}^n$ 当作新的量测，则可构成一个新的系统，并且恰好是线性的，重写为

$$\begin{cases} \Delta X_k = \Phi_{k/k-1}^n \Delta X_{k-1} + \Gamma_{k-1}W_{k-1} \\ \Delta Z_k = H_k^n \Delta X_k + V_k \end{cases} \quad (6.44)$$

针对偏差状态线性系统，可直接应用标准线性 Kalman 滤波方法进行偏差状态估计，公式如下：

$$\begin{cases} \Delta \hat{X}_{k/k-1} = \Phi_{k/k-1}^n \Delta \hat{X}_{k-1} \\ P_{k/k-1} = \Phi_{k/k-1}^n P_{k-1}(\Phi_{k/k-1}^n)^T + \Gamma_{k-1}Q_{k-1}\Gamma_{k-1}^T \\ K_k^n = P_{k/k-1}(H_k^n)^T \left[H_k P_{k/k-1}(H_k^n)^T + R_k \right]^{-1} \\ \Delta \hat{X}_k = \Delta \hat{X}_{k/k-1} + K_k^n(\Delta Z_k - H_k^n \Delta \hat{X}_{k/k-1}) \\ P_k = (I - K_k H_k^n) P_{k/k-1} \end{cases} \quad (6.45)$$

其中

$$\Delta \hat{X}_{k-1} = \hat{X}_{k-1} - X_{k-1}^n \quad (6.46)$$

$$\Delta \hat{X}_k = \hat{X}_k - X_{k/k-1}^n \quad (6.47)$$

根据式（6.44）可计算得非线性系统的状态估计：

$$\hat{X}_k = X_{k/k-1}^n + \Delta \hat{X}_k = f(X_{k-1}^n) + \Delta \hat{X}_k \quad (6.48)$$

以上便是基于参考值 X_{k-1}^n 展开线性化的非线性系统 Kalman 滤波方法。观察公式（6.45），如果取参考值 $X_{k-1}^n = \hat{X}_{k-1}$，则有 $\Delta \hat{X}_{k-1} = 0$，可对非线性滤波过程做进一步简化。

将式（6.45）中的第一公式代入第四公式，得

$$\Delta \hat{X}_k = \Phi_{k/k-1}^n \Delta \hat{X}_{k-1} + K_k^n(\Delta Z_k - H_k^n \Phi_{k/k-1}^n \Delta \hat{X}_{k-1}) \quad (6.49)$$

再将式（6.46）、式（6.47）和式（6.48）代入式（6.49）并整理，可得

$$\hat{X}_k = X_{k/k-1}^n + K_k^n(Z_k - Z_{k/k-1}^n) + (I - K_k^n H_k^n)\Phi_{k/k-1}^n(\hat{X}_{k-1} - X_{k-1}^n) \quad (6.50)$$

显然，当 $k-1$ 时刻的参考值 X_{k-1}^n 特意取为估计值 $\hat{X}_{k-1}$ 时（$X_{k-1}^n = \hat{X}_{k-1}$），式（6.50）正好可以消除等公式右边第三项的影响，从而，在形式上可以得到直接针对状态 X_k（而非

偏差量 $\Delta \boldsymbol{X}_k$ ）的滤波公式：

$$\begin{aligned}\hat{\boldsymbol{X}}_k &= \boldsymbol{X}_{k/k-1}^n + \boldsymbol{K}_k^n(\boldsymbol{Z}_k - \boldsymbol{Z}_{k/k-1}^n) \\ &= f(\boldsymbol{X}_{k-1}^n) + \boldsymbol{K}_k^n[\boldsymbol{Z}_k - h(f(\boldsymbol{X}_{k-1}^n))] \\ &= f(\hat{\boldsymbol{X}}_{k-1}) + \boldsymbol{K}_k^n[\boldsymbol{Z}_k - h(f(\hat{\boldsymbol{X}}_{k-1}))] \\ &= \hat{\boldsymbol{X}}_{k/k-1} + \boldsymbol{K}_k^n[\boldsymbol{Z}_k - h(\hat{\boldsymbol{X}}_{k/k-1})]\end{aligned} \quad (6.51)$$

其中，记 $\hat{\boldsymbol{X}}_{k/k-1} = f(\hat{\boldsymbol{X}}_{k-1})$。

至此，偏差状态滤波公式（6.45）经过转换，获得直接针对状态 $\boldsymbol{X}_k$ 的非线性系统 EKF 滤波公式，如下（为简洁，省略所有符号的右上角标识"n"）：

$$\begin{cases}\hat{\boldsymbol{X}}_{k/k-1} = f(\hat{\boldsymbol{X}}_{k-1}) \\ \boldsymbol{P}_{k/k-1} = \boldsymbol{\Phi}_{k-1}\boldsymbol{P}_{k-1}\boldsymbol{\Phi}_{k-1}^\mathrm{T} + \boldsymbol{\Gamma}_{k-1}\boldsymbol{Q}_{k-1}\boldsymbol{\Gamma}_{k-1}^\mathrm{T} \\ \boldsymbol{K}_k = \boldsymbol{P}_{k/k-1}\boldsymbol{H}_k^\mathrm{T}(\boldsymbol{H}_k\boldsymbol{P}_{k/k-1}\boldsymbol{H}_k^\mathrm{T} + \boldsymbol{R}_k)^{-1} \\ \hat{\boldsymbol{X}}_k = \hat{\boldsymbol{X}}_{k/k-1} + \boldsymbol{K}_k[\boldsymbol{Z}_k - h(\hat{\boldsymbol{X}}_{k/k-1})] \\ \boldsymbol{P}_k = (\boldsymbol{I} - \boldsymbol{K}_k\boldsymbol{H}_k)\boldsymbol{P}_{k/k-1}\end{cases} \quad (6.52)$$

式中：$\boldsymbol{\Phi}_{k/k-1} = J(f(\hat{\boldsymbol{X}}_{k-1}))$；$\boldsymbol{H}_k = J(h(\hat{\boldsymbol{X}}_{k-1}))$。

6.2 GNSS/INS 组合导航定位技术

INS 首先将测量的角速度积分推算姿态，根据姿态信息将测量的加速度投影到导航坐标系，进而对投影后的加速度进行积分推算位置。由于测量中存在误差，在推算的过程中，误差项对定位结果的影响随着时间快速增长，例如，陀螺的 0 偏误差会造成位置误差随着时间三次方增长，而 GNSS 的绝对定位结果可以有效地抑制 INS 的误差累积。GNSS/INS 组合导航继承了 INS 的连续性、高采样率和完备的导航参数（速度、位置、姿态），同时结合 GNSS 实现了长时间高精度导航，其实质是利用多种传感器提供的互补信息来提高导航系统的精度和冗余度[31]。根据量测方程的不同，GNSS/INS 组合导航可以分为松组合和紧组合两种模式，这两种模式都是 GNSS 辅助 INS 抑制误差的累积，另有一种更深层次的组合——深组合模式，这种模式下 INS 的信息会辅助 GNSS 的信号跟踪和处理[1]。深组合需要涉及 GNSS 接收机内部结构的改变，难度很大，是目前研究的前沿，多处于研究阶段[4]。GNSS/INS 松组合和紧组合的区别在于：松组合模式下，GNSS 观测值经过处理得到位置和速度后，输入 Kalman 滤波器中与 INS 组合；紧组合模式下，GNSS 的原始观测值不经过解算，直接输入 Kalman 滤波器中与 INS 组合。松组合的优势在于其可靠性高，GNSS 和 INS 之间的独立性强，即使某一个系统出现问题，组合系统仍能正常运行，且量测方程结构相对简单，劣势在于 GNSS 必须观测一定数量的卫星（同步观测四颗卫星以上）才能解算。紧组合的提出主要为了改善 GNSS 观测卫星不足四颗时导航性能的下降，但是其量测方程的结构较为复杂，而且 GNSS 观测值中的粗差会影响系统的稳定性。随着 GNSS 的发展，导航卫星显著增加，可观测的卫星数大幅提高，当 GNSS 接收机连续跟踪足够的卫星时，松组合和紧组合的精度相当，松组合结构更为稳定，紧组合并不能体现明显的优越性[32]。所以，本节将基于 GNSS/INS 松组合建模方法展开研究。

INS 导航算法一般选择当地水平坐标系为导航坐标系,其算法模型建立于导航坐标系中,相应的 GNSS/INS 组合算法模型也基于导航坐标系。选择当地水平坐标系为导航坐标系时,其位置参数为大地坐标(经度、纬度、大地高),速度参数为北向、东向、地向速度,姿态参数为载体坐标系相对于当地水平坐标系的横滚角、俯仰角和航向角。许多学者对 GNSS/INS 组合导航算法的研究都基于当地水平坐标系[6, 33-34]。本书将推导"东北天"地理坐标系作为 n 系的 GNSS/INS 松组合算法,首先推导惯性导航机械编排算法,然后推导基于 GNSS 位置和速度的 GNSS/INS 松组合导航算法,其中 Kalman 滤波状态方程基于导航坐标系下的 INS 误差方程,并构建基于 GNSS 位置和速度观测的量测方程。

6.2.1 惯性导航机械编排

惯性导航机械编排就是利用加速度计和陀螺的观测量推算出导航参数,在推算的过程中要保证计算误差远小于测量误差。图 6.11 为 n 系下惯性导航机械编排流程图,首先,INS 根据陀螺测量的 b 系相对于 i 系的角速度,基于上一历元的姿态信息推算 b 系相对于 n 系的姿态。然后,利用 b 系相对 n 系的姿态信息,将加速度计测量的比力投影到 n 系,在 n 系内对比力进行重力加速度补偿得到载体在 n 系的加速度,对加速度在历元间积分得到速度增量,基于上一历元的速度信息推算当前历元的速度。最后,对速度信息在历元间积分得到位置增量,基于上一历元的位置信息推算当前历元的位置。

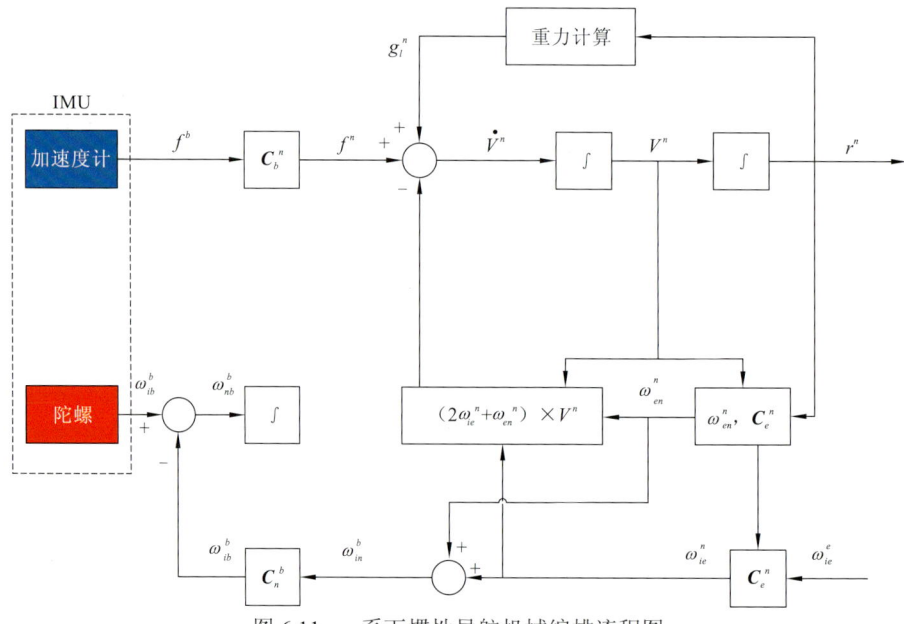

图 6.11 n 系下惯性导航机械编排流程图

从上述流程可以看出,惯性机械编排是一个递推计算过程,在计算当前历元的导航信息时需要用到上一历元的计算结果,所以必须给惯性导航赋予一个初始导航参数,即需要对惯性导航进行初始化,主要包括:位置初始化、速度初始化和姿态初始化。GNSS可以直接提供初始的位置、速度参数,所以惯性导航的初始化主要是确定初始姿态参数,也称为初始对准，包括粗对准、精对准、动态对准等，许多学者对初始对准方法进行了研究[7,28,35]。下面分 3 个小节，选"东北天"地理坐标系作为捷联惯导系统的导航参考坐标系对姿态更新、速度更新和位置更新进行介绍。

1. 姿态更新

载体坐标系与导航坐标系的姿态参数可用方向余弦矩阵表示为 $\boldsymbol{C}_b^n$，根据方向余弦矩阵的运算规律有

$$\boldsymbol{C}_{b(m)}^{n(m)} = \boldsymbol{C}_i^{n(m)} \boldsymbol{C}_{b(m)}^i \tag{6.53}$$

式中：括号中的符号 m 表示 t_m 时刻。由于 i 系是绝对静止的惯性参考坐标系，它与时间无关，不需标注时刻；而 n 系和 b 系相对于 i 系都是动坐标系，均与时间有关，需标注时刻。

根据姿态阵微分方程 $\dot{\boldsymbol{C}}_b^i = \boldsymbol{C}_b^i(\boldsymbol{\omega}_{ib}^b \times)$ 和 $\dot{\boldsymbol{C}}_i^n = (\boldsymbol{\omega}_{ni}^n \times)\boldsymbol{C}_i^n = (-\boldsymbol{\omega}_{in}^n \times)\boldsymbol{C}_i^n$，分别可得相对于惯性系的更新算法

$$\boldsymbol{C}_{b(m)}^i = \boldsymbol{C}_{b(m-1)}^i \boldsymbol{C}_{b(m)}^{b(m-1)} \tag{6.54}$$

$$\boldsymbol{C}_i^{n(m)} = \boldsymbol{C}_{n(m-1)}^{n(m)} \boldsymbol{C}_i^{n(m-1)} \tag{6.55}$$

式中：矩阵 $\boldsymbol{C}_{b(m)}^{b(m-1)}$ 表示以 i 系作为参考基准，b 系从 t_{m-1} 时刻到 t_m 时刻的旋转变化，$\boldsymbol{C}_{b(m)}^{b(m-1)}$ 可由陀螺角速度 $\boldsymbol{\omega}_{ib}^b$ 确定；$\boldsymbol{C}_{n(m-1)}^{n(m)}$ 表示以 i 系作为参考基准，n 系从 t_m 时刻到 t_{m-1} 时刻的旋转变化，$\boldsymbol{C}_{n(m-1)}^{n(m)}$ 可由计算角速度 $-\boldsymbol{\omega}_{in}^n$ 确定。

将式（6.54）和（6.55）代入式（6.53），得

$$\boldsymbol{C}_{b(m)}^{n(m)} = \boldsymbol{C}_{n(m-1)}^{n(m)} \boldsymbol{C}_i^{n(m-1)} \boldsymbol{C}_{b(m-1)}^i \boldsymbol{C}_{b(m)}^{b(m-1)} = \boldsymbol{C}_{n(m-1)}^{n(m)} \boldsymbol{C}_{b(m-1)}^{n(m-1)} \boldsymbol{C}_{b(m)}^{b(m-1)} \tag{6.56}$$

式中：$\boldsymbol{C}_{b(m-1)}^{n(m-1)}$ 和 $\boldsymbol{C}_{b(m)}^{n(m)}$ 分别为 t_{m-1} 和 t_m 时刻的捷联姿态矩阵。若陀螺在时间段 $[t_{m-1}, t_m]$ 内（$T = t_m - t_{m-1}$）进行了两次等间隔采样，角增量分别为 $\Delta\boldsymbol{\theta}_{m1}$ 和 $\Delta\boldsymbol{\theta}_{m2}$，采用二子样圆锥误差补偿算法，有

$$\boldsymbol{C}_{b(m)}^{b(m-1)} = \boldsymbol{I} + \frac{\sin\|\boldsymbol{\phi}_{b(m-1)b(m)}\|}{\|\boldsymbol{\phi}_{b(m-1)b(m)}\|}(\boldsymbol{\phi}_{ib(m)}^b \times) + \frac{1-\cos\|\boldsymbol{\phi}_{b(m-1)b(m)}\|}{\|\boldsymbol{\phi}_{b(m-1)b(m)}\|^2}(\boldsymbol{\phi}_{b(m-1)b(m)} \times)^2 \tag{6.57}$$

$$\boldsymbol{\phi}_{b(m-1)b(m)} = (\Delta\boldsymbol{\theta}_{m1} + \Delta\boldsymbol{\theta}_{m2}) + \frac{2}{3}\Delta\boldsymbol{\theta}_{m1} \times \Delta\boldsymbol{\theta}_{m2} \tag{6.58}$$

式中：$\boldsymbol{\phi}_{b(m-1)b(m)}$ 为 t_{m-1} 时刻的 b 系转动到 t_m 时刻的 b 系所对应的等效旋转矢量。

$\boldsymbol{C}_{n(m-1)}^{n(m)}$ 同样可由 t_{m-1} 时刻的 n 系转动到 t_m 时刻的 n 系所对应的等效旋转矢量 $\boldsymbol{\phi}_{n(m)n(m-1)}$ 确定。通常在导航更新周期 $[t_{m-1}, t_m]$ 内，可以认为由速度和位置引起的 $\boldsymbol{\omega}_{in}^n$ 变化很小，即可视 $\boldsymbol{\omega}_{in}^n$ 为常值，记为 $\boldsymbol{\omega}_{in(m)}^n$，则有

$$\boldsymbol{\phi}_{n(m)n(m-1)} = -\boldsymbol{\omega}_{in(m)}^n T \tag{6.59}$$

$\boldsymbol{\omega}_{in}^n$ 包含两部分：地球自转引起的导航系旋转，以及系统在地球表面附近移动因地球表面弯曲引起的导航系旋转，即有 $\boldsymbol{\omega}_{in}^n = \boldsymbol{\omega}_{ie}^n + \boldsymbol{\omega}_{en}^n$，其中，

$$\boldsymbol{\omega}_{ie}^n = [0 \quad \omega_{ie}\cos L \quad \omega_{ie}\sin L]^{\mathrm{T}} \tag{6.60}$$

$$\boldsymbol{\omega}_{en}^{n} = \begin{bmatrix} -\dfrac{v_{N}}{R_{M}+h} & \dfrac{v_{E}}{R_{N}+h} & \dfrac{v_{E}}{R_{N}+h}\tan L \end{bmatrix}^{T} \tag{6.61}$$

式中：ω_{ie} 为地球自转角速率；L 和 h 分别为地理纬度和高度；R_{M} 为子午圈主曲率半径；R_{N} 为卯酉圈主曲率半径。式（6.56）到式（6.61）可以完成捷联惯导姿态更新。

2. 速度更新

比力方程是在地球表面附近进行惯性定位解算的基本方程，在 n 系下的惯导比力方程为

$$\dot{v}^{n}(t) = C_{b}^{n}(t)f^{b}(t) - [2\boldsymbol{\omega}_{ie}^{n}(t) + \boldsymbol{\omega}_{en}^{n}(t)] \times v^{n}(t) + g^{n}(t) \tag{6.62}$$

式中：$f^{b}(t)$ 为加速度计测量的比力；$2\boldsymbol{\omega}_{ie}^{n}(t) \times v^{n}(t)$ 为由载体运动和地球自转引起的哥氏加速度，$\boldsymbol{\omega}_{en}^{n}(t) \times v_{en}^{n}(t)$ 为由载体运动引起的对地向心加速度，$g^{n}(t)$ 为重力加速度，$-[2\boldsymbol{\omega}_{ie}^{n}(t) + \boldsymbol{\omega}_{en}^{n}(t)] \times v^{n}(t) + g^{n}(t)$ 统称为有害加速度。比力方程（6.62）表明，只有在加速度计输出中扣除有害加速度后，才能获得运载体在 n 系下的几何运动加速度 $v^{n}(t)$。比力方程是惯导解算的基本方程。

式（6.62）等号两边同时在时间段 $[t_{m-1}, t_{m}]$ 内积分，得

$$\int_{t_{m-1}}^{t_{m}} \dot{v}^{n}(t)\mathrm{d}t = \int_{t_{m-1}}^{t_{m}} C_{b}^{n}(t)f^{b}(t) - [2\boldsymbol{\omega}_{ie}^{n}(t) + \boldsymbol{\omega}_{en}^{n}(t)] \times v^{n}(t) + g^{n}(t)\mathrm{d}t \tag{6.63}$$

即

$$\begin{aligned} v_{m}^{n(m)} - v_{m-1}^{n(m-1)} &= \int_{t_{m-1}}^{t_{m}} C_{b}^{n}(t)f^{b}(t)\mathrm{d}t + \int_{t_{m-1}}^{t_{m}} -[2\boldsymbol{\omega}_{ie}^{n}(t) + \boldsymbol{\omega}_{en}^{n}(t)] \times v^{n}(t) + g^{n}(t)\mathrm{d}t \\ &= \Delta v_{(m)}^{n} + \Delta v_{\mathrm{cor}/g(m)}^{n} \end{aligned} \tag{6.64}$$

式中：$v_{m-1}^{n(m-1)}$ 和 $v_{m}^{n(m)}$ 分别为 t_{m-1} 和 t_{m} 时刻的惯导速度，并且记

$$\Delta v_{(m)}^{n} = \int_{t_{m-1}}^{t_{m}} C_{b}^{n}(t)f^{b}(t)\mathrm{d}t \tag{6.65}$$

$$\Delta v_{\mathrm{cor}/g(m)}^{n} = \int_{t_{m-1}}^{t_{m}} -[2\boldsymbol{\omega}_{ie}^{n}(t) + \boldsymbol{\omega}_{en}^{n}(t)] \times v^{n}(t) + g^{n}(t)\mathrm{d}t \tag{6.66}$$

式中：$\Delta v_{(m)}^{n}$ 和 $\Delta v_{\mathrm{cor}/g(m)}^{n}$ 分别为时间段 $T = t_{m} - t_{m-1}$ 内导航系比力速度增量和有害加速度的速度增量。

将式（6.64）移项，可改写成递推形式：

$$v_{m}^{n(m)} = v_{m-1}^{n(m-1)} + \Delta v_{(m)}^{n} + \Delta v_{\mathrm{cor}/g(m)}^{n} \tag{6.67}$$

下面主要讨论 $\Delta v_{(m)}^{n}$ 和 $\Delta v_{\mathrm{cor}/g(m)}^{n}$ 的数值积分算法。

首先，考虑有害加速度的速度增量 $\Delta v_{\mathrm{cor}/g(m)}^{n}$ 的计算。

即使对于诸如飞机等快速运动的运载体，在短时间 $[t_{m-1}, t_{m}]$ 内其引起的导航坐标系旋转和重力矢量变化也是很小的，因而一般认为 $\Delta v_{\mathrm{cor}/g(m)}^{n}$ 的被积函数是时间的缓慢量，可采用 $t_{m-1/2} = (t_{m-1} + t_{m})/2$ 时刻的值进行近似代替，将式（6.66）近似为

$$\Delta v_{\mathrm{cor}/g(m)}^{n} \approx \{-[2\boldsymbol{\omega}_{ie(m-1/2)}^{n} + \boldsymbol{\omega}_{en(m-1/2)}^{n}] \times v_{m-1/2}^{n} + g_{m-1/2}^{n}\}T \tag{6.68}$$

由于此时尚不知 t_{m} 时刻的导航速度和位置等参数，因而式（6.68）中 $t_{m-1/2}$ 时刻的各量需使用外推法计算，表示如下：

$$x_{m-1/2} = x_{m-1} + \frac{x_{m-1} - x_{m-2}}{2} = \frac{3x_{m-1} - x_{m-2}}{2} \qquad (x = \boldsymbol{\omega}_{ie}^n, \boldsymbol{\omega}_{en}^n, v^n, g^n) \tag{6.69}$$

式中：各参数在 t_{m-2} 和 t_{m-1} 时刻均是已知的。可见，$\Delta v_{\text{cor}/g(m)}^n$ 的计算过程比较简单。

其次，考虑比力速度增量 $\Delta v_{(m)}^n$ 的计算，该量的高精度求解算法相对比较复杂。

将式（6.65）右端被积矩阵作如下矩阵链乘分解：

$$\Delta v_{(m)}^n = \int_{t_{m-1}}^{t_m} \boldsymbol{C}_{n(m-1)}^{n(t)} \boldsymbol{C}_{b(m-1)}^{n(m-1)} \boldsymbol{C}_{b(t)}^{b(m-1)} f^b(t) \mathrm{d}t \tag{6.70}$$

基于等效旋转矢量为小量的假设，忽略二阶小量，可得

$$\Delta v_{(m)}^n = \boldsymbol{C}_{b(m-1)}^{n(m-1)} \int_{t_{m-1}}^{t_m} f^b(t) \mathrm{d}t - \int_{t_{m-1}}^{t_m} \theta_{in}^n(t, t_{m-1}) \times [\boldsymbol{C}_{b(m-1)}^{n(m-1)} f^b(t)] \mathrm{d}t + \boldsymbol{C}_{b(m-1)}^{n(m-1)} \int_{t_{m-1}}^{t_m} \theta_{ib}^b(t, t_{m-1}) \times f^b(t) \mathrm{d}t$$
$$\tag{6.71}$$

经过推导可得[7]

$$\Delta v_{(m)}^n = \boldsymbol{C}_{b(m-1)}^{n(m-1)} \Delta v_m - \frac{T}{6} \boldsymbol{\omega}_{in(m-1/2)}^n \times [\boldsymbol{C}_{b(m-1)}^{n(m-1)}(\Delta v_{m1} + 5\Delta v_{m2})] + \boldsymbol{C}_{b(m-1)}^{n(m-1)}(\Delta v_{\text{rot}(m)}^{b(m-1)} + \Delta v_{\text{scul}(m)}^{b(m-1)}) \tag{6.72}$$

式中：$\Delta v_{\text{rot}(m)}^{b(m-1)}$ 为速度的旋转误差补偿量，它由比力方向在空间旋转变化引起：

$$\Delta v_{\text{rot}(m)}^{b(m-1)} = \frac{1}{2} \Delta \theta_m \times \Delta v_m \tag{6.73}$$

$\Delta v_{\text{scul}(m)}^{b(m-1)}$ 称为划桨误差补偿量，其双子样数值计算公式如下：

$$\Delta v_{\text{scul}(m)}^{b(m-1)} = \frac{2}{3}(\Delta \theta_{m1} \times \Delta v_{m2} + \Delta v_{m1} \times \Delta \theta_{m2}) \tag{6.74}$$

至此可以完成捷联惯导速度更新。详细的推导过程可参考文献[7]。

3. 位置更新

位置（经度、纬度和高度）微分方程公式如下：

$$\dot{\lambda} = \frac{\sec L}{R_N + h} v_E^n, \qquad \dot{L} = \frac{1}{R_M + h} v_N^n, \qquad \dot{h} = v_U^n \tag{6.75}$$

将它们改写成矩阵形式，为

$$\dot{\boldsymbol{p}} = \boldsymbol{M}_{pv} v^n \tag{6.76}$$

其中

$$\boldsymbol{p} = \begin{bmatrix} L \\ \lambda \\ h \end{bmatrix}, \qquad \boldsymbol{M}_{pv} = \begin{bmatrix} 0 & 1/R_{Mh} & 0 \\ \sec L / R_{Nh} & 0 & 0 \\ 0 & 0 & 1 \end{bmatrix},$$

$$R_{Mh} = R_M + h, \qquad R_{Nh} = R_N + h$$

$$R_M = \frac{R_N(1-e^2)}{(1-e^2 \sin^2 L)}, \qquad R_N = \frac{R_e}{(1-e^2 \sin^2 L)^{1/2}}$$

式中：R_e 为子午圈椭圆长半轴；e 为椭圆偏心率。与捷联惯导姿态和速度更新算法相比，位置更新算法引起的误差一般比较小，可采用比较简单的梯形积分法对式（6.76）离散化，得

$$p_m - p_{m-1} = \int_{t_{m-1}}^{t_m} \boldsymbol{M}_{pv} v^n \mathrm{d}t \approx \boldsymbol{M}_{pv}(t_{m-1/2}) \int_{t_{m-1}}^{t_m} v^n \mathrm{d}t \approx \boldsymbol{M}_{pv(m-1/2)}(v_{m-1}^n + v_m^n)\frac{T}{2} \quad (6.77)$$

上式移项，便得位置更新算法：

$$p_m = p_{m-1} + \boldsymbol{M}_{pv(m-1/2)}(v_{m-1}^n + v_m^n)\frac{T}{2} \quad (6.78)$$

式中：$\boldsymbol{M}_{pv(m-1/2)}$ 可采用线性外推算法，可对矩阵整体 $\boldsymbol{M}_{pv}$ 进行外推，也可对矩阵元素中的位置变量 L,h 外推，再构造矩阵 $\boldsymbol{M}_{pv}$。

6.2.2 GNSS/INS 组合导航模型

INS 的导航误差随着时间快速累积，需要利用 GNSS 的绝对定位信息对其误差进行估计补偿从而抑制误差的增长。本节将建立 GNSS/INS 松组合 Kalman 滤波模型，如图 6.12 所示。Kalman 滤波需要构建状态方程和量测方程，而 GNSS/INS 组合为非线性系统，所以利用扩展 Kalman 滤波模型。GNSS/INS 松组合扩展 Kalman 滤波器的状态方程构建基于 INS 误差方程，其量测方程的观测值为 GNSS 解算的位置和速度。本节将分别对 INS 误差方程即 Kalman 滤波状态方程、基于 GNSS 位置和速度的量测方程进行研究。

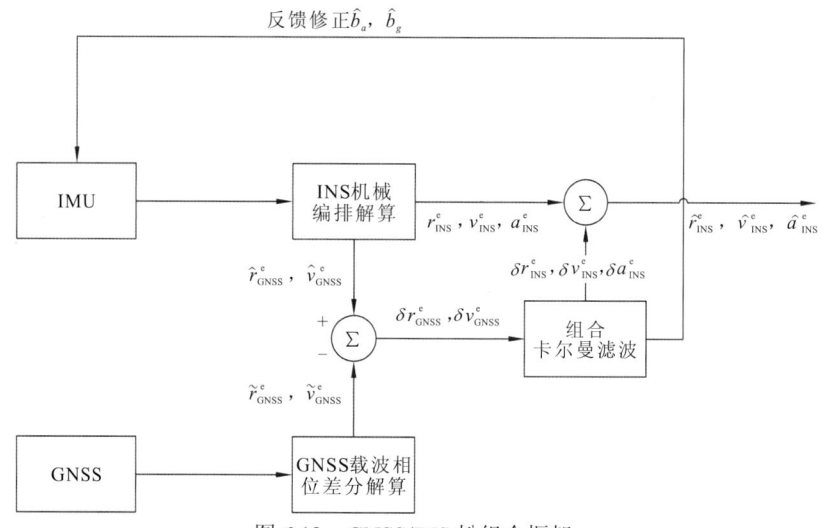

图 6.12　GNSS/INS 松组合框架

1. INS 误差方程

惯性导航机械编排推算的导航参数中必然存在误差，这些误差的来源有传感器测量误差、重力误差、初始导航状态误差和计算误差等。INS 误差方程就是描述导航参数误差在这些误差源的影响下随时间变化的过程，可以用一组微分方程来表示，即惯导误差微分方程。误差扰动分析是一种经典的 INS 误差分析方法，该方法将实际导航参数在其真值附近进行泰勒展开，保留至一阶误差项，得到 INS 误差微分方程[36]。下面基于误差扰动分析给出姿态、速度和位置微分方程，为 GNSS/INS 组合导航的 Kalman 滤波状态方程构建打下基础。

1）姿态误差微分方程

假设理想的从导航坐标系（n 系）到载体坐标系（b 系）的捷联惯导姿态矩阵为 $\boldsymbol{C}_b^n$，而导航计算机中解算给出的姿态矩阵为 $\tilde{\boldsymbol{C}}_b^n$，两者之间存在偏差。对于变换矩阵 $\boldsymbol{C}_b^n$ 和 $\tilde{\boldsymbol{C}}_b^n$，一般认为它们的 b 系是重合的，而将与 $\tilde{\boldsymbol{C}}_b^n$ 对应的导航坐标系称为计算导航坐标系，简记为 n′系，所以也常将计算姿态阵记为 $\boldsymbol{C}_b^{n'}$。因此，与 $\boldsymbol{C}_b^n$ 之间的偏差在于 n′系与 n 系之间的偏差。

根据矩阵链乘规则，有

$$\boldsymbol{C}_b^{n'} = \boldsymbol{C}_n^{n'} \boldsymbol{C}_b^n \tag{6.79}$$

以 n 系作为参考坐标系，记从 n 系至 n′系的等效旋转矢量为 $\boldsymbol{\phi}$，常称其为失准角误差。假设 $\boldsymbol{\phi}$ 为小量，近似有

$$\boldsymbol{C}_n^{n'} = I - (\boldsymbol{\phi} \times) \tag{6.80}$$

将式（6.80）代入式（6.79），可得

$$\boldsymbol{C}_b^{n'} = [I - (\boldsymbol{\phi} \times)] \boldsymbol{C}_b^n \tag{6.81}$$

由式（6.8）可知方向余弦矩阵的微分表达式为

$$\dot{\boldsymbol{C}}_b^n = \boldsymbol{C}_b^n (\omega_{ib}^b \times) - (\omega_{in}^n \times) \boldsymbol{C}_b^n \tag{6.82}$$

而实际计算时各量是含误差的，表示为

$$\dot{\boldsymbol{C}}_b^{n'} = \boldsymbol{C}_b^{n'} (\tilde{\omega}_{ib}^b \times) - (\tilde{\omega}_{in}^n \times) \boldsymbol{C}_b^{n'} \tag{6.83}$$

其中

$$\tilde{\omega}_{ib}^b = \omega_{ib}^b + \delta\omega_{ib}^b \tag{6.84}$$

$$\tilde{\omega}_{in}^n = \omega_{in}^n + \delta\omega_{in}^n \tag{6.85}$$

式中：$\delta\omega_{ib}^b$ 为陀螺测量误差；$\delta\omega_{in}^n$ 为导航系计算误差。

将式（6.81）两边同时微分，其右端应当正好等于式（6.83）的右端，略去关于误差量的二阶小量整理即得

$$\dot{\boldsymbol{\phi}} = \boldsymbol{\phi} \times \omega_{in}^n + \delta\omega_{in}^n - \delta\omega_{ib}^n \tag{6.86}$$

上式称为捷联惯导姿态误差微分方程，反映了计算导航系（n′系）相对于理想导航系（n 系）的失准角变化规律。

2）速度误差微分方程

速度误差是指惯导系统的计算速度与理想速度之间的偏差，描述这一偏差变化规律的微分方程称为速度误差（微分）方程。计算速度表示为 $\tilde{v}^n$，则速度误差定义为

$$\delta v^n = \tilde{v}^n - v^n \tag{6.87}$$

对式（6.87）两边同时求微分，得

$$\delta \dot{v}^n = \dot{\tilde{v}}^n - \dot{v}^n \tag{6.88}$$

对 n 系下的惯导比力方程添加误差扰动整理得

$$\delta \dot{v}^n = f^n \times \boldsymbol{\phi} + v^n \times (2\delta\omega_{ie}^n + \delta\omega_{en}^n) - (2\omega_{ie}^n + \omega_{en}^n) \times \delta v^n + \delta f^n + \delta g^n \tag{6.89}$$

其中

$$\tilde{f}^b = f^b + \delta f^b \tag{6.90}$$

$$\tilde{\omega}_{ie}^n = \omega_{ie}^n + \delta\omega_{ie}^n \tag{6.91}$$

$$\tilde{\omega}_{en}^n = \omega_{en}^n + \delta\omega_{en}^n \tag{6.92}$$

$$\tilde{g}^n = g^n + \delta g^n \tag{6.93}$$

式中：δf^b 为加速度计测量误差；$\delta\omega_{ie}^n$、$\delta\omega_{en}^n$、δg^n 分别为地球自转角速度计算误差、导航系旋转计算误差、重力误差。式（6.89）便是捷联惯导速度误差微分方程。

3）位置误差微分方程

分别对位置微分方程式（6.75）添加误差扰动，考虑公式中 R_M、R_N 在短时间内变化很小，视为常值，可得

$$\delta\dot{L} = \frac{1}{R_M + h}\delta v_N - \frac{v_N}{(R_M + h)^2}\delta h \tag{6.94}$$

$$\delta\dot{\lambda} = \frac{\sec L}{R_N + h}\delta v_E + \frac{v_E \sec L \tan L}{R_N + h}\delta L - \frac{v_E \sec L}{(R_N + h)^2}\delta h \tag{6.95}$$

$$\delta\dot{h} = \delta v_U \tag{6.96}$$

式中：$\delta\dot{L}$、$\delta\dot{\lambda}$ 和 $\delta\dot{h}$ 分别为纬度误差、经度误差和高度误差，这里记惯导速度分量 $v^n = [v_E \quad v_N \quad v_U]^T$ 和速度误差分量 $\delta v^n = [\delta v_E \quad \delta v_N \quad \delta v_U]^T$。

2. IMU 传感器测量误差模型

不考虑比例因子和交轴耦合误差，则式（6.16）和式（6.17）中陀螺和加速度计的测量误差可以简写为

$$\delta f = b_a + w_a \tag{6.97}$$

$$\delta\omega_{ib}^b = b_g + w_g \tag{6.98}$$

b_a 和 b_g 可以建模成一阶高斯马尔可夫过程[6]，其微分方程可以用下面公式表示：

$$\dot{b}_a = -\frac{1}{T_{b_a}}b_a + w_{b_a} \tag{6.99}$$

$$\dot{b}_g = -\frac{1}{T_{b_g}}b_g + w_{b_g} \tag{6.100}$$

式中：w_{b_a} 和 w_{b_g} 分别为加速度计零偏和陀螺零偏的一阶高斯马尔可夫驱动白噪声；T_{b_a} 和 T_{b_g} 分别为相应的相关时间[37]。

3. GNSS/INS 松组合状态方程

建立离散型的 GNSS/INS 松组合的 Kalman 状态方程，需要首先建立其连续型状态方程，再对其离散化。连续型 Kalman 滤波的状态方程形式为

$$\dot{x}(t) = F(t)x(t) + G(t)w(t) \tag{6.101}$$

状态量中考虑姿态误差、速度误差、位置误差和传感器零偏误差等 15 维状态，即

$$x = [\boldsymbol{\phi}^T \quad (\delta v^n)^T \quad (\delta r)^T \quad (\boldsymbol{b}_g)^T \quad (\boldsymbol{b}_a)^T]^T \tag{6.102}$$

式中：$\boldsymbol{\phi} = [\phi_E \quad \phi_N \quad \phi_U]^T$；$\delta v^n = [\delta v_E \quad \delta v_N \quad \delta v_U]^T$；$\delta r = [\delta L \quad \delta\lambda \quad \delta h]^T$；$\boldsymbol{b}_g = [b_g^x \quad b_g^y \quad b_g^z]^T$；$\boldsymbol{b}_a = [b_a^x \quad b_a^y \quad b_a^z]^T$。

整理式（6.86）、式（6.89）、式（6.94）、式（6.95）、式（6.96）、式（6.99）、式（6.100），

表达成 $\boldsymbol{x}$ 的微分方程，有

$$\boldsymbol{F} = \begin{bmatrix} M_{aa} & M_{av} & M_{ap} & -C_b^n & 0_{3\times 3} \\ M_{va} & M_{vv} & M_{vp} & 0_{3\times 3} & C_b^n \\ 0_{3\times 3} & M_{pv} & M_{pp} & 0_{3\times 3} & 0_{3\times 3} \\ 0_{3\times 3} & 0_{3\times 3} & 0_{3\times 3} & -\dfrac{1}{T_{b_g}}I & 0_{3\times 3} \\ 0_{3\times 3} & 0_{3\times 3} & 0_{3\times 3} & 0_{3\times 3} & -\dfrac{1}{T_{b_a}}I \end{bmatrix}, \quad \boldsymbol{G} = \begin{bmatrix} C_b^n & 0_{3\times 3} & 0_{3\times 3} & 0_{3\times 3} \\ 0_{3\times 3} & C_b^n & 0_{3\times 3} & 0_{3\times 3} \\ 0_{3\times 3} & 0_{3\times 3} & 0_{3\times 3} & 0_{3\times 3} \\ 0_{3\times 3} & 0_{3\times 3} & I & 0_{3\times 3} \\ 0_{3\times 3} & 0_{3\times 3} & 0_{3\times 3} & I \end{bmatrix}, \quad \boldsymbol{W}^b = \begin{bmatrix} w_g \\ w_a \\ w_{b_g} \\ w_{b_a} \end{bmatrix},$$

$$\boldsymbol{M}_{aa} = -(\omega_{in}^n \times),$$

$$\boldsymbol{M}_{av} = \begin{bmatrix} 0 & -1/R_{Mh} & 0 \\ 1/R_{Nh} & 0 & 0 \\ \tan L/R_{Nh} & 0 & 0 \end{bmatrix},$$

$$\boldsymbol{M}_{ap} = \begin{bmatrix} 0 & 0 & v_N/R_{Mh}^2 \\ -\omega_{ie}\sin L & 0 & -v_E/R_{Nh}^2 \\ \omega_{ie}\cos L + v_E \sec^2 L/R_N & 0 & -v_E\tan L/R_{Nh}^2 \end{bmatrix},$$

$$M_{va} = (f_{sf}^n \times),$$

$$\boldsymbol{M}_{vv} = -\left[(v^n \times)\begin{bmatrix} 0 & -1/R_{Mh} & 0 \\ 1/R_{Nh} & 0 & 0 \\ \tan L/R_{Nh} & 0 & 0 \end{bmatrix} + (2\omega_{ie}^n + \omega_{en}^n)\times\right],$$

$$\boldsymbol{M}_{vp} = (v^n \times)\begin{bmatrix} 0 & 0 & v_N/R_{Mh}^2 \\ -2\omega_{ie}\sin L & 0 & -v_E/R_{Nh}^2 \\ 2\omega_{ie}\cos L + v_E\sec^2 L/R_N - g_e\sin 2L(\beta - 4\beta_1\cos 2L) & 0 & -v_E\tan L/R_{Nh}^2 + \beta_2 \end{bmatrix}$$

$$\boldsymbol{M}_{pv} = \begin{bmatrix} 0 & 1/R_{Mh} & 0 \\ \sec L/R_{Nh} & 0 & 0 \\ 0 & 0 & 1 \end{bmatrix},$$

$$\boldsymbol{M}_{pp} = \begin{bmatrix} 0 & 0 & -v_N/R_{Mh}^2 \\ v_E \sec L \tan L/R_{Nh} & 0 & -v_E \sec L/R_{Nh}^2 \\ 0 & 0 & 0 \end{bmatrix} \tag{6.103}$$

至此，Kalman 滤波的状态方程（连续型）建立完毕，具体的推导过程见文献[7]。

为方便使用离散时间 Kalman 滤波的基本方程，首先将式（6.101）离散化，得到离散时间误差状态方程：

$$x_{k+1} = \boldsymbol{\Phi}_{k+1/k} x_k + w_k \tag{6.104}$$

其中，$\boldsymbol{\Phi}_{k+1/k}$ 和 w_k 分别为

$$\begin{cases} \boldsymbol{\Phi}_{k+1/k} = \exp\left[\int_{t_k}^{t_{k+1}} F(t)\mathrm{d}t\right] \\ w_k = \int_{t_k}^{t_{k+1}} \boldsymbol{\Phi}(t_{k+1}, t)G(t)w(t)\mathrm{d}t \end{cases} \tag{6.105}$$

时间间隔很短时，在积分区间内 $F(t)$、$G(t)$、$w(t)$ 可认为保持不变，则状态转移矩阵

保留一次项近似为

$$\Phi_{k+1/k} \approx \exp[F(t_k)\Delta t] = I + F(t_k)\Delta t \quad (6.106)$$

驱动白噪声 $w(t)$ 等效离散化处理后，w_k 为白噪声序列，满足离散型 Kalman 滤波的要求[28]。设 Q 为 $w(t)$ 的方差强度，则 w_k 的方差强度 Q_k 为

$$Q_k \approx 0.5[\Phi_{k+1/k}G(t_k)Q(t_k)G^T(t_k)\Phi_{k+1/k}^T + G(t_{k+1})Q(t_{k+1})G^T(t_{k+1})] \quad (6.107)$$

4. GNSS/INS 松组合量测方程

GNSS 测量的导航结果与惯导推算的导航结果是空间独立的，需要将 GNSS 解算得到的位置、速度与惯导机械编排解算得到的位置、速度归算至同一空间参考点后求差，即得到量测方程的观测量，或者称之为 Kalman 滤波器的新息。基于 GNSS 位置和速度的量测方程为非线性函数模型，需要将其线性化，可以通过泰勒展开的方法，也可以采用误差扰动的方法。Kalman 滤波的量测方程一般形式为

$$z = Hx + v \quad (6.108)$$

建立量测方程主要是确定 H 和 v 的噪声强度。

1）位置量测方程

组合导航解算时，GNSS 定位解算的位置是天线相位中心或天线参考点的位置，而 INS 机械编排推算的是 IMU 测量中心的位置，二者需要通过杆壁效应改正[6]归算值：

$$r_{\text{GNSS}}^n = r_{\text{IMU}}^n + M_{pv}C_b^n l_{\text{GNSS}}^b \quad (6.109)$$

式中：l_{GNSS}^b 为 GNSS 天线的杆臂向量在 b 系下的投影，杆臂向量指以 IMU 测量中心为起点指向 GNSS 天线相位中心的向量。杆臂值可以通过精密测量手段进行测量标定。

在式（6.109）中添加误差扰动，可由 INS 导航位置推算出 GNSS 天线相位中心的位置为

$$\hat{r}_{\text{GNSS}}^n = r_{\text{GNSS}}^n + \delta r + M_{pv}(C_b^n l_{\text{GNSS}}^b \times)\phi \quad (6.110)$$

GNSS 的定位结果可以表示为天线相位中心位置加上位置误差白噪声（有利于简化数据处理，这对于采样率不大于 1 Hz 的 GNSS 解算结果来说是合理的）[38]：

$$\tilde{r}_{\text{GNSS}}^n = r_{\text{GNSS}}^n + n_{rG} \quad (6.111)$$

量测方程的观测值为 INS 推算的天线相位中心位置与 GNSS 的定位结果之差：

$$z_{r\text{GNSS}} = \hat{r}_{\text{GNSS}}^n - \tilde{r}_{\text{GNSS}}^n = \delta r + M_{pv}(C_b^n l_{\text{GNSS}}^b \times)\phi - n_{rG} \quad (6.112)$$

则根据式（6.112），GNSS 位置观测值的量测矩阵为

$$H_{r\text{GNSS}} = [M_{pv}(C_b^n l_{\text{GNSS}}^b \times) \quad 0_3 \quad I_3 \quad 0_3 \quad 0_3] \quad (6.113)$$

n_{rG} 的噪声强度由定位结果的精度决定。

2）速度量测方程

GNSS 可以提供相对独立的三维速度观测值。根据 INS 的速度信息推算 GNSS 天线相位中心速度的理论模型为[6]

$$v_{\text{GNSS}}^n = v_{\text{IMU}}^n - [(\omega_{ie}^n \times) + (\omega_{en}^n \times)]C_b^n l_{\text{GNSS}}^b - C_b^n (l_{\text{GNSS}}^b \times)\omega_{ib}^b \quad (6.114)$$

杆臂一般较小，对于低速运动场景，式（6.114）右边第二项很小，可直接忽略。在式中进行误差扰动分析，忽略误差的二阶小量，忽略地球自转角速度及相关的误差项，可由 INS 导航速度推算出 GNSS 天线相位中心的速度为

$$\hat{v}_{\text{GNSS}}^n = v_{\text{GNSS}}^n + \delta v_{\text{IMU}}^n - \left[(\omega_{in}^n \times)(C_b^n l_{\text{GNSS}}^b \times) + C_b^n (l_{\text{GNSS}}^b \times \omega_{ib}^b) \times \right]\phi - C_b^n (l_{\text{GNSS}}^b \times) \delta\omega_{ib}^b \quad (6.115)$$

GNSS 的测速结果同样可以表示为天线相位中心速度加上速度误差白噪声：

$$\tilde{v}_{\text{GNSS}}^n = v_{\text{GNSS}}^n + n_{vG} \quad (6.116)$$

量测方程的观测值为 INS 推算的天线相位中心速度与 GNSS 的解算速度之差：

$$z_{v\text{GNSS}} = \hat{v}_{\text{GNSS}}^n - \tilde{v}_{\text{GNSS}}^n = \delta v_{\text{IMU}}^n - \left[(\omega_{in}^n \times)(C_b^n l_{\text{GNSS}}^b \times) + C_b^n (l_{\text{GNSS}}^b \times \omega_{ib}^b) \times \right]\phi - C_b^n (l_{\text{GNSS}}^b \times) \delta\omega_{ib}^b - n_{vG}$$

$$(6.117)$$

则根据式（6.117），GNSS 速度观测值的量测矩阵为

$$\boldsymbol{H}_{r\text{GNSS}} = \begin{bmatrix} -((\omega_{in}^n \times)(C_b^n l_{\text{GNSS}}^b \times) + C_b^n (l_{\text{GNSS}}^b \times \omega_{ib}^b)) & \boldsymbol{I}_3 & \boldsymbol{0}_3 & -C_b^n (l_{\text{GNSS}}^b \times) & \boldsymbol{0}_3 \end{bmatrix} \quad (6.118)$$

n_{vG} 的噪声强度由测速结果的精度决定。

6.3 即时定位与构图技术

GNSS/INS 组合导航定位技术作为一种优良的导航手段，被广泛应用于各个领域。然而在很多应用场景中，GNSS 信号无法被接收，其导航功能失效，需要一种能够替代 GNSS 的导航手段。同步定位与地图构建（SLAM）技术起源于机器人领域，近年来越来越多地被应用于智能驾驶领域，本节首先介绍 SLAM 技术的分类，并着重介绍基于概率的 SLAM 模型，6.3.3 小节~6.3.5 小节对 SLAM 技术进行补充。

SLAM 也可以称为相对定位（局部定位）模式，其地图信息和定位是同步的，第一步基于起始历元的位置、传感器姿态及观测点云生成初始的地图信息；第二步在随后的历元中将传感器观测值与该地图信息匹配推算传感器相对于起始状态的位置和姿态，这一步为定位过程；第三步，利用基于当前历元的位置、姿态和观测点云对初始地图进行更新，这一步为制图过程，随着传感器不断的观测，不断重复定位和制图的过程，如图 6.13 所示。相对定位模式不依赖先验地图信息，属于航位推算的方法，主要应用于机器人在室内等无 GNSS 环境下的自主导航[39-40]，所以是一种有效的 GNSS 替代导航手段，本书研究的基于 SLAM 导航在没有特别说明的情况下均基于相对定位模式。

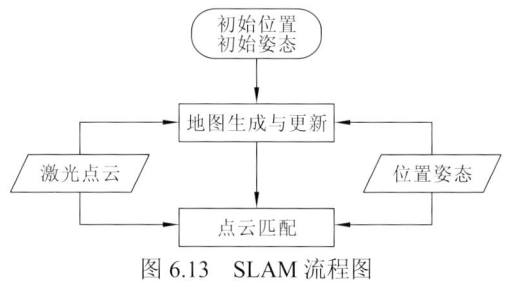

图 6.13 SLAM 流程图

由于 SLAM 是一种相对定位方法，其定位误差随着运行距离逐渐发散，定位精度逐渐降低，只能在一定的运行距离内实现高精度定位。本节将详细分析 SLAM 的定位精度变化

特性，研究提高其定位精度的方法，以及其在较长运行距离内实现高精度定位的可行性。

6.3.1 SLAM 技术的分类

1. 基于视觉的 SLAM 技术

利用视觉传感器进行自定位的技术难点在于如何提高视觉系统的可靠性，以适应变化的自然环境。具体而言，包括如何从摄像头准确恢复深度信息，以确定智能车辆自身位姿，以及如何提高算法实时性，以满足车辆自身运动的快速性和灵活性。

根据视觉传感器的数目，视觉 SLAM 分为单目视觉、双目视觉和多目视觉。单目视觉只能依靠获得的图像数据计算出移动载体相对于观测点的方向信息，无法直接获取到可靠的深度信息值，所以它是一种仅有方向的运动估计方法[41-42]。单目视觉定位存在的问题主要有：需要较为严格的标定；真实世界转化为二维平面图像，丢失了深度信息，不利于重构实际的三维环境。同时，图像或视频包含的丰富信息不利于数学建模分析；需要大量的数据训练，目标分类有限。目前较流行的方法是通过抽取少量图像线索或特征来表示复杂场景，因此无法完整表示整个场景[43]。此外，自然环境中有很多不确定因素，如光照、视点、尺度的变化，以及部分遮挡等，都会对图像理解和分析带来较大的干扰。

双目视觉利用基线几何约束的原理去匹配左右摄像机提取的图像关键点特征或者线性特征[44]。它能够直接提取完整的特征数据，如特征之间的距离值及方向角度值。因而，双目视觉的方法应用更为广泛，它直接解决了系统地图特征的初始化问题。双目视觉定位存在的问题主要有：需要两个参数不同的摄像头有较高的同步率和采样率；由于双目视觉必须有足够的重叠区域，它的视角范围受到一定程度的限制，不像单目视觉那样具有比较宽的视野；针对复杂的道路场景而言，基于双目视觉的深度信息获取在计算效率和准确性上都存在一定难度。

多目视觉（全景视觉）的方法考虑了如何全面获取运动的场景信息，针对远距离特征的检测和跟踪具有较强的适应性。多目定位目前存在的主要问题：远距离一般比较容易导致位置估计的不一致性问题，所以多目视觉对闭环检测的性能有一定的依赖性。

最近几年，视觉 SLAM 算法发展迅速，广泛应用于机器人领域实现移动机器人的自定位。在研究上，众多学者纷纷提出了各类新的算法。例如，Li 和 Mourikis[45]的研究通过观测线性化系统模型的属性和对 IMU 的校准参数进行在线估计实现了一致性估计。Hesch 等[46]根据可观察和非可观察模式对可观测矩阵进行因式分解，确定并分析了非线性系统的不可观测的方向，提高了线性估计的准确性和一致性。Latif 等[47]提出了 RRR 算法用来检测有用信息，删除已有的错误闭环信息，同时恢复正确的状态估计。Leutenegger 等[48]将 IMU 的误差项以完全概率的方式与重投影误差进行结合，优化对联合线性代价函数，提高关键帧融合的可靠性。Lu 等[49]利用几何及约束特征，提出基于不同地标的单目视觉导航方法。Anderson 等[50]从高斯过程回归的角度进行状态估计，将时间作为自变量，连续-离散的轨迹估计作为一维的高斯回归。Gao 和 Zhang[51-52]从改进传统的最近迭代算法（iterative closet point，ICP）和基于多层神经网络等方法开展 SLAM 系统的研究。

在此，对 4 种目前主流的开源算法进行介绍。

1）ORB-SLAM

ORB-SLAM[53]是由三大块、三个流程同时运行的。第一块是跟踪，第二块是建图，第三块是闭环检测。跟踪主要是从图像中提取 ORB 特征，根据上一帧进行姿态估计，或者通过全局重定位初始化位姿，然后跟踪已经重建的局部地图，优化位姿，再根据一些规则确定新关键帧。局部地图构建包括对关键帧的插入，验证最近生成的地图点并进行筛选，然后生成新的地图点，使用局部捆集调整，再对插入的关键帧进行筛选，去除多余的关键帧。闭环检测这一部分主要分为两个过程：分别是闭环探测和闭环校正。闭环探测先使用词袋（bag of words，BoW）模型进行探测，然后通过 Sim3 算法计算相似变换。闭环校正，主要是闭环融合和基图的图优化。ORB-SLAM 能有效地减少对特征点位置和自身位姿的估计误差。采用词袋模型减少了寻找特征的计算量，同时回环匹配和重定位效果较好。使用类似"适者生存"的方案来进行关键帧的删选，提高系统追踪的鲁棒性和系统的可持续运。但是，其构建出的地图是稀疏点云图，只保留了图像中特征点的一部分作为关键点，固定在空间中进行定位，很难描绘地图中的障碍物的存在。旋转时比较容易丢帧，特别是对于纯旋转，对噪声敏感，不具备尺度不变性。

2）ORB-SLAM2

ORB-SLAM2[54]在 ORB-SLAM 的基础上，还支持标定后的双目相机和 RGB-D 相机。双目相机对精度和鲁棒性都会有一定的提升。ORB-SLAM2 是基于单目、双目和 RGB-D 相机的一套完整的 SLAM 方案。它能够实现地图重用、回环检测和重新定位的功能。无论是在室内的小型手持设备，还是到工厂环境的无人机和城市里驾驶的汽车，ORB-SLAM2 都能够在标准的 CPU 上进行实时工作。ORB-SLAM2 在后端上采用的是基于单目和双目的光束法平差优化的方式，这个方法允许米制比例尺的轨迹精确度评估。此外，ORB-SLAM2 包含一个轻量级的定位模式，该模式允许零点漂移的条件下，利用视觉里程计来追踪未建图的区域并且匹配特征点。

3）SVO-SLAM

SVO-SLAM[55]是一种基于稀疏直接法（半直接法）的视觉里程计（semi-direct visual odometry）。相比其他方案，最大的优点就是速度快。由于稀疏直接法既不用费力去计算描述子，也不必处理稠密和半稠密那么多信息，因此其在低端计算平台上也能达到实时性，适用于无人机。此外，SVO 提出了深度滤波器概念，并推导了基于均匀-高斯混合分布的深度滤波器。SVO 将这种滤波器用于关键点的位置估计，并使用逆深度作为参数化形式，使之能更好地计算特征点位置。但它在平视相机中表现不佳。同时，SVO 为了速度和轻量化，舍弃了后端优化和回环检测部分，也基本没有建图功能，所以 SVO 的位姿估计存在累积误差，而且丢失后不太容易进行重定位。

4）LSD-SLAM

LSD-SLAM[56]能够构建大尺度的、全局一致性的环境地图。该方法除了能够基于直接图像配准得到高度准确的姿态估计，还能够将三维环境地图实时重构为关键帧的姿态图和对应的半稠密的深度图。这些都是通过对大量像素点对之间的基线立体配准结果滤波后得到的。同时，算法提出了计算尺度漂移的公式，即便当图像序列的场景尺度变化较大时也能够适用。其使用一种概率方法，在图像跟踪过程中，处理噪声对深度图像信息的影响。LSD-SLAM 不需要提取图像的特征描述子，求取两帧图像之间的变换时通过优化图像误差来得到。LSD-SLAM 是利用高梯度点来计算匹配的，最后建图可以得到半稠密的地图。但是，LSD-SLAM 对相机内参和曝光非常敏感，并且在相机快速运动时容易丢失。

2. 基于激光的 SLAM 技术

国内的激光 SLAM 研究近几年来发展得也十分迅猛，有各大高校进行的理论和实验结合的研究，如武汉大学的测绘遥感等研究单位开始利用 LiDAR 对车载导航系统进行辅助[57]，国防科技大学利用惯导和超声波等辅助 LiDAR 进行测图[25]。随着国内市场的需求越来越大，以思岚科技有限公司为代表的一批国内创业公司也迅速崛起，致力为消费者提供消费级产品领域的高性能机器人定位导航解决方案及相关核心传感器，如激光雷达、机器人自主定位导航系统、通用型商用机器等。

现阶段，几乎所有的基于 LiDAR 的 SLAM 算法都有一个共同特点：基于概率估计。概率估计算法的一个优势在于它能稳定地测量出环境中的噪声，并且能够表示出在测量和估计过程中的不确定性。大部分的概率模型都会用贝叶斯法则来解决制图问题。

基于图优化的 SLAM 算法也是目前应用非常广泛的一种技术[58]。图优化 SLAM 问题主要分为两个部分：①构建图，机器人位姿当作顶点，位姿间关系当作边，这一步常常被称为前端（front-end），往往是传感器信息的堆积；②优化图，调整机器人位姿顶点尽量满足边的约束，这一步称为后端（back-end）。Lu 和 Milios[59]首次提出了这类算法，他们在扫描匹配的过程中对机器人的位姿提供约束，但是由于文章中使用的优化算法的限制条件，该算法不能适用于大型场所。Thrun 和 Montemerlo[58]提出的 GraphSLAM 算法能够在大范围的城市环境中估计出机器人的位姿。

最近几年，SLAM 算法层出不穷，本节将目前比较常用的 4 种开源的二维激光 SLAM 算法做一些简单介绍。

1）Hector SLAM

Hector SLAM 将 LiDAR 的扫描匹配与 IMU 的三维导航融合形成一个二维 SLAM 系统[60]，利用 LiDAR 的高更新频率和低测量噪声特点，得到机器人的实时动态信息。它通过已经获得的地图对激光束点阵进行优化，估计激光点在地图的表示和占据栅格的概率。该方法基于高斯牛顿算法来解决 LiDAR 扫描匹配问题，它的核心思想是找到激光点云集映射到已知地图的最优刚体转换。除此之外，该方法为了避免陷入局部最优而非全局最优——高斯牛顿算法中常见的问题，而采用多分辨率地图。最后利用扩展 Kalman 滤波将 LiDAR 扫描匹配的结果与 IMU 得到的导航信息进行融合。该方法的优点是无须使用里程计，这使得空中无人机及地面小车在不平坦区域建图存在运用的可行性。但该方法的缺点是机器人速度控制在比较低的情况下建图效果才会比较理想，因为该方法没有用到回环。

2）Gmapping

Gmapping[61]是由 Grisetti 等在 2007 年提出的，它是目前激光二维 SLAM 中运用最广的一种方法，采用的是 Rao-Blackwellized Particle Filter 算法。这种算法通常需要大量的粒子来获得最好的结果，但这势必会增加计算的复杂度。同时，由于粒子滤波是一个依据过程的观测逐渐更新权重与收敛的过程，重采样的过程必然会带入粒子耗散问题，大权重粒子显著，小权重粒子会消失，这导致有可能正确的粒子模拟由于在中间的阶段表现权重小而消失。Grisetti 等通过自适应重采样技术有效地减少了粒子耗散的问题，同时他们在计算粒子分布的时候，不仅仅依靠机器人的运动，也将当前观测考虑进去，减少了机器人位置在粒子滤波步骤中的不确定性。它的优点是在长廊及低特征场景中建图效果好，但缺点是依赖里程计，无法使无人机及地面小车应用于不平坦区域，也没有用到回环，不能有效地消除逐渐积累起来的误差。

3）Karto SLAM

Karto SLAM 是基于图优化的方法[62]，它利用图的均值表示地图，每个节点表示机器人轨迹的一个位置点和传感器测量数据集，箭头的指向连接表示连续机器人位置点的运动，每个新节点加入，地图就会依据空间中节点箭头的约束进行计算更新。地标越多，内存需要就越大。但是，图优化方式通常仍然比其他方法在大环境下制图更有效率，尤其是 Karto SLAM，因为它的图中仅仅包含机器人的位姿。

4）Cartographer

Cartographer 是 Google 的实时室内建图项目[63]，它将传感器安装在背包上面，主要用的传感器有 LiDAR 和 IMU，可以生成分辨率为 5 cm 的二维栅格地图。Cartograhper 的设计目的是解决在有限的计算资源下，能够实时地获取相对较高精度的二维地图，考虑基于模拟策略的粒子滤波方法在较大环境时对内存和计算资源的高需求，Cartographer 采用基于图优化方法，具体实现是每获得一帧 LiDAR 扫描数据，利用扫描匹配在最佳估计位置处插入子图中，且扫描匹配只与当前子图有关。生成一个子图后，进行一次局部的回环来消除误差，利用分支定位和预先计算的栅格，所有子图完成后，进行全局的回环。

视觉 SLAM 技术和激光 SLAM 技术各有千秋，两者都得到了广泛的应用。相对于激光传感器，视觉传感器成本低，但是激光传感器精度更高，不像视觉传感器受环境光照等影响，比较稳定。视觉 SLAM 技术在高翔的《视觉 SLAM 十四讲：从理论到实践》[64]一书中得到了系统性的介绍。因此，本书着重介绍基于概率的 SLAM 模型，一种主要应用于激光 SLAM 的技术。下文中没有特别说明的情况下均是采用基于激光的 SLAM 技术。

6.3.2 基于概率的 SLAM 模型

传感器的观测都受到噪声的干扰，所以在 SLAM 的过程中需要处理来自噪声源的随机误差从而实现最优估计，概率论是最优估计研究领域中的一个重要理论工具，目前主流的 SLAM 建模方法都是基于概率模型显式地对噪声建模，本质上来看，SLAM 问题是一个基于贝叶斯理论的多维非线性状态估计问题。假设一个在未知环境中移动的传感器观测到一些位置未知、静止的相对地标点，SLAM 问题就是通过观测到的这些相对地标点估计自身的运动轨迹及地标点的位置。

如图 6.14 所示，在历元 k 时，$\boldsymbol{x}_k$ 为传感器的状态向量（位置、姿态），$\boldsymbol{u}_k$ 为控制向量，$\boldsymbol{m}_i$ 为地标点的位置向量，地标点为静止状态，位置不随时间变化，$\boldsymbol{z}_k$ 为观测的地标点信息向量（包括多个地标点的观测信息 $z_{k,i}$、$z_{k,j}$ 等）。另外，定义 $X_{0:k} = \{\boldsymbol{x}_0 \cdots \boldsymbol{x}_k\}$、$U_{0:k} = \{\boldsymbol{u}_0 \cdots \boldsymbol{u}_k\}$，$Z_{0:k} = \{\boldsymbol{z}_0 \cdots \boldsymbol{z}_k\}$ 为从 0 到 k 历元的状态向量、控制向量、观测向量的集合，$m_j = \{\boldsymbol{m}_1 \cdots \boldsymbol{m}_n\}$ 为地标点位置向量的集合。

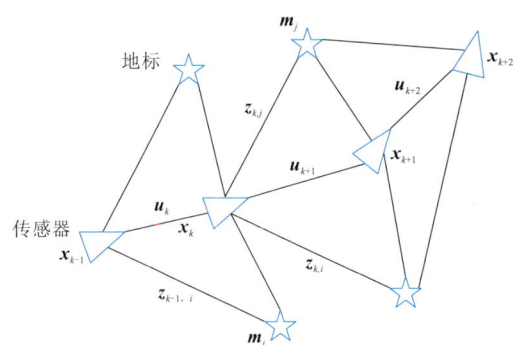

图 6.14 SLAM 问题描述图

SLAM 是根据传感器的初始状态 x_0（位置、姿态），利用每个历元的观测值 $Z_{0:k}$ 和控制信息 $U_{0:k}$，推算传感器状态 $\boldsymbol{x}_k$ 及地标点的位置 $[m_1 \cdots m_n]$，是一个特殊的后验估计问题[39]，其实质是求取如下的后验概率分布：

$$P(\boldsymbol{x}_k, m | Z_{0:k}, U_{0:k}, x_0) \tag{6.119}$$

该公式表达的是在给定初始状态、历元 0 到 k 的观测信息和控制信息下的传感器的状态和地标点的位置的联合后验概率分布。

SLAM 的求解可以分解为一个递归循环的过程，基于贝叶斯理论，从 $k-1$ 历元的后验概率分布 $P(\boldsymbol{x}_{k-1}, m | Z_{0:k-1}, U_{0:k-1})$ 和 k 历元的控制向量和观测向量 $\boldsymbol{u}_k$、$\boldsymbol{z}_k$ 推算 k 历元的联合后验概率分布。在计算过程中，需要定义状态转移模型和观测模型来分别描述控制向量和观测值的作用。

观测模型描述了当传感器状态和地标点位置已知时的观测值的概率分布，可以表示为

$$P(\boldsymbol{z}_k | \boldsymbol{x}_k, m) \tag{6.120}$$

这里可以假设当传感器状态和地图已知时，观测值是条件独立的。传感器的运动模型可以描述为状态转移后的概率分布：

$$P(\boldsymbol{x}_k | \boldsymbol{x}_{k-1}, \boldsymbol{u}_k) \tag{6.121}$$

这里假设状态转移为马尔可夫过程，$\boldsymbol{x}_k$ 仅依赖于 $\boldsymbol{x}_{k-1}$ 和 $\boldsymbol{u}_k$，与观测值和地图相互独立。

SLAM 算法可以分为时间更新和量测更新两部分循环进行。

（1）时间更新：

$$P(\boldsymbol{x}_k, m | Z_{0:k-1}, U_{0:k}, x_0) = \int P(\boldsymbol{x}_k | x_{k-1}, \boldsymbol{u}_k) \times P(\boldsymbol{x}_{k-1}, m | Z_{0:k-1}, U_{0:k-1}, x_0) \mathrm{d}x_{k-1} \tag{6.122}$$

（2）量测更新：

$$P(\boldsymbol{x}_k, m | Z_{0:k}, U_{0:k}, x_0) = \frac{P(\boldsymbol{z}_k | \boldsymbol{x}_k, m) P(\boldsymbol{x}_k, m | Z_{0:k-1}, U_{0:k}, x_0)}{P(\boldsymbol{z}_k | Z_{0:k-1}, U_{0:k})} \tag{6.123}$$

其中，式（6.122）为利用运动模型求传感器状态和地标点位置的联合先验概率分布，而式（6.132）则是利用观测模型求传感器状态和地标点位置的联合后验概率分布，两个公

式可以循环计算传感器状态和地标点位置在每个历元的联合后验概率密度，从而求得其最优估计。求解基于概率模型的 SLAM 问题需要构建合适的运动模型和观测模型，从而有效地计算其先验和后验概率分布。

6.3.3 基于扩展 Kalman 滤波的 SLAM 模型

为解决 SLAM 问题，目前最常见的表示形式是基于高斯噪声模型的高斯滤波器，其主要使用扩展 Kalman 滤波器（extended Kalman filter，EKF）来解决 SLAM 问题[39]，将系统状态向量的后验概率分布表示为多维高斯分布，后验概率分布转换为求取系统状态向量的期望和协方差矩阵。EKF-SLAM 与传统的 EKF 有所不同，需要考虑状态增广和数据关联等问题。

在 EKF-SLAM 算法中，k 时刻的系统状态向量包括传感器在参考坐标系下的位置、激光雷达坐标系相对于参考坐标系的姿态角和当前已观测到的所有地标点在参考坐标系下的位置向量：

$$\boldsymbol{X}_k = \begin{bmatrix} x_k \\ m \end{bmatrix} = \begin{bmatrix} r_k \\ \theta_k \\ m \end{bmatrix} \tag{6.124}$$

系统状态向量的后验概率密度为多元高斯分布，表示为 $N(X_{k/k}, P_{k/k})$。其均值和协方差矩阵分别为高斯分布的一阶矩和二阶矩：

$$\boldsymbol{X}_{k/k} = \begin{bmatrix} x_{k/k} \\ m \end{bmatrix} = \boldsymbol{E}\left[\begin{pmatrix} x_k \\ m \end{pmatrix} \Big| Z_{0:k}\right] \tag{6.125}$$

$$\boldsymbol{P}_{k/k} = \begin{bmatrix} P_{xx} & P_{xm} \\ P_{xm}^{\mathrm{T}} & P_{mm} \end{bmatrix} = \boldsymbol{E}\left[\begin{pmatrix} x_k - \hat{x}_k \\ m - \hat{m}_k \end{pmatrix}\begin{pmatrix} x_k - \hat{x}_k \\ m - \hat{m}_k \end{pmatrix}^{\mathrm{T}} \Big| Z_{0:k}\right] \tag{6.126}$$

EKF-SLAM 与传统的 EKF 算法相似，不同点在于当观测到新的地标点时，需要将新地标点的位置向量增广到系统状态向量中，具体的 EKF-SLAM 流程如下。

第一步，根据状态方程进行时间更新：

$$\hat{\boldsymbol{X}}_{k/k-1} = \tilde{f}(\hat{\boldsymbol{X}}_{k-1|k-1}, u_k) \tag{6.127}$$

$$\boldsymbol{P}_{k|k-1} = \boldsymbol{F}_x \boldsymbol{P}_{k-1|k-1} \boldsymbol{F}_x^{\mathrm{T}} + \boldsymbol{F}_u \boldsymbol{Q}_u \boldsymbol{F}_u^{\mathrm{T}} + \boldsymbol{Q} \tag{6.128}$$

其中

$$\boldsymbol{F}_x = \left[\frac{\partial \tilde{f}(\hat{\boldsymbol{X}}_{k-1|k-1}, u_k)}{\partial X}\right] \tag{6.129}$$

$$\boldsymbol{F}_u = \left[\frac{\partial \tilde{f}(\hat{\boldsymbol{X}}_{k-1|k-1}, u_k)}{\partial u}\right] \tag{6.130}$$

式中：$\boldsymbol{Q}$ 为过程噪声矩阵。

第二步，进行数据关联：

$$(z_{a,k}, z_{b,k}) = \mathrm{Association}(m, z_k) \tag{6.131}$$

这一步是将当前观测到的地标点与已观测到的地标点进行匹配，分别找出观测值中已存在的地标点 $z_{a,k}$ 和新观测到的地标点 $z_{b,k}$。

第三步，根据已存在的地标观测值进行量测更新：

$$\hat{X}_{k|k} = \hat{X}_{k|k-1} + K_k \mu_k \tag{6.132}$$

$$P_{k|k} = (I - K_k H_k) P_{k|k-1} \tag{6.133}$$

其中

$$K_k = H_x P_{k|k-1} (H_x P_{k|k-1} H_x^T + R_a)^{-1} \tag{6.134}$$

$$\mu_k = z_{a,k} - \hat{z}_{a,k} \tag{6.135}$$

$$\hat{z}_{a,k} = \tilde{h}(\hat{X}_{k/k-1}) \tag{6.136}$$

$$H_x = \left[\frac{\partial \tilde{h}(\hat{X}_{k|k-1})}{\partial X}\right] \tag{6.137}$$

式中：R_a 为已存在地标的观测噪声矩阵。

第四步为系统状态增广：

$$\hat{X}_{k|k,\text{new}} = \begin{bmatrix} \hat{X}_{k|k} \\ m_b \end{bmatrix} \tag{6.138}$$

$$P_{k|k,\text{new}} = \begin{bmatrix} P_{k|k} & P_{m_b x} \\ P_{m_b x}^T & P_{m_b} \end{bmatrix} \tag{6.139}$$

其中

$$m_b = \tilde{g}(\hat{X}_{k|k}, z_{b,k}) \tag{6.140}$$

$$G_x = \left[\frac{\partial \tilde{g}(\hat{X}_{k|k}, z_{b,k})}{\partial X}\right] \tag{6.141}$$

$$G_b = \left[\frac{\partial \tilde{g}(\hat{X}_{k|k}, z_{b,k})}{\partial z_{b,k}}\right] \tag{6.142}$$

$$P_{m_b} = G_x P_{k|k} G_x^T + G_b R_b G_b^T \tag{6.143}$$

$$P_{m_b x} = P_{k|k} G_x^T \tag{6.144}$$

式中：R_b 为新地标的观测噪声矩阵。这一步是将观测到的新地标点的位置向量增广到系统状态向量中。

从上述过程可以看出，EKF-SLAM 相对于传统的 EKF 增加了数据关联和状态增广的过程，数据关联是 EKF-SLAM 中重要的一步，有很多文献对其进行了分析研究[65-68]，另外，特征提取也是 EKF-SLAM 的前提条件[69-72]。

在此，进一步分析基于点特征的二维 EKF-SLAM。二维 EKF-SLAM 的状态方程分为两部分，其位姿向量可以按照运动模型进行更新，这里假设传感器的状态向量即平面位置和航向角都为随机游走变化，地标点为静止状态，所以其位置向量随时间保持不变，不考虑控制向量，离散化即有

$$\hat{x}_{k|k-1} = \hat{x}_{k-1|k-1} + w_{k-1} \tag{6.145}$$

$$\hat{m}_{k|k-1} = \hat{m}_{k-1|k-1} \tag{6.146}$$

w_{k-1} 由随机游走过程中的激励高斯白噪声和采样间隔决定。根据式（6.145）和式（6.146）可得

$$F_x = I_{(3+n)\times(3+n)} \qquad (6.147)$$

$$Q = \begin{bmatrix} Q_{xx} & 0 \\ 0 & 0 \end{bmatrix} \qquad (6.148)$$

将 F_x 和 Q 代入式（6.127）～式（6.128）即可实现第一步时间更新。

第二步中的特征提取和特征关联的方法与环境有关，这里假设特征提取和特征关联都准确无误。

以点特征在激光雷达坐标系下的坐标作为观测量为例，即当前历元观测到的第 i 个地标点的观测值为

$$z_{i,k} = \begin{bmatrix} x_i \\ y_i \end{bmatrix} + v_{i,k} \qquad (6.149)$$

则该观测值对应的量测方程为

$$\hat{z}_{i,k} = \begin{bmatrix} \cos\hat{\theta}_{k/k-1} & \sin\hat{\theta}_{k/k-1} \\ -\sin\hat{\theta}_{k/k-1} & \cos\hat{\theta}_{k/k-1} \end{bmatrix}(\hat{m}_{i_{k/k-1}} - \hat{r}_{k/k-1}) \qquad (6.150)$$

将式（6.150）线性化可得 H_x。观测值的噪声矩阵 R 可由激光雷达的观测噪声 $v_{i,k}$ 确定。将 H_x、R、式（6.149）和式（6.150）代入式（6.132）～式（6.137）即可实现第三步量测更新。

根据式（6.150）可以反推出新观测到的地标点 j 在参考坐标系下的位置向量为

$$\boldsymbol{m}_{b,j} = \begin{bmatrix} \cos\hat{\theta}_{k/k} & -\sin\hat{\theta}_{k/k} \\ \sin\hat{\theta}_{k/k} & \cos\hat{\theta}_{k/k} \end{bmatrix} z_{j,k} + \hat{r}_{k/k} \qquad (6.151)$$

将式（6.151）线性化即可得 G_x、G_b。将 G_x、G_b 和式（6.151）代入式（6.138）～式（6.144），即可将观测到的新地标点位置增广到系统状态中。

6.3.4 SLAM/INS 组合导航模型

INS 的姿态测量精度很高，如果将 SLAM 与 INS 组合将有可能提高定位精度。本节将构建激光雷达 SLAM 与 INS 的组合导航模型，分析 SLAM/INS 组合导航的定位精度。将 n 系（东北天坐标系）作为上节构建 EKF-SLAM 模型时的参考坐标系，即可以将激光雷达 SLAM 和 INS 融合构建 SLAM/INS 组合导航模型。与 GNSS/INS 组合导航不同，需要将导航坐标系下的地标点坐标向量增广至状态向量中，构成 SLAM/INS 的状态向量，即状态向量 X 包括与 IMU 相关的状态和地标点信息，与 EKF-SLAM 类似，每当观测到新的地标点时，便将该地标点在导航坐标系的坐标增广至状态向量。而量测信息则为观测到的已有的地标点在激光雷达坐标系下的坐标与根据 INS 推算的该地标点在激光雷达坐标系下的坐标之差。本节的主要内容即构建基于 EKF 的 SLAM/INS 紧组合导航状态模型、量测模型及状态增广，并基于该模型进行仿真分析。

1. 组合导航状态模型

由于 SLAM/INS 组合导航状态向量中包含与 IMU 相关的状态向量和地标点的位置向量两部分，所以 SLAM/INS 组合导航的 EKF 状态方程也分为两部分：第一部分为基于 INS 误差方程的 INS 状态模型；第二部分为地标点坐标的误差状态模型。其中，第二

部分在状态向量中动态维持。其实质即将上述的 EKF-SLAM 传感器状态向量替换为 INS 状态向量，对应的传感器状态方程替换为 INS 误差方程，而地标点的坐标向量以经纬度表示，其状态方程与 EKF-SLAM 中的地标点状态方程一致。

首先列出 SLAM/INS 组合导航的 EKF 状态向量：

$$\boldsymbol{x} = [\boldsymbol{\phi}^\mathrm{T} \quad (\delta \boldsymbol{v}^n)^\mathrm{T} \quad (\delta \boldsymbol{r})^\mathrm{T} \quad (\boldsymbol{b}_g)^\mathrm{T} \quad (\boldsymbol{b}_a)^\mathrm{T} \quad \delta \boldsymbol{m}^\mathrm{T}]^\mathrm{T} = [\boldsymbol{x}_{\mathrm{ins}}^\mathrm{T} \quad \delta \boldsymbol{m}^\mathrm{T}]^\mathrm{T} \tag{6.152}$$

式中：$\delta \boldsymbol{m}$ 为地标点的坐标误差。

重写 6.2 节中离散化 INS 误差方程如下：

$$\boldsymbol{x}_{k+1} = \boldsymbol{\Phi}_{k+1/k} \boldsymbol{x}_k + \boldsymbol{w}_k \tag{6.153}$$

$\boldsymbol{\Phi}_{k+1/k}$ 和 $\boldsymbol{w}_k$ 见第 3 章，而地标点为静止状态，所以有

$$\delta \boldsymbol{m}_{k+1} = \delta \boldsymbol{m}_k \tag{6.154}$$

综合式（6.153）和式（6.154），可得

$$\boldsymbol{x}_{k+1} = \begin{bmatrix} \boldsymbol{\Phi}_{k+1/k} & 0 \\ 0 & I \end{bmatrix} \boldsymbol{x}_k + \begin{bmatrix} \boldsymbol{w}_k \\ 0 \end{bmatrix} = \tilde{\boldsymbol{\Phi}}_{k+1/k} \boldsymbol{x}_k + \tilde{\boldsymbol{w}}_k \tag{6.155}$$

至此，SLAM/INS 组合导航的 EKF 状态方程构建完毕。

2. 组合导航量测模型

地标点的坐标用经纬度表示，则第 i 个地标点的坐标为

$$m_i = \begin{bmatrix} \lambda_i \\ L_i \end{bmatrix} \tag{6.156}$$

激光雷达的观测值为观测到的已有的地标点在 L 系（这里定义二维激光雷达坐标系为 x 轴指向载体右侧，y 轴垂直 x 轴指向载体前向）下的坐标与噪声之和：

$$\tilde{z}_{i,k} = \begin{bmatrix} x_i \\ y_i \end{bmatrix} + v_{i,k} \tag{6.157}$$

在组合导航解算时，根据 IMU 推算的传感器位置、姿态和已有的地标点坐标可以推算该地标点在激光雷达坐标系下的坐标：

$$\hat{z}_{i,k} = \begin{bmatrix} \cos\hat{\alpha}_{k/k-1} & \sin\hat{\alpha}_{k/k-1} \\ -\sin\hat{\alpha}_{k/k-1} & \cos\hat{\alpha}_{k/k-1} \end{bmatrix} M_{pv} \left(\hat{m}_{i_{k/k-1}} - \begin{bmatrix} \hat{\lambda}_{k/k-1} \\ \hat{L}_{k/k-1} \end{bmatrix} \right) \tag{6.158}$$

式中：$\hat{\alpha}$ 为 IMU 推算的航向角；$\hat{\lambda}$ 和 $\hat{L}$ 为 IMU 推算的经纬度；M_{pv} 见 6.2 节，这里忽略了激光雷达和 IMU 之间的杆臂效应。

在式（6.158）中对 $\hat{\alpha}$、$\hat{\lambda}$ 和 $\hat{L}$ 添加误差扰动，进行整理，忽略二阶误差项可得

$$\hat{z}_{i,k} = \boldsymbol{H}\boldsymbol{x} + \begin{bmatrix} x_i \\ y_i \end{bmatrix} \tag{6.159}$$

由于 $\hat{\lambda}$ 和 $\hat{L}$ 的误差对 $\boldsymbol{M}_{pv}$ 影响很小，可认为 $\boldsymbol{M}_{pv}$ 为常值。$\boldsymbol{H}$ 的求解实质上是求 $\hat{z}_{i,k}$ 相对于系统状态向量 $\boldsymbol{X}$ 的导数，即

$$\boldsymbol{H} = \frac{\partial \hat{z}_{i,k}}{\partial \boldsymbol{X}} \tag{6.160}$$

将式（6.157）减去式（6.159）做差即得

$$\tilde{z}_{i,k} - \hat{z}_{i,k} = \boldsymbol{H}\boldsymbol{x} + v_{i,k} \tag{6.161}$$

而 EKF 的量测模型观测值即为

$$z_{\text{EKF}} = \tilde{z}_{i,k} - \hat{z}_{i,k} \qquad (6.162)$$

综合式（6.161）和式（6.162），利用观测到的多个已有地标点的坐标即可构建 EKF 的量测模型。

3. 组合导航状态增广

通过已有的地标点观测值进行量测更新得到系统状态向量的最优估计后，需要将观测到的新地标点的位置向量增广到系统状态向量中，设新观测到的地标点的观测值为

$$\tilde{z}_{j,k} = \begin{bmatrix} x_j \\ y_j \end{bmatrix} + v_{j,k} \qquad (6.163)$$

根据式（6.158），可以通过系统状态向量和新地标点观测值计算新地标点的位置：

$$\hat{m}_j = \boldsymbol{M}_{pv}^{-1} \begin{bmatrix} \cos\hat{\alpha}_{k/k} & -\sin\hat{\alpha}_{k/k} \\ \sin\hat{\alpha}_{k/k} & \cos\hat{\alpha}_{k/k} \end{bmatrix} \tilde{z}_{j,k} + \begin{bmatrix} \hat{\lambda}_{k/k} \\ \hat{L}_{k/k} \end{bmatrix} \qquad (6.164)$$

根据式（6.164），分别求 $\hat{m}_j$ 相对于系统状态向量和观测值的导数：

$$\boldsymbol{G}_{x,j} = \begin{bmatrix} \dfrac{\partial \hat{m}_j}{\partial X} \end{bmatrix} \qquad (6.165)$$

$$\boldsymbol{G}_{b,j} = \begin{bmatrix} \dfrac{\partial \hat{m}_j}{\partial \tilde{z}_{j,k}} \end{bmatrix} \qquad (6.166)$$

多个新地标点的观测值及其导数合并构成 m_b、$\boldsymbol{G}_x$ 和 $\boldsymbol{G}_b$，则增广后的状态向量及其协方差矩阵为

$$\hat{\boldsymbol{X}}_{k|k,\text{new}} = \begin{bmatrix} \hat{X}_{k|k} \\ m_b \end{bmatrix} \qquad (6.167)$$

$$\boldsymbol{P}_{k|k,\text{new}} = \begin{bmatrix} P_{k|k} & P_{m_bx} \\ P_{m_bx}^{\text{T}} & P_{m_b} \end{bmatrix} \qquad (6.168)$$

式中：P_{m_bx} 和 P_{m_b} 的求解见 6.3.3 小节。

6.3.5　GNSS/INS/SLAM 组合导航模型

已有的 GNSS/INS/SLAM 组合导航系统多采用集中式 Kalman 滤波系统，即将三者数据集中于一个 Kalman 滤波器中处理[73-80]，容错能力差，滤波器结构可扩展性差，不能发挥多传感器融合的优势。而且，GNSS/INS 组合导航作为商业导航系统配有成熟的数据处理软件，如果在 GNSS/INS 数据处理的过程中融合激光雷达观测数据，需要对系统进行二次开发，既增加了实现难度，也存在风险。同时，目前的多传感器组合导航方法均未考虑导航结果的短时相对定位精度，而很多应用中，短时相对定位精度是非常重要的[81]。

针对以上问题，本节将介绍两种 GNSS/INS/SLAM 组合导航方法：基于动、静态 Kalman 滤波模型构建分布式 GNSS/INS/SLAM 紧组合模型，以及针对弱 GNSS 信号区域，

进一步构建基于 GNSS/INS 辅助激光雷达的分布式 EKF-SLAM 模型。

1. GNSS/INS/SLAM 紧组合模型

使用 Kalman 滤波技术对多传感器组合导航信息进行最优融合主要有两种方式，即集中式滤波和分布式滤波。集中式滤波，是将所有传感器的观测信息都集中在同一个滤波器中进行处理，从而获得理论上的最优融合估计。当传感器的数量较少时，集中式 Kalman 滤波可以很好地实现导航信息的融合，然而当传感器的数量增加时，集中式 Kalman 滤波会面临系统维数过高、容错性差等问题，从而无法发挥多传感器组合的优势。为了克服集中式 Kalman 滤波的局限性，适应多传感器信息融合，分布式 Kalman 滤波系统被提出来，分布式 Kalman 滤波系统可以有效地检测和隔离误差的影响，计算效率高且十分利于实际应用，因而被广泛应用在多传感器信息融合中。在分布式 Kalman 滤波方法中，联邦 Kalman 滤波法是其中的代表[82]，其原理来自信息分享理论，将整个系统分为主滤波器和多个子滤波器，当满足各子滤波器输出量之间相互独立且子滤波器输出量与主滤波器输出量之间相互独立的条件时，则通过联邦滤波可以获得多传感器信息的整体最优或近于最优融合。但是，由于各子滤波器采用了相同的状态方程，所以该条件并不能满足，这使联邦滤波的假设前提得不到满足。针对此问题，杨元喜提出了一种改进的动、静态滤波融合导航方法[83-84]，该方法选择一个基础传感器的输出量与基于动力学模型的状态方程进行动态 Kalman 滤波，然后序贯地加入其余传感器的观测信息，进行静态 Kalman 滤波，最终得到多传感器融合导航估计。下面主要对动、静态滤波模型进行介绍，并基于该模型构建 GNSS/INS/激光雷达紧组合系统。

首先，将各传感器进行编号，1，2，…，r，设传感器 1 为基础传感器，其观测向量对应为 Z_1，对应的离散化系统的状态方程和量测方程为

$$\begin{cases} X_{k,1} = \boldsymbol{\Phi}_{k/k-1} X_{k-1} + \boldsymbol{\Gamma}_{k/k-1} W_{k-1} \\ Z_1 = H_1 X_{k,1} + V_1 \end{cases} \quad (6.169)$$

重写 6.1 节中 Kalman 滤波的推导过程，可得

$$\hat{X}_{k/k-1,1} = \boldsymbol{\Phi}_{k/k-1} \hat{X}_{k-1} \quad (6.170)$$

$$P_{k/k-1,1} = \boldsymbol{\Phi}_{k/k-1} P_{k-1} \boldsymbol{\Phi}_{k/k-1}^{\mathrm{T}} + \boldsymbol{\Gamma}_{k-1} Q_{k-1} \boldsymbol{\Gamma}_{k-1}^{\mathrm{T}} \quad (6.171)$$

$$K_1 = P_{k/k-1,1} H_1^{\mathrm{T}} (H_1 P_{k/k-1,1} H_1^{\mathrm{T}} + R_1)^{-1} \quad (6.172)$$

$$\hat{X}_{k,1} = \hat{X}_{k/k-1,1} + K_1 (Z_1 - H_1 \hat{X}_{k/k-1,1}) \quad (6.173)$$

$$P_{k,1} = (I - K_1 H_1) P_{k/k-1,1} \quad (6.174)$$

这一步即为动态 Kalman 滤波过程，这一步包含了状态向量从 $k-1$ 到 k 的状态转移信息，即采用了动态方程信息，在处理剩余 $r-1$ 个传感器时，为了避免重复使用动态方程信息，采用静态滤波处理，即直接采用动态滤波估计的状态向量及其协方差信息，例如，处理第二个传感器时，对应的静态滤波状态方程为

$$X_{k,2} = \hat{X}_{k,1} \quad (6.175)$$

其量测方程为

$$Z_2 = H_2 X_{k,2} + V_2 \quad (6.176)$$

根据式（6.170）～式（6.174）有

$$\bar{X}_{k,2} = X_{k,1} \quad (6.177)$$

$$\bar{P}_{k,2} = P_{k,1} \quad (6.178)$$

$$K_2 = \bar{P}_{k,2} H_2^T (H_2 \bar{P}_{k,2} H_2^T + R_2)^{-1} \quad (6.179)$$

$$\hat{X}_{k,2} = \bar{X}_{k,2} + K_2 (Z_2 - H_2 \bar{X}_{k,2}) \quad (6.180)$$

$$P_{k,2} = (I - K_2 H_2) \bar{P}_{k,2} \quad (6.181)$$

式（6.180）也可以写成

$$\hat{X}_{k,2} = (P_{k,1}^{-1} + H_2^T R_2^{-1} H_2)^{-1} (P_{k,1}^{-1} \hat{X}_{k,1} + H_2^T R_2^{-1} Z_2) \quad (6.182)$$

依此类推，当处理完全部的 r 个传感器时，最终的融合滤波解为

$$\hat{X}_{k,r} = (P_{k,r-1}^{-1} + H_r^T R_r^{-1} H_r)^{-1} (P_{k,r-1}^{-1} \hat{X}_{k,r-1} + H_r^T R_r^{-1} Z_r) \quad (6.183)$$

该滤波模型可以很方便地适用于抗差滤波和自适应滤波，在抗差估计原则下，可以对 R_r^{-1} 进行处理，构造等价权矩阵 $\bar{R}_r^{-1}$，式（6.183）可以写成

$$\hat{X}_{k,r} = (P_{k,r-1}^{-1} + H_r^T \bar{R}_r^{-1} H_r)^{-1} (P_{k,r-1}^{-1} \hat{X}_{k,r-1} + H_r^T \bar{R}_r^{-1} Z_r) \quad (6.184)$$

若采用自适应滤波理论，则可以添加自适应因子 α，则有

$$\hat{X}_{k,r} = (\alpha P_{k,r-1}^{-1} + H_r^T R_r^{-1} H_r)^{-1} (\alpha P_{k,r-1}^{-1} \hat{X}_{k,r-1} + H_r^T R_r^{-1} Z_r) \quad (6.185)$$

可以证明，动、静态滤波的最后结果与集中公式滤波解是等价的[83]，综上所述，动、静态滤波融合框图如图 6.15 所示。

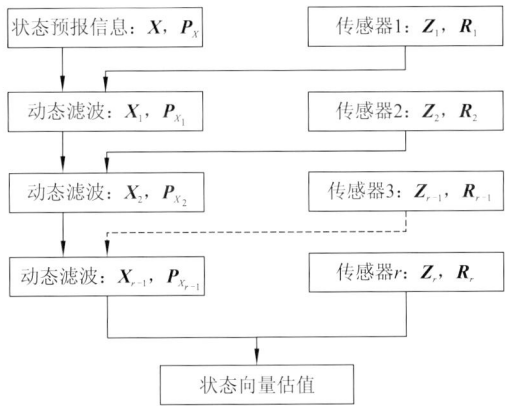

图 6.15 动、静态滤波融合框图

基于上述动、静态在 GNSS/INS/SLAM 紧组合导航中，INS 的观测用于构建状态方程，所以需要从 GNSS 和激光雷达中选择一个基础传感器，这里选择 GNSS 为基础滤波器，主要基于三个原因：①本书考虑的是室外弱 GNSS 信号区域的导航，所以 GNSS 信号是普遍存在的；②GNSS/INS 组合导航算法已经研究多年，商业化产品很成熟，十分适合作为基础传感器；③激光雷达导航需要环境中存在特征信息，所以其观测值仅在部分区域存在。

所以 GNSS/INS/SLAM 紧组合导航的流程为：首先利用 INS 和 GNSS 观测数据进行 GNSS/INS 动态滤波估计，然后将 GNSS/INS 的滤波结果作为静态滤波的状态预测，利用第 4 章中的激光雷达 SLAM/INS 组合模型中的量测模型进行量测更新得到最终的 GNSS/INS/SLAM 紧组合导航解，在这一步中包括了在状态向量中增广地标点位置向量。

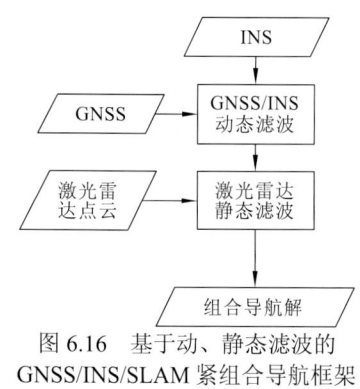

图 6.16 基于动、静态滤波的 GNSS/INS/SLAM 紧组合导航框架

整个流程如图 6.16 所示。

2. 基于分布式 EKF-SLAM 的 GNSS/INS/SLAM 组合模型

从以前的研究结果来看,在弱 GNSS 信号区域,采用战术级 IMU 的 GNSS/INS/SLAM 紧组合可实现长距离高精度定位,在一定距离内激光雷达的定位精度要远高于 GNSS 的定位精度,所以对定位结果起决定性作用。虽然 GNSS/INS/SLAM 紧组合的定位精度可达到厘米级,但是其定位误差存在阶跃,这也意味着其短时相对定位精度较低,而短时相对定位精度是许多应用中需要考虑的重要因素之一,例如测图应用中,短时相对定位精度决定了成图的清晰度,这种短时相对定位精度的降低主要是弱 GNSS 信号区域 GNSS 的定位结果精度较低,所以在滤波的过程中引入了较大的噪声[81]。在实际应用中,GNSS/INS 往往是一个封装好的商业组合导航系统,其数据处理会采用成熟的商业软件,若是基于上述的最优估计方法进行数据处理,需要进行二次开发,加大了实际应用的难度。综合以上因素,针对弱 GNSS 信号区域,采用战术级 IMU,本书介绍一种基于 GNSS/INS 辅助激光雷达 SLAM 的分布式 EKF-SLAM 模型(以下简称分布式 EKF-SLAM)来实现三者的组合,该模型将 GNSS/INS 的导航结果与激光雷达特征观测融合于 EKF-SLAM 框架中,GNSS/INS 导航结果仅使用航向角和速度信息,融合于 EKF-SLAM 的状态方程,定位结果由激光雷达 EKF-SLAM 解算。

分布式 EKF-SLAM 模型可以通过改变 GNSS/INS/SLAM 紧组合模型的第二步静态滤波来实现,将第二步静态滤波模型替换为 EKF-SLAM 模型即可,与常规 EKF-SLAM 模型不同的是在状态方程中,位置状态的更新利用 GNSS/INS 的速度结果作为控制向量,航向角则利用 GNSS/INS 组合导航结果中的航向角信息,其流程如图 6.17 所示。这种模式将 GNSS/INS 和 EKF-SLAM 直接的关联性进一步削弱,组合的程度更浅,GNSS/INS 和 EKF-SLAM 可以分布式运行,甚至可以先对 GNSS/INS 组合导航数据进行处理,再利用 EKF-SLAM 进行相对定位解算,降低了系统复杂度,易于实际应用。从相对定位的角度进行位置解算,在实现长距离的高精度定位同时,避免了 GNSS 的定位结果引入的噪声,从而提高了短时相对定位精度。

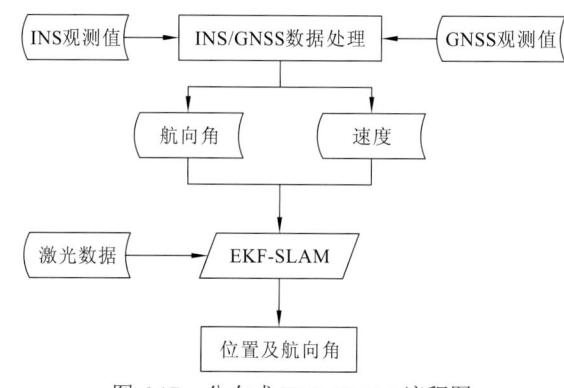

图 6.17 分布式 EKF-SLAM 流程图

6.4 基于高精度地图的定位技术

基于地图定位的前提是已知环境地图，也就是说，在定位之前已经通过某一种方式获得了某一种格式的地图。为了满足智能汽车的自定位精度与实时性的需求，地图的表示方法也存在多样性。目前，在智能驾驶领域，地图的表示方法有4种：特征地图、拓扑地图、栅格地图及直接表征法。特征地图用有关的几何语义特征表示环境，如道路中的车道线、停车线、路沿等，常见于 SLAM 技术中；拓扑地图是一种保持点与线相对位置关系正确而不一定保持图形形状与面积、距离、方向正确的抽象地图；栅格地图则是把环境划分成一系列栅格，每一栅格给定一个可能值来表示该栅格的空间属性；直接表征法省去了特征或栅格表示这一中间环节，直接用传感器读取的数据来构造地图。这种方法就像卫星影像一样，相对来说更加直观，但是这种方法的信息冗余度大，对于数据存储是很大的挑战，同时，车辆从中提取出有用信息也要耗费一番周折，因此在实际应用中很少使用。

随着高精度地图的发展，除了车载传感器提供的测量观测值以外，高精度地图可以提供精确、先验的地理信息，能够辅助智能车高精度定位。高精度地图一般采用特征地图、拓扑地图和栅格地图，本节将针对这三种地图表示方法对定位技术进行详细介绍。

一般来说，智能汽车的自定位包括全局定位和局部定位。全局定位包括车辆的位姿初始化及丢失当前位姿后的重新初始化过程，在无位姿先验信息的情况下得到当前的最优全局位姿，一般是在 n 系中的绝对位姿。局部定位是指车辆行进过程中的局部位姿优化问题，一般是指在 n 系中车辆与参考物的相对位姿。很多情况下，局部定位与全局定位的方法可以互通，主要区别在于全局定位不需要考虑耗时，而局部定位必须达到一定的效率才能满足实际的定位需求。

6.4.1 基于特征地图的定位

在利用特征来表征环境的高精度地图中，为了辅助无人车完成定位，必须从感知数据中提取到像地标一样具有辨识度的全局特征。地标是指某地方具有独特地理特色的建筑物或者自然物，游客或其他一般人可以看图而认出自己身在何方，有北斗星的作用，如摩天大楼、教堂、寺庙、雕像、灯塔、桥梁等。在面向智能驾驶的高精度地图中，全局特征可以是在环境中具有特殊语义信息的特征，如路口的停止线、交通标志牌及隧道的出入口等；也可以是在感知数据中具有全局差异性的特征，如图像中所提取的特征点和特征区域或是点云中提取的直线和平面。无 GPS 先验时，在实时数据中提取相应的全局特征，计算与地图中的全局特征之间的距离作为衡量特征之间相似度的标准，根据 PnP（三维-二维）、ICP（三维-三维，二维-二维）、SVD（三维-三维，二维-二维）等算法计算对应特征之间的几何关系，从而恢复无人车的粗略全局位姿。根据地图的数据来源的不同，可将全局特征大致分为激光点云中的全局特征、图像中的全局特征和混合模型中的全局特征。

1. 激光点云中的特征提取与匹配

基于激光点云的全局特征大致分为两大类：基于直方图统计的方法和基于特征描述的方法。基于直方图统计的方法主要提取点云内的几何信息，如形状、朝向、平滑度等，将统计结果放入直方图中，通过计算直方图之间的差异性来判别点云之间的相似性。基于特征描述的方法通过分割或识别的方法检测点云内的特定目标并进行描述，检测出两帧点云中出现了相同的目标，就代表两帧点云具有相似性。

Bosse 和 Roberts[85]提出了一种基于二维直方图的全局特征提取方法，二维直方图的第一维存储扫描点之间的空间距离，第二维存储扫描点的朝向。为了保持旋转不变性，往往需要在第二维开辟大量的分组去存储所有可能的旋转方向。这种方法只能用于二维点云数据，且效果在三维运动时会变得很差。受此工作启发，Magnusson 等[86]在之前工作的基础上，提出了一种适用于三维点云的全局特征提取方法正态分布变换直方图[NDT（normal distribution transform）-histogram]。NDT 算法在每个体素单元内计算了均值 μ 和协方差 P，对协方差 P 进行特征值分解可得到特征值 $\lambda_1 > \lambda_2 > \lambda_3$ 和相关特征向量 e_1、e_2、e_3。特征值的分布特点可以反映单元的几何特性，假定有阈值 $t_e \in (0,1)$，可以将单元分为三类：

（1）如果 $\lambda_2 / \lambda_1 < t_e$，单元内点云为线性分布；

（2）如果不满足线性条件且 $\lambda_3 / \lambda_2 < t_e$，单元内点云为面状分布；

（3）如果不满足以上条件，则单元内点云为球状分布（图 6.18）。

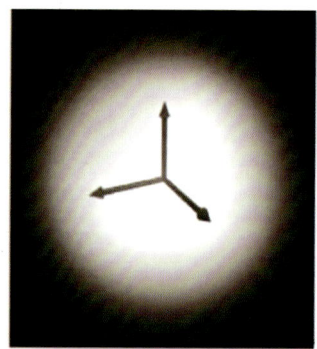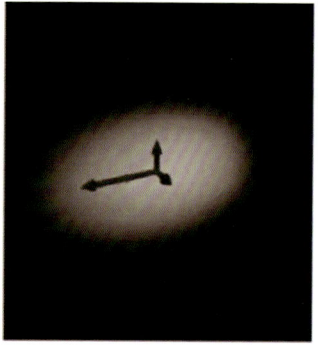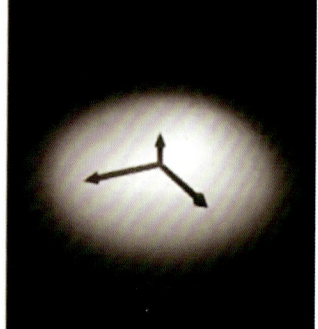

图 6.18 NDT-histogram 中的球形单元、线形单元和面形单元

NDT-histogram 按几何特性将单元分为三大类，再根据线性单元的朝向 e_1、面状单元的法向 e_2 和球状单元的平滑度 λ_2 / λ_1 在子类中进行细分，得到 s 种球形单元、p 种面状单元和 l 种线形单元，则整个直方图特征可表述为：$f = (f_1, \cdots, f_s, f_{s+1}, \cdots, f_{s+p}, f_{s+p+1}, \cdots, f_{s+p+l})$，$f_i$ 为属于 i 类的单元数目。为了保证特征的旋转不变性，在面状单元的法向中选择数目最多的两类 p' 和 p''，以 p' 为 z 轴，$p' \otimes p''$ 为 x 轴，建立新坐标系，并将点云旋转至新坐标系下。如果线性单元的数目明显多于面状单元，也可以在线性单元内使用同样的方法找到点云分布的主方向。在保持了旋转不变性后，两帧点云的直方图特征 F 和 G 之间的距离 $\delta(F,G)$ 可以直接计算得到

$$\delta(F,G) = \sum_{i=1}^{s+p+l} \left(\frac{f_i}{F_1} - \frac{g_i}{G_1} \frac{\max(F_1,G_1)}{\min(F_1,G_1)} \right) \tag{6.186}$$

式中，$\max(F_1,G_1)/\min(F_1,G_1)$ 是一个尺度因子，用于区分两帧点云之间的空间尺度。NDT-histogram 是一种基于几何特征统计的点云特征，它的优点是利用了点云中的全部信息，并包含泛化的几何特征，适应性较强。然而实验中发现，在线、面、球三种特征中只有面特征有真正的区分能力，Magnusson 在实验中将所有的线和球特征都没有再区分（$s,l=1$）。单元较小时或点云较为稀疏时面特征的提取比较困难，这导致 NDT-histogram 无法达到理想的效果。

Dubé等[87]提出了一种基于点云分割的特征提取方法 segMatch，在点云中提取特定目标（车辆、树木或建筑物）的片段，如图 6.19 所示。通过在片段地图中提取的片段进行匹配，实现重复场景的识别和定位，其主要步骤为分割、特征提取、匹配和几何验证。

图 6.19 segMatch 中提取的目标片段

首先，对输入的点云 P 进行体素网格滤波处理，去除点云中存在的噪声。通过基于垂直均值和方差的最邻近体素聚类方法去除点云中的地面，然后根据欧几里得距离将点云划分为一组点簇 C_i。在每一个点簇中为点云生成一种适用于识别和分类的对象签名，对象签名由两种特征 f_1 和 f_2 组成。f_1 是一个 1×7 维度的特征向量，分别是线性度（linearity）、平整度（planarity）、离散度（scattering）、全方差（omnivariance）、异向性（anisotropy）、特征熵（eigenentropy）和曲率导数（change of curvature measures）；f_2 是基于形状直方图的 1×640 维度的特征向量，分别包括了 D2（随机点对距离）、D3（随机点组区域距离）和 A3（随机点组角度差）直方图。在特征提取完毕后，segMatch 舍弃了传统的距离度量方法，使用随机森林（random forest）算法对特征进行训练从而得到特征对应的类别。最后，对于学习得到的候选匹配，使用随机抽样一致性（RANSAC）算法在三维空间中对其进行验证，挑选其中外点最小的匹配对作为最佳匹配。

基于分割和识别的点云全局特征提取方法一般有两个假设：第一是环境中存在特定的目标；第二是分割或识别技术能够将目标完整地提取。segMatch 的优势在于其能够利用点云中的整体几何信息（f_2）和部分几何特征（f_1），这使得它不依赖完美分割的假设，可以在大规模、非结构化的环境下保持足够的鲁棒性。机器学习和几何验证两步匹配的过程使 segMatch 不受传统方法中距离度量阈值难以选取和多种类特征难以归一化的限制，继承提高了 segMatch 的定位精度。其缺点在于特征提取的过程较为烦琐，随机森林算法和随机抽样一致性算法也相对耗时，导致在已经训练了地图模型的情况下整体的识别和定位过程只能达到 1Hz。

2. 图像中的特征提取与匹配

图像相比点云的优点在于其携带的信息更丰富，且图像是一种有序的结构化数据。在图像中提取的特征都是通过计算像素梯度值来提取目标区域内的像素变化趋势，在具有区分度的区域提取到的特征应具有可重复性、可区分性、准确性、有效性和稳定性等特点[40]。图像特征基于其检测目的可分为两大类，特征点、特征区域。特征点是寻找目标区域内具有代表性的关键点并使用局部图像结构为该点赋值，如尺度不变特征变换

(scale-invariant feature transform,SIFT)特征、加速鲁棒特征(speed up robust feature,SURF)、ORB(oriented FAST and rotated BRIEF)特征等;特征区域指通过计算和统计目标区域内的像素变化并使用多维向量进行描述,如 HOG 特征、Haar 特征、LBP 特征等。在提取特征完毕后,可通过分类或聚类算法进行相似特征的识别,从而判断两帧图片的相似度。这两类都是基于图像梯度的特征,都具有旋转不变性,都能够用于描述图像的像素分布特性。两者的区别在于特征点能够定位图像中像素变化最为明显的位置,匹配两张图像中的对应特征点后可以通过几何关系直接求解两张图像之间的二维刚体变换,而特征区域对图像中完整目标的识别效果更好,配合简单的分类器可以更有效地识别相似场景。

HOG 特征是由法国国家计算机技术和控制研究所的研究员 Dalal 和 Triggs[88]提出的,将图像分割为大小相同的细胞单元,再将不同的单元组合为带有重叠区域的块,将块内的灰度直方图进行归一化之后按照块的分布进行合并得到最终的 HOG 特征(图6.20)。HOG 特征能够忽略图像在几何上的细微形变且维度足够高,经常被用于行人识别、车辆识别等任务。Paya 等[89]在图片中提取离散傅里叶变换、HOG 等全局语义特征建立特征库,在特征库里应用 FLANN 算法进行聚类和压缩,由此构建一个纯粹的视觉特征地图。在实时图像中也进行相同的特征提取,通过计算实时特征与特征库之间的特征距离,由此得到全局的定位结果。

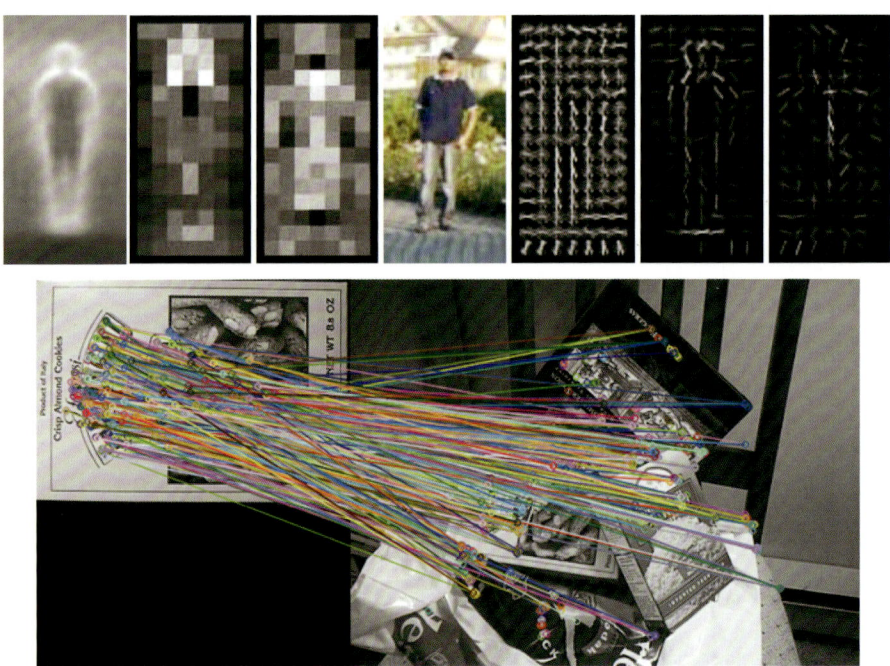

图6.20　HOG特征与ORB特征

ORB 特征是一种角点,由 Rublee 等[90]提出,将加速分割特征(features from accelerated segment test,FAST)特征点检测方法和二元鲁棒独立基本特征(binary robust independent elementary features,BRIEF)特征描述算法结合起来,并通过定义特征点方向添加了旋转不变性。ORB 的特征检测过程中首先运用机器学习方法和极大值抑制方法对特征点进行两层筛选,然后采用多层金字塔和矩法保证特征点的尺度不变性和旋转不变性。特征提取完毕后,ORB 算法在 BRIEF 算法中添加旋转因子,得到可区分性不输于原始 BRIEF

算法而且能够描述特征点方向的新描述子。ORB 特征以速度快、性能稳定的特点，广泛应用于视觉定位的相关研究。Galvez-López 和 Tardos[91]基于词袋（BoW）模型提出了一种图像的分类方法，使用单个特征点描述子作为特征向量，通过聚类算法对所有的特征向量进行训练得到字典。得到字典后即可将每张图片提取到的特征集合转变为词袋向量，并通过单词之间的距离度量判断图片之间的相似性。k-means 算法是 BoW 中常用的字典训练算法，在所有的特征向量中选取 k 个作为聚类中心，并不断将所有特征向量添加到最近的簇中，再重新计算各个簇的中心，如此重复多次后即可获得稳定的 k 个聚类中心。为了提高查询的效率，BoW 将所有描述子分散在一个 k 分支、d 深度的 k 叉树上，将查询速度提高到 $\log_k N$，同时使用倒排索引、正排索引、频率-逆频率（term frequency-inverse document frequency，TF-IDF）算法提高查询的精确度。BoW 的检测结果 $\text{Sim}_i^j \in [0,1]$ 不适用于一个绝对的阈值，通常是根据一个相对的阈值 $D_{\text{th}} > 1.0$，即当前帧 i 与某一个关键帧 j 的相似度 Sim_i^j 超过与相邻关键帧 k 的相似度 Sim_i^k 之间满足 $\text{Sim}_i^j \geq D_{\text{th}} \text{Sim}_i^k$ 时才会认定检测到了正确的相似度。

3. 混合模型中的特征提取与匹配

点云的特点是具有很高的几何量测精度及不受光照影响，但是信息量较少，稀疏点云中无法抽取到稳健的几何特征；图像的特点是信息丰富，排列有序的像素中能够提取到目标的纹理信息，但是易受光照的影响，其特征稳定性大大降低。为结合两者的优点，部分学者开始了两种数据格式转换的研究[92-94]，另一部分学者则着眼于两种数据的配准[93]。

点云和图像的配准是指同时采集两种数据，然后通过传感器的标定和相机成像模型将点云投影到图像中，为像素点和三维点建立关联，数据的高精度时间同步和严格的标定参数直接影响这种方法的精度。Qiu 等[95]利用相机进行三维重建，提取三维环境中的边特征投影到实时图像中，在实时图像中使用二维边特征生成距离图像，通过优化距离图像的结果来求解无人机的位姿。图像到点云的转换最流行的方式是使用 RGB-D 相机同时采集灰度信息和距离信息，但是 RGB-D 相机仍然会受到环境光照的影响，因此大多数在室内环境使用。

点云到图像的转换一般基于投影转换，将无序的点云转化为图像，从而通过在图像中方便地提取信息来反映真实环境中的变化，如深度图中的线对应于现实世界中的建筑物棱线等。投影方式主要有相机模型和平行投影，分别对应于深度图和俯视图。Wu 等[96]将点云投影为栅格并提取斑点特征，同时提取图像中车道线和路标，由此构建混合了点云和图像特征的地图。然后分别匹配实时图像中提取的车道线和点云栅格中的斑点特征，并将其与里程计结果一起放入高斯-牛顿法中进行迭代。

点云转化为深度图的过程主要分两步：基于相机模型的投影和 Z-buffer[97]算法。相机模型中应用最广泛的即针孔相机模型，如图 6.21（a）所示，C 为点云坐标系 xyz 的原点，P 为图像平面坐标系 uv 的原点。对于空间内任意一点 $X(x,y,z)$，在图像中都有一个点 $x(u,v)$ 与其对应，对应关系为

$$\begin{bmatrix} u \\ v \\ 1 \end{bmatrix} = \frac{1}{z} \begin{bmatrix} f_x & 0 & d_x \\ 0 & f_y & d_y \\ 0 & 0 & 1 \end{bmatrix} \begin{bmatrix} x \\ y \\ z \end{bmatrix} = \frac{1}{z} \boldsymbol{K} \begin{bmatrix} x \\ y \\ z \end{bmatrix} \qquad (6.187)$$

式中，$\boldsymbol{K}$ 为相机的内参矩阵。在单纯的点云和图像的投影转换中，可认为主光轴没有偏离，即 $d_x = d_y = 1$。设定合适的 f_x 和 f_y 值，即每个像素所代表的实际尺寸，可为点云投影设置压缩的尺度。在得到空间点的图像坐标后，即可使用 Z-buffer 算法计算每个像素的深度值。最后得到的图像中，每个像素中所存储的值为此投影方向上最近点的深度值。深度图的优点在于其模仿了相机的视野范围，比较符合人类的视觉习惯，在点云较为稠密时能够很清晰地分辨出周围的轮廓，但是点云较为稀疏（尤其是车载激光雷达往往在竖直分辨率上较低时），所得到的效果很差。

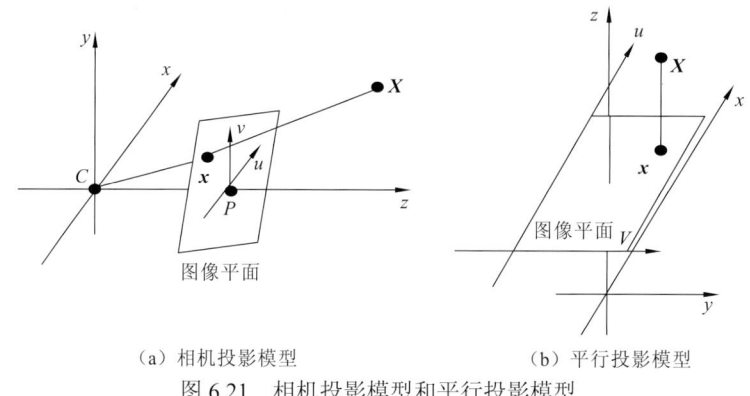

（a）相机投影模型　　　　（b）平行投影模型

图 6.21　相机投影模型和平行投影模型

平行投影是在一束平行光线照射下形成的投影，与投影面的距离无关，能准确、完整地表达出形体的形状和结构，作图简便，度量性较好，因此在工程上得到了广泛的运用。如图 6.21 所示，假设所得图像的行列数分别为 Rows 和 Cols，每个像素覆盖的范围为 u_{res} 和 v_{res}，则有

$$\begin{bmatrix} u \\ v \end{bmatrix} = \begin{bmatrix} \dfrac{1}{u_{\text{res}}} & \dfrac{\text{Rows}}{2} \\ \dfrac{1}{v_{\text{res}}} & \dfrac{\text{Cols}}{2} \end{bmatrix} \begin{bmatrix} x \\ y \end{bmatrix} \qquad (6.188)$$

对于落入同一像素的多个点，有以下几种处理方式[98]：①取 z 的最大值，将点云转为高度图，类似于 GIS 中的数字高程模型（digital elevation model，DEM），可以直观地表现出环境的高低起伏；②取 z 的最大值与最小值之差可得到高度差图，相比高度图能够清晰分辨出树木、隧道等悬空物体；③取反射强度的平均值得到强度图，常用于地面激光扫描仪，对稀疏点云的效果不好。俯视图的优点在于可以应对竖直分辨率较低的点云，即使是单线激光雷达（此时高度图变为二值图像）也能得到不错的效果；缺点是分辨率较低导致丢失了较多的信息，只能描绘出环境的大概轮廓。

通过对比深度图和俯视图的成像特点，可以知道俯视图更适合全局特征的提取。因此提出一种新的全局特征提取方法[99]，使用平行投影将点云转化为高度图，利用邻域值对高度图进行灰度校正；然后在图像中提取 ORB 特征点和描述子，使用词袋算法检测图像之间的相似性（图 6.22）。

原始高度图中存储的是每个像素内的最大高度，像素值变化是高度非线性的，无法直观反映空间的变化。本方法在每个像素值 p_i 的邻域 s_{p_i} 内计算像素之间像素距离和欧氏距离，根据差异性对 p_i 重新赋值：

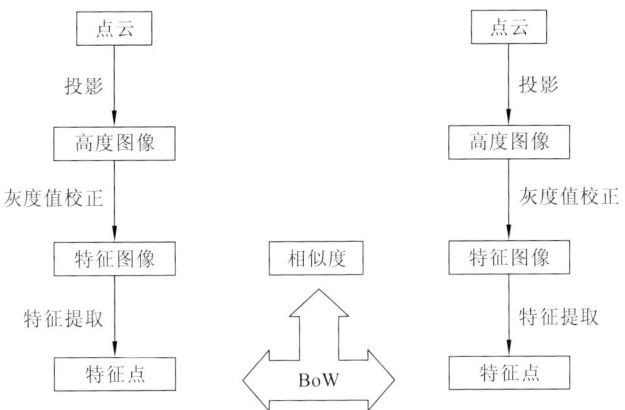

图 6.22 高度图中的全局特征提取和计算

$$p_i = \exp\left(-A \cdot \sum_{j \in s_{p_i}} \max\left(\frac{p_i - p_j}{D(p_i, p_j)}, 0\right)\right) \quad (6.189)$$

式中：$D(p_i, p_j)$ 为像素 P_i 和 p_j 之间的欧氏距离；A 为尺度放缩因子。通过对原始的高度图进行灰度值重采样，得到语义信息更明显的图像，检测出的 ORB 特征点也更稳定。假设点云的坐标系中 z 轴指向天空（或地面），将三维点云转换为二维高度图后，其三维刚体变化 $T(x,y,z,\text{roll},\text{pitch},\text{yaw})$ 也相应变为了二维刚体变换 $T(x,y,\text{yaw})$。同理若求得高度图之间的二维刚体变换 $T_i(x_i, y_i, \text{yaw}_i)$，也能得出对应点云之间的粗略变换 $\hat{T}_i(x_i, y_i, 0, 0, 0, \text{yaw}_i)$，将 $\hat{T}_i$ 作为初值代入 NDT 算法中，即可求得精确的三维刚体变换 T_i。当检测到两帧数据之间相似度后，对这两帧图像的特征点集根据汉明距离进行匹配，寻找最佳的匹配点对并将其逆投影到激光坐标系中得到 $\{P_i(x_i, y_i)\}$ 和 $\{P_j(x_j, y_j)\}$。假设 (R_i^j, t_i^j) 为点集之间的二维刚体变换，则有最小二乘问题：

$$(R_i^j, t_i^j) = \underset{(R_i^j, t_i^j)}{\arg\min} \sum R_i^j p_i + t - p_j \quad (6.190)$$

式（6.190）虽然是一个最小二乘问题，但是很明显未知量远远少于已知量，迭代方法效率较低且容易落入局部极小值，因此可以采用效率更高的奇异值分解（singular value decomposition，SVD）算法：

$$U\Sigma V^{\mathrm{T}} = \text{SVD}(P_i P_j^{\mathrm{T}}) \quad (6.191)$$

$$R_i^j = VU^{\mathrm{T}} \quad (6.192)$$

$$t_i^j = P_j - RP_i \quad (6.193)$$

式中：P_i 和 P_j 分别为点集 $\{P_i\}$ 和 $\{P_j\}$ 的质心。由此可得 $x_i^j = t_i^j(0)$，$y_i^j = t_i^j(1)$，$\text{yaw}_i^j = \tan^{-1}(R_i^j(0,0) / R_i^j(1,0))$，由此代入三维配准算法中可得到两帧之间的三维刚体变换 T_i^j。

6.4.2 基于拓扑地图的定位

高精度路网地图主要参考了传统导航电子地图的模型，采用二维或者三维采样点存储道路的高精度几何信息,使用拓扑关系对其进行管理,辅助地图查询和全局路径规划。图 6.23 分别为路网描述文件(road network definition file,RNDF)拓扑结构与 OpenDRIVE 模型。RNDF 路网模型是美国 DARPA 比赛使用的官方地图,采用 DOS 文件格式对路段信息和区域信息进行存储,每个路段包括多条车道,多个路段又组成一条道路。区域信息由一系列的边界点组成,路段信息由一系列的道路中心线点组成。同时,RNDF 还支持自定义的几何特征供参赛队伍进行扩充。OpenDRIVE 是一种开源的道路网逻辑描述的文件格式,最早用于驾驶模拟器中作为路网文件[100],与其相似的还有 RoadXML。OpenDRIVE 采用树形拓扑结构将地图划分为有道路、交叉口、交叉口组,目前百度 Apollo 方案主要使用这种模型。由于 OpenDRIVE 带有丰富的拓扑信息,配合拓扑学地图匹配算法,可以得到较好的定位结果。Lanelet 模型[101]是奔驰公司在 2014 年提出的高精度地图模型,使用矩形框"let"对车道边界的二维位置和形状进行表达,以邻接表存储"let"之间的连通关系,可直接在带空间参考的卫星影像图上绘制得到。此模型的优点是结构简单,可使用简单的曲线相似性度量实现快速的地图匹配。

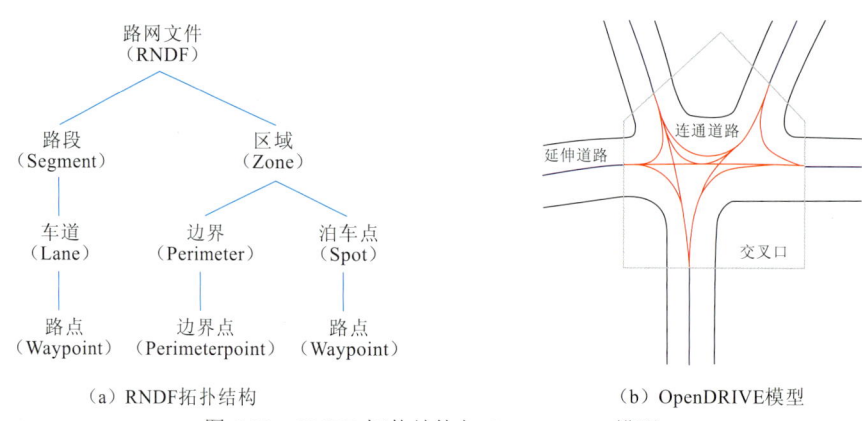

图 6.23　RNDF 拓扑结构与 OpenDRIVE 模型

可利用地图匹配方法约束车辆位置辅助定位,或者车载传感器可将各种目标投影到已知地图上,通过车辆与多目标在局部场景中的相互位置关系,利用目标在地图上的精确绝对位置,实现车辆状态参数计算。

1. 地图匹配

车辆行驶至 GNSS 信号较弱的区域时,由于车辆定位误差较大,经常会出现车辆位置偏离正确的道路的情况,为车辆路径规划、决策控制等模块造成错误判断。针对这一问题,利用地图匹配技术可以将车辆匹配至正确的道路上,从而提高车辆位置的准确度和置信度。

高精度地图采用了多源传感器数据,如 GNSS、IMU、相机和激光等,除了能够提供精确的地理位置信息,还能提供航向角度、速度、图像等额外信息,地图匹配算法的应用空间也就更大,如除了匹配车辆 GNSS 轨迹,还可以匹配航向角、俯仰角、高程等信息。高精度地图包含车道级的道路拓扑关系及交通场景中的其他各种交通要素,如车道线、人行道、红绿灯和交通标志等数据。对于智能驾驶来说,需要知道车辆在车道上的确切位置,才能完成车道保持、换道超车、路径规划等操作,因此与传统的地图匹配相比，智能汽车需要高精度地图作为匹配模板。

地图匹配是指通过地图匹配算法，将实际运行轨迹映射到电子地图上，利用地图中的道路网格达到限制定位误差的目的。从广义上讲，地图匹配属于 GNSS 定位信息和 GIS 数字地图信息的融合[102]。地图匹配算法的本质是一种模式识别，将路网作为模板，将车辆的轨迹点作为待匹配样本，通过一定的规则对两者进行匹配，选出与待匹配样本相似度最高的匹配模板作为最终的匹配结果[103]。对于大部分地图匹配算法来说，候选路段的快速选择、交叉路口拐弯检测及如何能够快速而准确地找到车子在路段上的正确位置等，都是解决的重点。

使用地图匹配方法必须同时满足以下三个前提[103]。

（1）车辆是连续运动的。根据实际情况，车辆的运动具有时空连续性，车辆经过的上一条道路与下一条道路必须是相通的，即拓扑相连，不可能跳跃性地突然从一条道路跳到与它没有连通性的另一条道路上去。

（2）车辆始终在道路上行驶。目前的地图匹配多是建立在结构化道路基础上的，要求车辆始终在道路上行驶，这样电子地图对车辆才有约束作用，如果车辆偏离道路行驶，那么算法就没有了参照物，地图匹配也就失去了意义。

（3）导航数字电子地图精度要远高于定位精度，且提供的道路网信息可靠。由于人们期望通过地图匹配得到车辆全局位姿或者重定位，为获得高精度的全局坐标系转换参数，电子地图的误差不能过大，与实际的道路不能相差太远。针对这一点，高精度地图为人们提供了保障。

现有的地图匹配算法大致可以分为三类[104]。①单一匹配算法，从单一角度进行匹配，常用的是几何法。②综合权重匹配算法，是一种局部的匹配方法，该方法综合考虑了角度、距离、历史轨迹及道路的拓扑关系等因素，并赋予各个因素相应的权重，权重可以是静态的，也可以是动态的。最终取总得分最高的路段作为最优匹配路段。③基于复杂模型的地图匹配算法，采用较为复杂的数学模型和滤波器，常用的有模糊逻辑模型[105]、D-S 证据理论[106]、Kalman 滤波器[107-108]及隐式马尔可夫模型[109]。下面逐一进行详细介绍。

1）单一匹配算法

王东晖[110]提出了一种基于分类投影的地图匹配算法，针对直接投影法会出现定位点的投影点不落在道路的中心线而是落在延长线上的问题，对 GNSS 点进行了分类处理，使算法能够适用于不同的路段。算法的不足之处是需要用未来点进行路径寻找，这就使得该方法只能用于离线的地图匹配，而不能用于实时的地图匹配。周颖和程荫杭在 2004 年[111]提出了一种基于曲线相似度的匹配算法，这是一种线-线地图匹配方法。主要考虑了距离、角度等因素，进行轨迹线与道路线的曲线相似度评价，最后将最相似的路段作为最终的匹配路段。该方法的不足之处是前期要对轨迹及路段建立线性模型，这个过程耗时比较长，而且遇到平行路段时，很容易造成错误匹配。Perrine 等[112]提出了一种基于通用公交数据标准（general transit feed sepcification，GTFS）格式文件的地图匹配算法，轨迹数据来源于公交车，本质是基于点的匹配，主要考虑了距离、连通性等因素。

单一匹配算法常用的是基于几何分析的地图匹配算法，不考虑路段间的拓扑连通性，只考虑路段的角度、距离等几何信息。基于几何分析的地图匹配算法原理简单，比较容易实现,但缺点也很明显,由于判决规则单一,算法对电子导航地图的精度要求就会非常高。此外,没有充分利用可用信息,很有可能造成匹配点不连续,以及出现错误匹配。单一匹配算法按照要素种类主要分为三类:点-点地图匹配、点-线地图匹配和线-线地图匹配。

(1)点-点地图匹配。基本思想是计算定位点到所有道路节点的距离,从这些距离中选择最小的值,其对应的道路节点所对应的道路即为最佳的匹配道路。再采用直接投影的方式将定位点投影到匹配的道路上,或者直接将节点作为该定位点的匹配点。在导航电子地图中,道路通常表现为折线段的形式,折线段之间以折点相连,折点在这里一般会称为节点。通常将两条相连的道路之间的折点称为结点,也就是说,结点是节点的一个特例。这种方法的缺点是过于依赖节点的密度,道路节点过于稀疏,匹配很容易出错。如图6.24所示,定位点P附近存在两条道路A和B,如果按照距离最近原则,点P离b_1节点最近,因此P应该匹配到道路B上,但可以明显看出点P离道路A更近,因此就造成了误匹配。但过多的道路节点又会增大计算量,影响算法的实时性。

(2)点-线地图匹配。地图中的道路可以分成多条折线段,折线段之间以节点连接。点-线地图匹配的基本思想是计算当前定位点与其附近的所有候选路段之间的距离,距离最短的路段即为最优路段,垂足就是定位点的匹配点。点-线匹配常出现的问题如图6.25所示。

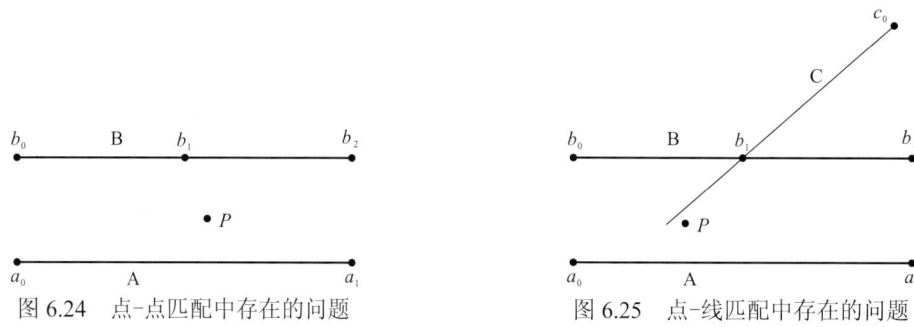

图6.24 点-点匹配中存在的问题　　图6.25 点-线匹配中存在的问题

图6.25中,距离定位点P最近的道路是路段C,P在其上的投影点很可能在道路的延长线上,针对这种问题,可以先判断投影点是否落在道路上,如果落在道路上,就将投影点作为匹配点,如果落在道路之外,就将离定位点最近的道路节点作为匹配点。单一的点-线匹配方法有其局限性,因其使用的信息比较单一,如果不考虑道路的拓扑连通性及车辆的历史轨迹信息,在城市道路环境中的立体化路段容易产生匹配错误。

(3)线-线地图匹配。线-线地图匹配方法[111]主要分三步:第一步是找出候选节点;第二步是找出候选路段;第三步是找到最优路段。具体的操作过程是先取连续的几个定位点组成一条轨迹线,再针对轨迹线上的每个定位点,通过点-点匹配方法找出与之最近的道路节点,将该节点作为该定位点的候选节点。找出所有定位点的候选节点之后,候选路段就是与之相连的路段,再通过计算曲线与曲线距离的方法来计算轨迹和路段的距离,选出其中距离该轨迹线最近的路段,即为最优匹配路段。线-线匹配的目标是找到最优匹配路段即可,不用匹配到具体的位置。与点-点匹配、点-线匹配相比,线-线匹配的优点是由于考虑了车辆的历史信息,算法的准确性会更高。但缺点也很明显,线-线匹配的计算量大,而且轨迹线对测量的异常值十分敏感,需要先进行数据预处理和拟合操作,整体而言可靠性不强。

2）基于规则的综合权重地图匹配算法

实体之间的邻接、关联、包含和连通关系称为拓扑关系，一般用节点、弧段和多边形表示。基于规则的综合权重地图匹配方法与单一地图匹配方法相比，除了会用到几何信息，还会考虑路网中路段之间的连通关系及车辆的历史轨迹信息等，再根据规则进行加权，然后从候选路段中选出得分最高的路段作为最优匹配路段。因此，基于规则的综合权重地图匹配算法[113-114]考虑了路网中路段之间的连通关系及车辆的历史轨迹信息，最后从候选路段中选出最优的匹配路段。基于拓扑关系的算法能够充分利用路网中路段之间的拓扑关系及车辆的历史轨迹信息，有效地提高了算法的匹配准确率，同时减少了算法的计算量[29]。但是，这样做的缺点是，整个算法的匹配效果会相当依赖于路网拓扑关系的质量。

Winter 和 Taylor[115]提出了一种基于人工神经网络的地图匹配算法，输入数据为车辆的 GNSS 定位信息，通过道路拓扑关系和车辆历史轨迹来对定位点与电子地图之间的误差进行修正，由于参数的训练和修正比较耗时，因此不适合实时地图匹配。Syed 和 Cannon[116]提出了一种基于模糊逻辑的地图匹配算法，该算法也分两步：第一步是判断车辆当前所处的道路；第二步是确定车辆的准确位置。判断规则主要考虑了几个规则：距离、几何方向信息及时间，匹配效果优于单一的基于几何信息的算法。但缺点是该算法的初始定位时间长，而且没有考虑导航电子地图本身存在的误差等因素。Marchal 等[117]主要针对大规模的路网数据，对距离和连通性原则分别设置了不同的权重，实验结果表明该算法的实时性不错。Quddus[105, 118]陆续提出了三种地图匹配算法，其中效果最好的是基于模糊逻辑的地图匹配算法，综合考虑距离、角度和历史轨迹等因素，精度和实效性较高，但当行驶到复杂路段时，匹配错误率会升高，因此不适合城市道路环境。Nassreddine[119]针对路段选择和位置的不确定性，采用置信区域，主要考虑了距离和拓扑关系。Blazquez 和 Vonderohe[120]提出了一种参数调整的思路，能够适用于不同频率的采样数据。Mokhtari 等[121]针对城市道路环境中 GNSS 信号容易被遮挡的情况，提出了一种基于粒子滤波（particle filter）的综合权重的地图匹配算法。Quddus 和 Washington[122]提出了一种考虑不同 GNSS 数据采集频率的地图匹配算法，主要是基于距离行驶方向，并加入了权重赋值。实验证明该算法准确率和时效性都相当不错，可以适用于不同时间尺度的定位数据。Hashemi 和 Karmin[123]提出了一种动态加权的地图匹配算法，由于定位数据频率高，所以在地图匹配算法因素选择时，还需要将相邻定位点间距考虑进去。该算法的优点是算法独立，不依赖于其他传感器。

3）基于复杂模型的地图匹配算法

除了上面常用的几种地图匹配算法，还有一些采用了较为复杂的数学模型或者滤波器的地图匹配算法，如模糊逻辑模型、D-S 证据理论、EKF 及隐式马尔可夫模型（hidden Markov model，HMM）等。

（1）基于模糊逻辑的地图匹配算法。在地图匹配中，第一步是要判断车辆所在的正确道路，但是由于各种因素导致的误差，算法只能根据判别规则判断当前车辆在不在该道路上，它所做出的判断是模糊的，是概率事件。因此，地图匹配是一个与模糊度有关的定性决策过程[124]。基于这个思想,采用模糊逻辑的方法解决地图匹配这一问题。

基于模糊逻辑的地图匹配算法的整个过程归纳起来就是模糊化—推理—去模糊化。首先根据输入信息建立知识规则集,待匹配样本,包含定位点的位置、航向、速度、历史轨迹等信息,匹配模板主要有路段的方向及连通性。然后将所有的输入信息模糊化,并依据建立的模糊规则进行最优路段的推理。最后去模糊化确定最优匹配路段并输出结果。由于采用了模糊处理,可以解决大多数道路环境的匹配问题,算法的适应性强。缺点是匹配算法对原始的输入信息进行了模糊处理,导致对信息的利用率较低。而且当该算法面对复杂交叉口时,匹配精度会急剧下降。

(2) 基于 D-S 证据理论的地图匹配算法。D-S 证据理论是一种能够处理不确定信息的不精确推理理论[125],是由传统的贝叶斯理论推广而来的,属于人工智能范畴。匹配算法的核心要建立一个基本概率分配函数,称之为联合支持度函数。它是关于车辆的位置和方向的基本概率分配函数。将位置信息和方向信息两个证据融合,选出得分最高的路段即可。

(3) 基于 EKF 的地图匹配算法。基于 EKF 的地图匹配算法[126]是 2000 年由 Kim 提出的。通常的地图匹配算法可分为两步:第一步匹配车辆所在的道路;第二步确定车辆在该道路上的正确位置。第二步通常采用直接垂直投影的方法,虽然很好地修正了垂直于道路的横向误差,但是难以修正沿道路方向的纵向误差。基于 EKF 的地图匹配就是为了修正车辆沿道路方向上的纵向误差而提出的。算法主要是在普通的地图匹配算法上进一步操作,即先利用普通的匹配方法完成常规的两步,为定位点找到正确的道路并进行垂直投影,修正横向误差。再用 EKF 估计出车辆在道路上的真实位置。路网空间的数据质量会直接决定最终的匹配效果,输入 EKF 的位置信息就是第一步找到的匹配道路,如果找到的道路本身就是错的,那么也就不可能得到正确的匹配结果。

(4) 基于 HMM 的地图匹配算法。HMM 已经应用许多领域中,比较常见的应用有语音识别、词性标注等。HMM 有三个典型问题:①概率计算问题,已知模型参数,计算某一特定输出序列的概率,通常使用 Forward 算法解决;②预测问题或者解码问题,已知模型参数,寻找最可能的能产生某一特定输出序列的隐含状态的序列,通常使用 Viterbi 算法解决;③学习问题,已知输出序列,寻找最可能的状态转移及输出概率,通常使用 Baum-Welch 算法。

Ren 等[127]提出了一种基于 HMM 的地图匹配方法,该方法是一种全局的地图匹配方法,适用于低速情况下的地图匹配,主要针对轮椅导航。Lou 等[128]对上述 HMM 在状态转移概率和观察概率的确定上进行了改进,但是状态转移概率的计算过于复杂。Newson 和 Krumm 相比 Lou 等提出的方法,考虑因素减少了,但匹配精度并没有得到优化[129]。Goh 等[130]提出了基于 SVM 确定状态转移概率的方法,在对观测概率的计算中加入道路宽度因素。该算法精度较高,但是路段特征的标注过于耗时。Raymond 等[131]直接将前后两点间的距离作为状态转移概率的计算参数,实验效果比之前的 HMM 要好。Szwed 和 Pekala[132]提出了一种扩展的改进 HMM 算法,主要是针对有噪声干扰的 GNSS 数据,在不同的路况下,候选路段可以根据情况进行缩放,因此算法的可靠性较强。

通常来说,衡量匹配算法质量的指标主要有三个。①实时性,即系统的反应时间。地图匹配过程主要包括选取最优的匹配道路和确定车辆在道路上的位置两个步骤,确定最优匹配道路之前会有一个候选道路的选取过程，它是地图匹配算法实时性的主要影响因素，尤其是在路网规模很大的情况下，选取候选道路会相当耗时。另外，地图匹配算法的实时性还会受匹配规则复杂程度的影响，匹配算法复杂度越高，算法的实时性就越差。道路网信息越复杂，匹配准确度越高，但是实时性就会下降，如何平衡准确率与实时性的关系也是很多算法要面临的问题。此外，地图匹配算法的实时性还与 CPU 等硬件有关。②可靠性，指在整个匹配过程中，算法能否应对各种异常情况，成功完成匹配过程，而不会陷入死循环或意外退出，从而对后续匹配产生影响。例如，遇到拐弯、交叉口、平行路段、立体路段等高难度情况，被测数据会出现"震动"，算法在这种危险的情况下能否继续正常运行，成功完成匹配过程，得到的结论是否稳定，这些都是对地图匹配算法可靠性的考验。③匹配精度，是指定位点匹配后的位置与车辆实际所在位置之间的差值，匹配精度主要受定位系统自误差、导航电子地图自身误差及坐标转换误差的影响。

2. 基于地图已知目标的车辆定位

基于地图已知目标的车辆定位，主要思路都是基于 GNSS 或者其他位置辅助信息进行粗定位，根据传感器环境感知信息，获得车辆与地图的相对位置，最后根据地图已知目标的精确绝对位置信息，后方交会，得到车辆的位置。例如，Xu 等[133]运用车载摄像机所拍摄的道路场景信息，与高精度地图中的语义信息匹配，选取地图中与智能汽车距离最近的一个采集点，实现定位，定位精度为 10m 左右。Li 等[134]在图像数据与地图中的对应信息进行匹配的基础上，增加了 GNSS 数据进行约束，首先通过 GNSS 数据匹配获得一个初步定位范围，再通过图像信息匹配获得精确位置，该方法可提高定位精度，减少计算量。Harr 等[135]也采用了这种传感器配置，并且对比了两种数据融合滤波方法扩展 Kalman 滤波和粒子滤波，定位精度可达厘米级。然而，在某些路段中，存在 GNSS 盲区问题。

6.4.3 基于栅格概率地图的定位

栅格地图使用标准的二维网格或三维立方体单元对空间进行划分，并为每一个单元赋予特定值来描述空间的属性。栅格地图的单元内可以是一个概率，代表此单元内存在物体的可能性；也可以是一个属性值，代表此单元内物体的高度或激光反射强度；也可以是统计值，代表此单元内的空间分布情况。栅格地图相对实现了空间和时间消耗的最优，在智能驾驶领域应用非常广泛。老牌图商 TomTom 发布了 RoadDNA，使用激光雷达进行地图数据采集，不分辨路侧具体是什么物体，而是把它们当成一种纹理，用灰度值代表距离生成定位用的栅格图。谷歌 Waymo 无人车从激光雷达原始点云中识别路侧的静态物体、行人、车辆，以及车道线、人行道标示，生成多种场景数据格式，包括激光雷达占据栅格图、反射率图及数字高程模型（DEM）等。百度 Apollo 无人车平台也是采用激光雷达强度成像图和高度分布图。Autoware[136]是世界上第一个智能驾驶开源解决方案，囊括了深度学习、传感器融合、正态分布变换等技术，具备定位、目标检测、目标跟踪、全局规划、运动规划等无人车必需的功能，可以在城市、高速公路、开阔路段等地区实现智能驾驶功能。Autoware 的地图模块分为两部分：用于导航规划的拓扑地图和用于定位的三维栅格地图。目前全球绝大多数厂家包括 Waymo、福特、通用等都是采用栅格地图。

占据似然图（occupancy likelihood map，OLM）是一种基于距离测量的地图构建算法，在贝叶斯框架下使用概率对每个单元内存在物体的最大后验概率进行表达，可应用于二维和三维场景[137]。OLM 的优点是易构建、位置唯一、能够应对环境的动态变化，然而栅格或体素精度不依赖于环境的复杂程度，会浪费大量的空间。

在给定了粗略的先验位姿和车辆运动参数后，将实时的感知数据通过相应的反演测量模型或统计模型与现有的栅格地图进行匹配，计算出当前地图环境下具有最大后验概率的位姿以减少运动参数中的误差，这就是基于 OLM 的基本定位过程。然而，任何一种 OLM 的定位结果都会受到栅格分辨率的影响，降低定位误差有两种方法：一是提高地图的分辨率，这会带来计算量的增加，而且仍然会受限于传感器的精度；另一种就是引入多余的观测量。多余观测不仅可以检核观测值中是否含有超过允许范围的误差甚至错误，而且在平差后可以提高计算成果的精度。在机器人运动学中，多余观测的应用实质上是一个位姿优化问题。位姿优化根据其原理可分为两大类：基于贝叶斯最大后验概率的滤波优化和基于最小二乘的非线性图优化。

贝叶斯滤波器是指在给定时刻 k 及之前的所有观测量 z 和输入量 u 时，求得当前状态量 x 的最大后验概率分布[138]。由于状态量无法直接观测到，因此贝叶斯滤波器对系统状态的更新作了隐马尔可夫假设：①$k-1$ 时刻的状态与 k 时刻的输入无关，即 $p(x_{k-1}|z_{1:k-1},u_{1:k}) = p(x_{k-1}|z_{1:k-1},u_{1:k-1})$；②$k$ 时刻的状态只与 k 时刻的输入及 $k-1$ 时刻的状态有关，即 $p(x_k|x_{k-1},z_{1:k-1},u_{1:k}) = p(x_k|x_{k-1},u_k)$；③$k$ 时刻的观测只与 k 时刻的状态有关，即 $p(z_k|x_k,z_{1:k-1},u_{1:k}) = p(z_k|x_k)$。贝叶斯方程一般分为两步：状态预测和状态更新。当输入为运动 u_k 时，使用贝叶斯法则对最新的状态进行预测，$\overline{\text{bel}}(x_k) = \int p(x_k|x_{k-1},u_k)\text{bel}(x_{k-1})\text{d}x_{k-1}$；当输入为观测时，使用全概率公式对状态进行更新，$\text{bel}(x_k) = \eta p(z_k|x_k)\overline{\text{bel}}(x_k)$，对于特定的系统来说，$\eta$ 是一个贝叶斯标准化常量。滤波方法是一种增量式的优化方法，只对最新时刻状态变量的均值和方差进行存储、维护和更新，存在线性化精度损失，因此仅适用于计算资源受限或状态变量维度较低时。在大尺度、非线性化程度较高的环境下，滤波方法逐渐被图优化方法所代替。图优化将位姿和观测目标作为结点，运动关系和观测关系作为边，使用多余观测构建非线性最小二乘函数，采用迭代算法求解最优估计，能够同时优化位姿和观测目标的位置，获取全局一致解。

1. 粒子滤波算法

粒子滤波（PF）通过占据栅格地图更新采样粒子的权重，校正运动模型的误差。当状态空间非线性化程度较高且噪声分布不明确时，基于 PF，可以通过一组带权的采样粒子来描述车辆姿态的后验分布，从含有噪声的观测序列中估计状态空间的变化[139]。PF 的主要步骤如下。

（1）初始化：由初始化状态 x_0 随机生成 N 个粒子 $\boldsymbol{x}$，设每个粒子 i 的权重为 $w_0^i = \dfrac{1}{N}$。

（2）重要性采样：根据观测量对粒子进行重要性采样，更新其权重。由于目标分布是未知的，无法直接从中进行采样，使用一个已知的分布 $\boldsymbol{x}$ 进行采样。设重要性概率密

度函数为 $q(x_k|x_{k-1},\mu_k,z_k)$,则有 $x_k^i \sim q(x_k^i|x_{k-1}^i,\mu_k,z_k)$, $w_k^i \propto w_{k-1}^i \dfrac{p(z_k|x_k^i)p(x_k^i|x_{k-1}^i)}{q(x_k^i|x_{k-1}^i,\mu_k,z_k)}$。

（3）重采样：经过几次递回后，很多粒子的权重都变小到可以忽略不计，只剩少数粒子的权重较大，如此会浪费大量的计算量在几乎没有作用的粒子上，而使估计性能下降，这种现象称为粒子退化。因此，在每次重要性采样后，可将权重较小的粒子舍弃，由剩余的粒子生成新的粒子群，并将权重重置为 $1/N$，这个过程称为粒子重采样。重要性概率密度函数的设计是 PF 算法的关键点，与真实的状态分布越接近，估计出的结果越精确。目前常用的方法有基于优化算法[140]寻找拟合分布的方法，基于非线性滤波的方法和基于数据驱动的方法，使用最为广泛的是第二种，它假设下一时刻状态相对于当前状态和观测值是单模高斯分布。PF 是位姿优化中效果最好的滤波类方法，足够多的粒子可以近似出任意概率分布，但是这也带来了计算能力上的挑战，同时粒子的退化问题也是一个难以解决的问题。

2. NDT 算法

正态分布变换（normal distribution transform，NDT）算法最初由 Biber 和 Strasser[141]提出，作为二维点云的匹配方法，后来 Magnusson[142]提出三维 NDT 方法，这种方法以一系列局部概率密度函数（probability density function，PDF）将点云转化为一种平滑的曲面表达方式。三维 NDT 算法的第一步是将三维空间划分为 m 个规则的体素，并假设单元中的每个点都对单元的分布特性做贡献，并为每一个体素单元计算 PDF。计算方式如下：

$$\rho(\boldsymbol{x}) = \dfrac{1}{(2\pi)^{\frac{1}{2}}\sqrt{\Sigma}}\exp\left(-\dfrac{(\boldsymbol{x}-\boldsymbol{\mu})^{\mathrm{T}}\Sigma^{-1}(\boldsymbol{x}-\boldsymbol{\mu})}{2}\right) \tag{6.194}$$

$$\boldsymbol{\mu} = \dfrac{1}{m}\sum_{j=1}^{m}\boldsymbol{y}_j \tag{6.195}$$

$$\Sigma = \dfrac{1}{m-1}\sum_{j=1}^{m}(\boldsymbol{y}_j-\boldsymbol{\mu})(\boldsymbol{y}_j-\boldsymbol{\mu})^{\mathrm{T}} \tag{6.196}$$

式（6.194）、式（6.195）和式（6.196）中：$\boldsymbol{x}$ 和 $\boldsymbol{y}_{k=1,\cdots,m}$ 为当前点和体素内点的坐标；$\boldsymbol{\mu}$ 和 Σ 为体素单元内的位置的均值和协方差；$\rho(\boldsymbol{x})$ 为空间任意一点属于此单元的概率密度，也代表此点在单元内的"得分"。NDT 算法的基本原理是如果两帧点云的重合度越高，则它们之间的"得分"应该更高。对于目标帧中的每一个点（假设有 n 个），可以搜索其在基准帧中最近的单元，代入 PDF 函数中计算其概率密度。因此，在给定初始位姿 T_0 后，NDT 的优化目标为

$$T = \arg\max_{T=T_0}\prod_{j=1}^{n}\rho(T(\boldsymbol{p},\boldsymbol{x}_j)) \tag{6.197}$$

式（6.197）中优化函数为累乘形式且目标是求最大值，使用 PDF 函数的负对数作为优化目标，即可转变为人们熟悉的累加形式和最小化优化。另外，PDF 函数的负对数形式的导数形式过于复杂，因此可使用高斯函数 $\tilde{\rho}(\boldsymbol{x}_j)$ 对其进行近似，由此得到对非线性迭代优化更友好的优化目标函数形式：

$$\tilde{\rho}(\boldsymbol{x}_j) = -d_1\exp\left(-\dfrac{d_2}{2}(\boldsymbol{x}_j-\boldsymbol{\mu}_j)^{\mathrm{T}}\Sigma_j^{-1}(\boldsymbol{x}_j-\boldsymbol{\mu}_j)\right) \tag{6.198}$$

$$T = \arg\min_{T=T_0} -\sum_{j=1}^{n} \tilde{\rho}(T(\boldsymbol{p}, \boldsymbol{x}_j)) \tag{6.199}$$

式中，d_1、d_2 为近似函数的转换参数，此处不做详细描述。随后，使用高斯-牛顿迭代法或列文伯格-马夸尔特方法对目标函数式（6.199）进行优化，即可求得最优的位姿变换。基于非线性优化的 NDT 算法在遇到误差较大的初值时，也很容易落入局部极值中。此外，每个单元只在其范围内对"得分"有影响，选择的单元尺寸过小会导致算法对于初值的敏感度增加，而选择的尺寸过大会使稀疏点云无法配准。因此，NDT 算法只能在给定了粗略的先验位姿时，对两帧位置邻近的数据之间的位姿关系进行求解。

3. NDT-OM 算法

为提高 NDT 算法的实时性，Saarinen 等[143]提出了一种正态分布变换占据地图（normal distributions transform occupancy maps，NDT-OM）算法，该法既能够用于点云匹配定位，也能够应对动态环境变化。NDT-OM 中的每一个单元均使用参数 $c = \{\mu, P, N, p_k\}$ 描述，其中，μ_i 和 P_i 代表单元的高斯分布参数，用于在 NDT 配准过程中计算目标点云的得分；N_i 是当前单元中用于估计高斯分布的点云数目；$p(m_i | z_{1:k})$ 是单元被占据的概率，用于在导航中寻找可通行路径。原始的 NDT 算法中，每当测量更新时都要对单元内的均值和协方差进行重新计算。为了能够应对高度动态的环境，NDT-OM 提出了一种新的均值和协方差更新策略，对于同一个位置的两个单元 $\{x_i\}_{i=1}^{m}$ 和 $\{y_i\}_{i=1}^{n}$，将式（6.195）和式（6.196）中的均值和协方差的计算方式改为

$$\boldsymbol{\mu}_{x \otimes y} = \frac{1}{m+n}(m\boldsymbol{\mu}_x + n\boldsymbol{\mu}_y) \tag{6.200}$$

$$P_{x \otimes y} = \frac{1}{n+m-1}\left((m-1)P_x + (n-1)P_y \frac{mn}{n+m}(\boldsymbol{\mu}_x - \boldsymbol{\mu}_y)(\boldsymbol{\mu}_x - \boldsymbol{\mu}_y)^{\mathrm{T}}\right) \tag{6.201}$$

式（6.200）和式（6.201）意味着地图不需要再更新测量值后存储实际的点云数据，计算和存储只受环境尺度的影响，也能应用于大尺度地图向小尺度地图的转换。另一种测量更新情况是原本被占据的单元，最新的测量值表明了此单元内的物体已经消失，而此时 NDT 的均值和协方差分布并不会改变。当占据概率降低到一定程度后即可认为此单元为空，此时可将此单元的均值和协方差置为 0，即可降低错误匹配的概率。

NDT-OM 使用粒子滤波获得更平滑的定位结果[143]。给定地图 $m = \{u_j, \Sigma_j\}_{j=1}^{N_m}$，对位姿 $p(x, y, z, \text{roll}, \text{pitch}, \text{yaw})$ 进行采样作为粒子 $\{p\}^{N_k}$，根据 IMU 获得相邻帧之间的相对位移作为控制量 μ 对位姿进行更新。根据每一个粒子 p^k 将当前帧点云 z_t 变换，并计算变换后的点云 $\bar{z}_t$ 与地图之间的 L_2 可能性：

$$L_2^k = \sum_{j=1}^{N_m}\sum_{i=1}^{N_z} \exp\left(-\frac{1}{2}\boldsymbol{u}_{ij}^{\mathrm{T}}(R_k \Sigma_i R_k^{\mathrm{T}} + \Sigma_j)^{-1} u_{ij}\right) \tag{6.202}$$

式中：$u_{ij} = R_k \bar{z}_i + t_k - u_j$，式（6.202）与前文中 NDT 算法的式（6.197）一致，且 L_2^k 可用于粒子滤波中的重要性重采样步骤，即 $w_t^k = \frac{1}{\sum_{i=1}^{N} w_t^i} w_{t-1}^k L_2^k$。

传统 NDT 算法无法应对"占据"到"空白"的变化，仍然保留的均值和协方差在

新的匹配中就变成了噪声，NDT-OM 使用占据概率作为 NDT 重置的指标，一定程度上解决了此问题。NDT-OM 使用的位姿优化方法是粒子滤波，与直接将单帧点云和地图进行匹配的方法相比能够得到更平滑的定位结果，然而粒子滤波需要的采样数目往往过大，且需要另一个传感器的输入作为控制量。

有一种思路是采用关键帧对栅格地图进行划分[99]，并根据当前数据与不同关键帧之间的位姿关系构建位姿图，通过图优化的方式降低定位的误差。位姿图是一种只包含位姿节点的图，即将每个帧的位姿作为节点，帧与帧之间的位姿约束作为边。使用四元数表示旋转，三维向量 $\boldsymbol{p}=(x,y,z)$ 表示位移，$T=(q,p)$ 表示三维的刚体变换和位姿，由此节点集合可表示为 $\{T_i\}_{i=1}^n$，边集合可表示为 $\{T_{i,j}\}_{i,j=1}^n$，当前位姿图的优化目标可表示为

$$T = \arg\min_T \sum_{i,j}^n e(T_i,T_j,T_{i,j})^{\mathrm{T}} \boldsymbol{\Omega}_{i,j} e(T_i,T_j,T_{i,j}) \quad (6.203)$$

式中：$\boldsymbol{\Omega}_{i,j}$ 为位姿 i 与 j 之间的关联协方差矩阵，可使用 NDT 计算的结果；$e(T_i,T_j,T_{i,j})$ 为 i 与 j 之间刚体变换的残差值，即观测值与预测值之差。以四元数描述旋转时，两个位姿之间的变化预测值为 $\hat{T}_{i,j}=(\hat{q}_{i,j},\hat{p}_{i,j})$，其中，$\hat{q}_{i,j}=q_i^{-1}q_j$，$\hat{p}_{i,j}=\boldsymbol{q}_i^{\mathrm{T}}(p_b-p_a)$。得到预测值后，可以计算残差值 $q_{i,j}^e = 2\cdot\mathrm{Vec}(q_{i,j}\hat{q}_{i,j})$，$p_{i,j}^e = p_{i,j}-\hat{p}_{i,j}$，式中，Vec 为四元数中的虚部 (x,y,z)。由此可得

$$T = \arg\min_T \sum_{i,j}^n \Omega_{i,j} \{2\cdot\mathrm{Vec}(q_{i,j}(q_i^{-1}q_j)), p_{i,j}-\boldsymbol{q}_i^{\mathrm{T}}(p_b-p_a)\}_2 \quad (6.204)$$

实际操作中，为解决复杂数据计算，Ceres Solver 库是一个专用于建模和解算大型复杂优化问题的开源 C++库，既可以结算带约束的最小二乘问题，也可以应用于缺乏约束的泛化优化问题，如统计学中的曲线拟合或者在计算机视觉中依据图像进行三维模型的构建。Ceres 提供了自动求导功能，可以避免复杂的雅克比计算，拥有大量的文档资料，相对于 SLAM 中另一个常用的非线性求解开源库 G2O 的缺点仅仅是依赖的库多一些。

理论上来说，经过图优化后的位姿应该是很精确的，但是现实世界中永远存在测量误差，对同一位姿不同时间采集得到的点云也可能不同。动态环境造成的误差积累或是采集序列的跳变造成的"绑架"现象等，都会导致局部定位过程失败，如何判断局部定位过程是否失败是定位系统是否能用于实际的关键。一方面，可以通过连续帧之间及当前位姿与当前目标关键帧之间的位姿差异来判断当前位姿是否发生了突变，这种方法的特点是速度极快，但是局部定位方法缺乏对全局环境的认知，当场景本身相似度较大时就会出现定位错误；另一方面，可采用全局定位方法进行相似度检测，但是全局定位太过于耗时，定位系统对实时性的要求较高。一个比较好的办法是同时使用高频的位姿差异性检测和低频的全局检测方法，即在每次图优化后都对当前的位姿进行差异性检测，根据检测结果决定是否重新初始化。同时，另开一个线程定时进行全局性检测，如果检测到定位失败，则立刻重新初始化。

栅格地图一方面能表示空间环境中的很多特征，无人车可以用它来进行路径规划；另一方面，它又不直接记录传感器的原始数据，相对实现了空间和时间消耗的最优。因此，栅格地图是目前无人车所广泛应用的地图存储方式。然而，栅格地图没有提取具体的语义特征，一般是靠位姿优化来降低环境动态变化带来的定位误差，在高度动态的环

境中只能通过扩大地图覆盖范围以使静态目标所占比例扩大来提高定位精度。NDT-OM算法中的占据栅格与 NDT 地图相结合的策略是一个不错的方向，但是 NDT-OM 仅仅是将两种空间表达方式叠加在一起，并没有在定位过程中对均值、协方差、占据概率之间的关系深入挖掘，实际上同时维护两个空间参考一致的地图也能达到同样的效果。

参 考 文 献

[1] GROVES P D. Principles of GNSS, inertial, and multisensor integrated navigation systems[J]. Industrial Robot, 2013, 67(3): 191-192.

[2] 班亚龙. 高动态 GNSS/INS 标量深组合跟踪技术研究[D]. 武汉: 武汉大学, 2016.

[3] PETIT G, LUZUM B. IERS Conventions (2010)[R]. IERS Technical Note 36, Verlagdes Bundesamts fu̇r Kartographie undGeodäsie, Frankfurt am Main, Germany, 2010.

[4] 孔祥元, 郭际明, 刘宗泉. 大地测量学基础[M]. 武汉: 武汉大学出版社, 2010.

[5] SAVAGE P G. Strapdown Analytics[M]. Minnesota: Strapdown Associates Maple Plain, 2000.

[6] SHIN E H. Estimation techniques for low-cost inertial navigation[D]. Calgary: University of Calgary, 2005.

[7] SAVAGE P G. Strapdown inertial navigation integration algorithm design part 1: Attitude algorithms[J]. Journal of Guidance, Control, and Dynamics, 1998, 21(1): 19-28.

[8] 严恭敏, 翁浚. 捷联惯导算法与组合导航原理讲义[M]. 西安: 西北工业大学, 2016.

[9] 刘帅. 模糊度固定解 PPP/INS 紧组合理论与方法[J]. 测绘学报, 2017, 46(6): 803.

[10] SAVAGE P G. Strapdown inertial navigation integration algorithm design part 2: Velocity and position algorithms[J]. Journal of Guidance, Control, and Dynamics, 1998, 21(2): 208-221.

[11] 陈起金. 基于 A-INS 组合导航的铁路轨道几何状态精密测量技术研究[D]. 武汉: 武汉大学, 2016.

[12] EL-SHEIMY N. Inertial techniques and INS/DGPS Integration[R]. Lecture Notes ENGO 623, Department of Geomatics Engineering. The University of Calgary, Calgary, 2014: 170-182.

[13] HOU H. Modeling inertial sensors errors using Allan variance[D]. Calgary: University of Calgary, 2004.

[14] CHAN F C. A state dynamics method for integrated GPS/INS navigation and its application to aircraft precision approach[D]. Chicago: Illinois Institute of Technology, 2008.

[15] KAPLAN E, HEGARTY C. Understanding GPS: Principles and Applications[M]. Boston: Artech House, 1996.

[16] HOFMANN-WELLENHOF B, LICHTENEGGER H, WASLE E. GNSS-Global Navigation Satellite Systems: GPS, GLONASS, Galileo, and More[M]. New York: Springer, 2007.

[17] 基余. GPS 卫星导航定位原理与方法[M]. 北京: 科学出版社, 2008.

[18] 李征航, 黄劲松. GPS 测量与数据处理[M]. 武汉: 武汉大学出版社, 2010.

[19] 子卿. 茂荣. GPS 相对定位的数学模型[M]. 北京: 测绘出版社, 1998.

[20] GE L, HAN S, RIZOS C. Multipath mitigation of continuous GPS measurements using an adaptive filter[J]. GPS Solutions, 2000, 4(2): 19-30.

[21] 黄丁发, 丁晓利, 陈永奇, 等. GPS 多路径效应影响与结构振动的小波滤波筛分研究[J]. 测绘学报, 2001(1): 36-41.

[22] TEUNISSEN P J, DE JONGE P, TIBERIUS C. Performance of the LAMBDA method for fast GPS ambiguity resolution[J] Navigation, 1997, 44(3): 373-383.

[23] TEUNISSEN P, DE JONGE P, TIBERIUS C. The least-squares ambiguity decorrelation adjustment: Its performance on short GPS baselines and short observation spans[J]. Journal of Geodesy, 1997, 71(10): 589-602.

[24] WILLERS J, JIN M, EKSIOGLU B, et al. A post-processing step error correction algorithm for overlapping LiDAR strips from agricultural landscapes[J]. Computers and Electronics in Agriculture, 2008, 64(2): 183-193.

[25] 章大勇. 激光雷达/惯性组合导航系统的一致性与最优估计问题研究[D]. 长沙: 国防科技大学, 2010.

[26] 王力, 田赤军, 包玖红. 多普勒计程仪显示控制系统的软件设计[J]. 导航, 2005, 41(3): 85-88.

[27] 崔希璋, 於宗俦, 陶本藻. 广义测量平差[M]. 2 版. 北京: 测绘出版社, 1992.

[28] 秦永元, 张洪钺, 汪叔华. 卡尔曼滤波与组合导航原理[M]. 西安: 西北工业大学出版社, 2015.

[29] SUNAHARA Y. An approximate method of state estimation for nonlinear dynamical systems[J]. Journal of Basic Engineering, 1970, 92(2): 385-393.

[30] BUCY R S, SENNE K D. Digital synthesis of non-linear filters[J]. Automatica, 1971, 7(3): 287-298.

[31] 武元新. 对偶四元数导航算法与非线性高斯滤波研究[D]. 长沙: 国防科技大学, 2005.

[32] 孙红星. 差分 GPS/INS 组合定位定姿及其在 MMS 中的应用[D]. 武汉: 武汉大学, 2004.

[33] NIU X, ZHANG Q, GONG L, et al. Development and evaluation of GNSS/INS data processing software for position and orientation systems[J]. Survey Review, 2015, 47(341): 87-98.

[34] 李团, 章红平, 牛小骥, 等. RTK/INS 紧组合算法在卫星数不足情况下的性能分析[J]. 武汉大学学报(信息科学版) 2018, 43(3): 478-484.

[35] ROGERS R M. Applied mathematics in integrated navigation systems[J]. Reston American Institute of Aeronautics and Astronautics Inc, 2007(2): 78.

[36] TITTERTON D, WESTON J. Strapdown Inertial Navigation Technology[M]. Stevenage: The Institution of Electrical Engineers, 2004.

[37] MAYBECK P S. Stochastic Models, Estimation, And Control[M]. New York: Mathematics in Science and Engineering Academic Press, 1979.

[38] NIU X, CHEN Q, ZHANG Q, et al. Using allan variance to analyze the error characteristics of GNSS positioning[J]. GPS Solutions, 2014, 18(2): 231-242.

[39] DURRANT-WHYTE H, BAILEY T. Simultaneous localization and mapping: Part I[J]. IEEE Robotics and Automation Magazine, 2006, 13(2): 99-110.

[40] DURRANTWHYTE H F, BAILEY T. Simultaneous localization and mapping (SLAM): Part II[J]. IEEE Robotics and Amp Automation Magazine, 2006, 13(2): 99-110.

[41] 张治国. 基于单目视觉的定位系统研究[D]. 武汉: 华中科技大学, 2009.

[42] 李捐. 基于单目视觉的移动机器人. SLAM 问题的研究[D]. 哈尔滨: 哈尔滨工业大学, 2013.

[43] 冯春. 基于单目视觉的目标识别与定位研究[D]. 南京: 南京航空航天大学, 2013.

[44] LEMAIRE T, BERGER C, JUNG I K, et al. Vision-based SLAM: Stereo and monocular approaches[J]. International Journal of Computer Vision, 2007, 74(3): 343-364.

[45] LI M, MOURIKIS A I. High-precision, consistent EKF-based visual-inertial odometry[J]. The

[46] HESCH J A, KOTTAS D G, BOWMAN S L. Camera-IMU-based localization: Observability analysis and consistency improvement[J]. The International Journal of Robotics Research, 2014, 33(1): 182-201.

[47] LATIF Y, CADENA C, NEIRA J. Robust loop closing over time for pose graph SLAM[J]. The International Journal of Robotics Research, 2013, 32(14): 1611-1626.

[48] LEUTENEGGER S, FURGALE P, RABAUD V, et al. Keyframe-based visual-inertial slam using nonlinear optimization[J]. The International Journal of Robotics Research: 34(3): 314-334.

[49] LU Y, SONG D. Visual navigation using heterogeneous landmarks and unsupervised geometric constraints[J]. IEEE Transactions on Robotics, 2015, 31(3): 736-749.

[50] ANDERSON S, Barfoot T D, Tong C H, et al. Batch nonlinear continuous-time trajectory estimation as exactly sparse gaussian process regression[J]. Autonomous Robots, 2015, 39(3): 221-238.

[51] GAO X, ZHANG T. Robust RGB-D simultaneous localization and mapping using planar point features[J]. Robotics and Autonomous Systems, 2015, 72: 1-14.

[52] GAO X, ZHANG T. Unsupervised learning to detect loops using deep neural networks for visual SLAM system[J]. Autonomous Robots, 2017, 41(1): 1-18.

[53] MUR-ARTAL R, MONTIEL J M M, Tardos J D. ORB-SLAM: A versatile and accurate monocular SLAM system[J]. IEEE Transactions on Robotics, 2017, 31(5): 1147-1163.

[54] MUR-ARTAL R, TARDOS J D. ORB-SLAM2: An open-source SLAM system for monocular, stereo and RGB-D cameras[J]. IEEE Transactions on Robotics, 2017, 33(5): 1255-1262.

[55] FORSTER C, PIZZOLI M, SCARAMUZZA D. SVO: Fast semi-direct monocular visual odometry[C]// 2014 IEEE International Conference on Robotics and Automation (ICRA). Hong Kong, 2014: 15-22.

[56] ENGEL J, SCHÖPS T, CREMERS D. LSD-SLAM: Large-scale direct monocular SLAM[J]. European Conference on Computer Vision, 2014, 8690: 834-849.

[57] 李德仁. 移动测量技术及其应用[J]. 地理空间信息, 2006(4): 1-5.

[58] THRUN S, MONTEMERLO M. The graph SLAM algorithm with applications to large-scale mapping of urban structures[J]. The International Journal of Robotics Research, 2006, 25(5-6): 403-429.

[59] LU F, MILIOS E. Globally consistent range scan alignment for environment mapping[J]. Autonomous Robots, 1997, 4(4): 333-349.

[60] KOHLBRECHER S, VON STRYK O, MEYER J, et al. A flexible and scalable slam system with full 3D motion estimation[C]// 2011 IEEE International Symposium on Safety, Security, and Rescue Robotics. Kyoto, 2011: 155-160.

[61] GRISETTI G, STACHNISS C, BURGARD W. Improved techniques for grid mapping with rao-blackwellized particle filters[J]. IEEE transactions on Robotics, 2007, 23(1) : 34-46.

[62] VINCENT R, LIMKETKAI B, ERIKSEN M. Comparison of indoor robot localization techniques in the absence ofGPS[C]// In Detection and Sensing of Mines, Explosive Objects, and Obscured Targets XV; International Society forOptics and Photonics. Bellingham, WA, USA, 2010: 76641Z.

[63] HESS W, KOHLER D, RAPP H, et al. Real-time loop closure in 2D LiDAR SLAM[C]// 2016 IEEE International Conference on Robotics and Automation (ICRA). Stockholm, 2016: 1271-1278.

[64] 高翔. 视觉 SLAM 十四讲: 从理论到实践[M]. 北京: 电子工业出版社, 2017.

[65] COLEGROVE S, DAVEY S. On using nearest neighbours with the probabilistic data association filter[C]// Record of the IEEE 2000 International Radar Conference [Cat. No. 00CH37037]. Alexandria, VA, USA, 2000: 53-58.

[66] NEIRA J, TARDÓS J D. Data association in stochastic mapping using the joint compatibility test[J]. IEEE Transactions on Robotics and Automation, 2001, 17(6): 890-897.

[67] LEE M S, KIM Y H. New data association method for automotive radar tracking[J]. IEEE Proceedings of Radar Sonar and Navigation, 2002, 148(5): 297-301.

[68] RUIZ I T, PETILLOT Y, LANE D M, et al. Feature extraction and data association for AUV concurrent mapping and localisation[C]// Proceedings 2001 ICRA. IEEE International Conference on Robotics and Automation (Cat. No. 01CH37164). Seoul, South Korea, 2001: 2785-2790.

[69] PFISTER S T, ROUMELIOTIS S I, BURDICK J W. Weighted line fitting algorithms for mobile robot map building and efficient data representation[C]// 2003 IEEE International Conference on Robotics and Automation (Cat. No. 03CH37422). IEEE, Taipei, 2003: 1304-1311.

[70] NGUYEN V T, MARTINELLI A, TOMATIS N, et al. A comparison of line extraction algorithms using 2D laser rangefinder for indoor mobile robotics[C]// 2005 IEEE/RSJ International Conference on Intelligent Robots and Systems. Edmonton, Alta, 2005: 1929-1934.

[71] XAVIER J, PACHECO M, CASTRO D, et al. Fast line, arc/circle and leg detection from laser scan data in a player driver[C]// Proceedings of the 2005 IEEE International Conference on Robotics and Automation. Barcelona, Spain, 2005: 3930-3935.

[72] AGHAMOHAMMADI A A, TAGHIRAD H D, TAMJIDI A H, et al. Feature-based laser scan matching for accurate and high speed mobile robot localization[C]// European Conference on Mobile Robots. DBLP. Freiburg, Germany, 2007: 1-6.

[73] SOLOVIEV A, BATES D, VAN GRAAS F, et al. Tight coupling of laser scanner and inertial measurements for a fully autonomous relative navigation solution[J]. Navigation, 2007, 54(3): 189-205.

[74] SOLOVIEV A. Tight coupling of GPS, laser scanner, and inertial measurements for navigation in urban environments[C]// 2008 IEEE/ION Position, Location and Navigation Symposium. Monterey, CA, USA, 2008: 511-525.

[75] FERNÁNDEZ A, DIEZ J, CASTRO D D, et al. ATENEA: Advanced techniques for deeply integrated GNSS/INS/LiDAR navigation[C]// 2010 5th ESA Workshop on Satellite Navigation Technologies and European Workshop on GNSS Signals and Signal Processing (NAVITEC). Noordwijk, 2010: 1-8.

[76] ROGERS J G, FINK J R, STUMP E A, et al. Mapping with a ground robot in GPS denied and degraded environments[C]// 2014 American Control Conference. Portland, OR, 2014: 1880-1885.

[77] GAO Y, LIU S, ATIA M, et al. INS/GPS/LiDAR integrated navigation system for urban and indoor environments using hybrid scan matching algorithm[J]. Sensors, 2015, 15(9): 23286-23302.

[78] LIU S, ATIA M, GAO Y, et al. Adaptive covariance estimation method for LiDAR-aided multi-sensor integrated navigation systems[J]. Micromachines, 2015, 6(2): 196-215.

[79] SCHULTZ A, GILABERT R, BHARADWAJ A, et al. A navigation and mapping method for UAS during under-the-canopy forest operations[C]// 2016 IEEE/ION Position, Location and Navigation Symposium (PLANS). Savannah, GA, 2016: 739-746.

[80] HENING S, IPPOLITO C A, KRISHNAKUMAR K S, et al. 3D LiDAR SLAM integration with GPS/INS for UAVs in urban GPS-degraded environments[C]// Aiaa Information Systems-aiaa Infotech, 2017: 448.

[81] 张全. GNSS/INS 组合导航短期精度的分析方法和应用研究[D]. 武汉: 武汉大学, 2015.

[82] CARLSON N A, BERARDUCCI M P. Federated kalman filter simulation results[J]. Navigation, 1994, 41(3): 297-322.

[83] 杨元喜. 动态定位自适应滤波解的性质[J]. 测绘学报, 2003(3): 189-192.

[84] 杨元喜, 何海波, 徐天河. 论动态自适应滤波[J]. 测绘学报, 2001(4): 293-298.

[85] BOSSE M, ROBERTS J. Histogram matching and global initialization for laser-only SLAM in large unstructured environments[C]// Proceedings 2007 IEEE International Conference on Robotics and Automation. Roma, 2007: 4820-4826.

[86] MAGNUSSON M, ANDREASSON H, NUCHTER A, et al. Appearance-based loop detection from 3D laser data using the normal distributions transform[C]// 2009 IEEE International Conference on Robotics and Automation. Kobe, 2009: 23-28.

[87] DUBÉ R, DUGAS D, STUMM E, et al. SegMatch: Segment based place recognition in 3D point clouds[C]// 2017 IEEE International Conference on Robotics and Automation (ICRA). Singapore, 2017: 5266-5272.

[88] DALAL N, TRIGGS B. Histograms of oriented gradients for human detection[C]// 2005 IEEE Computer Society Conference on Computer Vision and Pattern Recognition (CVPR'05). San Diego, CA, USA, 2005: 886-893.

[89] PAYÁ L, MAYOL W, CEBOLLADA S, et al. Compression of topological models and localization using the global appearance of visual information[C]// 2017 IEEE International Conference on Robotics and Automation (ICRA). Singapore, 2017: 5630-5637.

[90] RUBLEE E, RABAUD V, KONOLIGE K, et al. ORB: An efficient alternative to SIFT or SURF[C]// 2011 International Conference on Computer Vision. Barcelona, 2011: 2564-2571.

[91] GALVEZ-LÓPEZ D, TARDOS J D. Bags of binary words for fast place recognition in image sequences[J]. IEEE Transactions on Robotics, 2012, 28(5): 1188-1197.

[92] LIN Y, WANG C, CHENG J, et al. Line segment extraction for large scale unorganized point clouds[J]. ISPRS Journal of Photogrammetry and Remote Sensing, 2015, 102(4): 172-183.

[93] LI Y, WU H. Adaptive building edge detection by combining LiDAR data and aerial images[J]. The International Archives of the Photogrammetry, Remote Sensing and Spatial Information Sciences, 2008, 37(Part B1): 197-202.

[94] Woo D M, Park D C, Han S S. Extraction of 3D line segment using disparity map[C]// 2009 International Conference on Digital Image Processing. Bangkok, 2009: 127-131.

[95] Qiu K, Liu T, Shen S. Model-based global localization for aerial robots using edge alignment[J]. IEEE Robotics and Automation Letters, 2017, 2(3): 1256-1263.

[96] Wu C, Huang T A, Muffert M, et al. Precise pose graph localization with sparse point and lane features[C]// 2017 IEEE/RSJ International Conference on Intelligent Robots and Systems (IROS). Vancouver, BC, 2017: 4077-4082.

[97] Greene N, Kass M, Miller G. Hierarchical Z-buffer visibility[C]// Proceedings of the 20th Annual Conference on Computer Graphics and Interactive Techniques. ACM, 1993: 231-238.

[98] 熊艳, 高仁强, 徐战亚. 机载 LiDAR 点云数据降维与分类的随机森林方法[J]. 测绘学报, 2018, 47(4): 508-518.

[99] 蔡斌斌. 面向无人驾驶的激光点云高精度建图与定位研究[D]. 武汉: 武汉大学, 2019.

[100] Dupuis M, Grezlikowski H. OpenDRIVE®-an open standard for the description of roads in driving simulations[C]// In Proceedings of the Driving Simulation Conference: Paris, France, 2006: 25-36.

[101] BENDER P, ZIEGLER J, STILLER C. Lanelets: Efficient map representation for autonomous driving[C]// Intelligent Vehicles Symposium. IEEE, Dearborn, MI, 2014: 420-425.

[102] 柳林, 李万武, 王志余, 等. 实时高精度地图匹配技术的研究与实现[J]. 测绘科学, 2010(5): 51-53.

[103] 罗浩. 基于地图匹配的惯性导航系统误差修正方法研究[D]. 北京: 北京理工大学, 2015.

[104] HASHEMI M, KARIMI H A. A critical review of real-time map-matching algorithms: Current issues and future directions[J]. Computers Environment and Urban Systems, 2014, 48: 153-165.

[105] QUDDUS M A, NOLAND R B, OCHIENG W Y. A high accuracy fuzzy logic based map matching algorithm for road transport[J]. Journal of Intelligent Transportation Systems, 2006, 10(3): 103-115.

[106] YANG D, CAI B, YUAN Y. An improved map-matching algorithm used in vehicle navigation system[C]// Proceedings of the 2003 IEEE International Conference on Intelligent Transportation Systems. IEEE, Shanghai, China, 2003: 1246-1250.

[107] XU H, LIU H, TAN C W. Development and application of an enhanced Kalman filter and global positioning system error-correction approach for improved map-matching[J]. Journal of Intelligent Transportation Systems, 2010, 14(1): 27-36.

[108] SMAILI C, NAJJAR M E B E, CHARPILLET F. A hybrid bayesian framework for map matching: Formulation using switching kalman filter[J]. Journal of Intelligent and Robotic Systems, 2014, 74(3-4): 725-743.

[109] ZELENKOV A V. Calculation of the parameters of Hidden Markov models used in the navigation systems of surface transportation for map matching: A review[J]. Automatic Control and Computer ences, 2010, 44(6): 309-323.

[110] 王冬晖, 许占文. 一种基于类投影的地图匹配算法[J]. 沈阳工业大学学报, 2003(5): 433-436.

[111] 周颖, 程荫杭. 基于曲线拟合的地图匹配算法[J]. 交通运输系统工程与信息, 2004(2): 68-70.

[112] PERRINE K, KHANI A, RUIZ-JURI N. Map-matching algorithm for applications in multimodal transportation network modeling[J]. Transportation Research Record Journal of the Transportation Research Board, 2015, 2537(1): 847-852.

[113] XU T, OU D, YANG Y. An ArcGIS-Based hybrid topological map matching algorithm for GPS probe data[C]// Proceedings of the International Conference on Transportation Engineering, Chengdu, China; ASCE Library: Reston, VA, USA, 2013: 2421-2427.

[114] VELAGA N R, QUDDUS M A, BRISTOW A L. Detecting and correcting map-matching errors in location-based intelligent transport systems[C]// Proceedings of WCTR. Lisbon, Portugal, 2010: 1-17.

[115] WINTER M, TAYLOR G. Modular neural networks for map-matched GPS positioning[C]// International Conference on Web Information Systems Engineering Workshops. IEEE, Rome, Italy,

2003: 106-111.

[116] SYED S, CANNON M E. Fuzzy logic-based map matching algorithm for vehicle navigation system in urban canyons[C]// ION National Technical Meeting, California, USA, 2004: 26-28.

[117] MARCHAL F, HACKNEY J, AXHAUSEN K W. Efficient map matching of large global positioning system data sets: Tests on speed-monitoring experiment in zürich[J]. Transportation Research Record Journal of the Transportation Research Board, 2005, 1935(1): 93-100.

[118] QUDDUS M A. High integrity map matching algorithms for advanced transport telematics applications[D]. London: Imperial College, 2006.

[119] Nassreddine G, Abdallah F, Denoeux T. Map matching algorithm using belief function theory[C]// 2008 11th International Conference on Information Fusion. IEEE, Cologne, 2008: 1-8.

[120] BLAZQUEZ C A, VONDEROHE A P. Effects of controlling parameters on performance of a decision-rule map-matching algorithm[J]. Journal of Transportation Engineering, 2009, 135(12): 966-973.

[121] MOKHTARI K E, REBOUL S, AZMANI M, et al. A map matching algorithm based on a particle filter[C]// International Conference on Multimedia Computing and Systems. IEEE, Marrakech, 2014: 723-727.

[122] QUDDUS M, WASHINGTON S. Shortest path and vehicle trajectory aided map-matching for low frequency GPS data[J]. Transportation Research, Part C. Emerging Technologies, 2015, 55C(Jun.): 328-339.

[123] HASHEMI, M, KARIMI H A. A weight-based map-matching algorithm for vehicle navigation in complex urban networks[J]. Journal of Intelligent Transportation Systems, 2016, 20(6): 573-590.

[124] HAIBIN S, JIANSHENG T, CHAOZHEN H. A integrated map matching algorithm based on fuzzy theory for vehicle navigation system[C]// International Conference on Computational Intelligence and Security. IEEE, Guangzhou, 2006: 916-919.

[125] 张琳, 刘婧文, 王汝传, 等. 基于改进 D-S 证据理论的信任评估模型[J]. 通信学报, 2013(7): 167-173.

[126] KIM W, JEE G I, LEE J G. Efficient use of digital road map in various positioning for ITS[C]// IEEE Position Location and Navigation Symposium. IEEE, San Diego, CA, USA, 2000: 170-176.

[127] REN M, KARIMI, HASSAN A. A hidden markov model-based map-matching algorithm for wheelchair navigation[J]. Journal of Navigation, 2009, 62(3): 383-395.

[128] LOU Y, ZHANG C, ZHENG Y, et al. Map-matching for low-sampling-rate GPS trajectories[C]// Acm Sigspatial International Symposium on Advances in Geographic Information Systems. ACM, 2009: 352-361.

[129] NEWSON P, KRUMM J. Hidden Markov map matching through noise and sparseness[C]// Proceedings of the 17th ACM SIGSPATIAL international conference on advances in geographic information systems. ACM, 2009: 336-343.

[130] GOH C Y, DAUWELS J, MITROVIC N, et al. Online map-matching based on Hidden Markov model for real-time traffic sensing applications[C]// Intelligent Transportation Systems (ITSC), 2012 15th International IEEE Conference on. IEEE, Anchorage, AK, 2012: 776-781.

[131] RAYMOND R, MORIMURA T, OSOGAMI T, et al. Map matching with Hidden Markov model on

sampled road network[C]// Pattern Recognition (ICPR), 2012 21st International Conference on. IEEE, Tsukuba, 2012: 2242-2245.

[132] SZWED P, PEKALA K. An incremental map-matching algorithm based on Hidden Markov model[C]// Berlin: Springer International Publishing, 2014: 579-590.

[133] XU D, HERNÁN B, HUBER D. Topometric localization on a road network[C]// IEEE/RSJ International Conference on Intelligent Robots and Systems. IEEE, Chicago, IL, 2014: 3448-3455.

[134] LI H, NASHASHIBI F, TOULMINET G. Localization for intelligent vehicle by fusing mono-camera, low-cost GPS and map data[C]// International IEEE Conference on Intelligent Transportation Systems. IEEE, Funchal, 2010: 1657-1662.

[135] HARR M, MUELLER K D, HELLMUND A M, et al. Robust localization on highways using low-cost GNSS, Front/Rear mono camera and digital maps[C]// AmE 2018-Automotive meets Electronics; 9th GMM-Symposium. Dortmund, Germany, 2018: 1-7.

[136] KATO S, TAKEUCHI E, ISHIGURO Y, et al. An open approach to autonomous vehicles[J]. IEEE Micro, 2015, 35(6): 60-68.

[137] HORNUNG A, WURM K M, BENNEWITZ M, et al. OctoMap: An efficient probabilistic 3D mapping framework based on octrees[J]. Autonomous Robots, 2013, 34(3): 189-206.

[138] THRUN S, BURGARD W, FOX D. Probabilistic Robotics[M]. Boston: MIT Press, 2005.

[139] 王法胜, 鲁明羽, 赵清杰, 等. 粒子滤波算法[J]. 计算机学报, 2014, 37(8): 1679-1694.

[140] Cornebise J, Moulines E, Olsson J. Adaptive methods for sequential importance sampling with application to state space models[J]. Statistics and Computing, 2008, 18(4): 461-480.

[141] BIBER P, STRASSER W. The normal distributions transform: A new approach to laser scan matching [C]// Proceedings 2003 IEEE/RSJ International Conference on Intelligent Robots and Systems (IROS 2003) (Cat. No. 03CH37453): Las Vegas, NV, USA, 2003: 2743-2748.

[142] MAGNUSSON M. The three-dimensional normal-distributions transform: An efficient representation for registration, surface analysis, and loop detection[D]. Örebro: Örebro Universitet, 2009.

[143] SAARINEN J, ANDREASSON H, STOYANOV T, et al. Normal distributions transform occupancy maps: Application to large-scale online 3D mapping[C]// IEEE International Conference on Robotics and Automation. IEEE, Karlsruhe, 2013: 2233-2238.

第 7 章 智能驾驶规划与控制技术

智能驾驶的规划与控制技术可直接输出对车辆转向和油门、刹车的控制而成为整个框架中最直接影响车辆安全的模块。规划模块与决策模块相互影响，根据决策模块的输出，规划模块可实时输出局部安全运行轨迹，更新全局任务规划。基于规划的局部安全轨迹，控制模块通过控制车辆的姿态、速度实现稳定的驾驶行为，如图 7.1 所示。

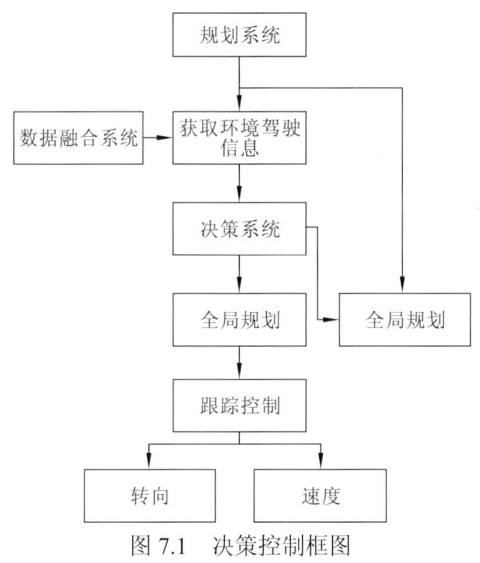

图 7.1 决策控制框图

7.1 智能驾驶决策与规划系统概述

本节只对决策部分做简要的介绍，同时展示一个比较简洁的决策系统。决策系统并不是本节详细讨论的内容，然而其与规划模块是相互影响的。国内外学者对智能驾驶的决策方法进行了大量的研究工作，更深入的研究可参考文献[1]至文献[3]。

7.1.1 城市环境下智能驾驶车辆决策设计面临的问题

1. 我国城市环境特点

我国城市体量比较大，交通拥堵日益严重，道路负荷不断增大。2015 年，我国汽车保有量已突破 1.63 亿，仅次于美国，跻身全球第二。车辆拥堵使人们需耗费更多时间在道路上。据统计，北京驾车出行的上班族通常需要花费道路通畅情况下 2 倍的时间才可到达目的地，2015 年中国主要城市拥堵排名如图 7.2 所示。

图7.2　2015年中国主要城市拥堵排名

此外，交通参与者类型较多，行人、自行车、摩托车、三轮车、骑行者等，并且这些参与者交通安全意识相对淡薄，闯红灯、逆行等现象时有发生，如图7.3所示，这对决策系统提出了较高的要求。

（a）摩托车逆行机动车道

（b）行人闯红灯

图7.3　混乱的交通行为

城市的道路设施不够完备，道路的边沿、标识线、交通牌等存在更新缓慢、年久失修等问题。这对智能驾驶感知系统是比较严峻的考验。一方面降低了检测识别的成功率，提高了决策推理的难度；另一方面多变的环境增大了规划负担，降低了规划成功率。

对决策系统的设计，城市驾驶需综合考虑以下几个典型城市环境特征：

（1）城市人口多、车辆多，道路通行能力比较低；

（2）车流混杂，道路中交通参与者比较多；

（3）驾驶文明程度比较低，存在大量不遵守交通规则的现象；

（4）道路上的各种标志标识不够完善清晰。

城区道路的这些典型特征使得在设计智能驾驶的决策系统时，必须综合考虑各种情况发生以确保车辆安全。

2. 决策系统设计的准则

决策系统的设计实际上是对环境信息的理解和表达。考虑实际交通规则，决策系统应具有以下特性。

（1）信息融合能力。决策系统需处理来自各个传感器的信息及储备信息，通过理解融合这些信息数据,自主推理当前车辆应做出的动作。

(2)实时输出。决策系统的输出应具有较好的实时性,这是智能驾驶的基本要求。实时输出可反映环境的各种瞬时变化。

(3)设计合理的工况状态及转换逻辑。车辆在城市驾驶环境中的工况状态是固定的,决策系统需根据具体情况对环境工况进行匹配。此外,工况之间的转换逻辑也需精细设计才可保证系统流畅地运行。

(4)容错机制。由于环境不确定及感知系统在检测过程中的虚警问题,无人车在某些情况下会做出错误的判断。在条件允许的情况下,决策系统可自主进行错误恢复。如无法恢复,将启动紧急制动。

7.1.2 武汉大学智能驾驶车辆的决策系统

基于城市驾驶环境的工况要求,武汉大学智能驾驶汽车"途智 II"利用有限状态机(finite state machine,FSM)构建符合自身需求的决策系统。

1. 有限状态机

有限状态机又称有限状态自动机,是表示有限个状态及在这些状态之间转移和动作等行为的数学模型[4]。状态主要存储关于过去的信息,反映从系统开始到现在时刻输入的变化;状态之间的转移可指示状态在满足某种条件下发生的变更;动作是在给定时刻要进行活动的描述。FSM 理论已应用于电子工程、计算机科学、数学、逻辑学、语言学等领域。

有限状态机是一种描述特定对象的数学模型,其由有限个状态组成。当前状态接收事件,并产生相应的动作,引起状态的变换[5-6]。在利用有限状态机对对象进行建模前,需明确其基本组成元素,包括事件、状态、转换和动作的定义。事件是引起状态机状态变更的输入条件,通常由系统的定性或定量数据输入转换而成。状态是对象的一种形态,存在整个生命周期内。状态可由属性值、执行特定动作或等待特定事件以确定。转换表示状态之间可能存在的路径,在某个特定事件发生或完成既定动作后,转移至对象的其他状态。动作,表示状态机中的一些不可分割的基本原子操作。原子操作是在运行过程中不被中断的操作。

确定性的有限状态机 F 是一个五元组,如式(7.1)所示:

$$F = (Q, \Sigma, \delta, q_0, F) \tag{7.1}$$

式中:Q 为状态机中所有状态的合集,$Q = \{q_1, q_2, \cdots, q_n\}$;$\Sigma$ 为引起状态转换的所有事件的集合,$Q \cdot \Sigma \to Q$;δ 为状态转移函数,$\delta : Q \cdot \Sigma \to Q$;$q_0$ 为初始状态,$q_0 \in Q$;F 为终止状态集合,$F \in Q$。

如果系统的即时状态为 $q_i \in Q$,当前发生事件 $e_i \in \Sigma$,那么系统将按照状态转移函数变迁至一个对应的全新状态。有限状态机可由状态转换表、图或矩阵描述。在建模前,针对设计的对象明确状态机中各元素的组成。表 7.1 是一个典型的状态转换表。

表 7.1 状态转换表

条件	状态 A	状态 B	状态 C
条件 X	状态 B	状态 A	状态 C
条件 Y	状态 A	状态 C	状态 A
条件 Z	状态 C	状态 B	状态 B

有限状态机可直观地对系统进行建模，因此，在科学研究或工程领域其应用十分广泛。在应用该方法前，应注意以下前提条件：

（1）系统状态数目非无限；

（2）每个状态对应于特定的动作；

（3）系统在每个时刻下总是处于状态集中一个状态；

（4）系统状态迁移的条件非无限；

（5）忽略迁移所用时间。

有限状态机的这些特性适合于智能驾驶的决策系统。智能驾驶的工况状态是有限的，尤其是在结构化城市道路上。"途智 II"决策系统由 6 个状态组成，除主要的跟驰、换道、避障、超车之外，其还增加了路口和 Uturn（掉头）两个情景状态。决策系统的状态单元除了要根据车辆驾驶的工况需求确定，还应考虑规划的需要。在"途智 II"系统中，规划应对路口和 Uturn 进行特殊处理。

2. "途智 II"决策系统的构建与解析

决策系统的逻辑框图如图 7.4 所示。

（1）地理位置判断：结合高精细地图和感知信息判断当前车辆所处位置，包括车道索引、路口、Uturn。通过对自己位置的分析，可高效地提取感兴趣区域和范围，通过缩小工作空间可提高整个系统的鲁棒性和效率。

（2）是否可在当前车道判断：是否可在当前车道判断主要是基于地理信息及全局规划。这决定车辆是否可通过在当前车道行驶以顺利过渡到与其拓扑相连的下一个车道。例如在图 7.5（a）中，车辆处在左侧车道，根据全局规划，无人车需在前方路口保持直行，所以其必须提前选择更换车道；图 7.5（b）中，车辆在路口需要右转，其应在此状态进行换道，换到右侧车道；图 7.5（c）中，车辆根据全局规划继续保持原来的直行状态。

（3）换道条件：换道有强制换道和非强制换道两种工况。强制换道是由于当前道路不可通行或无法切换到下一段拓扑路段，必须进行换道，这种换道请求的情景可参考图 7.5（a）和（b）。非强制换道情况下，无人车可自由选择车道，没有外在的条件要求更换车道。换道条件的满足需要规划与决策相互配合。在非强制换道的条件下，如果规划无法计算出合理的换道路径，可选择继续保持当前车道跟驰。但在强制换道条件下，如果规划计算失败，无人车须进入恢复状态。

（4）是否存在障碍物判断：判断当前车道内是否存在障碍物及障碍物类型。如果不存在障碍物，无人车只需考虑车道边界，保证车辆在车道内执行跟驰决策。在规划算法

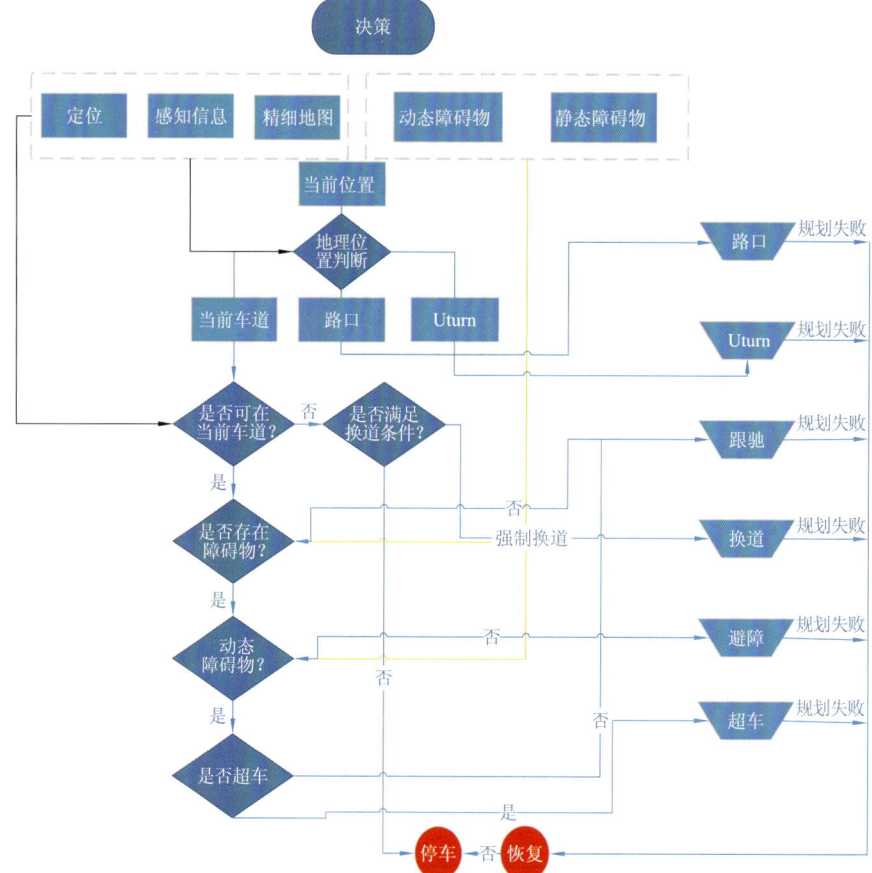

图 7.4 决策系统的逻辑框图

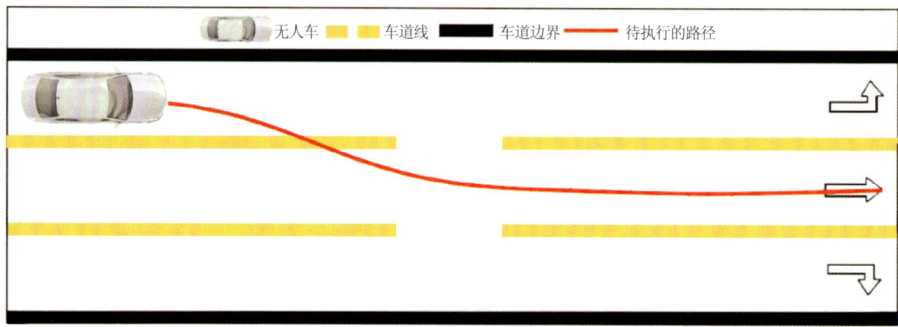

(a)车辆行驶在左侧车道决策直行

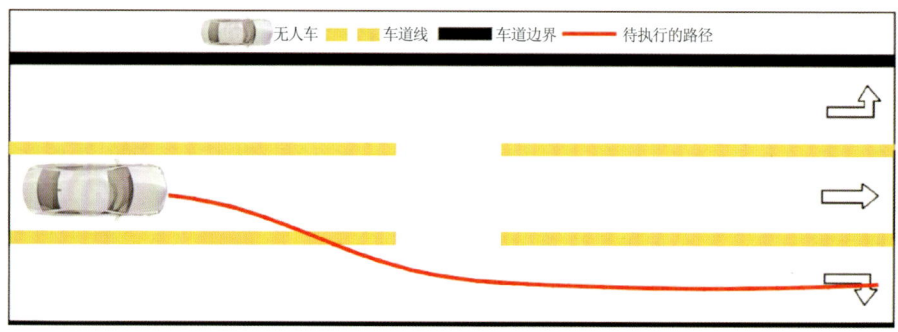

(b)车辆行驶在直行车道决策右转

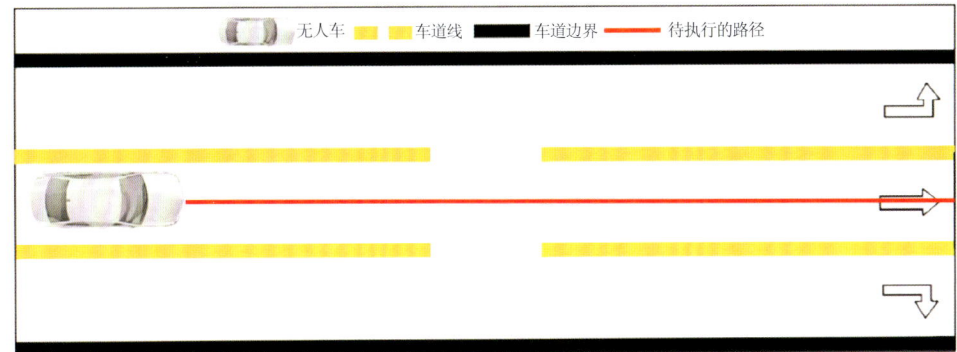

(c) 车辆在直行车道决策直行

图 7.5 换道判断

中,跟驰决策不需要考虑障碍物碰撞问题,如图 7.6 所示。跟驰决策判断,主车右侧车道虽存在障碍物,但如无人车可计算出在车道内的路径,其不需要额外考虑右侧车道障碍车的影响。在跟驰决策下,车道的边界被当作障碍物处理。

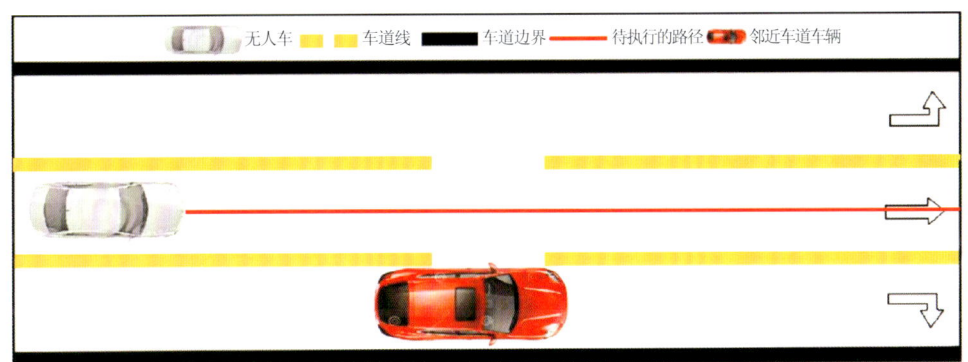

图 7.6 跟驰决策下障碍物的判断示意图

(5) 是否是动态障碍物判断:如果前方是静态障碍物,无人车转入避障状态,否则进入其他判断。在仅考虑静态障碍物的情况下,无人车应考虑障碍物的形状大小。如果障碍物占满车道,那么车辆的避障接近于换道,如图 7.7(a)所示。如果障碍物较小,那么车辆就可在当前车道内避让,如图 7.7(b)所示。在交通规则允许的情况下,主车可跨越车道线行驶。如果邻近车道存在动态车,无人车需进行动态障碍物碰撞检测。

(6) 速度判断:如果存在动态障碍物,那么无人车需进行速度判断以决定进入跟驰还是超车状态。如果进入跟驰阶段,相对于前方无障碍物跟驰,动态障碍物的跟驰需在规划中考虑前方车辆的速度和位置,同时保持与前车的距离。

(7) 超车判断:当前方车辆的速度小于本车,车辆间距在缩小时,无人车根据具体条件判断当前情况下是否应超车。实际上超车机动可理解为换道机动。但换道机动的随意性比较强,超车机动具有明确的目的性,图 7.8 显示了超车机动。

决策系统作为智能驾驶的核心受到了广泛的关注。一方面,智能驾驶车辆需理解当前环境信息及车辆状态以推导合理的车辆机动动作;另一方面,设计决策与规划的优化交互机制可提高系统整体的鲁棒性。

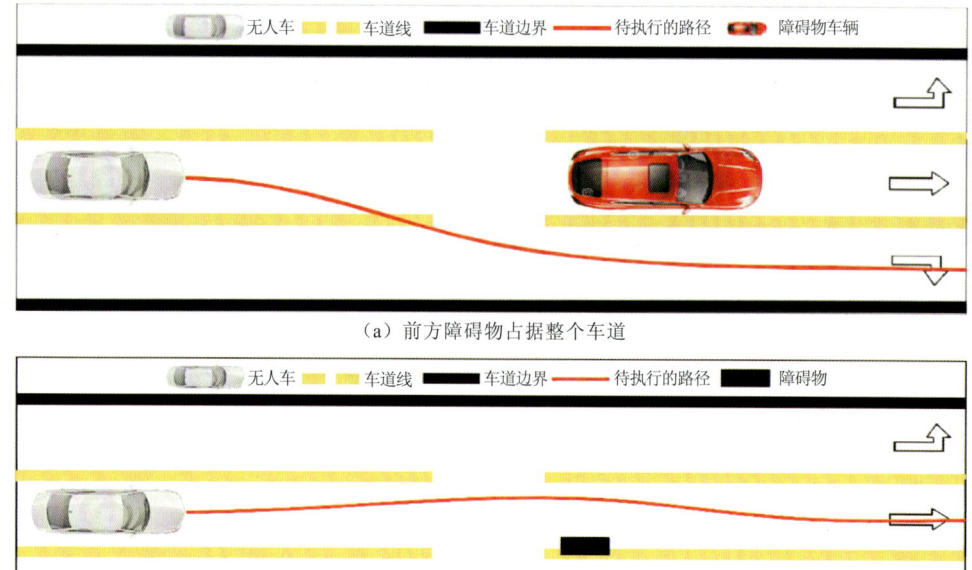

(a)前方障碍物占据整个车道

(b)前方障碍物比较小

图 7.7 躲避静态障碍物

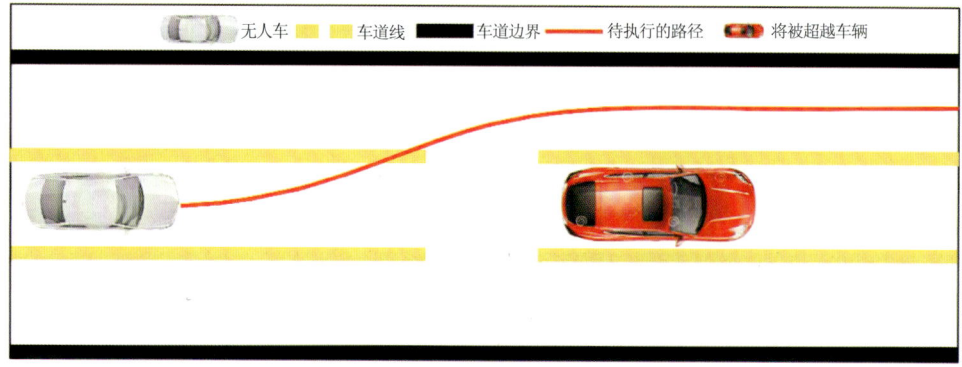

图 7.8 超车机动示意图

7.2 路径规划算法

7.2.1 路径规划算法概述

1. 全局任务规划

实际上，全局任务规划主要是接收用户的任务请求，如路网描述文件（RNDF），根据智能驾驶车辆的实际位置，在已知的道路路网中（电子地图）搜索全局路径，然后将搜索结果发送到决策系统。

RNDF 代表了一系列的智能驾驶车辆可进入的道路和区域。RNDF 包括可进入的道路路段，并提供路点信息、停车标志位置、车道宽度、考察点位置和停车位置。

道路路段中包含一条或多条路段，每一个路段包含一条或多条车道。基本的路段如图 7.9 所示。路段的主要特征是车道数量和街道名称。车道的主要特征是车道宽度和车道标志及与车道相关的路点。路点一般被放在车道中心，障碍物出现的时候，路点的连接不一定是车辆应行驶的优化路径，然而这种排放顺序只代表道路的方向。

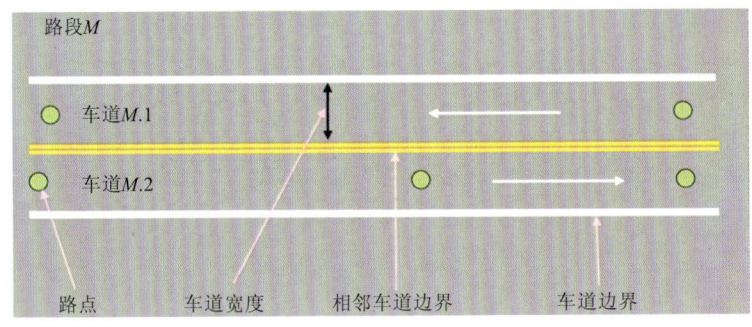

图 7.9　一个由两条车道组成的路段

车道不强制拥有相同的路点

RNDF 中的每一个元素都通过唯一的标识符表示，如图 7.10 所示。图中 M、$M.N$、$M.N.P$、M、N、P 都是正整数。路段用 M 表示。M 路段的 N^{th} 车道用 $M.N$ 表示。每一个车道的路点使用 $M.N.P$ 表示。

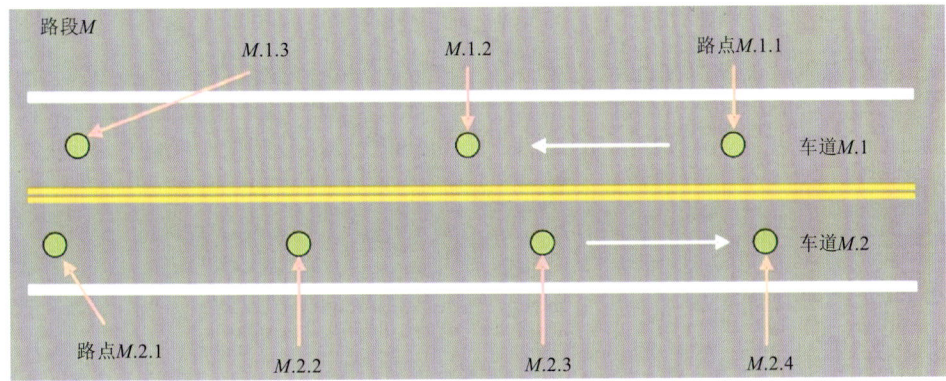

图7.10　M路段的路点示意图

在 RNDF 中，车道的连接用出口路点和入口路点表示。一个出口路点对应一个或多个入口路点。入口路点大部分情况下在相邻的路段或相邻的区域。入口和出口在车道的中间、起始或末端。图 7.11 显示了一个路口的出入口情况。出口 D 在车道 2.2 的末端，D 与车道 1.1 的入口 A 和车道 1.2 的入口 E 具有拓扑关系。

无人车启动时，首先会根据具体的目标位置在路网文件中进行搜索，"途智 II"的全局路径搜索算法是基于改进的 Dijkstra 开发的搜索算法[7]。无人车首先确认当前所在道路的路段号，然后开始检索到达任务点的最优路径。图 7.12 在设定了起点、终点和任务点的情况下，在某一个路网框架下（中国智能车挑战赛比赛路段），利用 Dijkstra 算法搜索到了一条绿色标识的全局路径，图中黑色线条是底图。

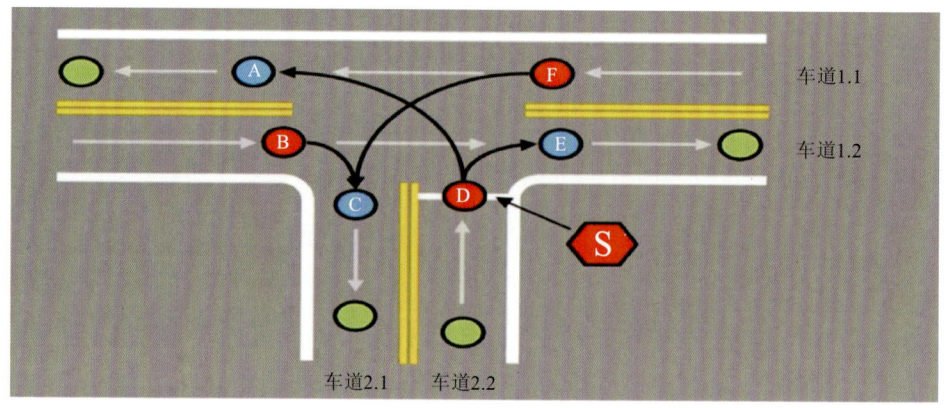

图 7.11　路口的出入口

红色圆点代表出口，蓝色圆点代表入口

图 7.12　全局路径规划

2. 局部路径规划

1）运动规划问题

运动规划问题是产生连接起始位形空间 S 和终点空间 G 的连续运动，并躲避障碍物及符合系统自身动态限制。正式的描述如下。

任意系统，其动态约束可用式（7.2）表示：

$$\dot{x}(t) = f(x(t), u(t)) \tag{7.2}$$

式中：$x(t) \in X, u(t) \in U, X \subset \mathbb{R}^d, U \subset \mathbb{R}^m$，$\mathbb{R}^d$ 代表状态空间，$\mathbb{R}^m$ 代表输入空间。X_{obs} 代表障碍物区域，$X_{free} = X \setminus X_{obs}$，代表无障碍物空间；$X_{goal}$ 代表目标区域。

运动规划问题是寻找一系列的控制输入：$u:[0,T] \to U$。

以控制系统产生一条可通行的路径 $x(t) \in X_{free}, t \in [0,T]$，$x(0) = x_{init}$，$x_T \in X_{goal}$。产生的路径 $x(t)$ 须符合系统的动态约束。

近些年来，优化的运动规划问题比较受学者的青睐。优化的运动规划问题对规划的可通行路径加入一些额外的限制，如

$$c:\sum X_{\text{fret}} \to R > 0$$

上述函数称作耗散函数。耗散函数给每一个无障碍路径分配一个非负的耗散值 c，优化的运动规划问题是寻找一条耗散最小的可通行路径。

2）移动机器人的运动规划问题

移动机器人的动态约束是非完整性约束，非完整性约束是含有系统广义坐标导数且不可积分的约束。由于智能驾驶车辆系统的速度项无法通过积分变换转化为系统对应的空间位置，系统控制变量个数少于系统位姿自由度，因此，智能驾驶车辆是一个典型的非完整系统约束。其简化模型如图 7.13 所示。

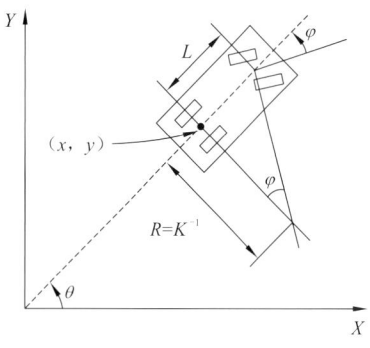

图 7.13 车辆运动模型

在状态空间中车辆位姿状态 $X=(x,y,\theta)$，(x,y) 是车辆在系统坐标中的位置，θ 是车辆与坐标系 X 方向的夹角，φ 是车辆的前轮转角，L 是车辆的轴距。由于非完整性约束，车辆无法到达空间中的任意位置。将车辆系统简化为两边对称的自行车运动模型，如式（7.3）所示：

$$\begin{cases} \dot{x} = v\cos\theta \\ \dot{y} = v\sin\theta \\ \dot{\theta} = v\dfrac{\tan\varphi}{L} \\ \dot{v} = a \end{cases} \tag{7.3}$$

约束关系的存在使智能驾驶车辆在位形空间中可控维数由三维降为二维。此外，由于转向系统的机械限制，其后轮中心的曲线运动路径存在曲率约束，如式（7.4）所示：

$$\kappa = \frac{\tan\varphi}{L} = \frac{1}{R} \tag{7.4}$$

因此，非完整性约束的存在使智能驾驶车辆的运动规划异常复杂。

7.2.2 图搜索类算法

作为移动机器人的一种特殊应用，智能驾驶车辆的规划算法主要来源于传统的移动机器人研究。图搜索算法是其中一种非常经典的规划算法。图搜索算法必须先对环境空间进行分解，对环境进行建模，然后再应用搜索算法。以增量式的随机采样算法同步进行建模与搜索。在完成环境建模之后，随机采样算法不需再进行搜索就可获得解。下面先对图搜索算法进行概述。

1. 环境空间的分解方法

环境空间的分解是应用图搜索算法的前提，分解方法主要有可视图法、Voronoi 图法、栅格分解法。

1）可视图法

Lozanoperez 和 Wesley 首次提出可视图法[8]。可视图法的可视图中每一个顶点代表一个位置，每一条边代表两个位置之间互相可视的连接。可视意味着两点之间的直线连接不通过任何障碍物。如图 7.14 所示，在可视图构建中，多边形的顶点、起始点、终点是可视图中的节点，节点之间的可视连线构成了可视图的边。通过这种方法，可视图法可构建一个无障碍的可视图。在可视图表达的环境中应用图搜索算法可搜索到从起始点到终点的最短欧氏路径。在移动机器人领域，张琦等[9]对基于可视图法的环境建模方法进行了研究。Oommen 等[10]开发了一种可对环境信息进行学习的可视图法。

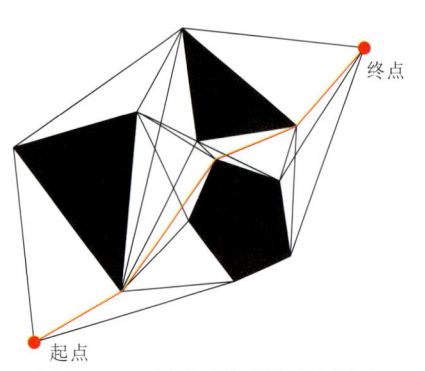

图 7.14 可视图法在多边形环境中构建的可视图

2）Voronoi 图法

可视图法虽可搜索到最短的路径，但路径会尽可能地靠近障碍物以使其最短。应用这种路径到实时的机器人系统是危险的，执行误差会导致碰撞的发生。在环境充满不确定性的情况下，相对于优化特性，安全性才是最重要的。基于这种需求，Voronoi 图法被融入规划算法中[11]。在图 7.15 中，从起始点到终点，通过连接 Voronoi 的边可规划一条安全的路径。Garrido 等[12]结合 Voronoi 和快速行进方法规划了一条高可靠度的路径。

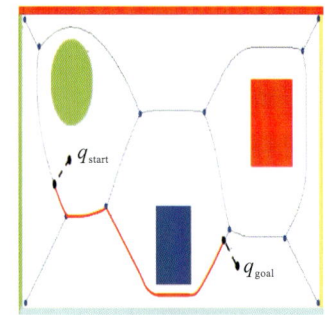

图 7.15 Voronoi 图在位形空间中的构建

3）栅格分解法

Voronoi 方法虽可保证路径的安全，但极易产生另一个极端，规划的路径过于保守。此外，当环境状态发生变化时，规划路径的稳定性较差。栅格分解法是当前应用最广泛的环境表达方法之一。该方法将机器人的工作空间分解为多个微小几何区域以实现空间分解。矩形栅格由于植入简单而得到了广泛的应用，这种方法称为栅格分解法。栅格分解法将环境空间分解为一系列固定大小的栅格单元，环境信息被量化入栅格的某种属性信息，路径规划方法在栅格上寻找两个栅格节点间的最优路径。栅格法的应用受限于栅格大小的限制，过大的栅格无法详细地表征环境信息；过小的栅格增加了计算搜索的负担。

为了弱化栅格大小的影响，Yahja 等[13]开发了一种自适应栅格技术以弱化栅格大小的影响。整个环境先用比较大的矩形进行分割，然后将有障碍物的大栅格分割成小矩形，基于这种逻辑直到划分到解的边界为止。这种分解结构称为"四叉树"。卡内基梅隆大学在自主地面车辆导航中使用了自适应栅格技术。

2. 确定性图搜索算法

确定性图搜索算法实时搜索更新信息及先验信息以规划一条路径。Dijkstra 提出的 Dijkstra 算法是图搜索算法的经典算法[14]，其本质是一种未带启发信息的单源最短路径搜索算法，从起点开始，逐次选择最优子节点，直到到达终点。可通过 Dijstra 算法在给定的图网边结构中寻找最优的路径。Dijkstra 虽是一种最优算法，但其优化程度取决于分辨率大小，当网络节点比较稠密时，其搜索效率较低，难以满足实时系统的需求。

假设在离散规划问题的图论 $G(V,E)$ 表示中，每条边 $e \in E$ 都有一个对应的非负代价，也就是该边的两个顶点所需的代价。路径连接的代价可以表示为 $l(x,u)$，即从指定状态 x，采用行动 u 所带来的代价为 c。而一条路径的总代价则是一个连续运动的集合，也就是从初始状态转换到终点状态所经过的路径边代价的总和。

优先级队列 Q 按照被称为已实现代价（cost-to-come）的函数 $C: X \to [0,\infty]$ 进行排序。对每个状态 x，值 $C^*(x)$ 被称为从初始状态 x_1 产生的最优已付代价。在从 x_1 到 x 所有可能路径上对边的代价 $l(e)$ 求和，并取产生最小累计代价的路径，这样就可以得到最优代价。如果代价不是最优的，那么可被表示为 $C(x)$。搜索算法的直行过程是递增式地计算已付代价。初始时，$C^*(x_1)=0$。每次生成状态 x' 后，计算代价指标 $C(x')=C^*(x)+l(e)$，其中，e 是从 x 到 x' 的边（等价地，也可以记为 $C(x')=C^*(x)+l(x,u)$）。这里，$C(x')$ 表示目前已知的最好已付代价。但是它并没有被记为 C^*，因为此时还不能确定该代价就是全局最优的。因此，如果 x' 已经在队列 Q 中，那么新发现的通向 x' 的路径有可能最有效。如果是这样的话，那么必须降低 x' 的已付代价值 $C(x')$，也就是对 Q 进行重新排序。

那么，$C(x)$ 什么时候变成 $C^*(x)$？每次搜索会从队列 Q 中弹出最小值，当 x 已经完成遍历后，就可以将其从 Q 中删除，并标记为已遍历状态。也就是说，已经找到了到达 x 的最低代价，这可以用归纳法加以证明。对于初始状态，$C^*(x_1)$ 是已知的，这将作为进行归纳的基础。假设每一个不活动状态的最优已付代价都已经确定。这意味着它们的已付代价不再改变。对于队列中的第一个元素 x，值必须是最优的，因为任何具有更低总代价的路径将不得不经过 Q 中另一个状态，但是这些状态已经有更高的代价。在产生 $C(x)$ 的过程中及考虑了所有只经过不活动状态的路径，一旦探索了所有离开 x 的边，那么可以认定 x 是不活动的，归纳过程继续进行。

A*算法是一种特殊的 Dijkstra 算法，其在保留寻优特性的前提下利用启发信息提高算法的计算效率[15]。相比 Dijkstra 算法只考虑被搜索点到起点的权值，A*增加了向终点拓展的启发函数，通过两者之和来拓展路径节点。每次选择权值最小的节点，直到到达终点。启发式函数采用不同的贪心算法，具体的搜索效率会有所区别，但仍然会受栅格分辨率大小的影响。

令 $G(x)$ 表示从 x_1 到 x 的已付代价，$H(x)$ 表示从 x 到 x_G 中某状态的待行代价（come-to-go），也就是常说的启发式函数。那么，很容易用动态规划法递增地计算 $G^*(x)$，但是无法提前知道真正的最优待行代价 H^*。所以，如何找到适合的待行代价评价方式，也就是不同的贪心策略，决定了 A*算法的运算效率。常见的网格地图中的启发式函数包括曼哈顿距离、对角线距离、欧氏距离等。

A*算法的运行方式与 Dijkstra 算法几乎相同，只是用于对 Q 进行排序的函数不同，也就是其估值函数的设计，如图 7.16 所示。在 A*算法中，采用 $G^*(x)+H(x)$，这意味着用从 x_1 到 x_G 的最优代价的估计值来对优先级队列进行排序。对所有 $x \in X$，如果 $H(x)$ 是真正最优待行代价的一个低估值，那么 A*算法保证能够发现最优规划。当启发式搜索函数 $H(x)$ 接近于 H^* 时，与 Dijkstra 算法比较而言，这种算法搜索较少的顶点。这似乎很有利，但是在一些问题中，很难或者根本不可能发现一个既能有效地计算，又可以提供良好搜索引导的启发式方法。注意到对于所有 $x \in X$，如果 $H(x)=0$，也就是不使用启发式搜索，那么 A*算法将退化为 Dijkstra 算法。

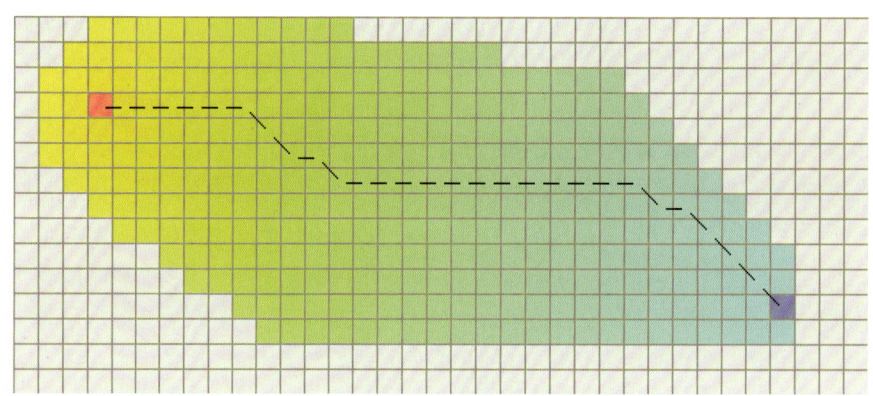

图 7.16 A*路径搜索

为了进一步提高算法效率，针对 A*算法，衍生出很多改进版本，Likhachev 等[16]提出了一种利用多分辨率栅格结合实时动态 A*搜索的算法 ARA*（anytime repairing A*）。首先降低环境约束条件快速地规划一条次优的路径，然后在机器人运动过程中逐步地优化次优路径。这样可以得到渐优解，在解时间足够的情况下，可以认为是最优解。这种实时算法可在初始阶段规划比较差的路径，但在机器人运行过程中，算法不断地优化已规划的路径。

D*是与 A*不同的搜索算法。Stentz 首次提出了 D*的算法框架[17]。区别于 A*，D*是一种增量式的算法，其利用过往的搜索信息优化当前的搜索过程。在环境变化的情况下，D*不需要重新开始计算，可复用先前的搜索信息。Focused D*使用一种启发策略关注机器人的关键节点以节约计算资源。D*虽解决了图搜索算法的增量化更新问题，但D*算法内部过程复杂，不宜植入。Koenig 和 Likhachev[18]提出了一种简化版本的增量式搜索算法，D* lite。D* lite 与 D*差别较大，其基于 life-long A*[19]算法开发而非 D*。Ferguson 和 Stentz[20]提出了 Field D*算法，其抛弃传统栅格搜索以每个栅格中心为拓展节点位置的方法，增加了节点的丰富程度，很大程度上避免了分辨率不足造成的解空间限制，同时很大程度上避免了栅格中点连线不平滑的问题。

Dolgov 等提出了一种混合 A*算法[21]，其利用简单车辆刚度模型进行拓展以保证路径的可行驶性。先用不带障碍物信息的非完整性启发来拓展路径，再使用完整性启发来约束路径非碰撞,最后用 reeds-shepp 曲线对路径进行改正。将环境信息通过泰森多边形进行障碍物权重分割,启发函数包括父节点距离、障碍物权重、变向权重等。考虑车辆朝向,更加符合车辆模型。但这种算法不保证收敛到最优解,且出于算法效率考虑,在模型中使用恒定的速度及有限的转向值。Urmson 等[22]在 DARPA 比赛中使用了一种动态实时 D*算法,为了考虑车辆的动态约束,Howar 和 Kelly[23]提出的一种基于简单车辆模型的路径规划方法,其可完成两个状态栅格的连接,但这种方法比较耗费计算资源,因此在现实应用中,算法需先进行离线计算并存储相应的结果以供实时计算查询。

为了降低计算负担,Likhachev 和 Ferguson 使用多分辨率的状态栅格[24],在车辆起始点和终点附近采用高分辨率栅格,在其他地方保持栅格的低分辨率,使用一种 anytime 动态 A*搜索算法负责搜索可通行解。Rufli 和 Siegwart[25]定义了一种新状态栅格,使用三次多项式曲线在 24 个方向连接栅格,这种栅格的优点是栅格可通过变形适应弯曲的道路形状。

应用图搜索算法无法逾越的问题是图分辨率影响规划效果。分辨率过小易导致计算负担加重,反之,过大分辨率会降低规划成功率。图搜索算法属于分辨率完整算法,当分辨率较小时,如果可通行路径存在,其一定可搜索到路径。此外,搜索算法不可考虑过于复杂的运动模型,复杂的模型将增大计算负担,甚至呈指数增长。因此,以上算法在应用车辆模型时将尽可能地简化模型,例如先利用恒定速度进行路径计算,在搜索完成之后再进行速度与路径之间的匹配。但即使提高了运算效率,动态障碍物情景仍难以处理,尤其在城市智能驾驶环境中,动态交通的参与者是环境中的主要因素。有些方法虽适用于比赛,但当处理比较复杂的动态系统模型和环境因素时,这些方法还比较局限。

7.2.3 采样类算法

随机采样类算法以其运算效率高而获得了广泛的关注。其中,概率路图法(probabilistic roadmap,PRM)[26]和随机探索快速树(rapidly-exploring random trees,RRT)[27]是两种最普及的算法。

作为一种多查询算法(多个起点到多个终点的路径查询),PRM 专注于预处理运动系统的位形空间以产生可快速获取多查询的路图。PRM 算法在高维空间中的应用效果较好。夏炎和隋岩[28]对 PRM 方法和栅格法进行了对比研究,同时设计了一种优化的 PRM 算法。Ladd 和 Kavraki[29]对 PRM 方法进行了详细的分析,利用多种机器人模型对该方法进行测试分析。阙嘉岚等[30]改进了原始 PRM 方法,这种方法改善了原始移动机器人对复杂地形路径搜索存在的缺陷。但对大部分机器人系统,多查询是没有必要的。此外,在多变环境中工作的机器人系统也难以利用 PRM 预先计算路图。

相对于 PRM,RRT 作为一种单查询增量算法,更适用于在线计算。RRT 的增量化特性使其不需设定采样数量及预计算环境路图。此外,RRT 不要求精确连接两个状态,这使其特适合应对轮式机器人的差分约束。LaValle 和 Kuffner 将 RRT 首次应用到差分系统,且利用仿真结果证明 RRT 可应对差分约束系统的规划问题。此后,大量基于 RRT 的变种算法被开发以应对各种规划挑战,主要的改进集中在算法的采样策略和局部规划器两个方面[31]。

在采样策略的启发上，Anna Yershova 等[32]提出一种基于自适应调节采样点所在泰森多边形的策略以提高和改善原始 RRT 的性能。Urmson 和 Simmons[33]采用了概率分布理论以改变原始 RRT 采样策略，同时，一种 K-近邻的局部规划算法被用于提高规划的路径质量。但应用较大 K 值将增大算法计算负担；较小 K 值降低了局部拓展成功率。后期的一些基于采样策略的启发应用更关注具体应用问题，如关注复杂刚度动力学约束问题[34]、狭窄走廊环境约束外加动力学约束等[35]。

以上应用虽通过各种策略改进 RRT，但无法解决 RRT 不保证规划优化路径的问题。理论上，RRT 无法收敛到优化解[36]。虽可通过辅助优化方法对其进行改进，但这种优化是不确定的。

近些年来，RRT 算法的优化问题成为研究的热点。RRT 算法本身的随机性使其可以较快的速度搜索可行解，但也引入了无法收敛优化的问题。Karaman 等[37]利用 RRT 与 A^*算法结合，开发了 RRT 的优化版本——RRT^*。这种方法可保证算法收敛，但算法比较慢的收敛速度限制了其广泛的应用。Islam 等[38]针对 RRT^*收敛比较慢的问题提出了一种改进方案，改进主要针对采样和局部规划策略。Shan 等[39]针对效率问题提出了一些改进方法。此外，他们还提出了如何在已知参考路径的情况下提高 RRT^*效率的算法[40]。针对 RRT 的优化问题，Arslan 和 Tsiotras[41]提出了不同的优化版本，$RRT^\#$，仿真结果表明这种方法在优化效果和收敛速率上优于 RRT^*。Li 等[42]提出了一种稳定稀疏快速随机树算法（stable sparse RRT，SST），SST 相对于 RRT^*其不需要精确的 Steer 函数，因此这种算法可应用到 RRT^*无法应用的领域。

渐优类的采样算法虽解决了 RRT 的优化问题，但牺牲了一定的计算效率。因此，现有的渐优类采样算法只可应用在对实时性要求不高的系统中，如机械手臂等慢速机器人系统中，无法在智能驾驶车辆中应用。

1）PRM 算法

概率地图法算法是一种基于图搜索的规划方法，它是由 Lydia 和 Jean-Claude 在 1994 年提出的。其基本思想是从机器人的状态空间中随机抽取样本，检测它们是否在无碰撞空间中，并使用本地规划器将这些状态量与其邻近状态量连接起来。机器人的起点状态与终点状态也被加入其中，利用图搜索算法来解算从起点到终点的可通行路径。

PRM 算法将机器人运动的连续空间转换成离散空间，将连续空间的规划问题转换为拓扑空间的规划问题，使得路径规划问题的复杂度主要依赖于路径搜索复杂度，而与环境的复杂程度和规划空间的维度无关。

实现 PRM 算法的过程主要分为两个阶段，即构建路线图和路径查询。在构建路线图部分，需要在空间里随机取样并进行碰撞检测，对每个节点搜索邻居节点并建立连接，构建出路标地图。在路径查询部分，利用搜索算法在路线图上寻找路径，以提高搜索效率。这种方法能用相对少的随机采样点来找到一个解，对多数问题而言，相对少的样本足以覆盖大部分可行的空间，并且找到路径的概率为 1[随着采样数增加，P（找到一条路径）指数的趋向于 1]。显然，当采样点太少，或者分布不合理时，PRM 算法是不完备的，但是随着采用点的增加，也可以达到完备。所以，PRM 是概率完备但不最优的。

图7.17中红色与绿色的点为随机取样点,使用实线对可连通的邻居节点进行连接,便生成了我们需要的路标地图,之后在该地图上搜索路径即可。

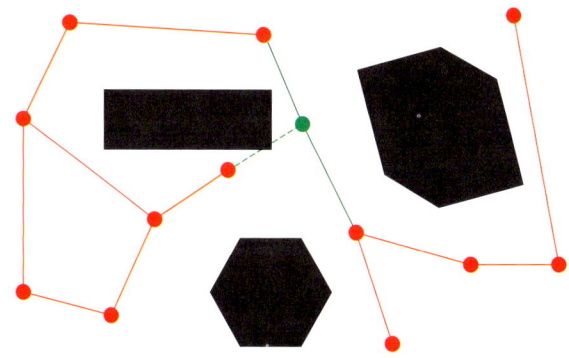

图7.17 PRM算法示意图

2）RRT类算法

城市智能驾驶的规划算法应有能力解决环境中存在的未知因素和不确定性,保证生成贴合车辆实际运行动态的路径及在有限的计算资源条件下成功规划符合驾驶预期的路径。综合以上分析,相对于图搜索算法,RRT类算法较适合在城市智能驾驶环境中应用。其具有以下相对优势。

（1）算法不受系统模型限制。理论上,算法可应用任意维度的动态系统模型;系统模型可在局部规划器中进行积分。

（2）算法不受网格分辨率限制,不需对工作空间进行分解,因此其是否可规划成功不受网格分辨率影响。

（3）算法不需要详尽地描述空间中的环境状况及提取空间中的可通行区域（这对于差分系统是比较困难的）,随机采样算法可通过局部路径智能地探索未知空间。

然而,RRT算法的应用受限于路径质量问题。基于此,渐优类的RRT算法研究开始受到重视。

Karaman等[37]对anytime RRT*的应用进行了研究,试验证明该算法可较好地解决车辆机器人系统的运动规划优化问题,且可满足低速系统的实时计算要求。在其应用的系统中,由于RRT*对STEER函数[求解边界值问题（boundary value problem,BVP）]的苛求,Karaman的论文使用一种最简单的车辆模型Dubins car以进行拓展,但这难以准确反映车辆的动态。Jeon等对RRT*在高维模型中的应用也进行了研究[43],但只可采用离线仿真的方式说明其在优化方面的能力,实时应用还比较困难。

相对于RRT*,SST并不苛求STEER函数,因此SST具有应用的普遍性。SST在两个方面保持渐优特性:其一,母节点搜索寻优过程;其二,修剪过程。母节点寻优过程保证优化的节点有较多的机会拓展,修剪过程让较优的节点在设定的域内保持支配性地位以保证其局部优化。SST通过维持一个稀疏的数据结构以加速算法的效率。

由于渐优采样类算法的计算效率难以适应智能驾驶的实时性要求,为了解决效率问题,Anytime策略被用于解决算法的实时应用问题[44]。Anytime的定义:算法可快速地搜索可通行解,但不要求解是优化的;在后续的迭代过程中,算法不断地优化当前解。

RRT 算法满足快速搜索解的要求，但其无法随着采样数量的增加而优化。因此，应用 Anytime 在 RRT（原始 RRT）算法上没任何意义。

传统 RRT 算法设计流程如下。

（1）生成随机取样点。使用取样算法生成一个节点 s，输入系统。

（2）节点排序。对树中的节点进行排序整理，这样是为了之后生成路径从近到远节省时间复杂度。

（3）对于树中的每个节点 q，按照排序的顺序进行循环，4 到 8 步。

（4）连接 q 与 s。将 q 与 s 输入运动学系统（如 PID），准备进行从 q 到 s 的路径生成。

（5）生成 q 到 s 的平滑路径。利用运动模型，如 PID，进行路径的增长生成，一直到模拟速度为 0，即到达 s 点附近范围内。得到路径 $S(t)$，$t \in [t_1, t_2]$。

（6）插入节点。在路径 $S(t)$ 上插入若干中间节点 q_i。

（7）如果 $S(t)$ 路径与障碍物或者边界无碰撞，则加入 s 和中间节点 q_i 到树中，生成新的树，并结束这一层。

（8）如果 $S(t)$ 同障碍物或边界存在碰撞，但是其中间节点 q_i 都没有碰撞，还是加入中间节点到树中，并且加上不安全的标记。

（9）对于每个新加入的节点 q，都做如下循环操作。

（10）连接新加入节点 q 到目标点 g，输入运动学系统，准备进行 q 到 g 的路径生成。

（11）生成 q 到 g 的平滑路径 $S(t)$，$t \in [t_3, t_4]$。这里使用回旋曲线建立从 q 到 g 的 G_1 连续曲线。

（12）如果 $S(t)$ 在任意的 t 上面的点都无碰撞，则加入目标节点到树里面。

（13）计算 q 到 g 这条路径的长度与曲率，并通过一定的计算得到其权值。

以上算法中，通过节点增长生成一个多叉树，并且该树上拥有多条从车辆当前点到目标点的无碰撞路径。最后通过各条路径的权值选择出一条最优路径供无人车执行。

算法流程中首先（第 1 步）是进行随机取样，或者称为在目标区域内抛点，本书采用的是基于高斯随机分布的取样策略。在有车辆参考行驶路径，如通过车道线提取出的车辆应该行驶的中心线的情况下，利用高斯随机数对行驶中心线两侧进行抛点取样。对于环境障碍物与车辆行驶路径无碰撞的情况，高斯随机数参数尽量收敛，若是存在碰撞，则高斯随机参数逐渐变得发散。而对于路口与停车场等情况，则有不同的取样参数，具体策略会在下一节详细介绍。

生成随机取样点之后，这个随机取样点 s 会被作为一个虚拟的目标点，从树中的其他节点 q 模拟车辆行驶到这个虚拟的目标点，之后一般选择里程最短的无碰撞路径作为需要的路径。但是由于路径碰撞检查耗时较长，所以在树生长之前会对树的节点进行排序，取距离由小到大，进行循环（第 2，3 步）。这样在循环中只要该树中的节点 q 到虚拟目标点 s 生长的路径满足无碰撞与曲率条件，就可以跳出循环，认为该节点 q 是最优节点（第 4，5 步）。在路径 $S(t)$ 生成之后，首先就是增加 q 到 s 之间路径上面的中间节点，增加中间节点可以增加算法运行的成功率。树中节点增多，意味着更容易生成树的分支与叶子节点，得到平滑无碰撞的路径（第 6 步）。然后对路径 $S(t)$ 上的每一个点都进行碰撞检测，若是全都通过，则将 s 和中间节点全部加入树中，也就增加了一个多节点的枝干，依此来进行树的生长。如果 $S(t)$ 上只有部分中间节点与环境无碰撞，则依旧增加这些中间节点到树中，不过会做一个不安全的标记（第7，8步）。这样也是为了尽可能利用更多的无碰撞节点，同时不安全标记也会在最后选择路径执行时作为一个评判标准。

每加入一次样本点 s 进入树结构，就判断一次从 s 到最终目标点 g 能否生成无碰撞路径，若能则将目标点 g 存入树中，母节点为 q，并保存这条路径（9~13步）。否则不做处理，继续从第1步开始进行下一个取样循环。如此便能得到一个多分叉的树，以时间为界定标准，在一定的计算时间内，可以得到一条或多条能够通达目标点的路径。若是超过该界定时间，而无法得到一条通达目标点的路径，就需要修改取样策略，让取样范围更广。若是超过最终车辆允许时间，判定这两点间无碰撞路径无法生成，则传输强行刹车指令。

7.2.4 基于 Anytime 和 CL_SST 的规划系统

本节首先描述运动规划问题，然后对 SST 算法进行详细的分析和介绍，包括 SST 算法结构及组成 SST 算法的各个过程。在详细分析 SST 算法的基础上，针对智能驾驶的具体要求，提出了一种闭环渐优采样算法 CL_SST 以解决城市驾驶规划问题。在 CL_SST 算法中，一种改进的闭环策略被用于降低外部模型干扰。算法中，优化的高斯采样策略可响应不同的决策；融合近点优先和优化优先的母节点选择策略可保证算法的渐优特性；结合曲线优化的拓展策略可提高树的拓展效率。此外，为了确保车辆平稳安全的行驶，设计了考虑多重因素的目标函数以选择待执行路径。最后，设计了高效率的重规划策略以提高在线计算效率。

1. SST 算法

图7.18是 SST 的算法框架。SST 增加了树修剪子过程（算法2，行8~12）。SST 选择母节点过程是一个优化选择过程（算法2，行5），其遵循优化优先的策略。在当前拓展范围内，在随机点 δ_{BN} 的区域范围内，耗散最优的节点优先拓展。详细的母节点选择策略可参考图7.19算法3。在拓展环节（算法2，行6），SST 基于蒙特卡洛方法随机在控制域内选择控制量，然后对系统模型进行积分。如果拓展过程无碰撞，考察 x_{new} 是否在局部邻域 δ_S 内是最优节点。如果最优，那么将其加入树结构，并修剪在 δ_S 域内占据主导地位的已存在节点，修剪过程如图7.18所示。表7.2中解释了 SST 算法的输入参数。

```
Algorithm 2 STABLE_SPARSE_RRT(X,U,x₀,T_prop,N,δ_BN,δ_S)
1:  V_active←x₀,V_inactive←φ;
2:  G={V←V_active∪V_inactive,E←φ};
3:  s₀←x₀,s₀.rep=x₀,S←{s0};
4:  for N iterations do
5:      x_selected←Best_First_Selection_SST(X,V_active.δ_BN)
6:      x_new←MonteCarlo—Prop(x_selected,U,T_prop);
7:      if CollisionFree(x_selected→x_new)then
8:          if Is_Node_Locally_the_Best_SST(x_new,S.δ_S)then
9:              V_active←V_active∪x_new;
10:             E←E∪x_selected→x_new;
11:             Prune_dominated_Nodes_SST(x_new.V_active,V_inactive,E);
12:         end if
13:     end if
14: end for
15: return G;
```

图7.18 算法2：SST 的算法框架

表 7.2 SST 输入参数

参数	含义
X	动态系统所在位形空间
U	系统的控制域
x_0	系统的初始状态
T_{prop}	在拓展过程中,对模型进行前向积分的步长
N	算法的迭代步数
δ_S	树修剪参数
δ_{BN}	参数负责选择拓展母节点。这个参数越大,则算法的计算资源越向优化方向倾斜;反之,算法倾向于探索空间

实际上,SST 维持着虚拟的三层结构:第一层,非激活点树结构 V_{inactive};第二层,激活点树结构 V_{active};第三层,被激活点主导的空间结构 S,观察层。对比原始的 RRT 拓展过程,SST 的拓展过程通过简单的修剪过程简化了树结构,如图 7.19 所示。

在图 7.19(a)中,V_{active} 中的 x_a 主导 S 层中的 s 区域。新的节点 x_b 与 x_a 都处于 s 区域内,但 x_b 优于 x_a,x_a 从 V_{active} 中剔除,进入 V_{active}[图 7.19(b)];x_b 取代 x_a 主导 s 区域,x_b 被加入到 V_{active}[图 7.19(c)]。

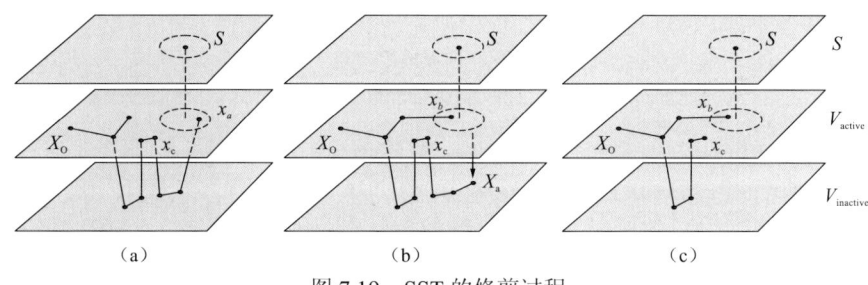

图 7.19 SST 的修剪过程

Best_First_Selection_SST:其算法流程如图 7.20 所示,选择母节点(X_{selected})的过程如图 7.21 所示。在图 7.20 中,SST 首先在状态空间 X 中选择一个随机状态 X_{rand},然后存储距离该 X_{rand} 点 δ_{BN} 内的已知节点到矩阵 $\boldsymbol{X}_{\text{near}}$(算法 3,行 2)。在 $\boldsymbol{X}_{\text{near}}$ 中搜索耗散最低的节点作为拓展母节点(算法 3,行 3)。

```
Algorithm 3 Best_First_Selection_SST(X,V_active,δ_BN)
1: x_rand←Sample_State(X);
2: X_near←Near(V,x_rand,δ_BN);
3: return argmin_{x∈X_near} cost(x);
```

图 7.20 算法 3:优化优先母节点选择策略

Is_Node_Locally_the_Best_SST:图 7.22 算法 4 中,首先搜索距离 x_{new} 最近的观察层点 S_{new}(算法 4,行 1),如果 x_{new} 与 S_{new} 的距离小于修剪距离 δ_S,那么 x_{new} 新开辟一个观察域(算法 4,行 2~3)。如果 x_{new} 新开辟一个观察域或其耗散低于在最近的观察域中的主导节点的耗散,那么拓展成功(算法 4,行 7~9)。否则,放弃当前拓展。这一过程可确保树结构的稀疏性,在树结构中始终保留局部优化的节点。在图 7.19 中,x_b 进入观察域 s 中,x_b 的耗散优于观察域中原有的主导节点 x_a,x_b 取代 x_a 主导 s 域,且将 x_b 加入 V_{active},被取代的 x_a 转入 V_{inactive}。这一过程在图 7.23 的算法 5 中进行了详细的描述。在算法 5 的 6~7 行,如果 x_{peer} 是一个叶子节点(没有子节点),那么这个节点可直接从树结构中删除;删除节点会引起母节点附属结构的变化,如果母节点变成叶子节点且处于 V_{inactive},那么删除。算法继续迭代,直到母节点为非叶子节点。

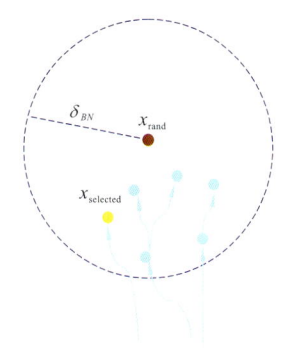

图 7.21 选择母节点(x_{selected})的过程示意图

```
Algorithm 4 Is_Node_Locally_the_Best_SST(x_new, S, δ_s)
1:  S_new ← Nearest(S, x_new);
2:  if ||x_new - s_new|| < δ_s then
3:      S ← S ∪ x_new;
4:      s_new ← x_new;
5:      s_new.rep ← NULL;
6:  end if
7:  x_peer ← s_new.rep;
8:  if x_peer == NULL || cost(x_new < cost(x_peer)) then
9:      return true;
10: end if
```

图 7.22 算法 4:审查新节点是否是局部最优节点

```
Algorithm 5 Prune_Dominated_Nodes_SST(x_new, V_aactive, V_inactive, E)
1:  s_new ← Nearest(S, x_new);
2:  x_peer ← s_new.rep;
3:  if x_peer != NULL then
4:      V_activet ← V_aactive \ x_peer;
5:      V_inactive ← V_inactive ∪ x_peer;
6:  end if
7:  s_new.rep ← x_new;
8:  while x_peer != NULL and Isleaf(x_peer) and x_peer ∈ V_inactive do
9:      parent ← Parent(x_peer);
10:     E ← E \ {x_parent → x_peer};
11:     V_inactive ← V_inactive \ {x_peer};
12:     x_peer ← x_parent;
13: end while
```

图 7.23 算法 5:修剪节点

修剪是 SST 算法优化的核心过程,其利用 s 域将 C 空间划分为有限个小空间,并在每一次迭代中检查 s 域内的节点是否是局部优化的。通过这一过程,SST 维持在现有迭代规模下,s 域内节点的优化属性。这种优化可否决次优节点的加入,同时鼓励优化节点进行更多拓展,从而达到全局优化的目的。

由于 SST 不依赖于转向函数实现优化过程,其适合于考虑高阶车辆运动模型的规划场景。因此,本书设计的以 SST 为基础的规划算法通过考虑 6 阶车辆运动模型可确保规划路径更符合车辆实际运动轨迹。

2. 基于 Anytime 和 CL_SST 的规划算法设计

本节对 Anytime 策略不再过多描述，请参考文献[37]和[44]。下面主要介绍闭环稳定稀疏随机快速树（closed-loop stable sparse RRT，CL_SST）算法的设计精髓，包括其在 SST 基础上，考虑智能驾驶车辆的实际应用，对采样策略、母节点选择策略、拓展策略、路径选择策略等方面进行的改进和提高，首先简介其闭环策略。

1）CL_SST 的闭环策略

CL_SST 算法的闭环来源于 CL_RRT。相对于采样控制空间或采样位形空间等反向计算控制量的算法，闭环算法一方面可降低计算强度（相对于采样控制空间）；另一方面，不需离线获取任何信息就可满足实时计算要求（相对于反算技术）。闭环算法的本质是将局部参考曲线、低水平控制器、车辆模型结合在一起构建一个闭环的系统。局部参考曲线不是由感知信息提供，而是由算法生成连接 x_{selected} 和 x_{rand} 的几何线条。图 7.24 显示了 CL_SST 和 CL_RRT 在闭环策略框架上的主要区别。

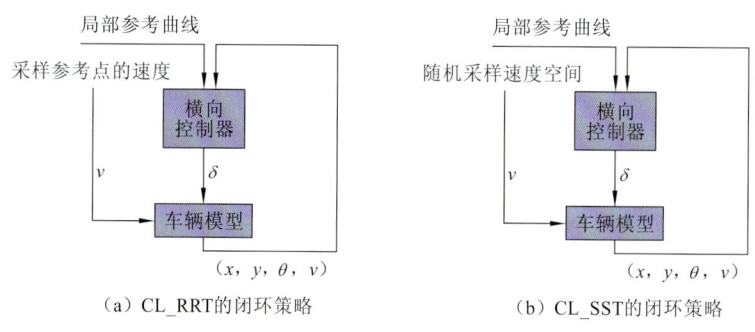

图 7.24 闭环策略

与 CL_RRT 不同，CL_SST 的闭环策略在局部参考曲线、控制器设计上都进行了改进和提高。在图 7.25（a）中，CL_RRT 的参考路径是连接采样点 q_{rand} 和 q_{near} 的直线，除了 2D 几何点 (x,y)，参考速度也是参考路径的一个维度。CL_SST 参考路径选择 C^1（一阶连续）曲线而非直线作为局部参考曲线[图 7.25（b）]。C^1 曲线可考虑采样点的方向约束，其几何组成为 (x,y,θ)，其中，θ 是点的切向。在 CL_RRT 中，参考路径中的采样参考点包含参考速度，但没描述如何获取参考速度[图 7.24（a）]。现实智能驾驶环境中，很难确定合适的参考速度。参考速度取决于车辆当前状态、环境情况等综合因素。CL_SST 利用采样控制空间的方法以计算目标速度，如图 7.24（b）所示。因此，在 CL_SST 中，不设定参考速度，但设定最大和最小速度。CL_SST 的闭环策略是原始 CL_RRT 闭环策略和采样控制空间方法的优化组合。由于没参考速度，因此闭环系统中没使用速度控制器，只包含转向控制器。CL_SST 采用最新的 CF_Pursuit[45]作为转向控制器计算前轮转角。相对于 CL_RRT 中的纯追随控制器，CF_Pursuit 在跟踪精度和控制平滑度方面有相对优势。闭环策略中使用的车辆模型与 CL_RRT 一致，但模型参数需根据"途智 II"无人车重新设定。

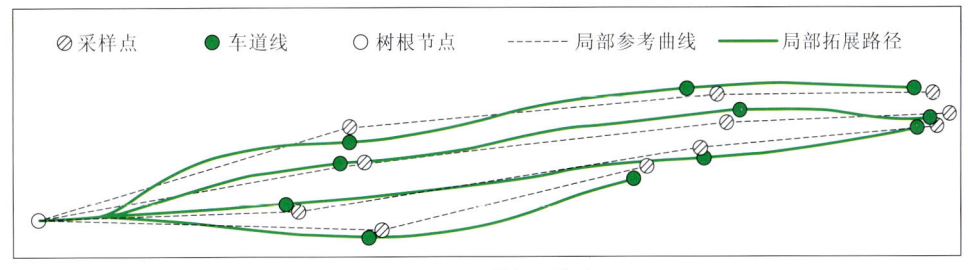

(a) CL_RRT 的闭环策略

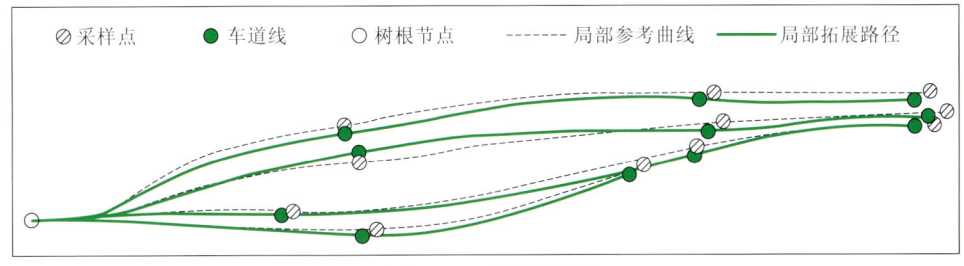

(b) CL_SST 的闭环策略

图 7.25 对比 CL_SST 与 CL_RRT 的闭环策略

2）CL_SST 的算法解析

CL_SST 的算法结构如图 7.26 所示。CL_SST 算法中的主要框架与 SST 基本一致，包括采样策略、母节点搜索策略、拓展策略。

```
Algorithm 6 CL_STABLE_SPARSE_RRT(X,U,x₀,T_prop,N,δ_BN,δ_s)
 1: V_active←x₀,V_inactive←φ
 2: G={V←V_active∪V_inactive,E←φ};
 3: s₀←x₀,s₀.rep=x₀,S←{s₀};
 4: for N iterations do
 5:    X_rand←Sampling(Reference_Path);
 6:    x_selected←Best_First_Selection_SST(X,V_active,δ_BN, x_rand);
 7:    (Local, Collision_Free)←Propagation(x_selected,x_rand);
 8:    if Collision_Free then
 9:       for x_new∈Local do
10:          if Is_Node_Locally_the_Best_SST(x_new,S,δ_s)then
11:             V_active←V_active∪x_new;
12:          end if
13:          Prune_dominated_Nodes_SST(x_new,V_active,V_inactive);
14:       end for
15:    end if
16: end for
17: return G;
```

图 7.26 算法 6：CL_SST 算法

（1）基于高斯的改进采样策略（算法 6：行 5）。城市结构化道路一个较有利的特征是可提供参考路径。近些年来，随着电子精细地图及感知技术的发展，在结构化道路上行驶的智能驾驶车辆可获取当前即将行驶道路的参考路径。例如：在车道内行驶，车道的中线是车辆将要行驶通过的第一优先参考路径；在无车道线有道路边沿的情况下，偏移的道路边沿也可提供参考路径；在路口的情况下，电子精细地图、虚拟的车道线可为车辆提供精确的参考路径。参考路径的应用使得利用模型积分获得局部路径变得更高效[46]。

· 233 ·

通过与决策融合，CL_SST 可根据不同决策优化配置采样策略的相关参数。CL_SST 的采样策略与文献[47]类似，利用高斯采样云以响应不同决策的影响。对于 CL_SST，终点倾斜的采样策略有助于其提高路径的生成效率和数量。基于参考路径的高斯采样可用式（7.5）表示：

$$\begin{pmatrix} x_s \\ y_s \\ \theta_s \end{pmatrix} = \begin{pmatrix} x_r \\ y_r \\ \theta_r \end{pmatrix} + r \begin{pmatrix} \cos\theta \\ \sin\theta \\ \sigma_\theta n_\theta \end{pmatrix}, \quad r = \sigma_r |n_r| + r_0 \tag{7.5}$$

式中：(x_s, y_s, θ_s) 为采样点；(x_r, y_r, θ_r) 为采样参考点（在参考路径上的点）；n_r、n_θ 为高斯随机数，σ_r、σ_θ 为高斯分布的标准差，前者决定随机点在采样参考点径向分布幅度，后者决定随机点在采样参考点附近周向分布幅度；r_0 为偏离采样参考点的径向距离，当采样区域远离当前参考路径时，可将其设为比较大的值。高斯采样策略允许不同的决策影响采样参数的选择以使采样策略实时地反映环境的影响，优化规划的路径。

a. 跟驰决策。跟驰决策的采样策略限定路径在车道范围内，通过限定狭窄的采样云以使规划的路径集中在参考路径附近。跟驰决策的可通行空间相对狭小（车道范围内），是一种确定性较强的工作空间。因此，算法应限定其随机性以使其可适应环境。在这种驾驶环境中，过多的随机过程不会对路径的生成和优化产生质的变化（相对于避障）。因此，为了降低路径的随机性，CL_SST 大幅度地缩减随机范围。在采样策略中，CL_SST 通过稀疏跟驰决策下的参考路径点的数量以达到降低随机性的目的。在"途智 II"系统中，参考路径仅保留 4~6 个参考点。较少的参考点意味着随机采样点相对位置集中，规划的路径中节点的数量也比较少。在实际的测试表现中，这种策略有助于提高车辆行驶的平滑性和速度的平稳度。图 7.27 给出了在跟驰决策下，CL_SST 在车道内构建的树结构图。树节点集中分布在采样点周围，每一条规划路径上的节点都不超过 4 个。

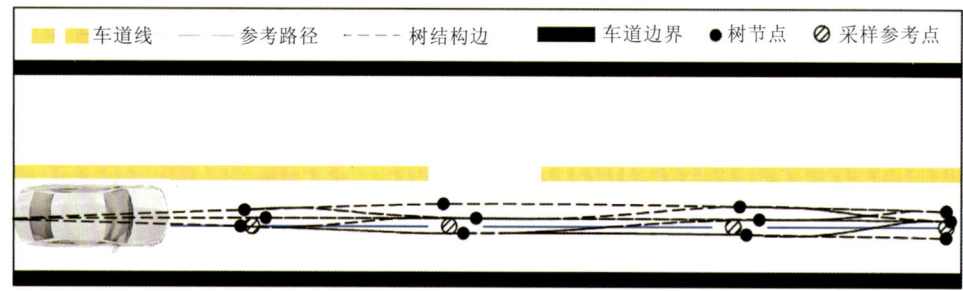

图 7.27　跟驰决策下的树结构图

b. 换道决策。换道决策的参考路径有两条：一条是当前车道行驶前方道路中线；另一条是待进入车道的车道中线。换道决策，尤其是非强制换道需要规划与决策互动。通过两条参考路径的使用，规划系统可同时获取适合在当前道路行驶和换道的路径。决策系统需根据具体的约束条件决定是否换道。在换道决策中，高斯采样云与跟驰决策类似。图 7.28 描述了车辆的换道机动的采样点和树结构。在图示工况下，无人车在当前车道和待转入的车道都规划了可行驶路径。决策系统可根据需要选择在当前道路行驶或转入待进入车道。这种同时规划的方式也可降低规划失败的概率。一旦待进入车道出现特殊情况，无人车可继续保持当前车道行驶。这符合人类驾驶习惯。人类驾驶员在换道过程中首先是保证当前车道可继续行驶，然后才会观察待进入车道是否可换道。一旦达到换道条件，驾驶员才会执行换道机动。

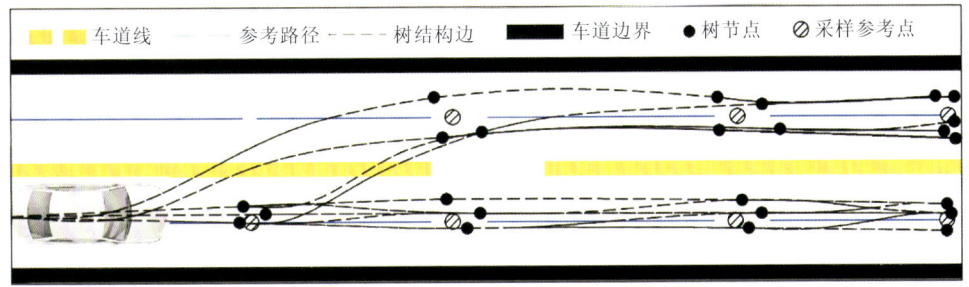

图 7.28　换道决策下的树结构图

c. 避障决策（静态障碍物）。避障决策的采样策略应放大采样范围，增加随机点在采样参考点附近分布的幅度，增大算法的随机性，合理地稀疏化参考路径。相对于跟驰决策中参考路径对规划路径的决定性作用，在避障决策下，参考路径的作用被淡化，原始的参考路径不是车辆未来行进的路线，车辆的规划路径应考虑较多的环境因素。高斯参数应确保采样范围具有足够的覆盖度以提高规划的成功率。图 7.29 显示在车道前方有停止的障碍物时，无人车采样范围和树结构图。在第三个采样参考点附近，树节点没聚集在其周围，因为前方障碍物的影响。通过迭代，随机采样点的范围逐渐地分布在可行驶区域。CL_SST 在避障决策下的采样改进体现在其采用了采样权重以分配计算资源。相对于在障碍物附近的点，其他采样参考点更容易成功产生采样点，也更容易拓展成功。但避障决策的核心是规划可躲避障碍物的路径。因此，CL_SST 赋予接近障碍物的采样参考点更大的权重以提高在其附近拓展的成功率。动态障碍物由于存在速度的影响，因此其不影响采样空间。动态障碍物主要在跟驰决策下，考虑速度的采样。速度采样将在拓展策略中进行详细论述。

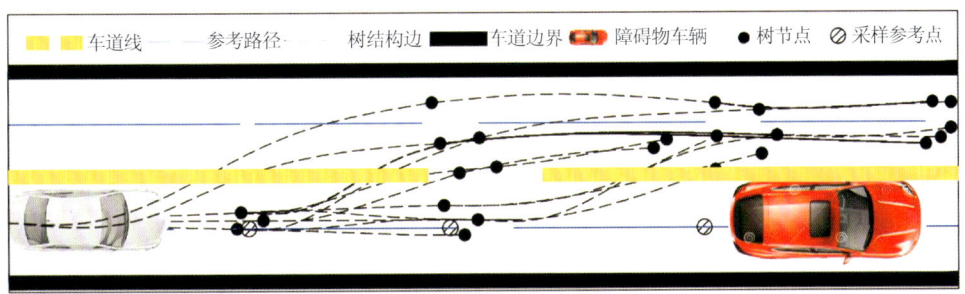

图 7.29　避障决策下的树结构图

超车决策与换道决策类似，只需要额外考虑速度的影响。路口、Uturn 等决策，在精细地图可提供的情况下，这些决策可看作是一种跟驰决策，只是需要调整相应的高斯参数。

（2）基于近点优先和优化优先的母节点（$x_{selected}$）选择策略（算法 6：行 6）。不同于原始 SST 可通用各种系统，CL_SST 考虑车辆系统应用，在最近点选择策略上，CL_SST 选择 Dubins 距离[48]作为距离尺度。Dubins 距离计算的起始状态是 q_{in_tree}，终点状态是 q_{rand}。不失一般性，通过坐标转换，可将 q_{rand} 转换为以 q_{in_tree} 为原点的 q_{rand_local},(x, y)。

· 235 ·

Dubins 距离可表达为从原点到点 (x,y) 或 $(x,-y)$ 的距离，长度是相等的。定义 $\tilde{q}=(x,|y|)$，最短 Dubins 距离 $L_\rho(q)$ 可通过解析的方法获取。ρ 是车辆系统的最小转弯半径。$D_\rho=\{z\in\mathbb{R}^2 z-(0,\rho)<\rho\}$，最短距离 $L_\rho(q)$：

$$L_\rho(q)=L_\rho(\tilde{q})=\begin{cases}f(\tilde{q}), & \text{for} q\notin D\\ g(\tilde{q}), & \text{其他}\end{cases} \tag{7.6}$$

其中

$$f(\tilde{q})=\sqrt{d_c^2(\tilde{q})-\rho^2}+\rho\left(\theta_c(\tilde{q})-\cos^{-1}\frac{\rho}{d_c(\hat{q})}\right) \tag{7.7}$$

$$g(q)=\rho\left(\alpha(q)+\sin^{-1}\frac{x}{d_f(q)}-\sin^{-1}\frac{\rho\sin(\alpha(q))}{d_f(q)}\right) \tag{7.8}$$

式中：$d_c(\tilde{q})=\sqrt{x^2+(|y|-\rho)^2}$ 为从 $\tilde{q}$ 到点 $(0,\rho)$ 的距离；$\theta_c(q)=\arctan 2(x,\rho-|y|)$ 为逆时针得到的从点 $\tilde{q}\in D_\rho$ 到 $\tilde{q}$ 的角度，以负 y 轴为起始；$d_f(q)=\sqrt{x^2+(|y|+\rho)^2}$ 为 $\tilde{q}$ 与点 $(0,-\rho)$ 之间的距离；$\alpha(q)=2\pi-\cos^{-1}((5\rho^2-df(q)^2)/(4\rho^2))$ 为当 $\tilde{q}\in D_\rho$，Dubins 路径的第二个转向线段转过的角度。通过这种快速的计算方法，CL_SST 可快速地遍历树中的节点，搜索具有最小 Dubins 距离的树节点。

原始的 SST 算法（图 7.18 算法 2）遴选距离随机点 x_{rand} 小于 δ_{BN} 的 k 个节点，然后选择其中从起始根节点到当前节点耗散最小的节点作为母节点。这种选择策略没充分利用原始 RRT 搜索距离最短节点作为母节点的策略。CL_SST 兼容原始 RRT 选择最短距离节点作为母节点的选择原理，设计优化的选择策略。CL_SST 的母节点选择策略如图 7.30 所示。

Algorithm 7 Best_First_Selection_SST(X, x_{rand}, V_{active}, δ_{BN})
1: $x_{nearest}\leftarrow$ Nearest(V_{active}, x_{rand});
2: $X_{near}\leftarrow$ Near(V, $x_{nearest}$, δ_{BN});
3: return $\text{argmin}_{x\in X_{near}}\text{cost}(x)$;

图 7.30 算法 7：CL_SST 的母节点选择策略

在图 7.30 中，首先根据 Dubins 距离选择最近的树节点，$x_{nearest}$（算法 7，行 1）；然后将最近点 δ_{BN} 附近的节点存入 X_{near}（算法 7，行 2）；最后，搜索最优耗散（cost）的节点 $x_{selected}$（算法 7，行 3）。SST 中，X_{near} 是树节点在采样点 x_{rand} δ_{BN} 范围内的点。对于 SST，这种选择希望其尽可能优化，不考虑具体的系统平台应用对效率的要求。这种策略的缺点是算法效率受限于 δ_{BN} 和树的稠密度的相互影响。在树结构比较稀疏时，过小的 δ_{BN} 降低搜索到母节点的成功率；过大的 δ_{BN} 使被搜索的节点之间位置差异较大，比较时间耗散难以在局部小区域内产生优化效果；在树比较稠密时，过大的 δ_{BN} 可严重地拖累算法效率。对于智能驾驶，在线计算的资源有限，规划算法应提高在线的计算效率。

为了降低参数 δ_{BN} 对算法的影响，CL_SST 优化原始的选择策略。优化的原理来源于原始 RRT 算法。原始 RRT 先搜索距离 x_{rand} 最近的节点 $x_{nearest}$ 作为拓展节点，这是其算法核心理念之一。这种选择的主要优势在于节点之间距离越近，存在障碍物的可能性越低，拓展的成功性越高，使 RRT 可快速地覆盖自由空间。融合 RRT 的这种理念，CL_SST 一方面可提高树结构对自由空间的覆盖效率；另一方面可弱化参数 δ_{BN} 和树的稠密程度对算法的影响。选择策略示意图可参考图 7.31。

CL_SST 的耗散参数选择系统的运动时间，时间可充分地反映车辆的本质用途，即帮助人实现快速地空间转移。在 CL_SST 的算法中，某一个节点的耗散是系统从树的根节点到节点需要消耗的时间。

（3）基于 Clothoid 曲线和 CF_Pursuit 控制器的改进闭环拓展策略（算法6：行7）。拓展策略通过控制车辆模型跟随局部参考曲线完成

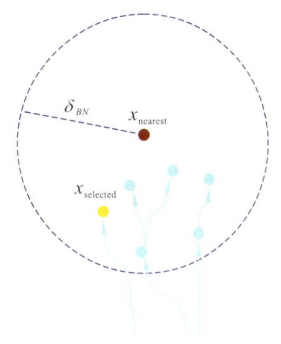

图 7.31 CL_SST 母节点选择策略示意图

从 x_{selected} 到 x_{rand} 的拓展。拓展过程是树图构建过程的关键，其需要完成两个过程：第一，闭环系统的积分过程；第二，障碍物的检测。拓展过程的算法如图 7.32，算法 8 所示。首先生成局部参考曲线（Reference_Path）（算法 8，行 1）。不同于 CL_RRT 利用直线连接 x_{selected} 和 x_{rand}，CL_SST 采用更光滑的一阶连续曲线 Clothoid。首先介绍 Clothoid 曲线，其亦称为羊角螺旋线。

```
Algorithm 8 (Trajectory,Flag_Prop)←Propagation(x_selected,x_rand,δ_cur,C_l
 1: (Reference_Path,MaxCur,Length)←Build_Clothoid(x_selected,x_rand);
 2: Dis←‖x_selected-x_rand‖;
 3: if |MarCur|<δ_cur∧Length<C_l.Dis then
 4:   Target_Velocity←Random_Select(v_min,v_max);
 5:   Target_Velocityx_rand←V_current+L_prat/L_full.(Target_Velocity-V_current);
 6:   Flag_Prop←True;
 7:   while true do
 8:     Steer_Angle←CF_Pursuit(Reference_path,x_current);
 9:     Acceleration←K_p.(Target_Velocityx_rand-V_current);
10:     x_current←Forward_Simulation(x_current,Steer_Angle,Acceleration);
11:     Trajectory←Trajectory∪x_current;
12:     if¬Collision_Free(x_current)then
13:       Flag_Prop←False;
14:       Break;
15:     end if
16:     if Reach_X_rand()then
17:        Break;
18:     end if
19:   end while
20: end if
```

图 7.32 算法 8：拓展策略

Clothoid 曲线的曲率随着弧长线性变化，式（7.9）是变化的方程：

$$c(s) = ks + c_i \tag{7.9}$$

式中：c 为曲线曲率；k 为曲率变化率；c_i 为曲线的初始曲率。Clothoid 曲线可用式（7.10）、式（7.11）在笛卡儿坐标系下表示：

$$x(s) = x_0 + \left[\int_0^z \cos\left(\frac{1}{2}\kappa\tau^2 + \kappa\tau + \theta_0\right)d\tau\right] \tag{7.10}$$

$$y(s) = y_0 + \left[\int_0^z \sin\left(\frac{1}{2}\kappa\tau^2 + \kappa\tau + \theta_0\right)d\tau\right] \tag{7.11}$$

式中：s 为圆弧长度；(x_0, y_0) 为曲线的起始点坐标；θ_0 为初始切向角；$\frac{1}{2}\kappa\tau^2 + \kappa\tau + \theta$ 为弧长 τ 所对应曲线点的切向角。众所周知，Clothoid 曲线是通过菲涅耳积分计算得到的。式（7.10）、式（7.11）中的参数 κ 可利用曲线两个端点坐标计算：

$$x(0) = x_0, \quad y(0) = y_0, \quad \arctan\left(\frac{y'(0)}{x'(0)}\right) = \theta_0 \qquad (7.12)$$

$$x(L) = x_L, \quad y(L) = y_L, \quad \arctan\left(\frac{y'(L)}{x(L)}\right) = \theta_L \qquad (7.13)$$

式（7.12）、式（7.13）中，x_L、y_L 为曲线终点坐标；θ_L 为终点切线角。曲线计算除了受到两个端点边界值限制，也受到最短距离限定。综合以上限制条件，通过 Bertolazzi 和 Frego 提出的优化方法[49]，CL_SST 可快速地计算曲线。

Clothoid 曲线一方面可保证规划的局部路径 Trajectory 更平滑；另一方面，当车辆以恒定速度运行时，行驶的路线可用 Clothoid 曲线完美匹配[50]。

Clothoid 曲线较精确地代表车辆运动须满足三个假设：①车辆的转向机制可用一个自行车模型[式（7.3）]代表；②车辆的转向速率是定值；③车辆以恒定的速度运动。

使用 Clothoid 曲线比拟车辆运动有几个相对优势：首先，Clothoid 曲线的位置、朝向（切向）和曲率是连续的。这与车辆的运动是相同的，车辆由于惯性和有限的控制响应，其运动是连续的。此外，车辆的转向系统难以进行即时转向，只可连续运转。其次，式（7.9）显示 Clothoid 曲率随着曲线的弧长线性变化。曲线曲率的线性特性可比拟沿着路径转向运动的线性变化。这种特性使得 Clothoid 比较适合车辆系统，对比非线性的转向运动，线性的转向运动使车辆的转向机构需要更少的控制努力。最后，Clothoid 曲线可考虑车辆的初始转向角和最大转向速率，因此用 Clothoid 曲线近似地比拟车辆的运行是合理的。

Clothoid 曲线另一个突出的优点是曲率是线性变化的，这可较容易地计算当前路径上各个点的曲率以获取曲率的极值[51]。曲率可代表路径的弯曲程度，因此可通过判断 Clothoid 曲线近似地判断即将生成的局部拓展路径的质量。

通过 Clothoid 曲线可计算当前曲线曲率的最大值，CL_SST 利用曲率对拓展所需的局部参考曲线弯曲度进行限定（算法 8，行 1~3）。曲率限定参数 δ_{cur} 是由决策决定的，跟驰决策下，车辆不应产生大角度机动，因此 δ_{cur} 是较小的值；在躲避障碍物、路口等其他决策时，CL_SST 根据具体的环境状况设定不同的 δ_{cur} 值。第二个限定条件是曲率限制条件的补充条件，CL_SST 将过滤掉曲线长度过长的局部参考曲线。在算法 8 第 3 行，CL_SST 比较曲线弧长与扩大了的两点之间直线距离 Dis，长度限定比例系数 C_l 是由决策决定的。在跟驰决策小时，C_l 的数值比较小，限定规划的路径贴近于参考路径；避障等需大范围机动或偏离参考路径的决策下，C_l 的数值应放大以产生弯曲程度较高的局部参考曲线。

如图 7.32 所示，在控制闭环系统中（算法 8，行 4~18），CL_SST 使用车辆运动模型公式（7.14）以生成局部拓展路径 Trajectory：

$$\begin{cases} \dot{x} = v\cos\theta \\ \dot{y} = v\sin\theta \\ \dot{\theta} = \dfrac{v}{L}\tan\delta \cdot G_{ss} \\ \dot{\delta} = \dfrac{1}{T_d}(\delta_c - \delta) \\ \dot{v} = a \\ \dot{a} = \dfrac{1}{T_a}(a_c - a) \quad a_{\min} \leqslant a \leqslant a_{\max} \quad |\delta| \leqslant \delta_{\max} \quad |\dot{\delta}| \leqslant \dot{\delta}_{\max} \end{cases} \tag{7.14}$$

模型中包含 6 个维度,包括位置 (x, y, θ)、转向角 δ、速度 v、加速度 a。系统的输入控制量为 δ_c 和加速度 a_c,L 为车辆轴距。控制输入通过一阶时间滞后系统执行车辆转向。加速度滞后系统的时间常数分别为 T_d、T_c。由于车辆系统实际转向机构和加速机构的限制,转向控制量和加速度控制量应限定在一定范围内。G_{ss} 是为了捕捉车辆的侧滑。G_{ss} 可用式(7.15)表示:

$$G_{ss} = \dfrac{1}{1 + \left(\dfrac{v}{v_{CH}}\right)^2} \tag{7.15}$$

式中:G_{ss} 为转向速率 $\dot{\theta}$ 的静态增益;参数 v_{CH} 被称作特征速度,可通过经验获取[52]。选用的模型有两个优势:一方面不增加系统的阶数,降低了积分计算的负担;另一方面,模型的可调节参数较少,增加了系统的鲁棒性。

在闭环拓展策略中,一种基于模糊和 Clothoid 曲线的横向控制器 CF_Pursuit 被用以生成转向控制量(算法 8,行 8),速度控制量在 CL_SST 中采用随机的方式生成(算法 8,行 4)。对于智能驾驶车辆,决定目标速度是一个困难的过程,尤其在避障过程中,障碍物的形状大小和车辆状态的不确定使目标速度较难利用经验获取。在控制空间内随机采样控制量的策略可在 CL_SST 算法中应用的条件是 SST 算法的渐优特性。作为一种渐优算法,CL_SST 给予较小时间耗散节点更多拓展机会以使规划的路径渐进地收敛,降低时间耗散,提高速度。如果在 RRT 算法中采用随机采样控制空间的策略,那么其规划的目标速度是不稳定的,智能驾驶车辆无法平滑地驾驶。

车辆模型的输入控制量虽是加速度,但 CL_SST 并不在加速度空间进行采样。一个重要原因是加速度难以直接反映在驾驶的过程中,因此其取值空间虽相对比较小,但较难量化。尤其是在动态跟车场景下,智能驾驶车辆的车速需与前车相关,但把本车加速度与前车关联是比较困难的。此外,准确测量前车加速度也存在一定的难度。基于此,CL_SST 选择在速度空间随机采样,采样过程在算法 8 第 4 行。CL_SST 首先随机生成到达目标点的目标速度 Target_Velocity,然后根据距离线性估算到达 x_{rand} 的目标速度值 Target_Velocity,其计算过程在算法 8 第 5 行。其中,L_{part} 是从根节点到 x_{rand} 相对应的采样参考点的参考路径距离;L_{full} 是参考路径的总长度。图 7.33 显示了 Target_Velocity 的取值过程以及 L_{part} 和 L_{full} 的含义。图 7.33 中示例了两种工况,直行跟驰和 Uturn 机动,对应着目标区域 2 和 1。对于图示采样点 x_{rand},在选择不同目标区域的情况下,其与根节点的距离(L_{part})虽相同,但一方面目标区域的目标速度 Target_Velocity 不同,另一方面，L_{full} 也不相同，这导致 Target_Velocity 的不同。

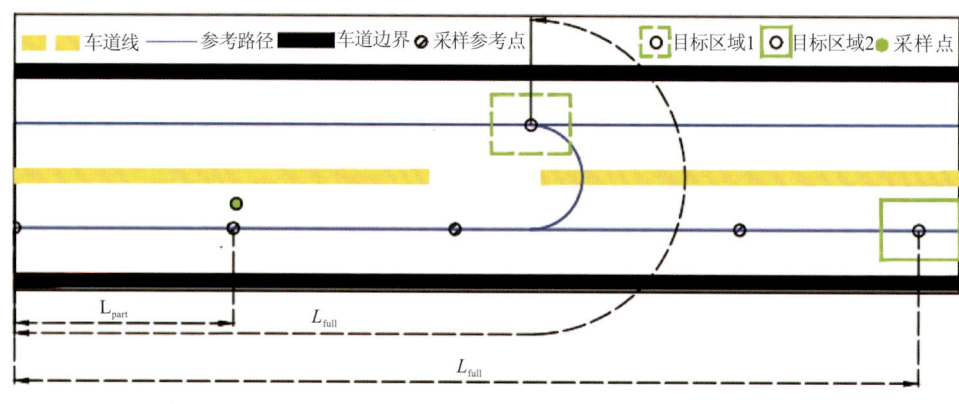

图 7.33　计算 Target_Velocity

无人车不需设定在某种工况下的具体速度值，但需确定目标速度范围值。表 7.3 给出了"途智 II"无人车根据实际测试经验得出的在不同决策下速度值域的设计考量因素。

表 7.3　速度值域的选择

决策	速度值域调整策略
跟驰	v_{max} 设定为车辆速度上限值，在正常行驶条件下，v_{min} 设定为小于 v_{max}。威胁存在情况下，同时降低 v_{min} 和 v_{max}。此外，需考虑动态障碍物的影响
避障	降低 v_{max} 值，使 v_{min} 值低于 10 km/h（刹车距离小于 0.5 m）
换道	与跟驰决策类似，但需额外考虑换道的加速过程
超车	与换道类似，但需考虑被超越车辆速度变化
路口	需考虑停车，此时的 v_{min} 和 v_{max} 设置为 0
U 形弯	速度应在一个较小的范围内

完成控制量计算，CL_SST 对系统模型式（7.14）进行欧拉前向积分以获取局部拓展路径 Trajactory。在 Trajactory 生成过程中，加速度和前轮转角随系统位置的变化而更新。如果有碰撞，拓展失败；如果无碰撞，保留 Trajactory（算法 8，行 10～18）。

（4）考虑决策因素的树修剪策略。树修剪策略先从提取节点开始。拓展策略输出一条 Trajactory，因此需要 CL_SST 将其分为多段以加入树结构。在加入节点过程中，CL_SST 进行优化检验，即树修剪过程。CL_SST 的树修剪过程与 SST 是一致的，但 CL_SST 的修剪参数 δ_s 是动态变化的，取决于决策。不同的 δ_s 值显示了算法对于优化和拓展的权重选择。在跟驰决策下采样的范围较小，优化是算法的主要任务。因此，可放大 δ_s。在避障阶段应使算法尽可能地拓展可通行空间。因此，缩小 δ_s。在其他决策中，根据困难程度调节 δ_s 以使算法在拓展和优化之间保持平衡。

3. 基于目标函数的路径优化选择策略

CL_SST 虽可规划时间最优的路径，但耗散（时间）最优无法保证智能驾驶车辆快速、平稳、安全的运动。如图 7.34 所示，耗散最优路径是不安全的路径。在路径生成算法中虽已进行障碍物检测，但一方面车辆的模型相对于真实系统是存在误差的；另一方面，控制器的控制误差也不能忽略。因此，在选择路径时必须考虑更多的因素才可保证符合智能驾驶的要求。

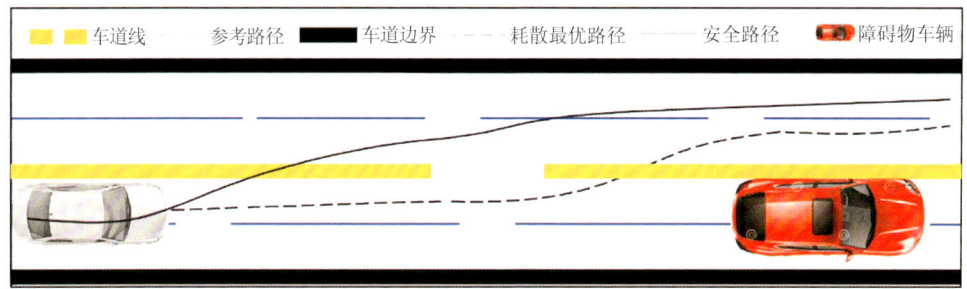

图 7.34　耗散最优路径不是最安全的路径

路径优化选择的策略如图 7.35，算法 9 所示。

```
Algorithm 9 (Trajectory,Flag_Path)←Select(Tree)
1:  for Node∈Tree do
2:    if Is_goal(Node) then
3:      Goal_Nodes←Goal_Nodes∪Node;
4:    end if
5:  end for
6:  for Node∈Goal_Nodes do
7:    Traj←Back_propagate(Tree);
8:    if ¬Collision_Check(Traj) then
9:      J←w_smooth·C_smooth+w_time·C_time+w_distogoal·C_dist_to_goal+w_distoobs·C_dist_to_obs;
10:     if J<J_min then
11:       Trajectory←Traj;
12:       J_min←J;
13:     end if
14:   end if
15: end for
```

图 7.35　算法 9：选择路径的算法

在算法 9 中，首先筛选靠近目标节点的路径（算法 9，行 1~5）。只有到达目标附近的节点才可存入 Goal_Nodes 集合中。凡是进入目标区域中的节点都是备选路径终点。

首先通过目标节点向后推演得到路径，节点之间的关系编码使 CL_SST 可快速地获得连接起点和终点的路径（算法 9，行 7）。然后，对规划的路径进行障碍物检测，再次调用 Collision_Check()（算法 9，行 8）。算法 9 中的障碍物检测与拓展过程（图 7.32 算法 8）并不重复。算法 9 中的障碍物检测主要是应对由于重规划应用"迟滞检验"策略导致树上节点可能不安全的问题。

"途智 II"智能驾驶平台考虑 4 个因素：路径平滑度、到达终点时间、与终点的距离和与障碍物的距离。本书设计的目标函数如算法 8，行 9[式（7.16）]：

$$J = w_{smooth}C_{smooth} + w_{time}C_{time} + w_{distogoal}C_{dist\_to\_goal} + w_{distoobs}C_{dist\_to\_obs} \quad (7.16)$$

1）路径平滑度

加速度在速度方向上的分量被用以反映车辆的侧向动态，表征路径平滑度。这种表征是基于一种理想状况，即 CL_SST 希望车辆的加速度与当前速度的方向尽可能贴合，尽可能减少侧向运动。算法 9 中，CL_SST 利用加速度与车辆速度方向之间的夹角 θ_{diff} 代表路径平滑度。具体的计算过程可用图 7.36 来解释。图 7.36，显示了备选路径上的两个节点，节点 a、节点 b。首先将速度向量在 x 轴和 y 轴投影，得到 v_n 和 v_t。假定两点之间的加速度是恒定的，那么可通过加速度公式分别计算 a_x、a_y，如式（7.17）所示。其中，Δt 代表车辆系统从节点 a 运动到节点 b 所需要的时间耗散。

$$\begin{cases} v_x = v\cos\theta \\ v_y = v\sin\theta \\ a_x = \dfrac{v_x^b - v_x^a}{\Delta t} \\ a_y = \dfrac{v_y^b - v_y^a}{\Delta t} \\ \theta_a = \arctan\left(\dfrac{a_y}{a_x}\right) \\ \theta_{\text{diff}} = |\theta^a - \theta_a| \end{cases} \quad (7.17)$$

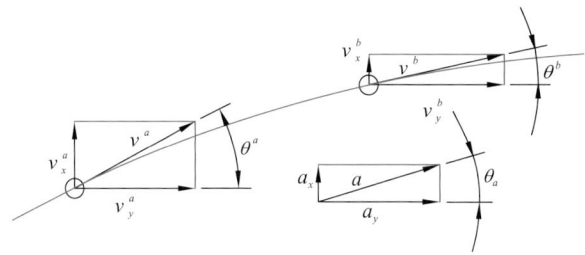

图 7.36　法向加速度的计算

整条路径的平滑度 $C_{\text{smooth}}^{\text{trajectory}}$ 可通过叠加 θ_{diff} 得到[式（7.18）]。考虑其他项目与平滑度的量纲不一致，因此有必要对平滑度进行归一化。归一化后，单一路径的平滑度可用式（7.19）表示。

$$C_{\text{smooth}}^{\text{trajectory}} = \sum_{k=1}^{N-1} \theta_{\text{diff}}(k) \quad (7.18)$$

$$C_{\text{smooth}}(k) = \dfrac{C_{\text{smooth}}^{\text{sqactop}}(k)}{\sum\limits_{k=1}^{M} C_{\text{smooth}}^{\text{trigatory}}}(k) \quad (7.19)$$

式中：N 为路径上节点的数量；M 为路径的条数。

2）到达终点时间

到达终点时间反映车辆快速地到达终点的速度。CL_SST 希望车辆在保证安全的情况下，使用尽量少的时间到达终点。渐优算法可保证到达终点的路径是渐优的。渐优特性意味着规划的路径并不都是时间最优的，优化过程是渐进完成的。因此，在路径中，存在以各种速度到达终点的路径，包括在当前迭代条件下耗散最优的路径。在路径选择时，时间特性项综合反映了智能驾驶车辆应对环境约束、系统约束的能力。式（7.20）代表了路径的时间特性项：

$$C_{\text{time}}(k) = \frac{C_{\text{time}}^{\text{trajectory}}(k)}{\sum_{k=1}^{M} C_{\text{time}}^{\text{trajectory}}(k)} \quad (7.20)$$

3）与预设终点之间的距离

由于预设终点是一个区域范围，因此每条路径与预设终点的距离是不一样的。尤其是当设定比较大的终点区域时，路径的长度变化较大。CL_SST 希望选择的路径尽可能地靠近终点，延伸到更远的范围。更远的路径意味着有更广阔的可通行区域。图 7.37 解释了这种选择的意义。在图 7.37（a）中，主车前方有两个障碍物，分别是停在车辆前方的障碍物车辆和停止在邻近车道前方的障碍物车辆。与终点距离远的路径明显没考虑左前方障碍物车辆。重规划策略虽在车辆行进过程中进行重规划，但如果出现意外，导致几次重规划失败，车辆沿着路径前进到一个无法躲避障碍物的位置，那么这对车辆的安全性是极大的威胁，如图 7.37（b）所示位置。在此种工况条件下，智能驾驶车辆应紧急制动。

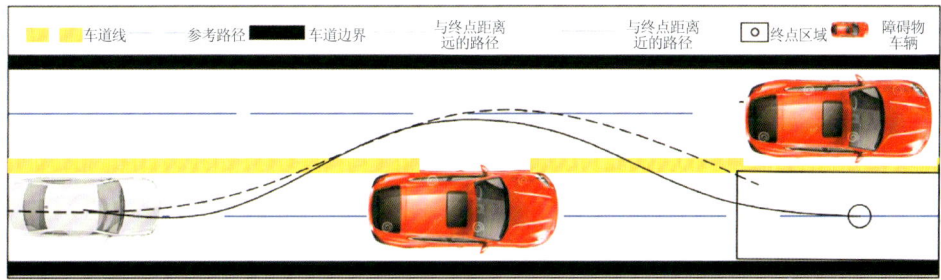

（a）无人车驾驶车辆路径规划两条路径

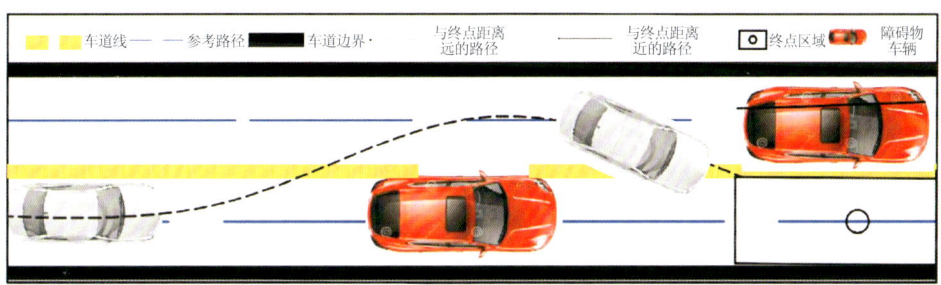

（b）规划路径导致智能驾驶车辆处于危险状况

图 7.37　与终点的距离对智能驾驶车辆安全的影响

与终点的距离采用欧氏距离，在具体的计算方面，有避障和非避障之分。非避障状态，距离计算不仅包含末端节点的位置，也包含其方向。在非避障状态下，预设终点的方向是终点所在车道的方向。在此情境下，智能驾驶车辆理论上应保持与车道方向一致。但在有障碍物的情况下，车辆的机动存在较多的不确定性，无法始终保持在车道内行驶，因此方向是不确定的。具体计算如下：

$$C_{\text{dist\_to\_gole}}^{\text{trajectory}}(k) = \left\| x_{\text{goal}} - \text{GoalNode} \right\| \quad (7.21)$$

$$C_{\text{dist\_to\_goal}}(k) = \frac{C_{\text{dist\_to\_goal}}^{\text{trajectory}}(k)}{\sum_{k=1}^{M} C_{\text{dist\_to\_goal}}^{\text{trigatory}}} \quad (7.22)$$

4）与障碍物的距离

渐优算法是耗散贪婪的算法，缩短时间耗散有两种途径：第一，提高速度；第二，缩短距离。CL_SST 将尽可能地提高速度或缩短路径距离。因此，存在较大的概率生成靠近障碍物的路径。图 7.38 显示了一种危险的情况，靠近障碍物的路径。

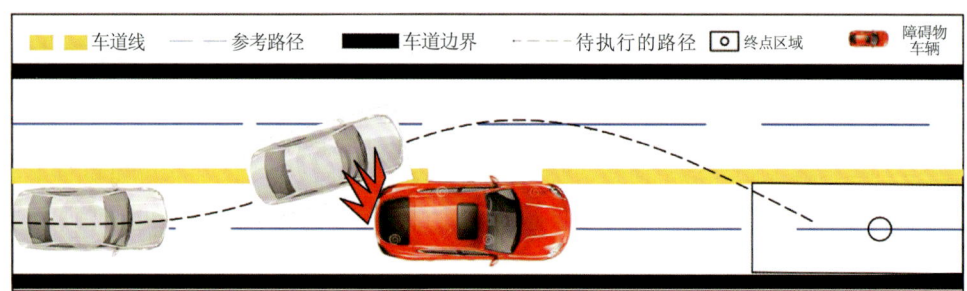

图 7.38　靠近障碍物的路径

图 7.38 中，规划的路径虽通过了障碍物检测，但这条路径并不安全。一方面，在障碍物检验时，车辆模型与车辆的实际运动存在模型误差，这导致规划的路径与实际的运动路径之间存在误差；另一方面，车辆的跟踪控制器也存在跟踪误差，车辆系统的非线性导致车辆在大角度机动的过程中，跟踪误差增大。在局部驾驶地图中，智能驾驶车辆根据与障碍物栅格的距离对栅格进行赋值。$C_{\text{dist\_to\_obs}}$ 可由式（7.23）得

$$C_{\text{dist\_to\_obs}}(k) = \frac{C_{\text{dist\_to\_obs}}^{\text{trajectory}}(k)}{\sum_{k=1}^{M} C_{\text{dist\_to\_obs}}^{\text{trajectory}}(k)} \qquad (7.23)$$

5）权重系数

权重系数 w_{smooth}（路径平滑度）、w_{time}（到达终点时间）、$w_{\text{distogoal}}$（与终点的距离）、w_{distoobs}（与障碍物的距离）的选择应适应不同的环境工况。因此，权重系数需根据不同的决策进行相应调整。基本要求如下。

（1）避障决策下应增大与障碍物距离的权重系数，此外还需增大路径平滑度的权重系数。增大路径平滑度权重系数的主要原因是平滑的路径对智能驾驶车辆的跟踪精度影响小，降低了由于跟踪精度低产生的危险。

（2）跟驰决策下应增大平滑性和到达终点时间的权重系数。跟驰决策下应保证智能驾驶车辆快速平稳地沿路行驶。此外，还需根据车辆的实时状态进行调整，例如，当车辆靠近道路边沿或者车道边界时，智能驾驶车辆需增大与障碍物距离的权重系数（跟驰决策下，车道边界也是一种障碍物形式）。

（3）存在动态障碍物的决策下则提高路径平滑度和到达终点时间的权重系数。动态障碍物下应主要调整车辆的速度以跟随或者超越动态障碍物。

（4）其他情况下要根据具体的环境和智能驾驶车辆自身的状态对权重系数进行调整。

4. 基于迟滞检验的重规划策略

最简单的重规划方式是重新开始新的计算。这种方式对计算资源是一种巨大的浪费，

尤其是当环境信息获取的频率较高时，连续几次规划所处的环境几乎没任何的变化。在这种情况下，每次对相同的环境进行重新规划并不是明智的选择。CL_SST 选择树继承的方式以进行新的规划。CL_SST 的继承方式与 Kuwata 等提出的方法[47]类似，但 CL_SST 在继承的过程中，需调整 δ_s 参数以加强或放松算法的优化过程。图 7.39 中的算法 10 列出了树继承的算法流程。

```
Algorithm 10 Re_Plan()
 1: while true do
 2:    Tree←Build_CL_SST(Tree);
 3:    Flag_Reach←Locate_Current_Location_On(Current_Location,Trajectory);
 4:    if Flag_Reach then
 5:       Tree←Sub_Tree_from_New_Root(Trajectory);
 6:       (Trajectory,Flag_Path)←Select(Tree);
 7:       Tune_Prune_Parameter(Pre_Decision,Current_Decision);
 8:       ...
 9:    end if
10: end while
```

图 7.39　算法 10：树继承

Anytime 算法的主要优势是路径会被不断地更新。因此，对于应用 Anytime CL_SST 算法的"途智 II"，车辆系统不会完整地执行完一次规划的路径。每一次被选中的路径会被执行一段，然后，新的更优的路径将更新当前路径。这段被执行的路径称为"专注路径"（committed trajectory）。CL_SST 的专注路径是从根节点到路径上下一个节点之间的路径段。在 CL_SST 中，设定节点之间的距离为 1 m。在每一条被选中的路径中，都有一段"专注路径"。专注路径可用图 7.40 解释。

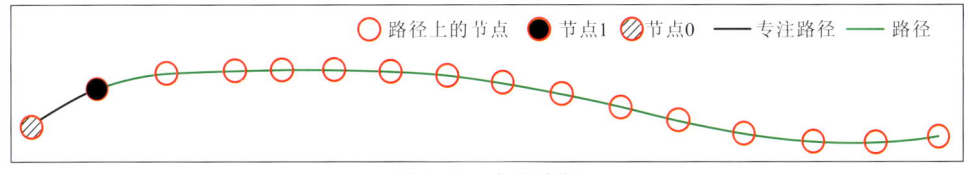

图 7.40　专注路径

算法 10 中第 3 行在选定路径上定位当前车辆是否完成专注路径，一旦车辆的实际位置已离开图 7.40 中第 0 个节点，那么 CL_SST 开始进行树继承（算法 10，行 5），同时提取以节点 1 为根节点的子树，删除包括根节点 0 在内的所有其他与根节点 0 有连接关系的节点。树构建的过程将在新产生的子树基础上继续进行。在这个过程中（算法 10，行 2），车辆的运动实际上是每次朝向它下一次即将构建的树结构的根节点运动。CL_SST 在重规划过程中对算法中的 δ_s 进行了调节（算法 10，行 7）。这种调节取决于前一次决策 Pre_Decison 和当前决策 Current_Decision。当两次决策相同，并且前一次决策已规划到达终点的路径，CL_SST 认为此时算法更应专注于优化而非拓展，因此增大 δ_s。图 7.41 显示了一次完整的树继承操作细节。图 7.41（a）中，车辆选择了一条待执行路径和专注路径。图 7.41（b）显示智能驾驶车辆离开起始点朝向第一个节点运动，规划器删除起始点及与起始点相连的枝叶点（不包括执行路径及与其相连的其他枝叶点）。

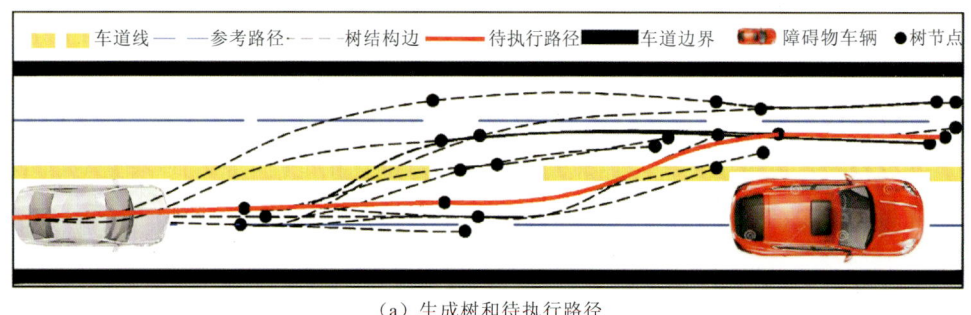

(a)生成树和待执行路径

(b)提取出继承的子树

图 7.41 树继承示意图

规划系统充分地利用先前的计算结果,节约了计算资源,降低了对车载计算单元的需求。此外,结合本书设计的考虑决策参数影响的继承策略,在计算资源重复利用上,Anytime CL_SST 可更准确地分配计算资源。"途智 II"无人车的总体计算单元是一台工控电脑,在实际测试中,其可满足实时计算的要求。

1)迟滞检验

树继承的最大问题是被继承的树中存在新的环境更新信息导致的节点及树结构边不安全的问题。在计算资源充足的情况下,规划系统可对被继承的树进行障碍物检测,确保每一个点和每一条边都可通行。但实际应用中,计算资源是有限的。即使在充足的情况下,这种计算也不合理。大部分情况下,智能驾驶车辆每次只选择一条路径执行。对难以进入备选范围的树结构,应避免在其上浪费过多的计算资源。在确保安全的基础上,应把更多的计算资源投入算法优化。

一种迟滞检验的方法被用在 CL_SST 的重规划方法上[53]。迟滞检验的中心思想是每次只检验被选中路径的可通行性,如果路径不可通行,那么删除该路径及与其相连的子树,如图 7.42 所示。在图 7.42(b)中,将被继承的树结构中有一个分支虽不可通行,但被 CL_SST 继承了。继承的不安全分支虽会浪费部分资源,但相对于对继承子树全部进行检验的计算负担,这些耗费可接受。如果预继承的待执行路径不可通行,CL_SST 顺序选择第二优的路径,继续执行检验。依次选择,直到寻找到满足碰撞条件的路径。找到满足要求的路径后,CL_SST 开始进行继承操作。这种方法暗含一种竞争原则,那些最终可到达终点,且满足智能驾驶车辆期望的树结构单元才有资格获得更多的计算资源。当一条路径满足所有期望时,这条路径被赋予了最大的关注度。迟滞检验在确保安全的情况下,提高了算法继承效率,降低了计算负担。

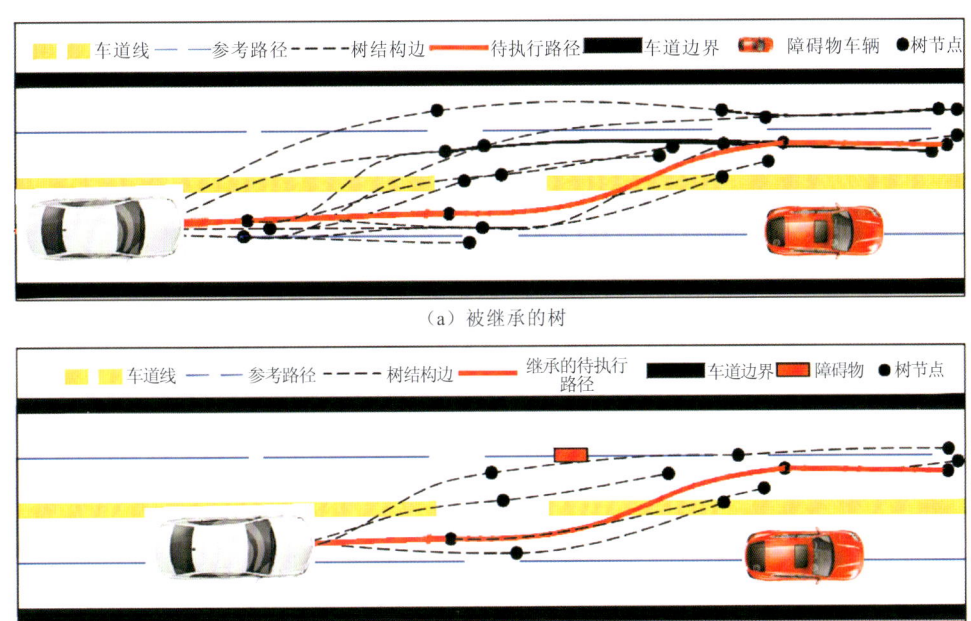

(a)被继承的树

(b)继承树并应用迟滞检验

图 7.42 应用迟滞检验的树继承过程

2)路径更新

在图 7.43（a）中，智能驾驶车辆沿着选中路径运动，并且执行"专注路径"。但由于模型误差、跟踪误差等的存在，无人车的运动路径并不完全贴合专注路径，从而无法到达预期的根节点。但重规划策略中，在主车执行"专注路径"时，树构建过程是以专注路径的尾端点（预期的根节点）作为新树的起点进行预计算。因此，当车辆到达预期根节点附近时，得到的到达根节点的路径实际上与无人车实际位置存在偏差，且这种偏

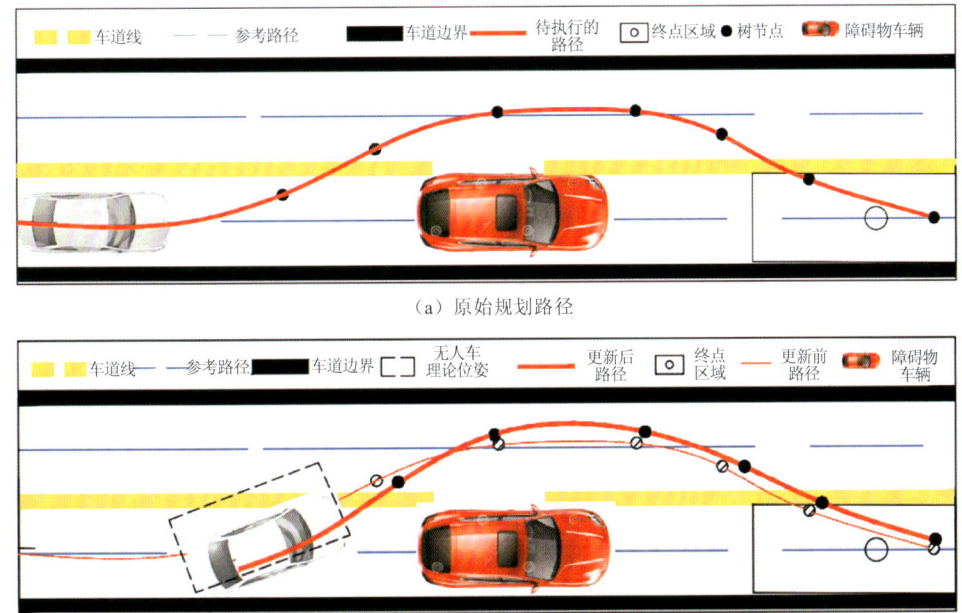

(a)原始规划路径

(b)更新后的新路径

图 7.43 实际运动与预估的状态之间的位置和方向偏差

差如不及时校正，将逐渐累加直至不可控。图 7.43（b）描述了实际车辆位姿与理论位姿的偏差。图 7.43 只描述了位置和角度偏差，实际上由于车辆复杂的非线性动态特性，其速度无法准确地利用模型进行描述。因此，还存在速度的偏差。在图 7.43（a）中，无人车规划了路径，并准备跟随路径行进。在图 7.43（b）中，无人车执行完成"专注路径"，但没精确到达第一个节点，因此启动更新策略，得到新的路径。

更新的过程再次利用闭环控制系统，但跟踪的并不是 Clothoid 参考曲线，而是真实的选中路径。相对于闭环拓展策略中跟随 Clothoid 曲线，选中的待跟踪路径是带有速度的时间序列。因此，在更新过程中，将下一路径点的速度值赋给 Target_Velocity，然后利用比例控制器计算加速度。更新过程的算法如图 7.44 所示。

```
Algorithm 11(Trajectory, Flag_Success)←Re_Propagate(Current_State,Trajectory)
 1: State←Current_State;
 2: Flag_Success=true;
 3: while true do
 4:   Steering_Angle←CF_Pursuit(State,Trajectory);
 5:   Index←Locate_Current_Location_On(State,Trajectory);
 6:   Target_Velocity←Trajectory(Index).Velocity;
 7:   Acceleration←(Target_Velocity-State.Velocity)*K_p;
 8:   (State)←Forward_Simulation(Steering_Angle,Acceleration,State);
 9:   Local_Trajectory←Local_Trajectory∪State;
10:   if ¬Collision_Free(State) then
11:     Flag_Success=false;
12:     Break;
13:   end if
14:   if Reach_To_End_of_Trajectory() then
15:     Trajectroy←Local_Trajectory;
16:     Break;
17:   end if
18: end while
```

图 7.44　算法 11：路径更新

在算法 11 中，再次利用 CF_Pursuit 控制器输出前轮转角（算法 11，行 4）。速度的输出则利用了比例控制器。首先定位当前点 state 在路径中的位置。这里的位置是位置段，定位当前点在任意两个连续的节点之间，Node(k)、Node(k+1)，然后输出 k+1 索引到 Index，路径在 k+1 索引处的规划速度是无人车的目标速度 Target_Velocity（算法 11，行 5~6）。通过调用比例控制器，根据当前速度 $V_{current}$(State.Velocity)和 Target_Velocity 计算所需的加速度（算法 11，行 7）。加速度的范围应在系统的最大和最小加速度之间，比例控制器中的比例系数为 K_p。如果无法确保更新后的路径无碰撞，那么应选择第二优的路径，再次进行路径更新，依次类推。在智能驾驶车辆系统工作正常的情况下，更新过程中，路径不会发生碰撞，因为在路径选择中已考虑了与障碍物的距离，路径与障碍物之间有比较大的安全裕度。

路径更新的过程融合了迟滞检验的方法。树节点之间是存在编码关系的，树的子节点依赖于母节点的状态。因此，当根节点改变了状态时，理论上只有更新所有树上的节点才可确保树上所有节点和边无碰撞，符合车辆实际状态。更新所有的树结构单元对实时计算是比较严峻的考验，尤其是树结构较庞大时。迟滞检验的方法折中了更新校正树节点状态和实时计算之间的矛盾。迟滞检验只更新选中路径上的节点状态，并再次对其进行障碍物检测。通过这种校正使发送到底层控制器的路径更贴合车辆实际状态，确保车辆的安全。

总体来说，CL_SST 算法在以下 5 个方面对原始 SST 算法进行改进和提高。

（1）基于高斯的改进采样策略。在采样策略中，CL_SST 应用高斯采样以响应决策的影响。为了改善规划路径的平滑性，CL_SST 通过稀疏化参考路径以降低随机性，使采样点分布更集中。针对换道决策，CL_SST 提出了双参考路径的采样策略以确保智能驾驶车辆的安全。在避障决策下，CL_SST 赋予距离障碍物较近的采样参考点较大的权重以增大随机点在其附近分布的概率，从而在障碍物附近进行更多拓展以提高避障成功率。

（2）基于近点优先和优化优先的母节点（x_{selected}）选择策略。在母节点选择策略方面，CL_SST 使用 Dubins 距离作为距离尺度以评估潜在的近邻节点。并利用优化优选策略选择在局部 δ_{BN} 范围内的最优节点进行拓展。CL_SST 分析了 SST 方法在母节点选择策略上存在的问题，在不改变优化优先策略的基础上，提出了融合 RRT 的最近点选择和 SST 的优化优先选择的母节点选择策略。改进后的母节点选择策略兼顾了实时系统对优化和拓展效率的需求。

（3）基于 Clothoid 曲线和 CF_Pursuit 控制器的改进拓展策略。拓展策略方面，CL_SST 继承了 CL_RRT 的闭环策略，但改进了参考曲线。CL_SST 应用 Clothoid 曲线取代 CL_RRT 的直线，规划出更平滑的局部拓展曲线，构建更光滑的树体结构。Clothoid 计算可得到参考曲线的曲率和长度信息，利用这些信息可控制曲线弯折程度以适应不同的环境工况。此外，在闭环策略中，应用 6 维的车辆动态模型，使规划的局部拓展路径更接近车辆的实际运动轨迹；使用 CF_Pursuit 跟踪参考曲线，使规划的局部拓展路径更接近于参考曲线，提高横向控制的平滑度。在速度控制方面，为解决复杂环境下获取准确的目标速度比较困难的问题，CL_SST 设计了随机采样速度空间结合渐优属性的方法。通过算法迭代的方式获取适合当前环境的动态轨迹。

（4）基于目标函数的路径优化选择策略。在路径选择方面，CL_SST 摒弃了基于编码的单一以时间耗散为量纲的路径选择方法，创造性地提出了应用目标函数在随机采样类算法中选择最优路径。在目标函数中，CL_SST 考虑了路径平滑度、到达终点时间、与终点的距离及与障碍物的距离。目标函数中的权重系数完全由具体的驾驶工况决定，这使得路径选择有较大的调整空间以应对复杂的驾驶条件。

（5）基于迟滞检验的重规划策略。在重规划策略方面，CL_SST 并不每次重新生成树，而是继承前一次规划的树结构。在继承的过程中，CL_SST 引入了迟滞检验的方法以应对环境信息变化导致的树中存在不可通行的节点或边的情况。迟滞检验在确保安全的情况下，调和了树结构更新和在线计算之间的矛盾。在路径更新方面，CL_SST 对规划的路径根据当前实时位置进行路径的更新，更新后的路径可反映当前车辆系统的实际状态，而非模型的预估状态。更新策略降低了实际与规划路径之间的误差，避免了误差累加，提高了车辆驾驶的安全性。

7.2.5 基于动态规划的智能驾驶路径规划系统

1. 路径生成

如图 7.45 所示，当前使用的路径规划系统接收的数据分为 3 个部分，分别是车辆位姿、感知信息、道路信息。

1）路径点采样

在得到道路中心线信息后，利用中心线的方向和曲率，需要找到车辆在中心线上的位置，如图7.46所示。因为所获取的车辆位置坐标是高斯坐标，本质上还是一个直角坐标系，其航偏角yaw表示为正北方向为起始轴，顺时针旋转。需要先将参考轨迹点从直角坐标转换为Frenet曲线坐标。

因为车辆很难保持在车道中线上行驶，其相对于中心线会有一定偏差，而路径需要保证起点为车辆当前位置，所以需要找出车辆平行位置相对参考路径的垂足。参考路径本身其实是一组离散点，并非一个完整的曲线方程，要找到垂足，也就是离车辆最近的点，距离为d_0，再计算从起点到垂足的弧长s_0。

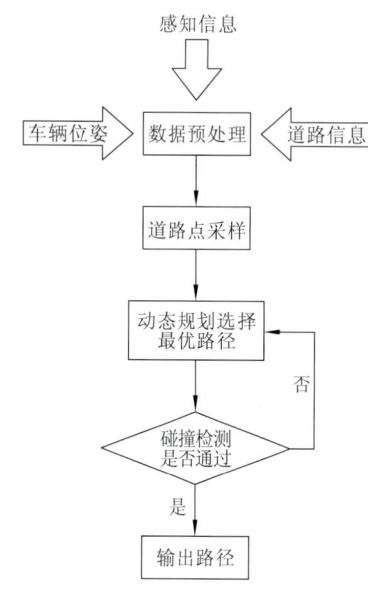

图7.45 路径生成过程

通过Frenet坐标，可以将普通的道路沿车辆前进方向和垂直方向进行分解。路径规划的第一步是在道路上进行路点采样，获取道路中心线后，沿道路前进方向按照采样间隔进行路点采样。采样间隔q_0是根据当前车速来确定的，预留一定的反应时间作为采样分辨率。在确定纵向采样后，沿法向方向进行均匀采样，间隔为l_0，这样会在前方可通行区域形成一个均匀路网。采样间隔必须保证在一定范围内，不能太大或太小。太大会导致采样点不足，最终形成的待选路径样本太少；而太小则会造成节点距离过近，既会导致计算资源浪费，也可能使得路径节点太多，即使在曲线连接后也不够平滑。

图7.47展示了如何对可通行车道进行采样，即从无限可能的路径集合中选择有限位姿作为车辆预估位形。这个阶段，只指定了路径上的姿态和曲率，还没有指定时间维度，此时只考虑车辆在二维空间上的运动。选择沿道路的各种末端姿态，并按照纵向采样间隔，对采样点进行分层，将前一层或更前面的采样点层的采样点作为后面节点的父节点，直到拓展到终点附近为止。

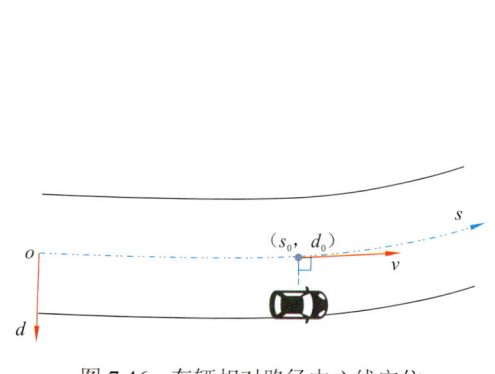

图7.46 车辆相对路径中心线定位

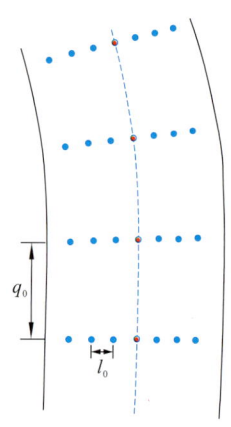

图7.47 路点采样

路径采样点将最终决定路径的形状，类似于曲线中的控制点。实际使用中，我们发现受限于传感器的感知范围和精度，道路远处通常很难获取到环境信息，所以在较远处时，可以将采样距离加大，以减少采样点的数量，提高计算速度。同时，在无障碍物的简单环境中，采样距离也可以适当加大，这样也能让最终生成的曲线更为平滑。

2）路径节点连接

确定两个节点后，其初始状态位为 $q_{\text{init}} = [s_i d_i \theta_i k_i \partial_s d_i \partial_s^2 d_i]$。

一条路径可以理解为一个连续函数 t，定义域在一个闭区间[0,1]上，其解属于无人车的位形空间 $C = \{(x, y, \theta, k)\}$：

$$t:[0,1] \to C$$

车辆的起点状态 q 可以表示为 $t(0) = q_{\text{init}} \in C$，终点状态为 $t(1) = q_{\text{goal}} \in C$。在不同的时刻，分别有对应的状态位 $(q_1, q_2, \cdots, q_n)$。在确定路径的采样点后，规划的舒适性要求两个节点平滑连接，即车辆方向盘控制平稳，不会出现激烈驾驶情况，同时要有一定的适应性，本书采用多项式曲线来做路径平滑（图 7.48）。其计算较为方便，便于控制形状。

采用五次多项式曲线模型：

$$d(s) = a + bs + cs^2 + ds^3 + es^4 + fs^5 \tag{7.24}$$

利用五次多项式，轨迹可以保持横移参数 d 变化率及其导数的连续性一致，合理兼顾 6 个未知数，保证轨迹连接线的平滑性。

在确定使用五次多项式后，车辆的初始状态 $q_{\text{init}} = [s_i d_i \theta_i k_i]$，终点状态 $q_{\text{goal}} = [s_g d_g \theta_g k_g]$。要保持多项式高阶导数的连续性，这样的车辆模型有点过于简单，因此将车辆模型拓展，加入 d 关于弧长 s 的一阶、二阶导数，用来反映曲线的平滑程度，一条连接起始和终止状态的五次样条曲线如式（7.25）所示：

$$d(s) = d(0) + \frac{\partial d}{\partial s}(0) \cdot s + \frac{1}{2}\frac{\partial^2 d}{\partial s^2}(0) \cdot s^2 + ds^3 + es^4 + fs^5 \tag{7.25}$$

如图 7.49 所示，从节点 q_1 到第二层待选节点 q_2 生成曲线，由式（7.26）可以得到 $[d_1 \partial_s d_1 \partial_s^2 d_1]$ 和 $[d_2 \partial_s d_2 \partial_s^2 d_2]$：

$$\begin{bmatrix} d(s_2) \\ \dfrac{\partial d}{\partial s}(s_2) \\ \dfrac{\partial^2 d}{\partial s^2}(s_2) \end{bmatrix} = \begin{bmatrix} a & b & c & d & e & f \\ b & 2c & 3d & 4e & 5f & 0 \\ 2c & 6d & 12e & 20f & 0 & 0 \end{bmatrix} \begin{bmatrix} 1 \\ s_2 - s_1 \\ (s_2 - s_1)^2 \\ (s_2 - s_1)^3 \\ (s_2 - s_1)^4 \\ (s_2 - s_1)^5 \end{bmatrix} \tag{7.26}$$

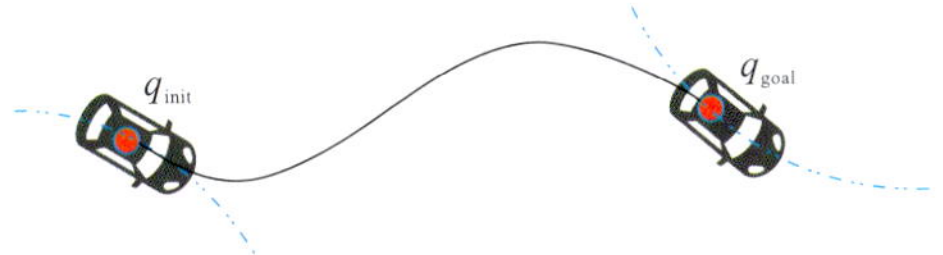

图 7.48 多项式曲线连接两个节点 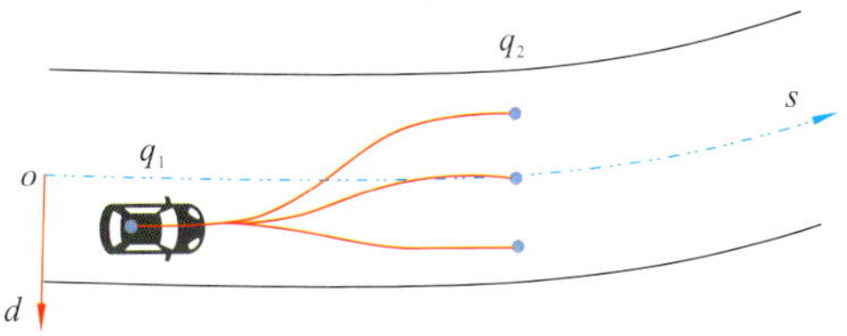　　　　图 7.49 连接待选点

在 Frenet 坐标下，忽略其朝向信息，将其看作二维质点，可以变为 $q_i =$

$[s_i \partial_t s_i \partial_t^2 s_i d_i \partial_s d_i \partial_s^2 d_i] = [s_i \dot{s}_i \ddot{s}_i d_i d_i' d_i'']$,在起始采样点,可知车辆位移 $s = s_0$,速度为当前车辆速度,加速度为当前车辆加速度。由 $q_1 = [s_1 \dot{s}_1 \ddot{s}_1 d_1 d_1' d_1'']$,$q_2 = [s_2 \dot{s}_2 \ddot{s}_2 d_2 d_2' d_2'']$。当 $s \in [s_1, s_2]$ 时,

$$d(s) = a + b(s-s_1) + c(s-s_1)^2 + d(s-s_1)^3 + e(s-s_1)^4 + f(s-s_1)^5 \quad (7.27)$$

为了确定其中的剩余 3 个参数 d、e、f,需要附加边界条件。在人类驾驶过程中,理想的终点状态应该是不涉及方向盘的动作,直接完成刹车即可。这就要求终点的侧向偏移加速度及其导数为 0,也就是平行于参考路径。于是可以得到终点状态为 $q_{\text{goal}} = [s_g \dot{s}_g \ddot{s}_g d_g 0 0]$。由此可以确定最后 3 个参数,求解过程如下,其中,(σ_0,σ_1,σ_2) 为矩阵求解中间量:

$$\sigma_0 = \left[d_g - \frac{1}{2}(s-s_1)^2 d_1'' - d_1'(s-s_1) - d_1 \right] \Big/ (s-s_1)^3 \quad (7.28)$$

$$\sigma_1 = (-d_1''(s-s_1) - d_1') / (s-s_1)^2 \quad (7.29)$$

得到

$$d = \frac{1}{2}(20\sigma_0 - 8\sigma_1 + \sigma_2) \quad e = \frac{-15\sigma_0 + 7\sigma_1 - \sigma_2}{s-s_1} \quad f = \frac{6\sigma_0 - 3\sigma_1 + \frac{1}{2}\sigma_2}{(s-s_1)^2} \quad (7.30)$$

已知

$$a = d(0) \quad b = \frac{\partial d}{\partial s}(0) \quad c = \frac{1}{2}\frac{\partial^2 d}{\partial s^2} \quad (7.31)$$

3)位形碰撞检测

一旦确定了节点之间的连接,接下来的问题是确定位形是否存在碰撞冲突。因此,碰撞检测是基于采样的规划中非常关键的组成部分。广义的碰撞检测可以看作一个逻辑判断,可以将其表示为一个布尔函数:$\phi: C \to \{\text{TRUE}, \text{FALSE}\}$,其定义域为位形空间 C,其中的障碍物区域为 C_{obs},可通行区域为 C_{free}。若某一时刻车辆 $q \in C_{\text{obs}}$,则 $\phi(q) = \text{TRUE}$,否则 $\phi(q) = \text{FALSE}$。

对于布尔值函数 ϕ,并没有障碍物和车辆的相关信息,只做碰撞与否的逻辑判断。但对于路径规划来说,某一状态下车辆到周围障碍物的距离信息是非常关键的。因此可以将规划过程中的碰撞检测分为两个阶段:宽阶段和窄阶段。

宽阶段的任务是在获取基本的路面可通行区域后,对于明显距离较远的障碍物,没有必要浪费大量的时间去计算其对路径生成的影响。每个物体外都配置一个简单的包围盒,进行简答测试以避免复杂的碰撞检测,对多边形进行叠置分析。在某些情况下可以用散列法来大量减少不得不进行重叠检验的包围盒对的数量。而窄阶段则是对较为复杂情况下,尤其是在车辆前进车道上的障碍物进行距离权重测算。

最终平滑的路径也需要碰撞检验:碰撞检测算法用于确定一个位形是否在 C_{free} 中,但是运动规划算法要求整个路径都在 C_{free} 中。由于很难用完整的车辆模型模拟其运行轨迹,也不可能逐点去做碰撞检测,因为那要不可计数地调用碰撞检测算法,所以需要对路径进行离散采样。

假设需要检验路径 $\tau:[0,1] \to C$,要判断 $\tau:[0,1] \subset C_{\text{free}}$ 是否成立。对 τ 进行离散采样的关键在于如何确定采样间距,如何保证没有采样到的地方是无碰撞的。如果采样分辨率太小,会耗时严重;如果分辨率过大,又可能忽略掉较小的障碍物。以 $C = R^2$ 平面中

平移和旋转的刚体机器人为例。令 $x_i, y_i \in R^2$，且 $\theta \in [0, 2\pi]$。通过传感器获取周围环境信息后，假设有一个位形 q，离最近的障碍物有 d 个单位距离。该信息可以用来确定 C_{free} 中包含 q 的一个区域。假设沿 τ 被检验的下一个候选位形是 q'。如果沿着 τ 从 q 到 q'，路径上的点的运动距离都没有超过 d，那么，q' 及 q 和 q' 之间的所有位形都一定是无碰撞的（图 7.50）。相较于移动机器人，无人车的运动轨迹是可预测的。在做碰撞检测时，忽略掉控制和摩擦侧滑误差，将车辆认为是一个理想的刚体模型，质心位于后轮轴中心。之所以取在后轮轴中心，是因为车辆依靠前轮转向，理论上后轮转角恒为 0。因此，其运动是一个连续轨迹，为了便于计算，可以直接使用待采样路径上的路径点间距作为采样步长，对有障碍物的位置再加密。

障碍物信息由 HDL-32E 激光雷达来获取，经过障碍物检测处理后，将障碍物信息离散为分辨率 $\Delta q = 0.2$ m 的均匀格网，通过叠置分析来进行宽阶段的碰撞检测。由于待检测轨迹是采用全局坐标系来存储的，而每次获取的环境信息，也就是障碍物栅格信息都是根据车辆当前位置获取的局部信息。模拟车辆运行在待检测轨迹上，需要根据路径采样点的全局坐标进行坐标转换，将环境信息投影到路径采样点上，进行叠置分析（图 7.51）。

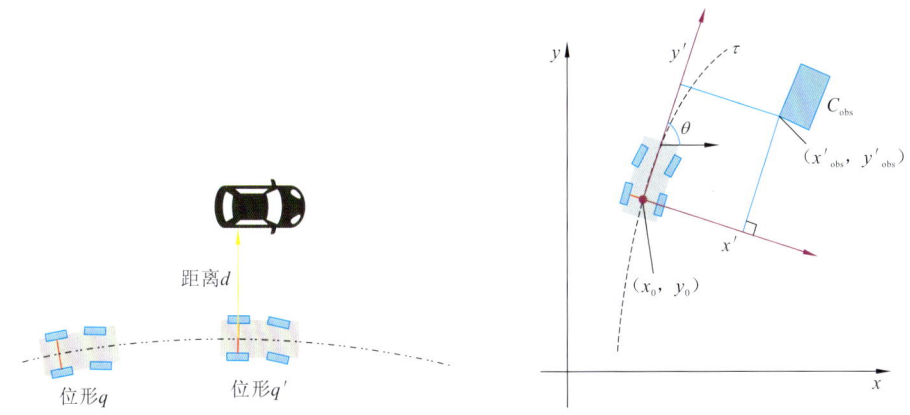

图 7.50　车辆运动轨迹　　　　　　图 7.51　全局坐标转换到车辆坐标系

窄阶段需要计算车辆到周围障碍物的距离，但真实环境中障碍物数量较多，尤其是一些无法聚类的散点，如果逐一遍历会造成比较大的计算量。同时，每个车辆位姿需要计算的其实只是其附近的障碍物信息，没必要对其他明显不会碰撞的障碍物点进行比较。因此，本书采用一种车辆包围盒的障碍物检测方法。将车辆投影到待检测路径后，按照车身长宽创建一个矩形包围盒，按照质心为后轮中心，对路径采样点进行包围盒检测。根据需要不同改变包围盒大小，最小的包围盒接近于车辆真实大小，用于宽阶段的粗略碰撞检测，这样可以快速检索出无碰撞的安全路径。再对安全路径进行窄阶段碰撞检测，增大包围盒大小，记录下不同路径的碰撞点位距离，便于后期障碍物距离成本函数的计算。直到有一个包围盒碰撞为止，则可以说明该位姿下车辆周围最近的障碍物距离。当然，在栅格地图下，其距离计算精度还受栅格分辨率影响。一般情况下，超过半个车道距离外的障碍物信息就显得不那么重要，除非有特别需求，否则包围盒扩大一半不会拓展超过整个车道宽度，这也限制了算法不会无限制循环。

如图 7.52 所示，将周围环境离散化为分辨率 $\Delta q = 0.2$ m 的栅格格网，格网表示为二进制 Grid(i,j),有障碍物的地方为 Grid(i,j)=1,否则等于 0。将车辆投影到栅格地图后,经过坐标旋转,对车辆包围框内的格网进行叠置分析,有障碍物则说明该路径点(车辆位姿)会发生碰撞。改变包围框大小可以为车辆碰撞检测建立一定的缓冲区,也可以作为快速计算障碍物距离的方式。

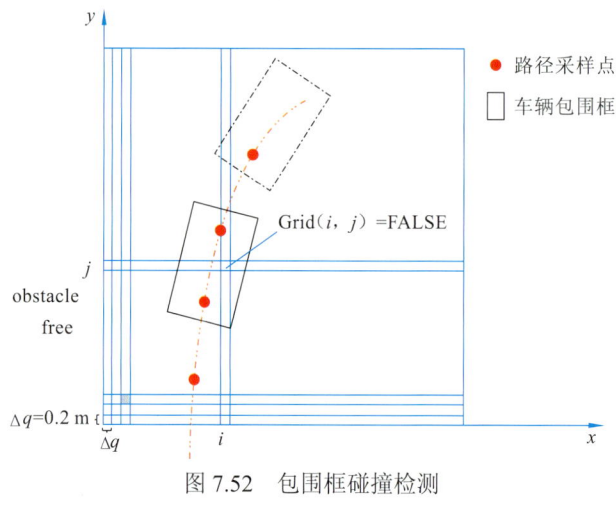

图 7.52　包围框碰撞检测

4)路径坐标转换

参数完全确定后,就得到了一个唯一的由初始状态到目标状态的曲线方程,由曲线方程就能得到最终路径。但由于这是一个 d 关于 s 的五次样条曲线,最终得到的仍然是在 Frenet 坐标下的一连串(s,d)点,还需要将其转换回笛卡儿坐标系下。Werling 等提供了从曲线坐标转换到笛卡儿坐标的方法[54],Barfoot 提供了一种简化的转换方式[55],将曲线路径 ρ 表示为

$$\rho(t) = d(t) + s(t) \tag{7.32}$$

如图 7.53 所示,在曲线下瞬时(C 点位置)可以认为是车辆做半径为 $\dfrac{1}{k_c}$ 的圆周运动,圆心为 O 点。可以得到

$$x = \left(\frac{1}{k_c} - d\right)\sin(sk_c) \tag{7.33}$$

$$y = \frac{1}{k_c} - \left(\frac{1}{k_c} - d\right)\cos(sk_c) \tag{7.34}$$

笛卡儿坐标下的曲率求解方程为

$$k = \frac{\dot{x}\ddot{y} - \ddot{x}\dot{y}}{(\dot{x}^2 + \dot{y}^2)^{\frac{3}{2}}} \tag{7.35}$$

分别对 x、y 求一阶二阶导数,可以得到

$$k = \frac{1}{Q}\left(K_c + \frac{(1-dk_c)\dfrac{\partial^2 d}{\partial s^2} + k_c\left(\dfrac{\partial d}{\partial s}\right)^2}{Q^2}\right) \tag{7.36}$$

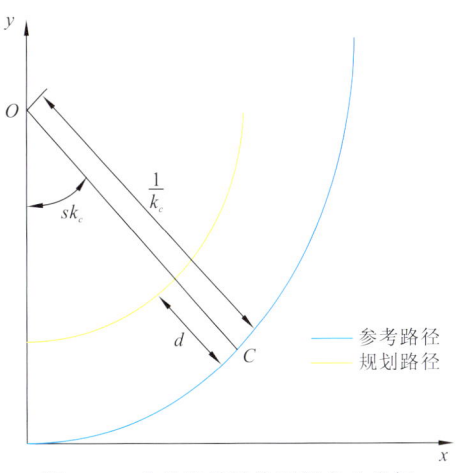

图 7.53 曲线坐标转换到笛卡儿坐标

其中

$$Q = \sqrt{\left(\frac{\partial d}{\partial s}\right)^2 + (1-dk_c)^2} \tag{7.37}$$

2. 路径选择

1）评价函数

路径选择的评价函数主要可以分为以下三类：路径平滑程度权重、障碍物权重、历史路径对比权重。尽管在使用曲线连接后，路径会是一条平滑连续的五次样条曲线，可以将其用多项式表示出来，但由于是一条多段曲线，其描述方程会比较复杂。对于路径平滑权重仍然需要取样，根据路径上曲率等值的变化来判断该路径的权重大小。对一条路径上均匀采样，计算采样点 $\{\tau_0, \tau_1, \cdots, \tau_n\}$ 上的曲率 k，用成本值 $C(\tau)$ 来表示该路径的平滑程度。$C(\tau)$ 的计算量如下。

C_{lane}：用来衡量当前路径和车道中心线的偏离程度，用于促进路径倾向于车道中线，防止紧急制动及避让障碍物时曲线过大过远，促进曲线收敛回车道中线。路径偏离车道中线越远，该权重越大，作为惩罚值。但在换道或者避障情况下会有越过车道线的情况，此时需要对 C_{lane} 进行屏蔽，以保证车辆能够生产合适的路径。

$$C_{\text{lane}} = \left\{ \begin{array}{ll} \sum |(d_{\text{tar}} - d)|/(d_{\text{lanemax}}), & d \in (d_{\text{LeftLane}}, d_{\text{RightLane}}) \\ 1 & \end{array} \right\} \tag{7.38}$$

式中：C_{lane} 为路径上所有点的车道距离之和；d_{tar} 为目标车道中心线的横向偏移；d 为路径点偏移量；d_{LeftLane}、$d_{\text{RightLane}}$ 为左、右车道实线；$d_{\text{lanemax}} = \max(d_{\text{LeftLane}}, d_{\text{RightLane}})$，为参考路径到左右车道实线的距离，取较远的一边的距离值，图 7.54 为到左侧实线的距离。当路径点超出实线范围时，认为 cost 为 1。图 7.54 所示为同侧双车道，左边为道路双黄线，右边为车道右实线。

C_{curve}：曲率计算成本项，用来衡量车道的弯曲程度。道路的平顺性和连续性是影响驾驶舒适性的两个主要因素。不连续的道路可能会使乘坐者感到不适，甚至导致车轮打

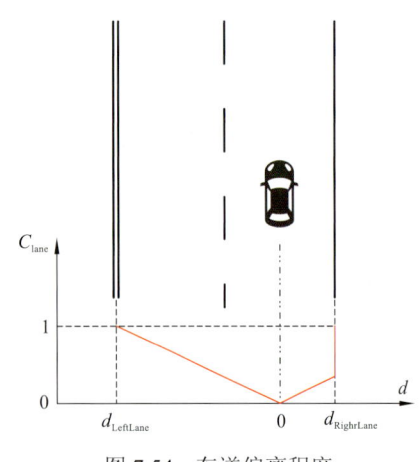

图 7.54 车道偏离程度

滑,从而降低车辆运动的稳定性。由于路径的平滑度与曲率有关,选取沿路径长度的曲率 k 平方的积分作为平滑度代价函数,描述为

$$C_{\text{curve}} = \int_{s_a}^{s_b} k^2 \mathrm{d}s \quad (7.39)$$

式中:s_a 和 s_b 为路径起点和终点。通过曲率限制可以有效防止曲率过大的情况出现,曲率越大,成本越高,使得路径挑选时会尽量趋近于直线。曲率限制还可以过滤掉小于车辆最小转弯半径的不可执行路径,也会尽量避免车辆做大幅度转向。

C_{length}:路径长度成本。在考虑车辆曲率后,路径的长度也是一个重要指标,要求能尽快到达终点。同等速度下,到达终点所需时间越多,路径越长,成本越高。

C_{lateral}:车辆横向偏移成本项。路径侧方向上偏移量越大,则成本越高。采取该项成本的原因主要是避免在某些复杂环境中无法获取到道路中线,如在非结构化道路或者严重遮挡情况下,这时 C_{lateral} 可以代替 C_{lane} 的作用,在已有 C_{lane} 的情况下,可以将其忽略。

C_{dl}:车辆侧向偏移关于弧长的一阶导数成本项。目的是避免侧向上剧烈的加减速,即方向盘的迅速转向。

C_{ddl}:车辆侧向偏移关于弧长的二阶导数成本项。目的是防止方向盘转向速率上的剧烈变化。这两个值是为了乘坐舒适性,值越小,对于乘客来说越难感受到侧向加速的变化,也就是通常意义上的舒适性越高。而障碍物权重的计算则是根据碰撞检测两个阶段返回的值来确定。

C_{obstacle}:通过对路径沿线采样点的包围盒计算,如果碰撞检测函数 $\phi(q) = \text{TRUE}$,则 $C_{\text{obstacle}}=1$,将该条路径的障碍物成本认为不可通过,使得最终的路径挑选时尽量不选择到这条路径。如果碰撞检测函数 $\phi(q) = \text{FALSE}$,用窄阶段更大的包围盒进行判断,直到返回 TRUE 为止,记录下当时的包围框大小,按照障碍物距离对路径进行成本函数赋值。此举的目的是最终的路径能尽量确保安全,与障碍物保持安全距离。距离越近,成本值越大,而越远离障碍物的路径点成本值越小。该项值不需要对路径进行累加,只需要记录整条路径上的最小可通行包围盒大小即可。

车辆行驶过程中,不可避免需要更新路径,假如两次路径之间没有相关度,那么在更新的时候可能会出现振荡,造成车辆运行不稳。比较常见的情况是在避让障碍物或者进入弯道的时候。

当车前障碍物处于或接近车道中线时,此时路径规划环境较为简单,可能会在障碍物左右生成对称的路径曲线,采用之前的评价函数,可能会出现成本项很接近,但处于左右两侧的路径。在无人车向前行驶的过程中,随着和障碍物距离的相对变化,环境信息实时更新可能需要路径的更新,为了避免选择路径的左右振荡,加入和历史路径比较的成本函数 $C_{\text{historical}}$(图 7.55)。

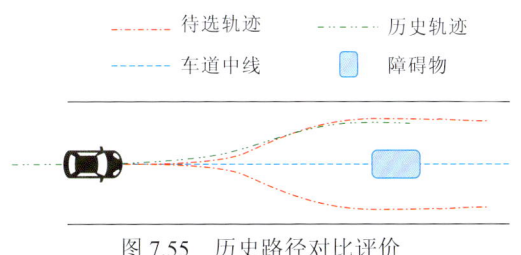

图 7.55 历史路径对比评价

$C_{\text{historical}}$：在选择新一帧路径时，比较其和上一帧路径的差异，主要是横向偏移。因为是已经走过一段距离后，才会更新路径，所以前一次的路径和新路径之间会有一定的纵向差，但通过相同弧长的横向偏移对比，可以尽量贴近上一次的规划路径。其计算方式为从车辆当前位置到上一次路径的终点，这一段弧长中，进行两次曲线的横向位移对比：

$$C_{\text{historical}} = \sum_{s_{\text{now}}}^{s_{\text{lastend}}} |d_{\text{last}} - d_{\text{now}}| \tag{7.40}$$

以上就是整个路径选择的成本项，在分别计算完成后，需要对各项成本值进行归一化，计算总代价值 C_{total}：

$$C_{\text{total}} = \omega_c C_{\text{curve}} + \omega_t C_{\text{length}} + \omega_l (C_{\text{dl}} + C_{\text{ddl}}) + \omega_o C_{\text{obstacle}} + \omega_h (C_{\text{historical}} + C_{\text{lane}}) \tag{7.41}$$

式中：ω_c（曲率代价）用来描述路径曲率；ω_t 用来判断路径所需耗时，即路径长度；ω_l 描述路径在法方向上的变化趋势；ω_o 为障碍物权值；ω_h 为参考路径和车道线约束。

2）最优父节点选择

在完成路径点采样后，会得到一个关于车辆姿态位置的图，可以将其表示为 $G=(V,E)$，同时，顶点 $n \in V$，顶点可以表示为 $n = [s\ d\ \theta\ k\ \partial_s d\ \partial_s^2 d]$，而 E 就是节点连接关系（边）。在刚开始构建图时，各个节点间是没用关联的，随着搜索的进行，图的实际边会由一组潜在的边来实现。到达同一顶点的潜在集的多条边中，只有一条被选中成为图的一部分。选择标准则是基于通过边到达顶点的代价，也就是评价函数，对于每个顶点，会有一个已知的最小代价 $g(n)$ 来达到它。一条候选边 $e_{ij} = (n_i, n_j)$ 的值为从顶点 n_i 到 n_j 的代价值，当两个节点无法连接时，值为 ∞。这是一般图搜索算法的框架，在遍历图中顶点后，会得到所有节点间连接边的值。启发算法的边求解方式为

$$f(n) = g(n) + h(n) \tag{7.42}$$

式中：$f(n)$ 为想求的到某一顶点 n 的最小代价；$g(n)$ 为起点到该顶点的代价；$h(n)$ 为启发函数，引导搜索方式尽量向终点方向前进。由于采样点结构固定，每一层的节点并不需要连接，只需要对不同采样层的节点进行连接就能到达终点。从本质上来说，其实是一种树结构，以起点为根节点，从每一层中选择一个最优节点来作为连接点，直到最后的终点，即只需要 $g(n)$ 并不需要启发函数 $h(n)$ 来引导节点的生长方向。所以，作者选择动态规划方法来选择最优节点。而 $g(n)$ 则是上一节中的评价函数，对不同连接边的成本值进行评价后，即可完成整个图的构建。

上一节中已经介绍了在两点连接后，怎么对连接情况进行评价，根据评价函数的权重对路径节点进行更新。如图 7.56 所示，在完成道路采样点采样后，对每一个顶点存储下其向前一层生长的成本函数值，选择最小成本作为其父节点，并向前回溯，如果前面

的层里面有更优父节点，则将其更新，直到起点为止。最后从终点层选择成本值最小的节点往前回溯，即可得到最终评价最优的路径。

Algorithm 1 DP Function

```
 1: function GENERATEMINCoSTPATH(path)         ▷Where path is the final path
 2:     SampleNodes=SamplePathPoints()
 3:     totallevel=SampleNodes.size()
 4:     for level=1 to totalpevel do
 5:         prevNodes=SamplePathPoints[level]
 6:         for num=0tolevelnum do
 7:             curNode=SamplePathPoints[level+1][num]
 8:             UpdateNode(prevNodes,TrajectoryCost,curNode)
 9:         end for
10:     end for
11:     minFinalNode=MinCost(SamplePathPoints.back())
12:     while minFinalNode≠start do
13:         minFinalNode=minFinalNode→fathernode
14:     end while
15: end function
```

图 7.56 动态规划流程

7.3 路径跟踪控制方法

智能驾驶车辆的控制系统主要包括控制器和执行器两个重要部分。控制指令的执行过程可直接通过 CAN 总线向车辆发送控制命令或附加控制结构控制车辆的执行器。执行器的设计不属于本章的研究范畴，因此不在本章讨论。本章主要关注控制系统的控制器，包括横向和纵向控制器。横向控制是对智能驾驶车辆的转向角进行控制；纵向控制是对车辆速度进行控制。

7.3.1 控制系统概述

在图 7.57 中，智能驾驶车辆的规划系统发送待执行路径到控制器，控制器通过横纵向控制器计算当前的转角和油门或刹车值下发执行器单元，执行器单元控制车辆运行。车辆反馈实时状态信息，包括位置、朝向、速度、加速度等提供给控制器。本章将分别设计应用于无人车的横向和纵向控制器。在智能驾驶的关键技术当中，设计横向和纵向控制器的技术可统称为路径跟踪技术。Snider 在其论文中对路径跟踪做了一个定义[56]：路径跟踪是一辆智能驾驶车辆通过控制转向运动以沿着已定义好的几何路径运动。一个好的跟踪控制器可最小化智能驾驶车辆与待跟踪路径之间的侧向距离和方向偏差。在 Snider 的定义里，没考虑速度对路径跟踪的影响。一个最主要的原因是速度主要影响纵向偏差，而纵向是车辆的行驶方向，因此偏差对车辆的行驶影响较小。智能驾驶更关注车辆的横向偏差。因此，本章将重点设计横向控制器。此外，利用"途智 I"无人车平台对设计的横向控制器进行对比测试以显示其优越的性能。

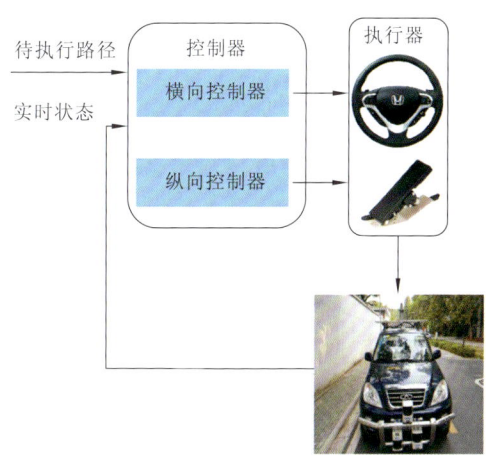

图 7.57　智能驾驶车辆的控制系统流程图

7.3.2　智能驾驶车辆横向控制算法

对于智能驾驶车辆的控制技术，横向控制是其核心。车辆的横向控制器有另一个技术名称——路径跟随控制器，本书会多次提及这两个名称。对于车辆的路径跟随控制问题，众多学者已做了大量的研究工作。20 世纪 80 年代，学者们开始关注驾驶员模型，通过学习驾驶员驾驶行为完成道路的跟随控制。从 80 年代早期到 21 世纪初期，最有影响力的是 Macadam [57-59]和丁海涛等[60]提出的最优预瞄控制理论。实际上，从控制器的原理划分，有两种主要的控制器：控制理论控制器和几何控制器。

1. 控制理论控制器

控制理论控制器是基于控制理论设计的控制器，有两种主要的控制理论控制器：基于误差反馈的控制器和基于车辆动态模型的控制器。

1）基于误差反馈的控制器

Zhao 等[61]提出了一种基于误差反馈的自适应 PID 控制器以跟踪预先定义的路径。Chatzikomis 和 Spentzas[62]提出了一种基于侧向位置偏差和角度偏差的比例微分控制，且使控制器的增益与车辆的速度相关以协调侧向和纵向控制的耦合关系。陈焕明设计的横向控制器[63]与 Chatzikomis 的方法相近，但其利用遗传算法优化 PD 控制器参数。高振海[64]建立了可近似描述汽车转向动力学特性的一阶线性参考模型，实时地在线辨识参考模型传递函数的参数，并由此根据理想预瞄跟随器的结构进行 PD 控制器参数的自整定。丁海涛等[60]利用预瞄-跟随驾驶员模型理论，对侧向和纵向分别建立了基于加速度反馈的跟随控制算法。基于误差反馈的控制器大多使用 PID 作为控制框架，在其基础上进行改进提高。PID 虽简单易植入，但其参数整定问题仍比较困难。

2）基于车辆动态模型的控制器

为了考虑系统动态对车辆的影响，基于车辆模型的模型预测控制（model predictive control，MPC）越来越受到关注[65-66]。Huang 和 Lin[67]提出了一种模糊控制器以帮助跟踪自动停车的路径。Zhu 等[68]利用 LQR 方法解决控制和时间延迟造成的车辆不稳定问题。Levinson 等[69]将 LQR 方法应用在 DARPA 挑战赛的无人车上。LQR 计算出期望的速度和方向盘转角，然后利用底层反馈信息实现反馈控制。王家恩等[70]结合车辆道路相对位置及车身状态信息设计期望横摆角速度生成器。

相对于基于误差反馈的控制器，基于模型的控制器虽避免了参数整定的困难，且利用车辆的模型规避了控制耦合问题，但模糊控制器需要先验知识以完成逻辑设计，MPC 控制器收敛比较困难。LQR 控制器对系统模型比较敏感，实际使用中难以达到预期效果。因此，相对于控制理论控制器，几何控制器在智能驾驶中的应用更广泛。

2. 几何控制器

几何控制器是移动机器人中较流行的路径跟踪方法。几何控制器通过探索车辆和路径之间的几何关系以产生控制车辆的控制方法。纯追随控制器是较早应用在智能驾驶中的几何控制器，且应用最广泛。实际上，最早的纯追随控制器被用以进行导弹跟踪靶标[71]。Wallace 等[72]首先提出纯追随的基本原理并将其应用在无人车路径跟踪上，其利用车辆与道路中线的侧向偏移计算车辆的前轮转角。基于 Wallace 的分析方法，Amidi 和 Thorpe[73]提出了正式的纯追随策略并讨论其应用。Coulter[74]详细地描述了纯追随的植入细节，此后，纯追随被广泛地应用到室内外机器人平台上。

Rankin 和 Crane[75]评估了一个融合 PID 控制与纯追随的控制器，并利用仿真和试验在一个弯曲的道路上进行测试，测试结果显示：在 1.34 m/s 的行驶条件下，路径跟踪的侧向误差可降低到 2 cm。Jesús 等[76]利用纯追随方法构建了快速反应的路径跟踪方法以跟踪人，沿墙和走廊，试验验证了方法的可行性，但该方法只适用于室内导航环境。段建民等利用纯追随方法实现了智能驾驶车辆准确跟踪 GPS 路径[77]。

一些文献也聚焦纯追随算法的稳定性问题。Ollero 等[78]分析了预瞄距离和稳定性之间的关系。为了保证系统的稳定性，在跟踪时，必须选择大于 1 m 的预瞄距离。对于一个恒定曲率曲线，预瞄距离将会随着曲率的增加而增加。在预瞄距离的调节策略上，ollero 等提出的方法使用模糊逻辑调节预瞄距离。MIT 提出了一种简单的调节策略，预瞄距离会根据速度变化，具体的参数是通过大量试验获取的[47]。

与以上基于纯追随的改进不同，Wit 等[79]提出了一种向量追随的方法。因为螺旋理论可描述为即时运动刚体相对给定坐标系的运动，其可代表当前位置到达给定路径上期望到达的位置和朝向。Wit 比较了纯追随、向量追随和追随"胡萝卜"算法。对比结果虽证明向量追随在跟踪误差、稳定性方面比较优秀，但这些测试都只在低速情况下进行。此外，向量追随的计算过程比纯追随更复杂。如果期望获得比较好的结果，需调节更多的参数。Thrun 等[80]提出了用于 DARPA 比赛的方法，Stanley 控制器。这种方法单独考虑朝向误差和距离误差，这两个误差来源于当前车轮前轴中心点与其在待跟踪路径上的最近点。转向角来源于两个误差结果的叠加。Snider[56]使用 Stanley 控制器进行了一些测试，跟踪效果虽好，但要求待跟踪路径足够平滑，且鲁棒性比纯追随差。

近些年来，基于深度学习的路径跟踪方法逐渐成为研究的热点。Chi 和 Mu[81]基于深度神经网络和真实的视觉驾驶数据完成了车辆的横向控制。Eraqi 等[82]提出了利用端到端的 C_LSTM 结合视觉和时空依赖进行智能驾驶的横向控制。目前基于深度学习的技术还处于探索阶段，此外其对计算量要求比较大，大部分技术还只停留在离线计算，可实时应用的技术目前尚未成熟，还无法直接应用在智能驾驶车辆上。

综上，几何控制器目前仍是智能驾驶车辆横向控制器的首选。但目前已有的几何控制器在跟踪精度、控制平滑度等方面还存在不足，难以满足当前城市智能驾驶的高精度跟踪和平稳驾驶的需求。由于其性能主要依赖于预瞄距离的选择，亟须设计优化的预瞄距离选择策略以提高几何控制器的性能。

横向控制器在智能驾驶系统中负责输出转向运动控制量，本章的横向控制器是基于几何跟踪控制器设计的，因此首先介绍几何控制器。

7.3.3 典型几何跟踪控制器

几何跟踪控制器的本质是控制车辆追随前方的一个预瞄点，这个位置点是由预瞄距离决定的，然后使用几何方法连接当前位置点和预瞄点以计算出智能驾驶车辆当前需要的转向角。例如，纯追随控制器使用圆连接预瞄点和当前位置，向量追随使用旋量理论。在智能驾驶的跟踪领域，有三个主要几何控制器在实践中证明可满足智能驾驶的控制要求：纯追随控制器（Wallace 等[72]）、Stanley 控制器（Thrun 等[80]）和 MIT 控制器（Kuwata 等[47]）。

1. 纯追随控制器

纯追随控制器的主要原理是计算连接车辆当前位置和预瞄点之间路径的即时曲率，图 7.58 显示了其原理。

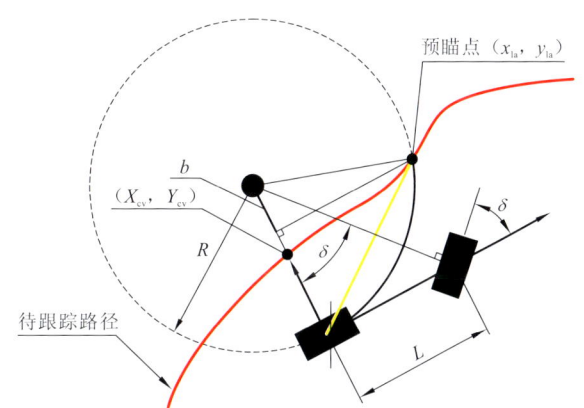

图 7.58 纯追随控制器的几何解释

结合试验和纯追随控制器的原始描述[74]，纯追随控制器的植入过程如下：

（1）获取车辆的当前位置 $(x_{vehicle}, y_{vehicle})$；

（2）计算车辆当前位置距离待跟踪路径的最近点 (X_{cv}, Y_{cv})，这个点是搜索预瞄点的起点；

（3）选择一个恒定的预瞄距离，搜索预瞄点 (X_{la}, Y_{la})；

（4）转换预瞄点到车辆坐标系下 (x_{la}, y_{la})；

（5）计算曲率且利用阿卡曼原理获取转向角；

（6）更新车辆位置并进入下一个循环周期。

2. Stanley 控制器

Stanley 控制器是斯坦福大学在 2005 年 DARPA 中使用的一种几何控制器。Stanley 控制器的原理如图 7.59 所示。这种方法首先寻找车辆前轮距离待跟踪路径的最近点 c_x,c_y，然后计算在投影方向的误差 e_{fa} 和朝向误差 θ_e：

$$\theta_e = \theta - \theta_c \tag{7.43}$$

式中：θ 为车辆的当前朝向角；θ_c 为路径在(c_x,c_y)点的方向。Stanley 控制器计算前轮转向角的方法可用下式表示：

$$\delta(t) = \theta_e(t) + \tan^{-1}\left(\frac{ke_{fa}(t)}{v(t)}\right) \tag{7.44}$$

式中：k 为增益系数；$v(t)$ 为当前速度。

为了让无人车快速地收敛到待跟踪路径，Stanley 控制器不仅考虑了朝向误差，而且将车辆与路径之间的距离误差 e_{fa} 融入算法，为了可兼容两者的单位不统一，Stanley 控制器将距离误差转化为角度误差。这可帮助 Stanley 无人车在跟踪路径时快速地接近待跟踪路径，并在方向变化不大时，渐进地缩小无人车与待跟踪路径之间的距离误差。

3. MIT 控制器

MIT 改进了原始的纯追随控制器，设计的控制器原理可用图 7.60 表示。

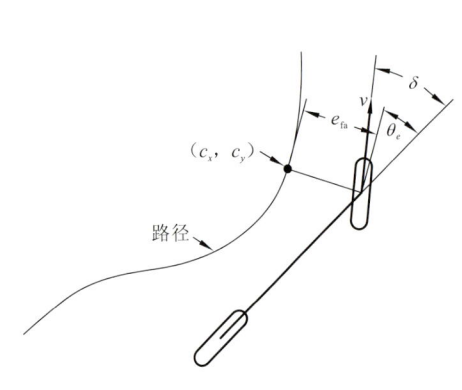

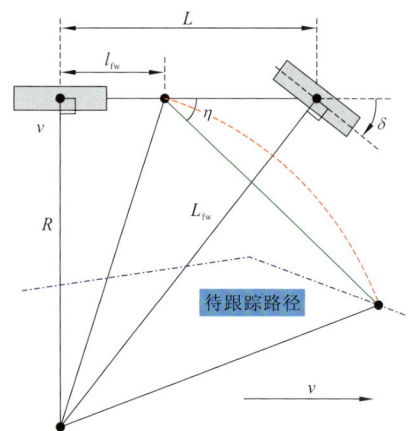

图 7.59　Stanley 控制器　　　　图 7.60　MIT 改进版纯追随原理

在 MIT 控制器中，局部坐标原点并非定位在后轮中心，而是定位在车辆的质心点。因此，改进版本的纯追随与原始版本有较大的差异，如式（7.45）所示：

$$\delta = \frac{L\sin\eta}{\frac{L_{fw}}{2} + l_{fw}\cos\eta} \tag{7.45}$$

根据 Kuwata 等[47]分析，坐标原点的调整可提高算法的稳定性。MIT 控制器的另一改进是选择预瞄距离的策略，预瞄距离在该方法中将随着速度的变化而变化，具体的调节策略如式（7.46）所示：

$$L_{fw} = \begin{cases} 3, & v < 1.34 \\ 2.24v, & 1.34 \leqslant v \leqslant 5.36 \\ 12, & \text{其他} \end{cases} \tag{7.46}$$

7.3.4 CF_Pursuit 的设计

1. 几何控制器的分析

为产生控制智能驾驶车辆的曲率，控制器需生成连接自身位置和预瞄位置的曲线。从几何角度分析，车辆利用几何控制器跟踪路径时，实际上产生了三条曲线。第一条是待跟踪的路径；第二条是几何关系曲线（代表起始点和预瞄点的几何关系）；第三条是车辆的实际路径。图 7.61 展示了这一过程，式（7.47）描述了跟踪误差的定义。

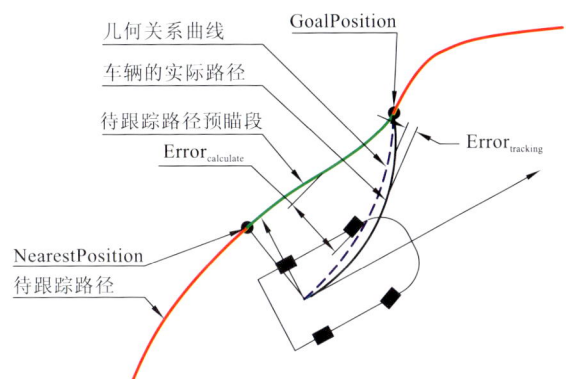

图 7.61　几何控制器跟踪原理示意图

$$\text{Error}_{cte} = \text{Error}_{calculate} + \text{Error}_{tracking} \tag{7.47}$$

式中：$\text{Error}_{tracking}$ 为由于车辆执行几何控制器输出的控制值而产生的误差，智能驾驶车辆完成了改装的情况下，$\text{Error}_{tracking}$ 是一个固定值；另一误差 $\text{Error}_{cloculate}$ 为真实控制值和几何控制器计算的控制值之间的误差。对于几何控制器，控制输出取决于生成的几何关系曲线。事实上，几何关系曲线可被看作是待跟踪路径从 NearestPosition 到 GoalPosition 的拟合曲线。此外，$\text{Error}_{calculate}$ 受到拟合误差的影响，比较小的拟合误差可降低 $\text{Error}_{calculate}$。Amidi 于 1990 年已讨论过这个问题，提出了一个五次多项式以生成几何关系曲线。在该方法中，车辆的姿态量中除包含位置和方向信息外，还包括曲率信息。试验结果显示，这种方法可获得比较优秀的跟踪效果，但计算过程异常复杂。由于参数和约束的数目过多，这种算法难以保证每一次计算皆可收敛，但从其方法中可分析出至少有两个方向可进行深入的研究以提高几何控制器的控制精度：①优化预瞄策略，寻找更优的 GoalPosition 以影响几何关系曲线的生成；②使用考虑更多约束的拟合方法以提高拟合精度。

MIT 改进的纯追随控制器聚焦于优化预瞄策略，忽视了改进拟合方法对控制精度的影响。根据拟合的基本理论，考虑更多的限制条件会产生更优的拟合精度。然而，过多的限制条件加重了计算负担，影响算法实时性。基于此，本书提出的改进几何控制器在拟合方法和预瞄策略两个方面进行改进提高。在拟合精度的提高上，本书提出使用一种比较成熟的拟合方法，Clothoid 快速拟合；在预瞄点选择策略上，基于模糊逻辑的选择策略帮助几何控制器选择合理的 GoalPosition。基于上述改进策略，本书将改进后的几何控制器命名为 CF_Pursuit（Clothoid Fuzzy Pursuit）。CF_Pursuit 在利用模糊逻辑调节预瞄策略的方法上，不会考虑所有的影响因素。下面对 CF_Pursuit 进行深入的剖析。

2. 基于 Clothoid 拟合方法的追随方法设计

本节主要分析 Clothoid 方法相对于其他拟合方法在几何跟踪控制器中的相对优势。在 CF_Pursuit 之前，已有一些文献在几何控制器的拟合方法上进行了提高。Girbés 等[83]使用 Clothoid 曲线、直线、圆组合以拟合待跟踪路径。为了处理拟合失败问题，原始的纯追随方法可作为备用方法以确保安全。CF_Pursuit 的拟合方法与 Girbés 等提出的方法类似[83]，但在真实驾驶环境中，保持拟合路径的曲率连续性并不必要，尤其是在收敛的成功率受到影响的情况下。当进行四维拟合时（增加曲率约束），拟合收敛的成功率是难以保证的[73]。即使在 Girbés 等提出的方法中，纯追随也被用作备用方案。当收敛失败时，原始的纯追随将输出控制量以保证车辆不会失控。此外，该算法强调曲率不连续的主要缺点是曲率的突然变化会降低驾驶的舒适性。根据大量的测试经验，保持曲率连续虽可增加控制的连续性，但将降低整个系统的鲁棒性。例如，当 GPS 信号被遮挡时，定位信息的精度较差，无人车将偏离待跟踪路径。一旦定位系统恢复，出于安全性考虑，无人车应尽快地返回待跟踪路径。但此时如果考虑曲率的连续性，这个过程会需要更长的时间。曲率连续的曲线会使拟合的曲线与待跟踪路径之间的拟合误差比较大。实际上，朝向的突然变化是多因素作用的结果，曲率不连续只是其中之一。如果使跟踪误差控制在一个比较小的范围内并保持侧向与横向的控制关系，即使无人车使用一个非曲率连续的跟踪控制器，车辆朝向发生突变的概率也比较低。Girbés 等[84]扩展了其先前的研究，除了 DCC 路径，Girbés 等还产生了一个基于慢进快出的速度模型以改进原始方法，然而其并没有对 DCC 曲线的产生方法进行改进，所以成功率难以保证的问题还无法解决。

在 CF_Pursuit 中，Clothoid 曲线被用以拟合待跟踪路径，没引入其他曲线和圆。在拟合过程中，CF_Pursuit 不寻求一个连续曲率的曲线，拟合的两个端点只需要 $[x, y, \theta]$。对比几种方法的拟合效果，Clothoid 的拟合效果比圆好，但是比曲率连续的 DCC 差。考虑收敛成功率，本书使用 Bertolazzi 提出的快速计算 Clothoid 方法[49]。同时，Clothoid 曲线拟合输出的结果参数还可用在模糊系统中以优化预瞄距离。在无人车的实际测试中，"途智 II"并没使用任何备选控制器。

3. 基于模糊逻辑和拟合曲线最大曲率的预瞄距离调节策略设计

目标点的选择策略对几何控制器的性能有较大的影响。比较长的预瞄距离将使车辆慢慢地收敛于待跟踪路径，控制过程平稳；比较短的预瞄距离将快速地收敛于待跟踪路径，但控制过程可能产生一些振荡。Ollero 等[78]使用模糊逻辑控制 4 个参数以调节预瞄距离，包括从车辆当前位置到待跟踪路径的最近点、车辆的当前速度、目标点的曲率、车辆当前方向和待跟踪路径最近点的方向差。MIT 控制器提出在实际应用中，调节预瞄距离的策略中只考虑速度就可达到较好的跟踪效果。MIT 控制器虽在无人车控制方面达到了比较好的效果，但没考虑路径的曲率影响，鲁棒性较差。

实际上，影响预瞄距离最重要的因素是待跟踪路径的曲率[74]。然而，MIT 控制器基本上没考虑曲率的影响。对于一个简单的速度调节预瞄距离策略来说，降低速度代表前方路径可能是弯曲的,提高速度代表前方路径可能是直行路径。然而,路径的弯曲程度并不完全代表速度的变化趋势,也会被其他因素影响。在 CF_Pursuit 中,预瞄策略利用模糊逻辑整合拟合曲线的曲率以调节预瞄距离,CF_Pursuit 需利用 Clothoid 曲线作为关系曲线连接车辆的当前点和目标点。在生成 Clothoid 的过程中可得到拟合曲线的最大曲率值。CF_Pursuit 的预瞄距离调节策略利用最大曲率值作为判断预瞄距离的输入条件。但调节过程应考虑使用的特征在代表待跟踪路径预瞄段的弯曲程度方面的可信度,过大的拟合误差会使拟合曲线完全偏离待跟踪路径,因此仅仅使用曲率信息无法代表待跟踪路径预瞄段的弯曲程度。CF_Pursuit 使用两个方法解决这个问题:①限制拟合的长度并利用测试寻找一个优化的最长拟合长度以降低获得比较大拟合误差的概率;②在待跟踪路径上选用多个目标点进行拟合,利用模糊控制器整合获取的曲率以综合决定具体的预瞄距离。

拟合的距离被限定在 12 m 范围内,但目前没有成熟的理论和模型可定义待跟踪路径的曲率和预瞄距离之间的关系,也没有关于曲线弯曲程度的清晰定义。对它们之间的联系,可提供的是驾驶员的驾驶经验和一些无人车的试验测试经验。精确控制方法虽可表示这些联系,但需将联系模型化,而建模是极其困难的。然而,模糊方法并不需要一个完整的模型。此外,模糊逻辑可近似推理,这种特性使其可较好地处理不确定性,特别是 Sugeno 和 Nishida 显示模糊控制使用口述指导可处理非线性控制问题。此外,模糊控制器的计算效率允许实时操作,这对智能驾驶至关重要。

正式的模糊逻辑定义中,一个模糊控制器包括基于专家专业知识所形成的规则库和包含不同语言值的变量基。CF_Pursuit 有两种可靠的专家知识来源:其一,人类驾驶员的经验;其二,测试经验。

1)专家知识

(1)当前方可视道路比较弯曲时,驾驶员将只关注比较短的前方距离并只进行精细的转向;

(2)当前方视线范围非常远的时候,驾驶员的预瞄距离自然地被延长;

(3)当车辆转弯或者待跟踪路径比较弯曲的时候,预瞄距离必须缩短;

(4)当路径比较直,并不那么弯曲的时候,增加预瞄距离有助于提高控制的稳定性;

(5)最小 6 m 和最大 12 m 的预瞄距离经过测试比较适合 30 km/h 以下的驾驶;

(6)当曲率大于 0.1 时,曲线可被认定为是弯曲的;

(7)当预瞄前方 12 m 距离时,如果得到的曲率比较小,那么其可比较可靠地代表待跟踪路径预瞄段的弯曲程度。

2)模糊规则库

上述专家知识包括各种经验和试验,但这些无法直接在模糊系统中应用,需进行标准化。此外,语言化的经验知识仅概述了控制过程,没有详细的控制规则。因此,经验知识需进行规则化,并进一步地进行细化。调节预瞄距离的规则库如下:

(1)如果 12 m 处的曲率是 small,那么,预瞄距离则是 longer;

(2)如果 12 m 处的曲率是 middle,那么,预瞄距离是 longer;

(3)如果 12 m 处的曲率是 larger,9 m 处的曲率也是 larger,那么,预瞄距离则是 short;

（4）如果9 m处的曲率是large，12 m处的曲率是larger，那么，预瞄距离是middle；
（5）如果9 m处的曲率是middle，12 m处的曲率是larger，那么，预瞄距离是long；
（6）如果9 m处的曲率是small，12 m处的曲率是larger，那么，预瞄距离是long；
（7）如果9 m处的曲率是small，12 m处的曲率是large，那么，预瞄距离是long；
（8）如果9 m处的曲率是middle，12 m处的曲率是large，那么，预瞄距离是long；
（9）如果9 m处的曲率是larger，12 m处的曲率是large，那么，预瞄距离是long；
（10）如果6 m处的曲率是small，9 m处的曲率是large，12 m处的曲率是large，那么，预瞄距离是middle；
（11）如果6 m处的曲率是middle，9 m处的曲率是large，12 m处的曲率是large，那么，预瞄距离是middle；
（12）如果6 m处的曲率是large，9 m处的曲率是large，12 m处的曲率是large，那么，预瞄距离是short；
（13）如果6 m处的曲率是larger，9 m处的曲率是large，12 m处的曲率是large，那么，预瞄距离是short。

模糊变量包括6 m处的曲率，9 m处的曲率，12处的曲率。基于大量试验，并且参考文献[47]，车辆速度低于40 km/h时，12 m是一个合适的预瞄距离上限。这三个变量有4个相应的语言值：small、middle、large、larger，每一个都有其对应的隶属函数。隶属函数的形状取决于系统希望这个变量对最终的控制输出的影响程度有多大。模糊系统的模糊输出变量是预瞄距离，与其对应的语言值是short、middle、long、longer。

当12 m处的曲率是small时，拟合曲线可较好地代表待跟踪路径预瞄段，控制器相信拟合曲线在12 m之内是不弯曲的，规则库的1和2代表了这条规则。当12 m处的曲率变成large或者larger时，由于此时拟合误差比较大，控制器无法完全相信此时被跟踪的路径段是弯曲的。在这种情况下，9 m处的曲率和6 m处的曲率将一起或单独地被用以评估路径的弯曲程度，这一过程可用规则3～13描述。

从功能上描述模糊推理，其可被分为三个过程，模糊化、推理机和解模糊，如图7.62所示。

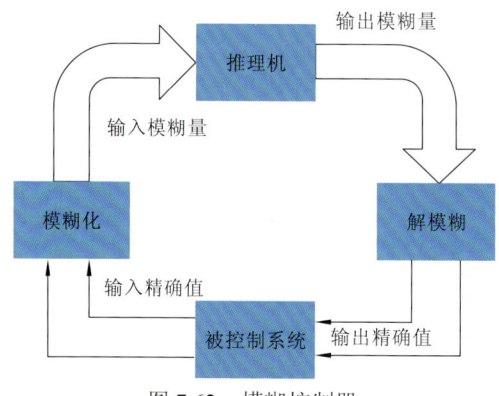

图7.62 模糊控制器

模糊化：在这一过程中，当前的确定输入量转化为用模糊编译器可解释的语言值或模糊值。这个转换过程计算每一个模糊输入变量值的可信程度，这种转换依赖于相应的隶属函数。CF_Pursuit转换三个曲率值为模糊值，并且选择梯形函数作为输入变量的隶属度函数，梯形函数的分布式如下：

$$\mu(x) = \begin{cases} 0, & 0 \leqslant x \leqslant a \\ \dfrac{x-a}{b-a}, & a < x < b \\ 1, & c \geqslant x \geqslant b \\ \dfrac{d-x}{d-c}, & c < x < d \\ 0, & x \geqslant d \end{cases} \quad (7.48)$$

式中：a、b、c、d 为梯形函数4个角点所对应的输入变量值。

推理机：推理机推演匹配的条件并产生结论，产生每一个规则对控制行为的贡献。在 CF_Pursuit 中，Mamdani[85]推理方法（min-min-max）被用以进行推理计算。

解模糊：解模糊是为了用推理机转换输出的模糊值为确定输入量，并可应用在最终的控制输出。在本系统的模糊策略中使用的是面积法：

$$y_{CoA} = \dfrac{\int B \cdot y \mathrm{d}y}{\int B \mathrm{d}y}$$

$$B = \bigcup \omega_i B_i \quad (7.49)$$

式中：ω_i 为隶属度，代表 ith 规则的推理结果；B_i 为 ith 规则的不同输出变量值的隶属函数。

CF_Pursuit 定义了输出模糊变量的隶属度函数形状，Sugeno 单值输出[86]，其使用单调的函数，一种调整的面积法被用以解模糊：

$$y'_{CoA} = \dfrac{\sum\limits_{i=1} \omega_i B_i}{\sum\limits_{i=1} \omega_i} \quad (7.50)$$

式中：y'_{CoA} 为预瞄距离。图 7.63 显示了三个输入变量的函数定义，每一个都有 4 个相同的语言标签（small、middle、large、larger），它们是利用 Clothoid 拟合从车辆当前位置到三个不同的 GoalPosition 计算而来的。根据先前的测试，0.1 是一个合适的分段点，用以区分不同的弯曲程度。因此，在图 7.63 中，当曲率大于 0.09 时，曲率对 large 和 larger 的隶属度应大于 small 和 middle。对输出变量，基于以上经验，6 m 和 12 m 是两个合适的输出变量边界。为了避免预瞄距离上的突变，CF_Pursuit 增加了两个过渡预瞄距离，8 m 和 10 m。

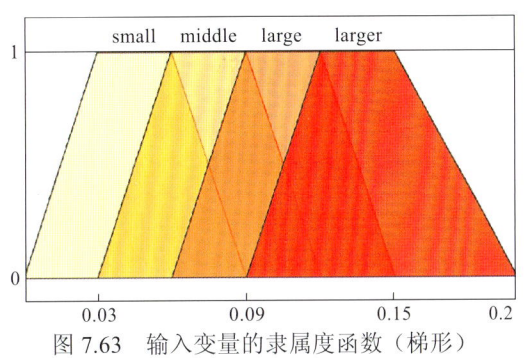

图 7.63 输入变量的隶属度函数（梯形）

图 7.64 使用 MATLAB 绘制了规则库。在图 7.64 中，输入变量 6 m 处的曲率相对于其他距离处的曲率比较少被引用。实际上，最小预瞄距离在城市驾驶中比较少被引用，只有遇到 Uturn 或比较极端的驾驶环境时才考虑最小的预瞄距离。

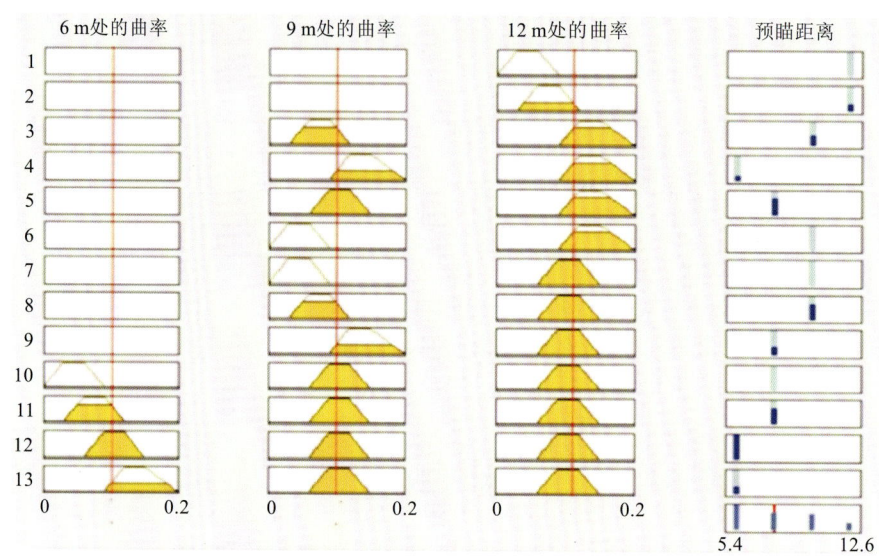

图 7.64　在 MATLAB 中显示的规则库

7.3.5　横向控制器对比试验

在智能驾驶车辆的控制系统中，横向控制器对智能驾驶的性能影响是最大的，决定了无人车的安全性和舒适性。为了验证本书设计的横向控制器的实际性能，利用武汉大学第一代智能驾驶车辆"途智 I"无人车进行室外道路试验。图 7.65 显示了其基本配置。

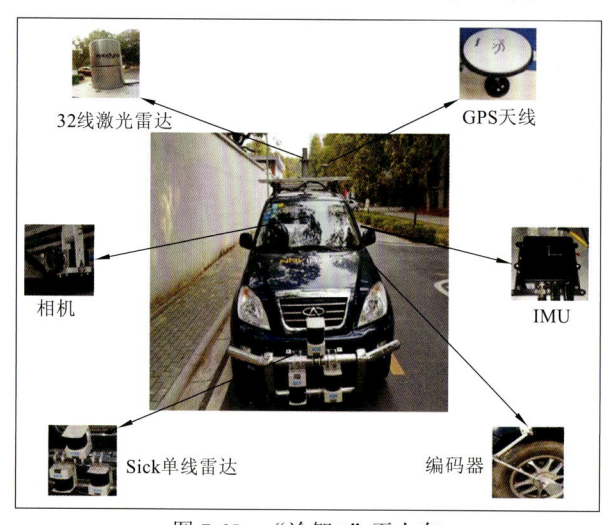

图 7.65　"途智 I"无人车

对于横纵向控制器在第二代智能驾驶车辆"途智 II"的适用性问题，本书设计的横向控制器 CF_Pursuit 不涉及车辆具体参数，因此其不依赖于智能驾驶车辆平台。纵向控制器方面，本书设计的纵向控制器虽基于"途智 I"智能驾驶平台，但只需更改部分控制器参数，如更改刹车控制的输出量为刹车泵的电压量以及规则库中的规则等，其也可适用于"途智 II"智能驾驶平台。

1. 试验方法

1) 待跟踪路径

为了使试验不受其他因素的影响，试验中不使用过多传感器信息。因此，试验中采用的待跟踪路径 $Path_t$ 并非规划系统规划的路径，而是由人类驾驶员在公路上行驶记录，然后存储在电脑中。"途智 I"的 GPS 和 IMU 系统在精度方面稳定可靠，在开放区域，通过差分，定位精度保持在±0.02 m。由于选择的道路上有比较少的人、树和很高的建筑物，产生比较差 GPS 的可能性大幅度地降低了。对于选定的试验道路，图 7.66 显示了从 Goolge 地图上的截图。

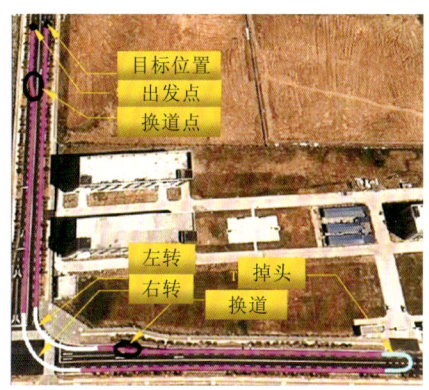

图 7.66 待跟踪路径的 Google 地图屏幕截图

紫色、白色、绿色的路径分别被赋予不同的速度，分别为 25～30 km/h、15～20 km/h、5～10 km/h

在路径 $Path_t$ 上，试验预设了 5 种城市机动：直行、变道、左转、右转、Uturn。本试验中，考虑设计的模糊纵向控制器存在一定误差，因此设定在试验中，直行和变道速度为 25～30 km/h，左右转速度为 15～20 km/h，U 形弯速度为 5～10 km/h。一旦出现危险情况，驾驶员需手动控制刹车以防止车辆碰撞。

2) 对比方法

最近几年几何控制器的技术更新比较缓慢，特别是在无人车的横向控制器方面。为了显示设计的横向控制器 CF_Pursuit 的优势，试验中选择 MIT 和 Stanley 控制器进行对比。选择这两个控制器的原因是其都在著名的 DARPA 比赛中获得了应用并帮助两个参赛车队取得了较好的成绩。关于 MIT 和 Stanley 的控制器中一些未知和可调节参数，在本书的对比试验中尽量使对比方法发挥到最佳效果以使不确定性降低到最小，且算法可表现其真实效果。

2. 试验结果

与高速应用不同，本试验聚焦于城市驾驶环境和中速场景。实际上，高速情况意味着道路是平直的。另外，高速驾驶的情况下，车辆行驶需考虑动态效应，如侧滑等，这是当前的所有几何控制器都难以逾越的技术问题。因此，本书只考虑城市环境的中低速情况。在图 7.67 中，为了躲避碰撞危险，在图中椭圆区域，驾驶员不得不手动干预无人车，减速以避免危险。对图 7.67（a）中的 MIT 控制器，在接近完成左转时，驾驶员手动干预了一次，降低车速到 5km/h（绿色椭圆）。但转向控制还是让车辆自己完成，驾驶员并没干预转向盘。对于 Stanley 控制器[图 7.67（b）]，驾驶员采取了更多的人工干预，除了降低车速，还控制了转向。更严重的是，Stanley 控制器导致"途智 I"不得不刹车到停止，不仅是减速（绿色椭圆）。图 7.67（c）中的 CF_Pursuit 控制器不仅保持较高的速度且在没任何人工干预的情况下完成了整个试验。

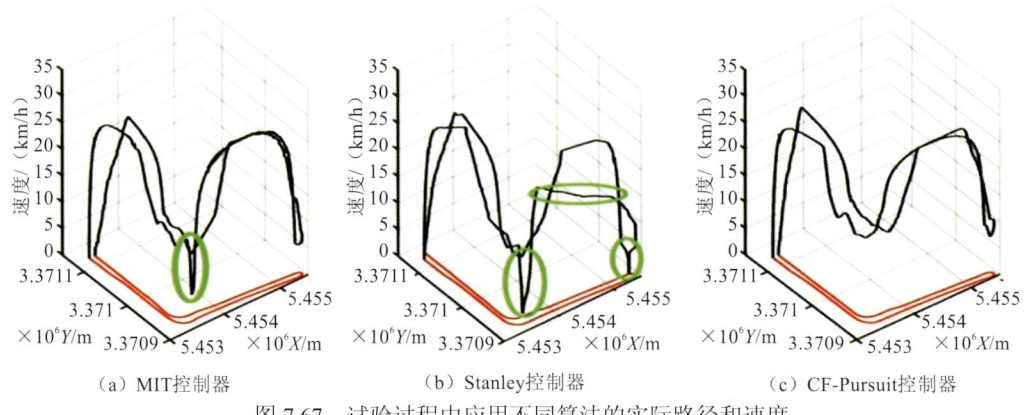

(a) MIT控制器　　　　(b) Stanley控制器　　　　(c) CF-Pursuit控制器

图 7.67　试验过程中应用不同算法的实际路径和速度

试验还比较了算法的稳定性。车辆行驶的稳定性可通过横摆角速度、横摆角加速度等表示，但测量这些参数的过程比较复杂，需安装额外的试验设备。本试验使用转向角反映系统的稳定性。图 7.68 的结果显示了这次对比试验。当车辆的速度保持缓慢的增加、减少或不变的情况下，MIT 控制器最稳定，Stanley 控制器最差。但在 MIT 控制器的试验中，方向盘转角的突变导致车辆的朝向极速变化，图 7.68（a）中绿色的椭圆框显示了这种变化。这种机动比较危险，虽没产生碰撞，但让乘车的舒适性变得比较差。MIT 控制器产生的这种危险机动是因为其只考虑利用速度调节预瞄距离，忽略了路径的形状变化。对速度调节预瞄距离的策略，其应保证速度可适应不同的环境约束及自身状态，一旦无人车的速度选择不合理，MIT 控制器出现问题的概率较高。在图 7.69（a）中，由于在转弯处的速度比 MIT 控制器期望的速度大，根据式（7.43），其预瞄距离被自动延长。较长的预瞄距离虽可提高控制的稳定性，但会增大跟踪误差，如图 7.69（a）所示，拐弯处的跟踪误差开始变大。一旦车辆降低速度到 MIT 控制器期望的速度以下，其预瞄距离相应地开始缩短，算法尽力补偿前期速度不匹配导致的跟踪误差，最终产生危险机动。Stanley 控制器的典型特征是控制的不稳定性。与 MIT 控制器不同，速度直接影响 Stanley 控制器[式（7.43）]。当利用 Stanley 控制器进行试验时，试验应考虑速度是 0 的情况。本次试验中，设定速度 0 为 0.000 001。此外，还需确定算法中速度和参数 k 的关系[式（7.43）]。本试验设定 k 为一个定值。实际上，Stanley 控制器也是一种追随方法，其追随图 7.58 中的点 (c_x, c_y)。Stanley 控制器产生的控制不稳定与 k 的取值有关。但从追随理论的角度分析，选择一个固定很短的预瞄距离将导致控制不稳定。该方法另一个缺

陷是算法对 e_{fa} [式（7.44）]过于敏感，而与待跟踪路径是否弯曲无关。应用这种方法，只要 e_{fa} 不是 0，转向系统将一直不停地施加控制。在图 7.69（b）中，控制的抖动对速度极度敏感。图 7.68（b）中，红色的椭圆部分是直线路径，但是其中一段路径的抖动情况却比另一段好。参考图 7.67（b）中的速度变化，速度的差别是主要原因。此外，通过对比图 7.69（b），Stanley 控制器的跟踪误差最大。作为对比，CF_Pursuit 控制器虽在稳定性方面略差于 MIT 控制器，但 CF_Pursuit 控制器在整个试验过程中无突变。此外，参考图 7.69（c），CF_Pursuit 控制器施加一些小的控制波动以达到控制跟踪误差的目的。综合分析整个试验过程，CF_Pursuit 控制器的跟踪误差是最小的。

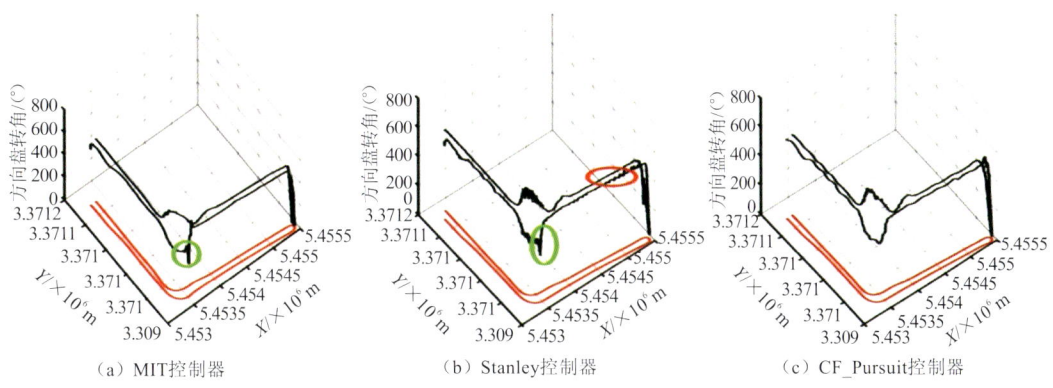

图 7.68 试验过程中应用不同算法所对应的转向角信息

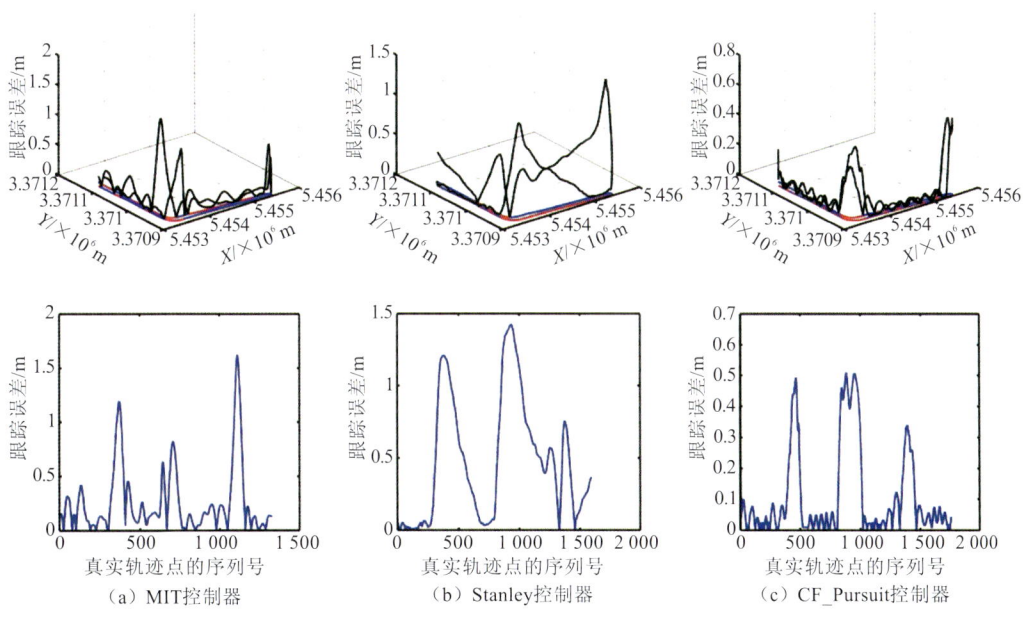

图 7.69 试验过程中应用不同算法所对应的跟踪误差

参 考 文 献

[1] 陈佳佳. 城市环境下无人驾驶车辆决策系统研究[D]. 合肥：中国科学技术大学, 2014.

[2] 陈雪梅, 田赓, 苗一松, 等. 城市环境下无人驾驶车辆驾驶规则获取及决策算法[J]. 北京理工大学学报, 2017, 37(5):491-496.

[3] 耿新力. 城区不确定环境下无人驾驶车辆行为决策方法研究[D]. 合肥: 中国科学技术大学, 2017.

[4] BOLCHINI C, SCIUTO D. An output/state encoding for self-checking finite state machine[C]// Proceedings of ISCAS'1995 International Symposium on Circuits and Systems. Seattle, WA, USA, 1995, 3:2136-2139.

[5] 刘建国. 虚拟人情感模型及认知方法研究[D]. 武汉: 华中科技大学, 2009.

[6] 王栋耀, 马旭东, 戴先中. 基于声纳[呐]的移动机器人沿墙导航控制[J]. 机器人, 2003, 26(4): 346-350, 356.

[7] TAN G Z, HE H, AARON S. Global optimal path planning for mobile robot based on improved Dijkstra algorithm and ant system algorithm[J]. Journal of Central South University, 2006, 13(1): 80-86.

[8] LOZANOPEREZ T, WESLEY M A. An algorithm for planning collison-free paths among polyhedral obstacles[J]. Communications of the Acm, 1979, 22(10): 560-570.

[9] 张琦, 马家辰, 马立勇. 基于简化可视图的环境建模方法[J]. 东北大学学报(自然科学版), 2013, 34(10): 1383-1386.

[10] OOMMEN B J, IYENGAR S S, RAO N S V, et al. Robot navigation in unknown terrains using learned visibility graphs. Part I: The disjoint convex obstacle case[J]. IEEE Journal on Robotics and Automation, 1987, 3(6): 672-681.

[11] CANNY J F. A Voronoi method for the piano-movers problem[C] //Proceedings. 1985 IEEE International Conference on Robotics and Automation. St. Louis, MO, USA, 1985: 530-535.

[12] GARRIDO S, MORENO L, ABDERRAHIM M, et al. Path planning for mobile robot navigation using voronoi diagram and fast marching[C] //2006 IEEE/RSJ International Conference on Intelligent Robots and Systems. Beijing, 2006: 2376-2381.

[13] YAHJA A, STENTZ A, SINGH S, et al. Framed-quadtree path planning for mobile robots operating in sparse environments[C] //1998 IEEE International Conference on Robotics and Automation (Cat. No. 98CH36146). Leuven, Belgium, 1998, 1: 650-655.

[14] DIJKSTRA E W. A note on two problems in connection with graphs[J]. Numerische Mathematics, 1959, 1(1): 269-271.

[15] HART P E, NILSSON N J, RAPHAEL B. Correction to "a Formal basis for the heuristic determination of minimum cost paths"[J]. IEEE Transactions on Systems Science and Cybernetics, 1972, 4(37): 28-29.

[16] LIKHACHEV M, FERGUSON D, GORDON G, et al. Anytime search in dynamic graphs[J]. Artificial Intelligence, 2008, 172(14): 1613-1643.

[17] STENTZ A. The focussed D* algorithm for real-time replanning[C] // International Joint Conference on Artificial Intelligence. Morgan Kaufmann Publishers Inc, 1995, 2: 1652-1659.

[18] KOENIG S, LIKHACHEV M. Fast replanning for navigation in unknown terrain[J]. IEEE Transactions on Robotics, 2005, 21(3): 354-363.

[19] KOENIG S, LIKHACHEV M, FURCY D. Lifelong planning A* [J]. Artificial Intelligence, 2004, 155(1): 93-146.

[20] FERGUSON D, STENTZ A. Field D*: An Interpolation-Based Path Planner and Replanner//THRUN S,

BROOKS R, DURRANT-WHYTE H. Robotics Research. Tracts in Advanced Robotics [M]. Berlin: Springer, 2007, 28: 239-253.

[21] DOLGOV D, THRUN S, MONTEMERLO M, et al. Path planning for autonomous vehicles in unknown semi-structured environments[J]. The International Journal of Robotics Research, 2010, 29(5): 485-501.

[22] URMSON C, ANHALT J, BAGNELL D, et al. Autonomous driving in urban environments: Boss and the urban challenge[J]. Journal of Field Robotics, 2008, 25(8): 425-466.

[23] HOWARD T M, KELLY A. Optimal rough terrain trajectory generation for wheeled mobile robots[J]. The International Journal of Robotics Research, 2007, 26(2): 141-166.

[24] LIKHACHEV M, FERGUSON D. Planning long dynamically feasible maneuvers for autonomous vehicles[J]. The International Journal of Robotics Research, 2009, 28(8): 933-945.

[25] RUFLI M, SIEGWART R. On the design of deformable input-/state-lattice graphs[C] // IEEE International Conference on Robotics and Automation. Anchorage, AK, 2010: 3071-3077.

[26] KAVRAKI L E, SVESTKA P, LATOMBE J C, et al. Probabilistic roadmaps for path planning in high-dimensional configuration spaces[J]. IEEE transactions on Robotics and Automation, 1996, 12(4): 566-580.

[27] LAVALLE S M, KUFFNER J J. Randomized kinodynamic planning[J]. International Journal of Robotics and Research, 1999, 15(5): 378-400.

[28] 夏炎, 隋岩. PRM路径规划算法优化研究[J]. 应用科技, 2010, 37(10): 1-5.

[29] LADD A M, KAVRAKI L E. Measure theoretic analysis of probabilistic path planning[J]. IEEE Transactions on Robotics and Automation, 2004, 20(2): 229-242.

[30] 阚嘉岚, 丁贵涛, 黄亚楼. 基于启发式节点增强策略的PRM路径规划方法[J]. 机器人, 2003, 25(6): 544-547.

[31] LAVALLE S M. Planning Algorithms[M]. London: Cambridge University Press, 2006.

[32] JAILLET, LÉONARD, YERSHOVA A, et al. Adaptive tuning of the sampling domain for dynamic-domain RRTs[C] // IEEE/RSJ International Conference on Intelligent Robots and Systems. IEEE, Edmonton, Alta, 2005: 2851-2856.

[33] URMSON C, SIMMONS R. Approaches for heuristically biasing RRT growth[C] // IEEE/RSJ International Conference on Intelligent Robots and Systems. Las Vegas, NV, USA, 2003: 1178-1183.

[34] SHKOLNIK A, WALTER M, TEDRAKE R. Reachability-guided sampling for planning under differential constraints[C] // IEEE International Conference on Robotics and Automation. Piscataway: IEEE, Kobe, 2009: 2859-2865.

[35] JAILLET L, HOFFMAN J, BERG J V D, et al. EG-RRT: Environment-guided random trees for kinodynamic motion planning with uncertainty and obstacles[C] // 2011 IEEE/RSJ International Conference on Intelligent Robots and Systems. San Francisco, CA, 2011: 2646-2652.

[36] KARAMAN S, FRAZZOLI E. Sampling-based algorithms for optimal motion planning[J]. The International Journal of Robotics Research, 2011, 30(7): 846-894.

[37] Karaman S, Walter M R, Perez A, et al. Anytime motion planning using the RRT*[C] //2011 IEEE International Conference on Robotics and Automation. Shanghai, 2011: 1478-1483.

[38] ISLAM F, NASIR J, MALIK U, et al. RRT*-smart: Rapid convergence implementation of RRT* towards

[38] ... optimal solution[C] // 2012 IEEE International Conference on Mechatronics and Automation. Chengdu, 2012: 1651-1656.

[39] SHAN Y X, LI B J, ZHOU J, et al. An approach to speed up RRT[C] // 2014 IEEE Intelligent Vehicles Symposium Proceedings. Dearborn, MI, 2014: 594-598.

[40] SHAN Y X, LI B J. A considering lane information and obstacle-avoidance motion planning approach[C] // 17th International IEEE Conference on Intelligent Transportation Systems (ITSC), Qingdao, 2014: 16-21.

[41] ARSLAN O, TSIOTRAS P. Use of relaxation methods in sampling-based algorithms for optimal motion planning[C] // 2013 IEEE International Conference on Robotics and Automation. Karlsruhe, 2013: 2421-2428.

[42] LI Y, LITTLEFIELD Z, BEKRIS K E. Asymptotically optimal sampling-based kinodynamic planning[J]. International Journal of Robotics Research, 2014,35(5): 528-564.

[43] JEON J H, KARAMAN S, FRAZZOLI E. Anytime computation of time-optimal off-road vehicle maneuvers using the RRT[C] // 2011 50th IEEE Conference on Decision and Control and European Control Conference. Orlando, FL, 2011: 3276-3282.

[44] ZILBERSTEIN S. Using anytime algorithms in intelligent systems[J]. Ai Magazine, 1996,17(3): 73-83.

[45] SHAN Y, YANG W, CHEN C, et al. CF-pursuit: A pursuit method with a clothoid fitting and a fuzzy controller for autonomous vehicles[J]. International Journal of Advanced Robotic Systems, 2015,12(9): 1-13.

[46] SCHWESINGER U, RUFLI M, FURGALE P, et al. A sampling-based partial motion planning framework for system-compliant navigation along a reference path[C] // 2013 IEEE Intelligent Vehicles Symposium (IV), Gold Coast, QLD, 2013: 391-396.

[47] KUWATA Y, TEO J, FIORE G, et al. Real-time motion planning with applications to autonomous urban driving[J]. IEEE Transactions on Control Systems. Technology, 2009, 17(5): 1105-1118.

[48] SHKEL A M, LUMELSKY V. Classification of the dubins set[J]. Robotics and Autonomous Systems, 2001, 34(4): 179-202.

[49] BERTOLAZZI E, FREGO M. Fast and accurate clothoid fitting[J]. Mathematical Methods in the Applied Sciences, 2012: 881-897.

[50] MEIDENBAUER K R. An investigation of the clothoid steering model for autonomous vehicles[J]. Zeitschrift Für Krebsforschung, 2007, 69(2): 202-204.

[51] ABRAMOWITZ M, STEGUN I A. Handbook of Mathematical Functions with Formulas, Graphs, and Mathematical Tables[M]. New York: Dover Publications, 1970.

[52] ACKERMANN J. Robust Control[M]. London: Springer, 2002.

[53] BOHLIN R, KAVRAKI L E. Path planning using lazy PRM[C] // IEEE International Conference on Robotics and Automation. Symposia Proceedings (Cat. No. 00CH37065). San Francisco, CA, USA, 2000: 521-528.

[54] WERLING M, KAMMEL S, ZIEGLER J, et al. Optimal trajectories for time-critical street scenarios using discretized terminal manifolds[J]. The International Journal of Robotics Research, 2012, 31(3): 346-359.

[55] BARFOOT T D, CLARK C M. Motion planning for formations of mobile robots[J]. Robotics and Autonomous Systems, 2004, 46(2): 65-78.

[56] SNIDER J M. Automatic Steering Methods for Autonomous Automobile Path Tracking[D]. Pittsburgh, PE: Robotics Institute Carnegie Mellon University, 2009.

[57] MACADAM C C. An optimal preview control for linear systems[J]. Journal of Dynamic Systems, Measurement, and Control, 1980, 102(3): 188-190.

[58] MACADAM C C. Application of an optimal preview control for simulation of closed-Loop automobile driving[J]. IEEE Transactions on Systems Man and Cybernetics, 2007,11(6): 393-399.

[59] MACADAM C C. Application of elementary neural networks and preview sensors for representing driver steering control behaviour[J]. Vehicle System Dynamics, 1996, 25(1): 3-30.

[60] 丁海涛,郭孔辉,李飞,等. 基于加速度反馈的任意道路和车速跟随控制驾驶员模型[J]. 机械工程学报, 2010, 46(10): 116-120,125.

[61] ZHAO P, CHEN J, SONG Y, et al. Design of a control system for an autonomous vehicle based on adaptive-PID[J]. International Journal of Advanced Robotic Systems, 2012, 9(2): 1.

[62] CHATZIKOMIS C I, SPENTZAS K N. A path-following driver model with longitudinal and lateral control of vehicle's motion[J]. Forschung im Ingenieurwesen, 2009, 73(4): 257-266.

[63] 陈焕明. 郭孔辉. 基于航向角和位置偏差控制的驾驶员模型[J]. 农业机械学报, 2013, 10: 36-40.

[64] 高振海. 汽车方向预瞄式自适应PD控制算法[J]. 机械工程学报, 2004, 5: 101-105.

[65] SHIM T, ADIREDDY G, YUAN H. Autonomous vehicle collision avoidance system using path planning and model-predictive-control-based active front steering and wheel torque control[J]. Proceedings of the Institution of Mechanical Engineers, Part D: Journal of Automobile Engineering, 2012, 226(6): 767-778.

[66] KATRINIOK A, MASCHUW J P, CHRISTEN F, et al. Optimal vehicle dynamics control for combined longitudinal and lateral autonomous vehicle guidance[C] //2013 European Control Conference (ECC), Zurich, 2013: 974-979.

[67] HUANG S J, LIN G Y. Parallel auto-parking of a model vehicle using a self-organizing fuzzy controller[J]. Proceedings of the Institution of Mechanical Engineers Part D Journal of Automobile Engineering, 2010, 224(8): 997-1012.

[68] ZHU T, KHAJEPOUR A, GOODARZI A. A new optimal driver command interpreter for vehicle dynamics control[C] // 2014 IEEE International Conference on Mechatronics and Automation. Tianjin, 2014: 740-744.

[69] LEVINSON J, ASKELAND J, BECKER J, et al. Towards fully autonomous driving: Systems and algorithms[C] //2011 IEEE Intelligent Vehicles Symposium (IV). Baden-Baden, 2011: 163-168.

[70] 王家恩,陈无畏,王檀彬,等. 基于期望横摆角速度的视觉导航智能车辆横向控制[J]. 机械工程学报, 2012, 4: 108-115.

[71] SCHARF L L, HARTHILL W P, MOOSE P H. A comparison of expected flight times for intercept and pure pursuit missiles [J]. Aerospace and Electronic Systems IEEE Transactions on, 1969, 5(4): 672-673.

[72] WALLACE R, STENTZ A, THORPE C, et al. First results in robot road-following[C] // Proceedings of the 9th International Joint Conference on Artificial Intelligence. Los Angeles, California,USA, 1985,2: 1089-1095.

[73] AMIDI O, THORPE C E. Integrated mobile robot control[J]. Proceedings of SPIE-The International Society for Optical Engineering, 1990, 91: 504-523.

[74] COULTER R C. Implementation of the Pure Pursuit Path Tracking Algorithm[R]. Technical Report, Defense Technical Information Center: Fort Belvoir, VA, USA, 1992.

[75] RANKIN A L, CRANE C D. Evaluating a PID, pure pursuit, and weighted steering controller for an autonomous land vehicle[J]. Proceedings of SPIE-The International Society for Optical Engineering, 1998, 3210: 1-12.

[76] JESÚS M, JORGE L M, MARÍA A M, et al. Pure-pursuit reactive path tracking for nonholonomic mobile robots with a 2D laser scanner[J]. EURASIP Journal on Advances in Signal Processing, 2009, 2009: 1-10.

[77] 段建民, 杨晨, 石慧. 基于 Pure Pursuit 算法的智能车路径跟踪[J]. 北京工业大学学报, 2016, 42(9): 1301-1306.

[78] OLLERO A, GARCÍA-CEREZO A, MARTINEZ J L. Fuzzy supervisory path tracking of mobile reports[J]. Control Engineering Practice, 1994, 2(2): 313-319.

[79] WIT J, III C D C, ARMSTRONG D. Autonomous ground vehicle path tracking[J]. Journal of Robotic Systems, 2004, 21(8): 439-449.

[80] THRUN S, MONTEMERLO M, DAHLKAMP H, et al. Stanley: The robot that won the DARPA grand challenge[J]. Journal of Field Robotics, 2006, 23(9): 661-692.

[81] CHI L, MU Y. Learning End-to-End autonomous steering model from spatial and temporal visual cues[C] // The Workshop on Visual Analysis in Smart and Connected Communities. New York: ACM, 2017: 9-16.

[82] ERAQI H M, MOUSTAFA M N, HONER J. End-to-End deep learning for steering autonomous vehicles considering temporal dependencies[C] //31st Conference on Neural Information Processing Systems (NIPS 2017). MLITS WorkshopAt: Long Beach, CA, USA,2017: 1-8.

[83] GIRBÉS V, ARMESTO L, TORNERO J, et al. Continuous-curvature kinematic control for path following problems[C] //2011 IEEE/RSJ International Conference on Intelligent Robots and Systems. San Francisco, CA, 2011: 4335-4340.

[84] GIRBÉS V, ARMESTO L, TORNERO J. Path following hybrid control for vehicle stability applied to industrial forklifts[J]. Robotics and Autonomous Systems, 2014, 62(6): 910-922.

[85] MAMDADI E H. Application of fuzzy algorithm for control of simple dynamic plant[J]. Proceedings of IEEE, 1974: 121.

[86] SUGENO M. Industrial Applications of Fuzzy Control[M]. Amsterdam: Sole Distributors, 1985.

第8章 车路协同智能驾驶

智能车路协同系统（intelligent vehicle infrastructure cooperative systems，IVICS），简称车路协同系统，是智能交通系统的发展方向之一。车路协同是采用先进的无线通信和新一代互联网等技术，全方位实施车车、车路动态实时信息交互，并在全时空动态交通信息采集与融合的基础上开展车辆主动安全控制和道路协同管理，充分实现人车路的有效协同，保证交通安全，提高通行效率，从而形成安全、高效和环保的道路交通系统[1]。智能交通系统是目前世界交通运输领域的前沿，也是未来交通运输系统的重要发展方向[2]。2011年至今，以清华大学为牵头单位的科研团队在国家863计划"智能车路协同关键技术研究"、国家重点研发计划"综合交通运输与智能交通"等的支持下，围绕车路协同关键技术开展了系统性的探索研究，本章总结作者在这方面的研究成果。智能车路协同系统对提升我国道路交通运行效能具有重要的意义，本章聚焦智能路侧系统及路侧系统与智能汽车的协同，不涉及网联车辆协调控制、智能诱导与管理、交通规划等内容。

8.1 车路协同概述

近年来，我国经济飞速发展，人民收入大幅增加，机动车数量与日俱增，随之而来的交通拥堵等问题也越发困扰着人们的出行，大大降低了出行效率。智能交通系统（intelligent traffic system，ITS）作为可以有效缓解上述问题的一个重要手段，近年来受到了各国政府及专家学者的广泛关注。发达国家不仅将其看作是解决交通问题的重要工具，还将其列为解决能源和环境问题的可选项[1]。车路协同系统（VICS）作为智能交通系统的重要子系统，近年来也备受国内外科研人员关注，更是世界交通发达国家的研究、发展与应用热点[3]。车路协同系统是各种功能、技术和信息的集成，完整统一的车路协同体系框架将人车路进行集成和有效协同。根据传感器放置位置的不同，车路协同系统可分为智能路侧系统和智能车辆系统两大子系统[4]。

8.1.1 国外车路协同技术发展

车路协同技术是目前智能交通领域的研究热点之一，对于改善交通安全和提高交通效率具有重要意义[5]。世界各国高度重视车路协同技术的研究与应用，并将其作为解决交通问题和提升交通智能化水平的重要方向，其中美国、欧洲、日本等国家和地区较早开始展开车路协同的研究与实验。

美国于2003年起开始车路协同系统的研究，通过VII及其后续计划IntelliDrive等研究项目从车辆主动安全角度为驾驶员提供辅助或者全自动的控制支持。在底层通信方面，美国早期支持专用矩程通信（dedicated short-range communications，DSRC）标准。目前，美国的车路协同在多个州开展DSRC试点验证，并完成了大量的道路测试。2019

年 12 月，美国联邦通信委员会通过了福特、戴姆勒、大众和英特尔等企业提出的蜂窝车联网（C-V2X）技术行政许可，美国从 DSRC 转向 C-V2X 技术路线。

欧盟早在 2003 年就提出了 eSafety 计划，通过车-车及车-路信息交互的方式优化车载安全风险。2006 年，欧盟开展面向安全和效率的 SAFESPOT、CVIS 项目计划。该项目强调车路协同合作，并展开了车路协同体系框架、车路协同和交通通信等标准化的研究。2011 年，欧盟发布了《欧盟一体化交通白皮书》，将车辆智能、信息化及交通安全作为重点发展方向。2013 年欧盟发布了"地平线 2020 计划"，设立专项经费支持协同式智能交通及汽车自动化、网联化等方面的技术发展和产业应用，在第三期"地平线 2020 计划"（2018—2020 年）中拟与美国、日本、韩国、新加坡和澳大利亚开展国际道路交通自动化合作。2019 年 3 月，欧盟宣布推进在欧洲道路上部署基于 DSRC 直连通信的车路协同技术。

日本在车路协同方面的研发和应用走在前列。日本于 1996 年研发了交通信息通信系统（vehicel information and communication system，VICS），随后 1997 年建立了支持路面信息通信及紧急情况处理的自动高速公路系统（automated highway system,AHS）。10 年后，日本开始实施"Smart Way"项目，将道路与车辆协调成一个整体，打造车路协同感知环境。2013 年，日本启动了名为 SIP（战略性创新创造方案）的项目，它是由日本政府推进的国家级科技创新项目，其中车路协同是它的研究内容之一。目前，该项目设置的推进委员会已经完成了车路协同、车车通信的预演和研究，进入实用化验证阶段。此外，日本从政策与标准多方面支持车路协同相关技术的发展，2017 年 6 月发布的《远程智能驾驶系统道路测试许可处理基准》允许智能驾驶车辆上路测试。2019 年 5 月，日本政府修改了 L3 智能驾驶相关的"道路交通法"和"道路运输车辆法"。

目前在国际上，美国的智能车路系统、日本的 VICS 等系统通过车辆和道路之间建立有效的信息通信，已经实现了智能交通的管理和信息服务[6]，发达国家车路协同系统的体系框架基本建立，并开展了大量的实际道路测试，正处于产业化基本形成和大规模应用阶段。但是，车路协同的通信技术还处于快速发展阶段，欧洲和日本支持 DSRC 通信技术，而美国于 2019 年末从 DSRC 逐步转向 C-V2X，尚未形成统一的发展路线。

8.1.2 国内车路协同技术发展

与国外研究相比，我国车路协同系统的研究起步较晚，但是发展速度快。2011 年，科学技术部在"863"计划中设立智能车路关键技术研究项目，包括清华大学在内的 10 余所高校及单位企业展开相关研究。2014 年 2 月，该课题验收时在河北演示了车车/车路协同避撞、车队协同路口通行等 15 个典型应用场景。目前，我国主要采取政府与企业联合建立智能互联示范区或者试点道路的形式开展车路协同系统的研发，全国有超过 20 个省市开展了相关的应用示范，在信号协调控制、行人预警、公交运营等方面积累了一定的经验。同时，阿里巴巴、百度、腾讯、华为、海信等国内知名科技企业也相继加大车路协同产业的布局，推出车路协同技术解决方案。在 DSRC 和 C-V2X 底层通信技术选择方面，考虑我国在 C-V2X 产业链上的核心技术掌控的优势及 C-V2X 相比 DSRC 本身的技术优势，中国正积极推动 C-V2X 车路协同的发展。

总的来说，车路协同是解决交通问题的关键手段之一，目前我国车路协同技术正处于快速发展之中，在车路协同装备、相关标准和政策支持上占据优势[7]。随着车路协同政策持续落地、车路协同试点推进及科技企业产业布局加快，车路协同技术的普及和产业化有望得到进一步发展。

8.1.3 车路协同智能驾驶系统来临

随着车路协同与车联网、人工智能、高性能计算等新一代信息技术深度融合，车路协同也朝着智能化与网联化发展。目前智能驾驶已经受到世界各国的广泛关注，但是单车智能驾驶技术进入到了发展的瓶颈期，在真实复杂交通环境下难以实现技术飞跃和全面商业化落地，智能道路基础设施和"人-车-路"之间的全域信息交互与协同为智能网联汽车及智能驾驶起到辅助甚至是主导作用。

智能化与网联化是汽车技术发展的重要方向，近年来，我国陆续发布了指导性文件，以推动车路协同与智能驾驶的快速发展。2018 年 10 月，工业和信息化部发布的《车联网（智能网联汽车）直连通信使用 5905—5925 MHz 频段管理规定（暂行）》对智能网联汽车的通信频率做了规定。同年 12 月，工业和信息化部发布的《车联网（智能网联汽车）产业发展行动计划》提出推动车联网产业实现跨越发展，技术创新、标准体系、基础设施、应用服务和安全保障体系全面建立，高级别自动驾驶功能的智能网联汽车和 5G-V2X 逐步实现商业应用，"人-车-路-云"实现高度协同。2019 年 9 月，中共中央、国务院印发了《交通强国建设纲要》，明确将智能网联汽车、智能驾驶、车路协同列入国家的战略发展方向。我国车路协同系统已经完成了小规模的测试和验证，信息通信在国际 5G 标准制定方面取得了一定的成果，智能驾驶、车联网等应用已初具规模。但是，汽车电子产业、信息产业、交通产业与互联网之间的融合还有待深入，车路协同智能驾驶系统仍处于探索阶段[8]。

车路协同智能驾驶系统是指通过先进的车、路感知设备对道路交通环境进行实时高精度感知，按照约定的通信协议和数据交互标准，实现车与车、车与人及车与道路交通设施间不同程度的信息交互和共享，并涵盖不同程度的车辆自动化驾驶阶段，以及考虑车辆与道路供需间不同程度的分配协同优化[9]。车路协同智能驾驶系统的发展与网络互联化、车辆自动化、系统集成化三个因素相关，包括更为广泛的智能网联汽车系统和智能网联道路系统。车路协同智能驾驶交叉融合了人工智能、智能驾驶、信息通信、智能制造等技术，对我国未来智能交通发展具有十分重要的战略意义。

8.2 智能路侧系统

8.2.1 智能路侧系统的发展

城市交通管理和交通控制需要完善的交通信息采集系统，最常见的交通信息采集的手段是在道路的断面上安装交通参数检测器，如相机、红外、微波和地感线圈等。以地感线圈为例，地感线圈就是一个振荡电路，将感应线圈埋置于道路表层下，当有大的金属物（如汽车）经过时，引起地感线圈振荡频率的变化，从而可用来检测车辆的到位和通过。基于地感线圈的路侧系统通过地感线圈来测定车辆的流量、速度、时间占有率和长度等信息，并将信息上传给中央控制系统，通过对收到的信息进行分析，从而对交通状态进行控制和管理。但基于地感线圈的路侧系统存在不足：①安装和维护地感线圈时需要挖开车道，会导致交通受阻；②埋置地感线圈的切缝会使路面软化，导致路面容易受损；③地感线圈易受冰冻、路基下沉、土地盐碱等因素影响，导致测量精度下降；④当车流拥堵、车间距小于 3 m 时，地感线圈的检测精度会大幅度降低，甚至失灵。在道路的断面上安装交通参数检测器的检测方法除各自已有的不足外，最根本的问题是只能实现对交通信息的断面检测，不能覆盖所有路网，无法采集具有全时空特性的动态交通信息，从而限制了智能交通系统强大功能的发挥。

浮动车是指装备有全球定位系统的车辆，其在行驶过程中可定期采集时间、位置、方向和速度等信息。基于浮动车的路侧系统是将运行于交通流中一定比例的浮动车作为信息采集设备，并实时、定期与浮动车交通信息中心交换获取的动态交通信息，从而获得整个城市动态、实时的交通信息。但基于浮动车的路侧系统存在不足：①浮动车受高大建筑、隧道、地下停车场等的屏蔽，会发生交通信息丢失的情况，从而影响 GPS 定位精度；②检测精度不高。

车路协同系统的出现为交通信息采集、交通安全保障、交通协调控制等提供了一种全新的解决思路。智能路侧系统是以道路上设置的各种信息采集设备和通信设备为基础，将人、车、路通过信息技术集成为一个整体，向驾驶员提供实时的道路状况、路面状况、交通堵塞、旅行时间等信息，从而提高交通系统的安全性和通行效率的一个智能交通应用系统。该系统通过人车路的信息集成，来进一步提高各种信息的精度。

8.2.2 智能路侧系统的特点

智能路侧系统除提高出行安全性与通行效率两个显著的优点外，还具有如下 4 个特色功能。

第一，多通道交通（状态）信息采集。实时、准确的交通信息采集是实现车路协同系统主要应用的前提和关键。在车路协同中交通信息采集最关注的是动态交通信息中的交通流信息，如车流量、平均车速、车辆定位、行程时间等。路侧系统通过多种交通信息采集传感器，如感应线圈检测、微波检测、红外线检测、视频检测及基于 GPS 定位等获取多种信息，并对信息进行融合，获取高精度路网实时交通状态信息[4]。

第二，多通道路面状态信息采集。路面状态良好是保证车辆安全运行的基础条件之一，对于路面状态需要采集的信息主要包括道路路面状况（积水、结冰、积雪等）、道路几何状况（车道宽度、曲率、坡度等）及道路异常事件信息（违章车辆、发生会车、碰撞事故、非法占有车道的障碍物）等。由于单一的传感器无法满足多路面状态信息的实时采集，所以路侧系统通过多种传感器的信息融合，如雷达、超声波等，来实现道路路面状态信息的实时采集[4]。

第三，信息融合及突发异常事件快速识别与定位。突发异常事件主要包括违章车辆、发生会车、碰撞事故、非法占有车道的障碍物、车辆逆行、货物抛洒、行人、速度异常等。异常事件往往导致交通事故，严重影响交通效率和人身安全。路侧系统需要实时分析采集到的路面信息和交通状态信息，实时捕获异常信息，并根据异常的不同类型，发出相应的提醒信息，减少事故发生，提高行车安全和效率[4]。

第四，多模无线数据传输。目前网络通信主要包括无线个域网通信（Bluetooth、ZigBee）、无线局域网通信（Wi-Fi）、蜂窝移动通信系统（3G、4G、5G）、IPv6 等，以及专用短程无线通信[4]。在不同的信息交互应用场景下，相应的通信模式也不同，智能路侧系统必须保证高速移动状态下的多信道、高可信、高可靠的车路/车车信息通信。

8.2.3 智能路侧系统的基本原理及设计

智能路侧系统通过集成在智能路侧系统内部的计算机采集并处理路侧传感器获取的数据。智能路侧系统包括：多源信息采集单元、GNSS 定位模块、多源信息传输模块、无线通信模块、信息处理与融合模块、控制中心 6 个模块。多源信息采集单元、GNSS 定位模块、无线通信模块均与多源信息传输模块连接，多源信息传输模块通过无线通信模块将接收到的信息传输至信息处理与融合模块，信息处理和融合模块与控制中心相连，从而获得实时、准确的交通信息和路面状态信息。

1. 多传感器集成智能路侧系统硬件设计

智能路侧系统以工控机（基于 ARM 的嵌入式系统）为控制中心，配以接口板来实现工控机和外围传感器的连接，其硬件框图如图 8.1 所示。红外相机、视频和雷达等传感器检测结果、信号机的信号及其他外围设备输出信号通过接口板和工控机互连，工控机还可以通过千兆网卡和采集卡分别与激光扫描仪、相机及无线通信模块相连接。工控机接收并融合上述传感器所采集的数据，将路面行人、突发事件、交通状态等信息经处理后输出路段内车辆、到路口距离、车辆推荐车速、推荐车道、禁行车道、推荐行驶方向等信息，再通过无线通信模块传输给各智能车辆。智能路侧系统还可以通过无线通信模块与邻近智能路侧系统、控制中心实现信息交互，上传本路段内路面状态和交通状态信息，实现人、车、路的统一协调。

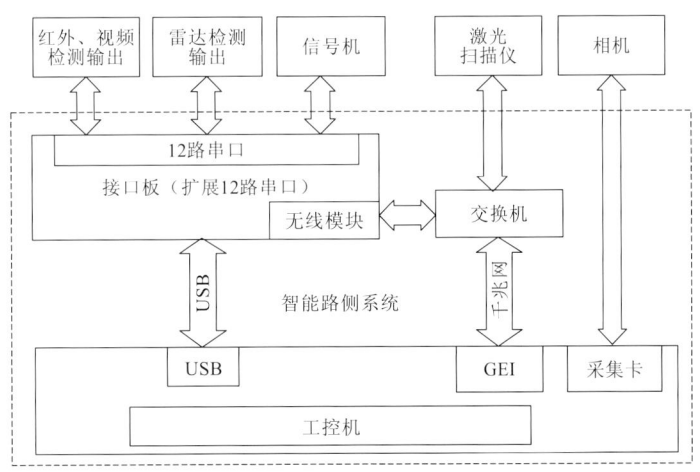

图 8.1 智能路侧系统硬件框图

接口板框图如图 8.2 所示，接口板主要目的是扩展串口，共扩展出 12 路串口，用于外围传感器连接。所有的传感器串口输出信号可以通过两种方式上传给工控机：第一种是直接通过 USB 转串口芯片，将 12 路串口信号转成 USB 信号后通过一路 USB 接口直接上传给工控机；第二种方式是 12 路串口信号先传给两片 8 串口的单片机，再由单片机将传感器信号重新编码后由一路串口或者 USB 口上传给工控机。

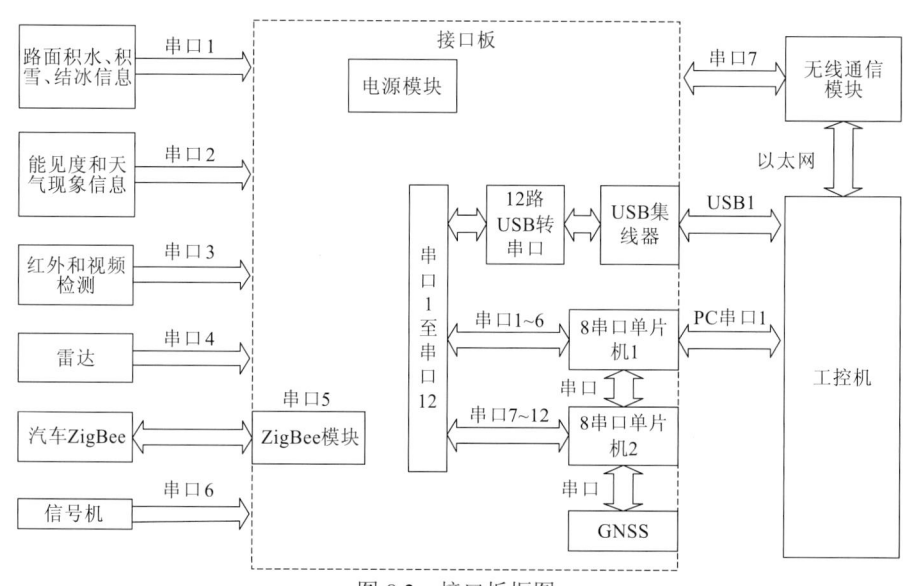

图 8.2 接口板框图

该接口板前面板共有 11 路 RS232 串口，见图 8.3，接口定义：1 脚为+5V，2 脚为串口接收，3 脚为串口发送，4 脚为地线。PCB 板后面板设置有航空插头、DB9 串口接口、USB-B 插头、GPS 天线开槽和无线模块开槽，航空插头中的 1 脚为+12V/24V 的电源输入，2 脚接地，USB-B 插头为+5V 电源输入，其中 2 脚为 USB 的 DM 信号，3 脚为 USB 的 DP 信号，4 脚接地，见图 8.4。

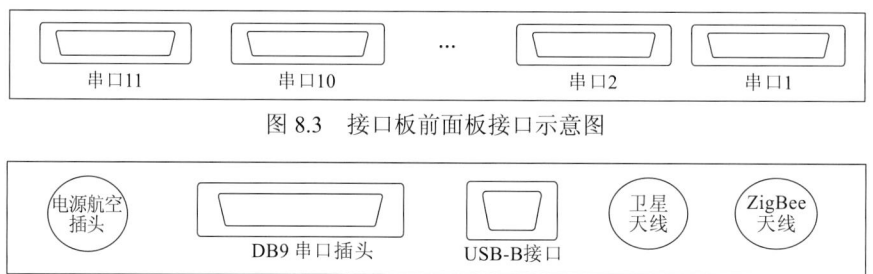

图 8.3 接口板前面板接口示意图

图 8.4 接口板后面板接口示意图

2. 智能路侧系统数据采集单元设计

多源数据采集单元采用多种传感器全面采集交通状态和路面状态信息，由于各传感器的地理位置是固定的，所以各传感器所采集的数据包含传感器的地理位置信息。路侧单元集成的主要传感器单元包括信号机、雷达传感器、视频传感器和 GNSS 定位模块，以及通信模块。

多源信息采集单元中的各传感器按照各自的周期进行数据采集，所采集数据的频率不同，时间精度也各不相同，要想将每个传感器的测量数据传输至信息处理与融合模块和控制中心进行处理，必然涉及时空基准（时间基准和空间基准）的问题。将同一时刻的各传感器采集的数据关联起来，需要统一的时间坐标。将所采集的数据集成在统一时间坐标轴上，高精度时间同步控制器成为技术的关键。

1）同步控制器

高精度时间同步控制器的基本原理：将 GNSS 输出的时间信号和脉冲秒（puse per second，PPS）信号引入时间同步控制装置，对时间同步控制装置的内部时钟进行对时。对于空间基准，需首先建立一系统坐标系，如 WGS-84 坐标系统，其起点为惯性导航系统的零点，尽可能地通过陀螺轴，将每种传感器的零点如 GNSS 接收机的相位中心、激光雷达的零标志点均归算到该系统坐标系中。路侧单元采用信息同步控制模块来建立统一的时间和空间坐标，相关原理在第 2 章中已经做过具体而详细的描述。

2）信号机

信号机的主要作用是获取交叉路口红绿灯的相位信息（相位信息包括信号机编号、颜色编号、交通灯红灯读秒数、交通灯的位置、指示车道等）和剩余时间，并根据实际交通状况调整红绿灯的状态。工控机通过信号机接口板预留的串口与之相连，实现对信号机信息的交互和控制。

3）红外及视频检测

视频传感器可采用模拟相机或数字相机。通过红外相机和视频手段检测路面行人和突发事件等信息，将检测到的结果通过串口按一定的频率输出，并通过接口板的串口和工控机相连。工控机可以接收红外和视频的输出，也可以主动查询所需要的信息。

4）雷达传感器

视频传感器在图像处理方面比激光传感器更为直观，但是激光传感器在障碍物探测上更具有优势，同时激光传感器和视频传感器可以相互补充，对交通和路面信息进行更全面的采集。激光传感器可为激光扫描仪或雷达中的一种或两种，为了提高信息采集的准确性，可同时采用激光扫描仪和雷达。雷达传感器的作用方式与红外及视频的作用方式一致，首先通过雷达检测路面行人和突发事件等信息，并将检测到的结果通过串口按一定的频率输出，再通过接口板的串口和工控机相连。工控机可以接收雷达的输出，也可以主动查询所需要的信息。

激光雷达传感器和视频传感器用来采集车辆行人信息、交通信息、交通事件信息、路面环境监测信息等。车辆行人信息包括车辆行人的位置、速度和车流量等；交通信息包括道路通行能力、道路占有率、道路车流量、车辆排队等待时间等；交通事件信息包括交通事件警报等级、交通事件类别、事故车辆车牌号、事件发生的时间和地点等；路面环境监测信息包括能见度、温度、湿度、路面状态、湿滑系数、水膜厚度、冰层厚度、雪的厚度等。

5）GNSS 定位模块

GNSS 定位模块用来对多源信息采集单元采集到的信息进行授时。GNSS 定位模块不仅仅获取位置数据，还获取时间、高程信息等，以 GNSS 定位模块获取的时间为标准，为多种传感器采集的多源信息进行授时。此外，GNSS 定位模块用于车路协同系统时，还用来接收智能车载单元的定位信息。上述多源信息传输模块接收的信息包括多源信息采集单元和 GNSS 定位模块采集到的所有信息。

GNSS 定位模块获取的时间信息和多源信息采集单元采集的信息在多源信息传输模块中集合，此时，GNSS 定位模块对多种传感器采集的信息进行授时。多源信息传输模块通过无线通信模块将集合后的授时交通状态和路面状态信息传输至信息处理与融合模块。

6）无线通信模块

无线通信模块是智能路侧系统的神经网络，在整个系统中有着举足轻重的作用。汽车上的车载设备通过控制器局域网络（controller area network，CAN）总线获取汽车车身的状态信息，包括速度、加速度、航向等，再通过通信模块输出，智能路侧系统接收到该信号后，将其转换成串口信号上传给工控机。路侧系统中，通过通信模块可接收并解析其他无线通信模块发出的信息，也可以根据需要，通过该模块发出相关的信息。另外，工控机还可以通过以太网接口或串口和通信模块进行信息交互。

无线通信模块可为专用短程无线通信模块、无线局域网通信模块或 4G\5G 通信模块。无线通信模块同时采用短程无线通信模块、无线局域网通信模块和 4G\5G 通信模块，可支持多模通信方式，支持 DSRC 短距离、低功耗的无线通信技术（ZigBee）和移动通信。

7）控制中心

控制中心建有路网基础信息数据库，存储有静态的地理信息，该路网基础信息数据库是将接收信息进行空间融合的前提和依据，信息处理与融合模块根据接收信息所包含的地理信息，将接收信息与路网基础信息数据库中的地理信息进行匹配，并基于信息所包含的时间和地理位置对接收信息进行融合，从而得到准确的实时的全时空动态交通信息。信息处理和融合单元是本发明的核心，其对接收到的信息进行处理、融合，从而实现多源交通数据与路网数据的时空一体化模型管理。控制中心和信息处理与融合模块利用一台基于高级精简指令计算机机器的嵌入式系统的电脑。控制中心还能以周期性、可触发式、应答式这三种通信方式实现与智能车载单元、其他路侧系统交互信息，也可以对本系统中的其他模块或单元发送控制指令。动态交通信息还可以包括天气信息，天气信息可以通过设置相应的环境传感器实时获取，也可以利用控制中心通过互联网获取。

3. 数据流及数据格式设计

路侧系统中主要涉及以下数据流的交互，如表 8.1 所示。信号机主要输入红绿灯等交通信号信息，并根据实际路口的交通状况，输出建议更改的红绿灯信息。雷达及视频传感器主要输入路面行人信息、路面状况信息，可以设置定时上传或临时查询方式。车载单元则主要输入车辆自身的信息，包括车速、车道、到达的目的地等；输出行使引导信息，如紧急刹车、跟随、转弯等。除此之外，通信模块主要负责输入附近路面车辆行人、路面状况等信息，输出本地车辆行人信息、路面状况信息；控制中心则主要负责输入和输出气象、地理及决策等信息。

表 8.1 中的数字代表数据编号，其所代表的数据流向及详细信息也在表 8.1 中列出。

表 8.1 路侧系统数据流向

编号	流向	性质	详细说明
①	信号机→无线通信模块	输入	发送红绿灯信息
②	无线通信模块→信号机	输出	发出信号机控制命令
③	激光传感器→无线通信模块	输入	发送路面、交通、天气信息
④	视频传感器→无线通信模块	输入	发送路面、交通、天气信息
⑤	车载单元→无线通信模块	输入	发送自身车辆信息
⑥	无线通信模块→车载单元	输出	发出规划、决策、建议信息
⑦	无线通信模块→信息处理与融合模块	输入	发送融合信息
⑧	信息处理与融合模块→无线通信模块	输出	发出执行、规划、决策信息
⑨	信息处理与融合模块→控制中心	输入	发送部分融合、决策信息
⑩	控制中心→信息处理与融合模块	输出	发出气象、基础地理信息

由上可见，智能路侧系统需要同时输入和输出多种传感器的不同种类信息，但软件系统的固定性则要求输入和输出的信息具有确定的格式，因此针对以上问题，设计出如表 8.2 所示的基本数据帧格式，将上述所有信息都按照此统一的格式进行传输。

表 8.2 基本数据帧传输格式

类型标记	数据帧		时间					地点			结束标志
	版本号	内容									
1~9	2		年	月	日	时	分	纬度	经度	高程	
2 字节	2 字节		2 字节	2 字节	2 字节	2 字节	2 字节	4 字节	4 字节	4 字节	
说明本结构的类型	当前结构版本信息	数据帧传输的内容	当前信息时间					当前信息位置			

所有的传输信息主要分为交通标志信息、气象状况及交通情况和交通事件四大主要特色信息。以下就详细给出主要传输信息的信号协议。

首先，交通标志信息主要有交通灯和交通标志牌两大类，该结构的类型标记都为 2。交通灯的存储格式如下：

```
DF_TrafficLight
{   int ID_ TrafficLight;
    int LightNum; //信号机编号
    int color; //颜色编号 1 红；2 绿；3 黄
    int lefttime;
    double position;//交通灯的位置
}
```

交通灯通信帧内容及格式如表 8.3 所示。

表 8.3 交通灯通信帧内容及格式

类型标记	数据帧			时间	地点	结束标志
	版本号	内容				
1	同上	灯号	颜色	剩余时间	——	同上
2字节		2字节	2字节	2字节		
交通灯的结构类型		信号机编号	颜色编号	剩余时间		信号机的位置

交通标志牌的存储格式如下：
DF_TrafficSign
{　int ID_TrafficSign;
int signID; //标志牌编号
double position; //DF_Position
}
交通标志牌通信帧内容及格式如表 8.4 所示。

表 8.4 交通标志牌通信帧内容及格式

类型标记	数据帧		时间	地点	结束标志
	版本信息	内容			
2	同上	信号编号	——	同上	
2字节		2字节			
交通标志结构类型		交通标志牌编号		交通标志位置	

其次，气象状况主要包含天气信息及路面湿滑程度两方面数据，此结构类型标志都为3，其具体存储格式及通信帧内容如下。

天气信息存储格式如下：
DF_Environment
{　int ID_Environment;
int ID_Infer; // 指明类型 Rain, Snow or Fog 等天气
int level; //表明程度 none, light, moderate or heavy
wind_direction //风向
{
int E;
int W;
int N;

```
int S;
};
Sun;//光线
{
    int ID;
    (0...1000) -瓦特/m2
};
….
}
```

路面湿滑程度（量化）信息存储格式如下：

```
DF_Slipperylevel
{    int ID;
     1, -- {B00000001}
     2, -- {B00000010}
     …
}
```

气象状况通信帧内容及格式如表8.5所示。

表8.5 气象状况通信帧内容及格式

类型标记	数据帧						时间	地点	结束标志
	版本信息	内容							
3	同上	编号推断	等级	风向	光线	湿滑程度	同上	同上	
2字节		2字节	2字节	2字节	2字节	2字节			
道路自然环境标记		表明类型	表明程度	风向	光线	湿滑程度			

然后，交通情况信息主要分为行人和车辆检测、交通信息两方面，此结构类型标志都为4。行人和车辆检测存储格式如下：

```
DF_Predestrian_ Vehicle
{   int ID;
int ID_INFER; // 指明类型 Predestrian or Vehicle
int deviceNum;
int number;//检测对象的总数
float velocity;//
float acceleratedspeed;
}
```

行人和车辆检测通信帧内容及格式如表8.6所示。

表8.6 行人和车辆检测通信帧内容及格式

类型标记	数据帧						时间	地点	结束标志
	版本信息	内容							
4	同上	编号推断	设备编号	数量	速度	加速度	同上	同上	
2字节		2字节	2字节	2字节	4字节	4字节			
检测（行人车辆）		检测对象	采集设备	对象数量	对象速度	采集对象加速度			

交通信息存储格式如下：

```
DF_TrafficInfo
{   int ID_TrafficInfo;
    int ID_ Infer;//表示信息类型、路口数据和路段数据
    long int capacity;
    double occupancy;
    double flow;
    int deviceNum;//信息采集设备
    float queuing;
    int abnormality;//车辆异常行为（编号）
    int warning;//事故预警（编号）
……
}
```

交通信息通信帧的具体内容如表8.7所示。

表8.7 交通信息通信帧内容及格式

类型标记	数据帧									时间	地点	结束标志
	版本信息	内容										
4	同上	编号推断	能力	占有率	流量	设备号	等待	异常	预警	同上	同上	
2字节		1字节	4字节	8字节	8字节	2字节	8字节	2字节	2字节			
交通信息结构类型		表明信息类型、路口和路段	通行能力	道路占有率	道路车流量	信息采集设备	等待时间	车辆异常行为	交通事故预警			

最后，也是最有意义的，就是对交通事件的记录。交通事件和人们的生命财产安全最为直接相关，因此更应重视并加强信息的及时通报。交通事件存储格式如下，此结构类型标志为5。

```
DF_TrafficIncident
{   int ID_ TrafficIncident;
int AlarmClass；//交通事件警报级别
    float classification;//XXXX（国标四位分类代码，前两位01-09，后两位00-255）
```

```
    char VehicleID;    //（鄂A88888）
    int time;
    float position;
}
```

交通事件通信帧内容及格式如表8.8所示。

表8.8 交通事件通信帧内容及格式

类型标记	数据帧					时间	地点	结束标志
	版本信息	内容						
5	同上	警报等级	分类		车辆编号		同上	同上
			XX	XX	A	8888		
2字节		2字节	1字节	1字节	2字节	2		
交通事件结构类型		警报级别	交通事件分类代码	交通事件分类代码顺序码	车牌号前一位	车牌后四位	事件发生时间	事件发生地点

4. 数据融合处理

信息处理与融合模块的子模块，对接收到的数据进行如下具体处理。

（1）通过控制时空基准电路、主动同步控制电路和被动同步控制电路对接收到的多源交通数据增加时空标签，所采集到的多源交通数据包括交通状态和路面状态信息，并按照事先规定的协议将采集到的数据转化为统一格式。

下面以交通状态信息为例来说明如何采用事先规定的协议统一交通状态信息数据的格式。将交通状态信息分为交通事件信息、车辆行人检测信息和交通流信息，规定本协议中所使用的数据类型：数值型 N 和字符型 C。数值型 N 用 N(A)表示整数，A 表示数值的最大宽度；用 N(A,B)表示小数，A 表示数值的最大宽度，B 表示小数点后的位数。字符型 C 用 C(A)表示，其中 A 表示字符的最大宽度。

a. 交通事件信息。

根据传感器传来的交通事件信息，采用 N(2)类型数据来表示交通事件类别，交通事件类别可根据交通信息服务标准来定，采用不同的数值来表示不同的类别；采用 N(2)类型数据来表示交通事件警报级别，不同的交通事件类别来定不同的警报级别，采用不同的数值表示不同的类别；采用 C(9)类型数据来表示车牌号，C(9)包括以下内容：一代表省份简称的汉字、一代表城市代码的字母、五位编号(可以是全数字，也可以是数字和字母的混合)；采用 N 类型数据表示事件发生时间，该事件发生时间即为信息采集时间，所获取的时间精确到毫秒，分别采用 N(2)类型数据表示小时、分、秒和毫秒；采用 N(2)类型数据来表示事件发生的地点，不同路段的传感器均设定了不同的 ID，所以，该事件发生的地点采用传感器的 ID 号表示。

b. 车辆行人检测信息。

采用 N(2)类型数据表示检测对象类型，1 为行人，2 为车辆，3 为其他。

采用 N(10)类型数据表示采集该信息的传感器 ID 号。

分别采用两个 N(4)类型数据表示探测对象位置，其中一个 N(4)类型数据为探测对象所处的经度，另一个 N(4)类型数据为探测对象所处的纬度。

分别采用两个 N(2)类型数据表示检测对象的速度和加速度。

c. 交通流信息。

采用 N(10)类型数据表示采集该信息的传感器 ID 号。

采用 N(4.2)类型数据表示道路占有率。

采用 N(4.2)类型数据表示道路车流量。

采用 N(2)类型数据表示检测车辆数目。

（2）对格式统一的多源交通数据进行时空匹配，即将多源交通数据统一在同一时间和空间坐标上。

（3）采用最小二乘原理对经时空匹配后的多源交通数据进行融合。

下面对采用最小二乘原理对经时空匹配后的多源交通数据进行融合的过程进行详细说明。

本过程将所有待检测的交通参数作为未知数，将各传感器所采集的数据作为观测值。假设所有待检测的交通参数为 $\beta_0, \beta_1, \cdots, \beta_m$，观测值为 $y_1, y_2, \cdots, y_n$，建立多元线性回归模型：

$$\begin{cases} y_1 = \beta_0 + \beta_1 x_{11} + \beta_2 x_{12} + \cdots + \beta_m x_{1m} + \varepsilon_1 \\ y_2 = \beta_0 + \beta_1 x_{21} + \beta_2 x_{22} + \cdots + \beta_m x_{2m} + \varepsilon_2 \\ \vdots \\ y_n = \beta_0 + \beta_1 x_{n1} + \beta_2 x_{n2} + \cdots + \beta_m x_{nm} + \varepsilon_n \end{cases} \quad (8.1)$$

式中：x_{ij} 为可测量并可控制的非随机变量，为经验值；ε_i 为随机误差，且 $E(\varepsilon_i) = 0$，$D(\varepsilon_i) = \sigma^2$，$E(\varepsilon_i)$ 表示 ε_i 的期望值，$D(\varepsilon_i)$ 表示 ε_i 的方差，$i = 1, 2, \cdots, n, j = 1, 2, \cdots, m$。

若记

$$\underset{n,1}{\boldsymbol{Y}} = \begin{bmatrix} y_1 \\ y_2 \\ \vdots \\ y_n \end{bmatrix}, \quad \underset{m+1,1}{\boldsymbol{\beta}} = \begin{bmatrix} \beta_0 \\ \beta_1 \\ \beta_2 \\ \vdots \\ \beta_m \end{bmatrix}, \quad \underset{n,m+1}{\boldsymbol{X}} = \begin{bmatrix} 1 & x_{11} & x_{12} & \cdots & x_{1m} \\ 1 & x_{21} & x_{22} & \cdots & x_{2m} \\ \vdots & \vdots & \vdots & & \vdots \\ 1 & x_{n1} & x_{n2} & \cdots & x_{nm} \end{bmatrix}, \quad \underset{n,1}{\boldsymbol{\varepsilon}} = \begin{bmatrix} \varepsilon_1 \\ \varepsilon_2 \\ \vdots \\ \varepsilon_n \end{bmatrix}$$

则有

$$\boldsymbol{Y} = \boldsymbol{X}\boldsymbol{\beta} + \boldsymbol{\varepsilon} \quad (8.2)$$

由式（8.1）求得 $m+1$ 个未知的回归参数 $\beta_0, \beta_1, \cdots, \beta_m$ 的最小二乘 $\hat{\beta}_0, \hat{\beta}_1, \cdots, \hat{\beta}_m$ 估值，所得估值即可当成待测值 $\beta_0, \beta_1, \cdots, \beta_m$。

采用下述方法判断所得估值的精确度：

将最小二乘 $\hat{\beta}_0, \hat{\beta}_1, \cdots, \hat{\beta}_m$ 估值组成如下误差方程：

$$\boldsymbol{V} = \boldsymbol{X}\hat{\boldsymbol{\beta}} - \boldsymbol{Y} \quad (8.3)$$

其中，

$$\hat{\boldsymbol{\beta}} = \begin{bmatrix} \hat{\beta}_0 \\ \hat{\beta}_1 \\ \vdots \\ \hat{\beta}_m \end{bmatrix}$$

在最小二乘估计 $\boldsymbol{V}^T\boldsymbol{V}=\min$ 的准则下，得法方程为

$$\boldsymbol{X}^T\boldsymbol{X}\hat{\boldsymbol{\beta}} = \boldsymbol{X}^T\boldsymbol{Y} \tag{8.4}$$

通过式（8.4）可解得 $\hat{\boldsymbol{\beta}}=(\boldsymbol{X}^T\boldsymbol{X})^{-1}\boldsymbol{X}^T\boldsymbol{Y}$。

根据 $\hat{\boldsymbol{\beta}}$ 建立多元线性回归方程及残差 $\boldsymbol{V}$：

$$\hat{\boldsymbol{Y}} = \hat{\beta}_0 + \hat{\beta}_1 x_1 + \hat{\beta}_2 x_2 + \cdots + \hat{\beta}_m x_m = \boldsymbol{X}\hat{\boldsymbol{\beta}} \tag{8.5}$$

$$\boldsymbol{V} = \hat{\boldsymbol{Y}} - \boldsymbol{Y} \tag{8.6}$$

采用 $\hat{\boldsymbol{\beta}}$ 的协因数 $\boldsymbol{Q}_{\hat{\beta}\hat{\beta}}$ 和方差 $D(\hat{\boldsymbol{\beta}})$ 来评定 $\hat{\boldsymbol{\beta}}$ 估值的精度：

$$\boldsymbol{Q}_{\hat{\beta}\hat{\beta}} = (\boldsymbol{X}^T\boldsymbol{X})^{-1} \tag{8.7}$$

$$D(\hat{\boldsymbol{\beta}}) = \sigma^2 \boldsymbol{Q}_{\hat{\beta}\hat{\beta}} \tag{8.8}$$

采用观测值 $\boldsymbol{Y}$ 的方差估值 $\hat{\sigma}^2$ 来评定观测值 $\boldsymbol{Y}$ 的精度：

$$\hat{\sigma}^2 = \frac{\boldsymbol{V}^T\boldsymbol{V}}{n-(m+1)} \tag{8.9}$$

（4）将融合数据进行地图匹配，即得到融合数据发生的实际位置。

8.3 智能网联汽车

8.3.1 智能网联汽车的系统框架

智能网联汽车是网联汽车和智能驾驶的结合，智能网联汽车根据环境感知和通信交互的结果实现多车辆有序安全行驶。智能网联系统从框架上可以分为环境感知层、智能决策层及控制和执行层[10]，其中，环境感知层包括相机、激光雷达等传感器感知，高精度地图，高精度定位及通信等内容。

8.3.2 智能网联汽车的安全防护设计

当前，车联网技术、智能驾驶技术等新一代信息和通信技术在汽车电子领域应用广泛，我国智能网联汽车领域正加速发展。智能网联汽车融合了车联网技术，在车路协同环境下实现了车与车、车与路、车与人、车与服务平台的全域网络交互，可以有效提升汽车和交通的智能化水平。但是，网联环境下的信息共享为智能网联汽车增加了安全威胁，例如，智能网联汽车的传感器终端、车载智能终端、云端服务、移动终端等都可能带来安全风险。仅仅依赖单点防护难以彻底解决智能网联汽车的网络安全问题，需要结合不同的安全防护技术，全面考虑每个层面的安全威胁，打造闭环安全防护生态体系，为新一代智能网联汽车提供有效安全可靠的防护。

具体来说，智能网联汽车的安全防护框架如图 8.5 所示。

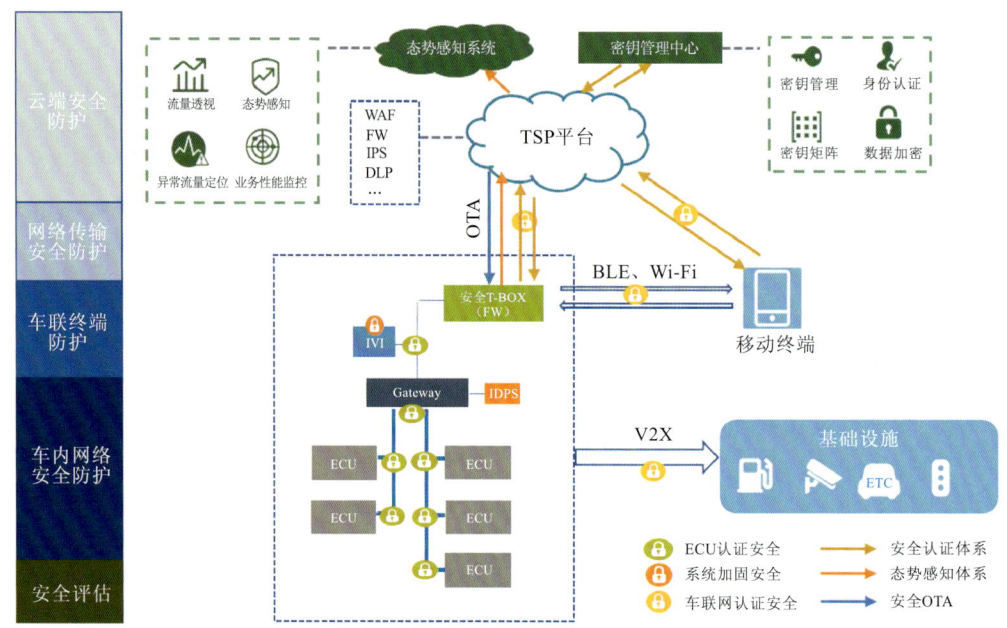

图 8.5　智能网联汽车的安全防护框架

1）基于组合公钥/公钥基础设施的整车安全认证体系

将传统的公钥基础设施认证体系与物联网安全有效地结合到一起，应用到车联网安全之中，能够有效地对终端、车、云完成一个安全的身份认证。采用专门的密钥系统对密钥的生产、保护、存储、吊销进行安全管理，支持使用国密算法加密传输数据。

2）车联网边界安全防护

将安全功能集成到安全智能网关中，提供车内网和车外网的边界安全防护。采用关键技术包括：精细化访问控制，对协议层和数据层进行分析和过滤，采用黑白名单机制，对数据来源和访问权限进行预置规则控制，结合检测等手段，动态更新访问控制规则。

3）车载入侵防御技术

深入分析车联网环境下的攻击行为，开发规则库，集成车载系统的常见漏洞及异常攻击行为的识别规则，对车载网络环境下的异常攻击行为进行检测、阻断。

4）车联网安全态势感知技术

将车辆信息安全传输到大数据平台，提供对流量的全方位透视，具备对异常流量的定位、跟踪、溯源的手段；提供高性能的网络数据存储回溯分析，具备端到端的全流量行为、性能的可视化分析能力；全方位感知网络运行态势，实时掌握网络的流量、性能、安全、业务的全局状况；提供异常流量定位与安全事件检测和精细的流量关联分析；量化评估业务系统的性能状况。

5）云端服务安全防护

通过部署网络应用防火墙、数据防泄漏等完善的体系化网络安全防护方案，保护云端服务平台的通信安全、数据存储安全、系统自身安全。

6）车辆安全 OTA 技术

依赖完善的身份认证体系、数据加密和完整性校验技术，保障汽车远程服务提供商服务平台、用户移动终端与网关之间远程升级的安全可信。

7）车载智能系统安全加固技术

通过安装终端安全软件等方式，保护系统的安全，保护 APP 可信执行。

8）安全风险评估服务

提供可定制化的渗透测试服务，根据客户需求调整渗透的重点方向与测试方式。结合这种安全风险评估服务，提前发现、修补安全漏洞，提高车辆出厂前的安全系数。

8.4 基于 5G 的车路协同智能驾驶系统

8.4.1 基于 5G 的车路协同智能驾驶系统关键子系统

汽车行业正朝着网联化和自动化发展，智能驾驶的数据传输量大，低时延、高传输速率及可控的通信网络是实现智能驾驶的重要条件。5G 具有低时延、大带宽、高可靠性、多并发数的特点，基于 5G 的车路协同智能驾驶系统可以实现高精度和低成本超视距的感知，能有效提升车辆的安全性，对智能交通系统的构建具有重要意义[11]。目前，我国的 5G 技术全球领先，技术创新持续蓬勃发展，因此，基于 5G 的车路协同智能驾驶系统逐渐成为国内车路协同的热门示范应用[12]。

基于 5G 的车路协同智能驾驶系统包括智能网联汽车、智能路侧系统、承担区域五维时空信息融合、区域交通诱导与管理功能的智能驾驶分级决策子平台、承担综合交通信息服务、应用展示和高精度地图服务功能的 5G 智慧交通管理系统及智能通信系统 5 个关键部分，如图 8.6 所示。在系统集成化不同阶段，关键模块的参与程度不同。

具体来说，智能驾驶分级决策子平台（图 8.7）平台端通过融合来源于车辆端的激光/视觉感知结果、位置与姿态、车辆状态和来源于路侧端的激光/视觉感知结果、位置、红绿灯与智能标志牌状态的数据，提供构建时间、空间三维和交通环境维度的对应覆盖范围的区域五维时空信息服务。

5G 智慧交通管理系统从技术实现和提供服务的角度可将总体框架划分为 4 个层次和两个体系。其中，4 个层次分别是数据接入层、系统层、服务层、应用层，两个体系分别是安全保障体系和标准规范体系。具体框架如图 8.8 所示。

具体来说，应用层实现 5G 智慧交通的应用操作和表达，直接面向不同层次的用户，可视化程度高。各子系统的功能既相对独立又彼此通过数据的空间属性和属性代码关联起来。同时，通过服务层的下层功能组件重组，可建立各子系统的连接和功能调用，实现子系统间的信息交互和共享。服务层是各子系统功能逻辑组件的集合。功能扩充性较好，有利于系统的开发和维护。系统设计上采用了多级对象式体系结构完成管理查询工

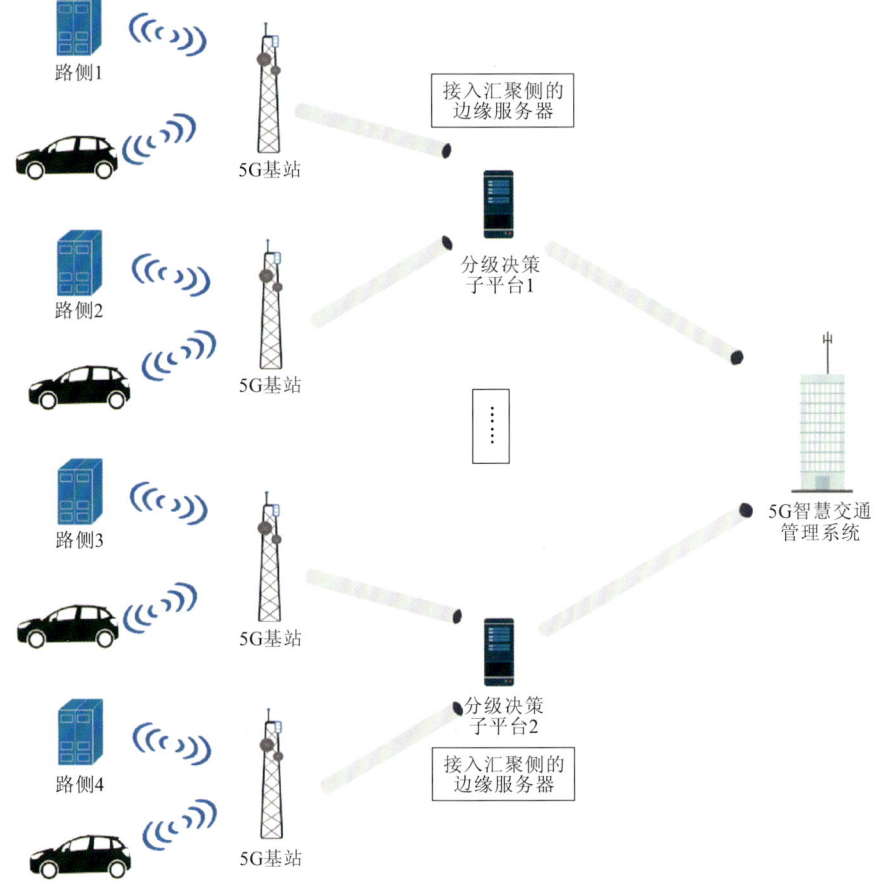

图 8.6 基于 5G 的车路协同智能驾驶系统的网络拓扑图

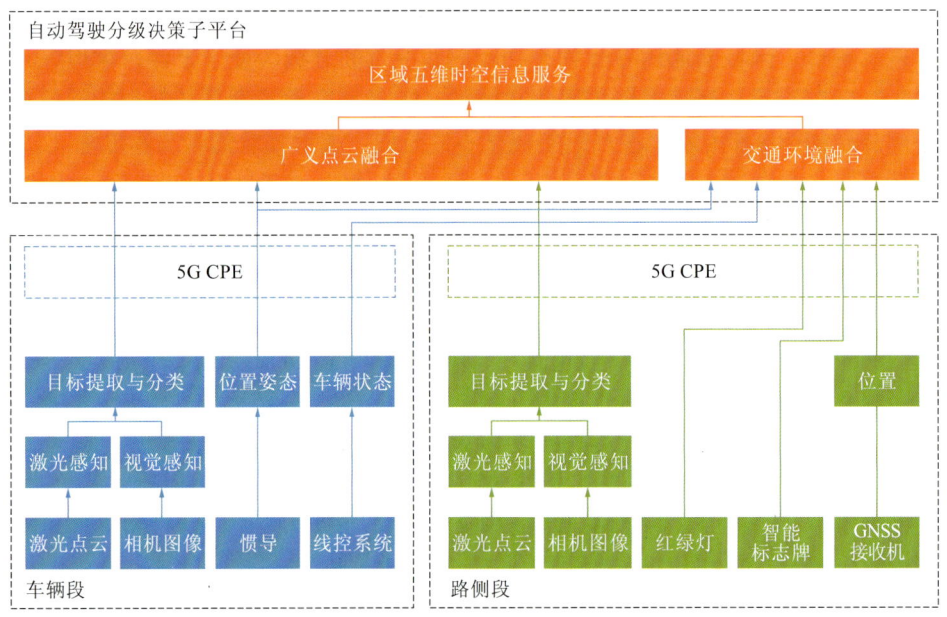

图 8.7 智能驾驶分级决策子平台

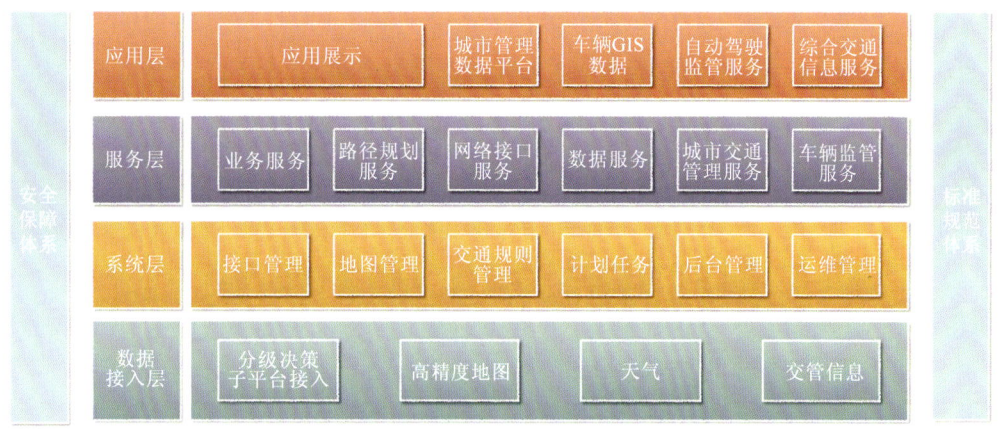

图 8.8　5G 智慧交通管理系统框架

作。用于 Web 发布的相关数据采用 Web 服务技术统一封装，GIS/高精度地图功能利用组件时技术实现功能的分解，将不同的功能封装为不同的组件，方便功能的扩展和修改，便于实现系统的集成。系统层由综合数据库（包括地图空间属性数据库、区域五维时空数据库）和其他相关信息数据库等构成。该层与信息采集和信息接收处理子系统紧密联系，支持、实现系统各种既定功能对数据的需求。数据接入层支持分级决策子平台、高精度地图、天气和交管信息的数据接入。采取的方法是对于其主要功能，形成抽象逻辑模块，对不同的设备通过适配的方式形成统一的接口。安全保障体系是保障系统应用的基础，包括物理安全、网络安全、信息安全及安全管理等。标准规范体系是支撑系统建设和运行的基础，是实现应用协同和信息共享的需要，是节省项目建设成本、提高项目建设效率的需要，是系统不断扩充、持续改进和版本升级的需要。

8.4.2　车路协同系统测试与验证

在公共道路上部署车路协同系统之前，需要在真实可控的环境中进行可重复的不同层次的大量测试试验。为了促进车路协同技术的发展，世界上很多国家纷纷投入车路协同系统相关的测试验证，围绕先进辅助驾驶、智能驾驶、智能网联车辆、车联网通信终端及路侧终端等内容展开测试和验证。美国、欧洲、日本等发达国家和地区也积极展开建设测试场的工作。2014 年，美国加利福尼亚州的示范区 Gomentum Station 和 Castle 及瑞典的 AstaZero 示范区投入使用。GoMentum Station 占地 2 100 acre（英亩，1 acre = 0.404 856 hm^2），设有立交桥、隧道、铁路等城市基础设施和大楼等建筑物。Castle 的封闭试验场内部有街道、公路及其支路，以及模拟的交通信号灯和交通环岛等。瑞典 AstaZero 测试场具有拥挤的城市道路、高速公路、环岛及交叉口等。2015 年 7 月，密歇根大学交通改造研究中心建立了占地 32 acre 的 Mcity 示范区，示范区内设有城市路况、乡村路况、高速路况、环岛路况、横穿铁路路况等，包括柏油路、土路、砖路、输液覆盖路面等多种类型的路面。2017 年，密歇根州又建立了占地 335 英亩 Willow Run 示范区，涵盖高速路及各种复杂的十字路口、三层立交桥及越野路面、坑洞等多种环境。日本于 2016 年开始在茨城县建设示范场，支持恶劣环境下的测试，如恶劣天气条件、恶劣光线环境等。

我国相关部委、省市人民政府的相关部门也在积极推动车路协同测试基地的建设，主要采用政府联合汽车生产企业、科研机构、科技公司建立示范区或者封闭的测试场的形式。2016年，我国建立了第一个与车路协同和智能驾驶相关的示范区上海智能网联示范区封闭测试区"A NICE CITY"。2018年，交通运输部发布了《封闭测试场地建设技术指南》，规定了我国与车路协同相关的智能驾驶封闭测试场的场地、通信、供电及其他基本要求，支持车路协同等相关测试的开展和封闭测试场地建设。目前，全国有超过20个省区市出台了车路协同或者智能网联汽车测试管理规范或实施细则，并且有20余个省市地区建设了智能网联汽车测试示范区[13]，包括北京、保定、上海、重庆、深圳、长春、长沙、广州、天津等，如上海国家智能网联汽车示范区、辽宁盘锦北汽无人驾驶体验项目、京冀国家智能汽车与智慧交通示范区海淀基地、浙江5G车联网应用示范区、重庆智能汽车与智慧交通应用示范区、武汉智能网联汽车示范区、长沙智能网联汽车测试区、吉林智能汽车与智慧交通应用示范基地、深圳无人驾驶示范区、常熟中国智能车综合技术研发与测试中心等。目前，北京、上海、重庆等地的智能网联汽车测试示范区及封闭测试场地已投入使用。

国内外的智能网联汽车与车路协同系统测试场或者示范区的主要功能相似，大多分成高速公路、城市道路、乡村道路等多种道路环境和功能区域，路段、交叉口、高架、隧道等多种场景，可支持多种天气环境。但是，部分测试区因其特殊的地理环境或功能侧重点不一样有所区别。例如，重庆示范区具有明显的山城交通环境特征。总的来说，国内的车路协同系统测试尚处于初步的发展过程中，在共享共性的测试数据和测试技术、测试安全保障问题、测试的费用等方面还有很多工作要做。

8.5 车路协同系统面临的挑战

车路协同系统通过智能驾驶和智能交通环境的有机结合及相互协同全面构筑"人-车-路"全域数据感知的智能交通系统，在变革智能交通系统的同时面临着发展与应用方面的挑战。

首先，车路协同系统是交通、智能驾驶、互联网、通信、人工智能及智能制造等多领域深度融合的产物，不仅涉及云计算、大数据、通信、AI智能的深度学习，高精度地图的发展等技术的发展，也离不开5G通信设备、专用芯片、路侧传感器等硬件的支持。此外，车路协同系统的实施还需要道路基础设施等政府部门的深度参与。因此，车路协同系统涉及跨界的长产业链，有待在多方面形成突破。

其次，车路协同系统旨在通过计算机技术、通信技术和智能控制技术保障交通安全，车与车、车与人、车与路的互连互通和数据共享是车路协同系统实现的基础，车路协同系统应用常常通过泛在信息服务实现交通信息共享。因此，信息安全是车路协同系统面临的又一挑战。现有车路协同系统信息安全的方法和技术大多针对网络环境下的数据传输与处理，如数据存储加密、传输认证等。但是，车路协同系统是信息系统与物理系统紧密联系的系统，在传统安全问题的基础上引入了更多物理系统的因素，因此，有必要研究车路协同系统信息安全体系，加强车路协同信息安全系统建设。

最后，随着智能驾驶汽车的智能化程度和自动化程度的提高，传统汽车的测试装备已不能满足智能驾驶汽车的需要，尚缺乏量化智能驾驶车辆在复杂的交通环境中智能行为的测试方法。与此同时，现有的车路协同和智能驾驶面临测试场容量有限、测试设备昂贵且效率低、测试流程不统一等难题。急需结合车路协同系统的发展现状和典型应用开发可靠的、成本可控的自动化标准测试方法，推进车路协同系统的测试、评价、认证及运行等标准规范或流程的制定，加快车路协同技术落地。

参 考 文 献

[1] 王笑京. 智能交通系统研发历程与动态述评[J]. 城市交通, 2008, 6(1): 6-12.

[2] 李清泉, 熊炜, 李宇光. 智能道路系统的体系框架及其关键技术研究[J]. 交通运输系统工程与信息, 2008, 8(1): 40-48.

[3] 陈超, 吕植勇, 付姗姗, 等. 国内外车路协同系统发展现状综述[J]. 交通信息与安全, 2011, 29(1): 102-105, 109.

[4] 王云鹏. 车路协同技术发展现状与展望[EB/OL]. (2019-11-24)[2020-02-17]. https://wenku.baidu.com/view/a48b029c366baf1ffc4ffe4733687e21af45ffbd.html.

[5] 钱志鸿, 田春生, 郭银景, 等. 智能网联交通系统的关键技术与发展[J]. 电子与信息学报, 2020, 42(1): 2-19.

[6] 俞毅, 蔡灏, 刘振. 车联网路侧信息采集与服务平台解决方案[J]. 中国交通信息化 2011(8): 123-126.

[7] 张佐, 张毅, 姚丹亚. 车路协同自动驾驶：交通系统呈现全面智能化走向[J]. 前沿科学, 2019(2): 56-60.

[8] 刘睿健. 自动驾驶新标配之"聪明的车+智能的路"：车路协同自动驾驶系统初探[J]. 中国交通信息化, 2019(11):18-26.

[9] 中国公路学会自动驾驶工作委员会. 车路协同自动驾驶发展趋势及建议[J]. 智能网联汽车, 2019(4): 50-60.

[10] 崔胜民. 智能网联汽车概论[M]. 北京：人民邮电出版社, 2019.

[11] 缪立新, 王发平. V2X车联网关键技术研究及应用综述[J]. 汽车工程学报, 2020(1): 1-12.

[12] 程婕, 陈建峰. 一种基于5G的车路协同自动驾驶技术架构[J]. 信息通信, 2019(12): 39-41.

[13] 陈桂华, 于胜波, 李乔, 等. 中国智能网联汽车测试示范区发展调查研究[J]. 汽车工程学报, 2020, 10(2): 79-87.

第 9 章 智能驾驶未来发展展望

随着新一代信息技术、人工智能等技术的飞速进展,全球汽车产业也处于深度变革期。智能化、网联化成为汽车产业新的战略制高点,智能传感器和车载智能计算平台则成为智能驾驶产业发展的制胜关键。智能驾驶领域的全球竞争,不仅是技术和产业的竞争,也是制度层面、政策层面及标准层面的竞争。本章主要从智能驾驶发展综述、高精度地图及定位技术、对抗攻击与安全防护及小特慢场景应用等方面进行智能驾驶未来发展分析。

9.1 智能驾驶发展综述

近几年来,联合国及美国、欧洲多国、亚洲多国均对智能驾驶制定了多项相关政策,以促进智能驾驶汽车与现有交通系统的融合,并鼓励智能驾驶技术的发展。2016 年 3 月,联合国发布《国际道路交通公约》修正案,允许汽车在特定期间内进行智能驾驶。美国联邦政府认可谷歌智能驾驶车的合法地位。内华达州率先向谷歌颁发许可证,允许谷歌智能驾驶汽车在一般道路上行驶。法国、英国、德国、日本、韩国等均宣布将投入大量资金支持智能驾驶及其相关研究。各国政府对智能驾驶技术研发的资金投入力度逐渐增大,智能驾驶广阔的商业化前景也受到了资本市场的广泛关注,投资机构、互联网巨头等纷纷与车企、科研机构、创业企业等合作进军该市场。智能驾驶能够有效地减少交通事故,降低死亡率,使得用户对智能驾驶的认可度持续提升,这一领域的创业企业不断涌现,促进智能驾驶市场快速发展。然而,在技术上出现几大流派:整车厂商大多以辅助驾驶为核心,逐步试验并装配高级辅助驾驶系统,进而由辅助驾驶过渡到智能驾驶,最终实现智能驾驶;互联网厂商则直接从智能驾驶的最高级别智能驾驶切入,以人工智能、高精度地图和激光雷达等技术综合实现智能驾驶[1]。交通和通信行业则推出网联驾驶、车路协同的综合解决方案。尤其在中国,大范围、大批量的网联智能驾驶示范基地建设得到国家、地方政府的大力支持,也成为中国 2020 "新基建"的重要投资方向。全球范围内,很多国家都在加快顶层设计,联合国及世界多国已经开始为智能驾驶汽车、智能驾驶汽车的路测、应用、安全性等方面制定或拟制定相关政策法规。

智能驾驶技术是未来出行革命的技术核心。近几年政策和资本的推动,使智能汽车发展迅速,国内外许多智能汽车上路的报道让人们觉得智能汽车近在眼前。事实上,目前的智能驾驶、智能汽车还不能直接应用到社会上。业界将智能驾驶从技术上分为感知层、决策层与控制层。三层协同作用,处理环境信息,实现智能驾驶。感知层是依靠卫星、惯导、毫米波雷达、激光雷达、摄像头等设备对行驶路径、周边物体、交通标志等实时感知和定位,建立驾驶场景地图。决策层是汽车通过计算平台和智能算法等对感知层输入信息进行处理、计算,并对路径和行为进行规划。控制层是决策层输出信息后,智能驾驶汽车执行输出指令,进行转向控制、油门控制及制动控制。智能汽车在三层技术上都存在许多的问题，本书主要从感知层和决策层中的定位与地图、数据与决策安全等方面进行阐述。

9.2 智能驾驶高精度地图及定位技术

智能驾驶感知层的最终目的是建立驾驶场景的三维地图。地图与定位是相辅相成的，低成本、高可靠的定位技术是智能驾驶目前必须突破的瓶颈。从导航地图到高精度地图，智能驾驶对地图的精度、更新度、精细化程度都提出了较高要求。对机器而言，究竟需要什么样的地图还没有在学界、业界形成共识。

9.2.1 智能驾驶地图

智能驾驶地图是智能驾驶车辆实现路径规划和定位的基础，是智能驾驶汽车产业发展的核心关键之一。我国已有超过 20 余家的科研机构和企业开展了智能驾驶高精度地图研究，目前智能驾驶高精度地图的研究与产业化应用已经取得了很大的进展，尤其是地图整体解决方案、地图数据成果、地图元素的自动提取等。但是，我国道路情况复杂，智能驾驶地图产业尚处于发展初期，智能驾驶高精度地图还存在以下几个方面的问题。

（1）智能驾驶高精度地图数据采集成本较高，数据时效性有待提高，数据更新成本高、频率低。专业的智能驾驶地图数据的采集平台费用高达百万，数据处理比较依赖人工。以众包为主要手段的智能驾驶地图的生产方式数据精度和准确度有待提升[1-2]。此外，海量的源数据分析与提取对数据处理算法提出了更高的需求，需要提高人工智能算法的学习能力和抗干扰能力。智能驾驶地图更新是目前行业的广泛难题，为保证复杂多变的行车环境下的安全驾驶，智能驾驶高精度地图需要实现高频次的甚至实时的动态更新。

（2）行业对智能驾驶地图的形态和规格尚没有形成共识，缺乏统一的标准。截至 2020 年 6 月，国外已经形成了 OpenDrive 和 NDS 等地图规格，而我国相关地图标准尚在制定当中。此外，国外的地图规格更新频率快，其随智能驾驶技术发展和行业应用需求不断更新迭代，如 NDS 一年不定期更新数次。而国内的标准制定周期较长，通常从标准立项到标准发布需要 2 年以上时间。

（3）我国的地图政策受到限制较多，智能驾驶地图落地比较受限。我国的测绘法律法规规定了部分地图数据不能公开，而智能驾驶地图对相关的数据内容和精度有较高的应用需求，如坡度、桥梁或隧道的高程、弯道信息等。

9.2.2 智能驾驶定位技术

智能驾驶车辆面临复杂的行车环境，要保障智能驾驶车辆安全行驶，智能驾驶系统必须具备准确、可靠的定位系统。GNSS 是智能驾驶的基础绝对定位手段，可提供车道级的绝对定位信息。目前，我国在绝对定位方面的研究比较深入，并且已有商业化的产品。为了获取持续可靠的定位信息，国内外在相对定位及多元融合定位方面取得了较大的进展。但是，我国智能驾驶定位还面临以下几个方面的问题。

（1）在高精度绝对定位方面，融合 GNSS 的惯导系统在高架桥、隧道等场景下的定位精度还有待提升，目前支持持续稳定的厘米级的惯导等定位设备相对比较昂贵，大多数设备依赖进口，国产设备尚处于研发之中。目前，我国分米级别的差分网络只覆盖了重点区域，全国的差分网络有待完善，而且只有少数企业参与相关工作。

（2）在高精度相对定位方面，SLAM 定位累计误差会随着时间增大，尚不能提供持续稳定的厘米级的定位精度，针对无法采用闭环检测的智能驾驶场景，基于智能驾驶地图及传感器的 SLAM 特征匹配定位技术有待进一步深入研究，而且相关技术尚未形成成熟的产品[3]。在 5G 技术的支持下，智能网联汽车可基于联网的车辆实现定位。受制于车联网的普及与发展，基于车联网的车辆定位技术仅处于探索阶段。

（3）多源融合定位技术将多种定位结果进行融合，相互补充，是新的定位解决方案，如惯性导航系统、视觉、地图进行多源融合。多源融合定位技术尚处于起步阶段，距离开发千元级别的融合定位产品还有很多工作要做。

9.2.3 地图与定位技术面临的挑战

从技术上来说，在高精度地图采集、地图元素融合识别及验证发布各个环节引入更多的人工智能技术，研究冗余数据处理、数据对抗等新的热点问题，提高数据处理精度与效率，实现地图数据的自动提取，同时使用边缘计算模式和区块链技术重构现有智能驾驶地图计算模式，满足庞大的地图数据计算需求。

从标准体系和法规上来说，首先加快智能驾驶地图与高精度定位相关标准建立，规范行业高精度地图生产流程及生产成果。鉴于目前智能驾驶技术发展迅猛，可适时优化标准体系建立流程，实现技术与标准并行，促进智能驾驶高精度地图产业发展。其次在考虑安全和保密等因素的情况下优化现有测绘法律法规，加强智能驾驶地图数据的管理与开放，推动智能驾驶地图安全应用。最后从安全监管、法律责任划分等方面健全智能驾驶相关法律法规，兼顾智能驾驶安全与产业发展。

从智能驾驶落地角度来说，一方面降低高精度地图采集、生产成本和更新成本，可通过众包手段获取人、车、路等多源数据，同时融合车联网技术，加快高精度地图更新频率并降低高精度地图的更新成本，保证高精度地图数据有效性。另一方面，在产业实现上，在产品技术实现与方案成本之间找到平衡点，加快高精度地图相关产品落地。

9.3 对抗攻击与安全防护

智能驾驶行业还有很多困难需要克服。近年来，智能车事故导致了多名驾驶人或行人死亡，从而将智能驾驶技术的安全性推到舆论的风口浪尖。人工智能技术主要依托于互联网，然而现阶段经常会出现网络攻击事件，这就给不法分子提供了机会；在真实物理世界，往往存在着针对环境传感器的感知攻击，如交通标识的"贴图"干扰、GNSS 或雷达信号的电磁干扰等，这些物理攻击会严重破坏智能驾驶系统的功能安全。基于此，当前在发展智能驾驶汽车时,怎样能够确保人工智能技术在其中应用的安全性及可靠性,是需要认真思考的一个问题;现阶段在法律层面上没有明确的法规来约束智能驾驶汽车,尤其是发生事故之后,无法认定责任,这也成为其发展的一个重要挑战。总之,研究各类环境感知传感器的失效模式,提出新的对抗方法应对环境感知传感器的物理攻击,有效实施智能驾驶系统的安全防护技术,对于智能车功能安全至关重要。

9.3.1 智能驾驶系统安全

智能驾驶系统存在的安全问题如图9.1所示。

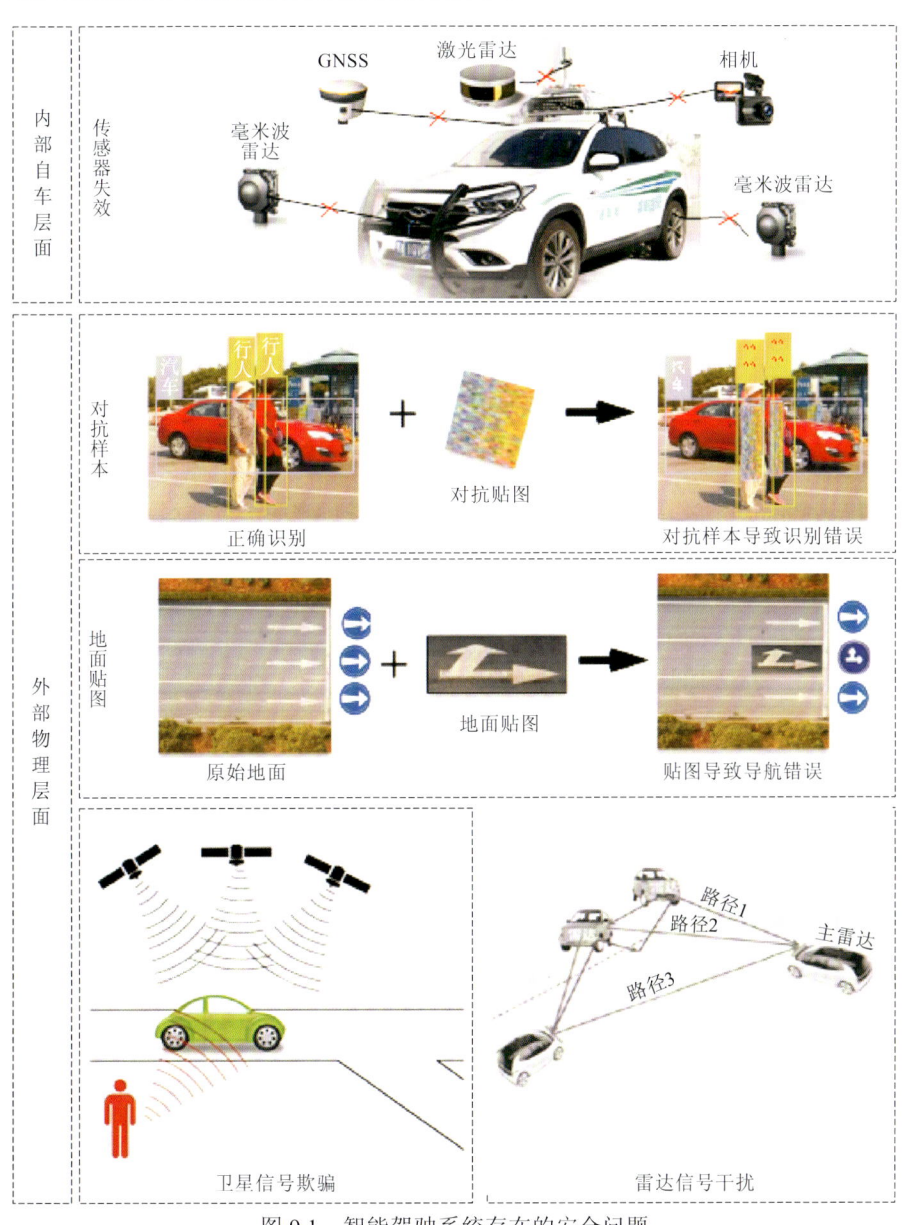

图 9.1 智能驾驶系统存在的安全问题

环境感知传感器的数据安全是智能驾驶系统的技术核心，是智能车认知分析和决策控制的基础。2020年开始，主流车企陆续推出L3及以上等级的智能驾驶量产车型，智能驾驶产业进入黄金发展期。但是，环境感知对自然失效或物理攻击的安全检测、感知系统对干扰或攻击的安全防御及环境信息能否正确及时地得到处理，直接关系智能车的运行安全，且对感知数据的正确融合和决策控制的效果具有决定性作用。

综上所述，智能驾驶在环境感知、多源信息融合、决策与控制等方面取得了显著成果，但智能驾驶安全防护的研究在智能驾驶系统数据安全架构领域还处于初级阶段，需要进一步深入研究。同时，环境感知传感器存在各种潜在的攻击威胁，目前研究人员针对特定攻击方法提出了一些防御算法，但是面对各种各样的物理攻击，仍没有足够有效的防御机制来抵抗。具体地，存在如下问题。

（1）考虑物理对抗攻击的智能驾驶系统数据安全体系及方法还须完善。智能驾驶汽车在行驶过程中会面临由于"贴图"干扰、雷达信号干扰等外界物理攻击而导致感知数据被破坏的安全威胁，如何在受到物理攻击的情况下实现智能驾驶智能系统的安全防护是目前急需解决的问题。在智能驾驶功能实现的过程中，只有构建考虑物理系统因素的智能驾驶数据安全体系，从智能驾驶系统监测、系统预测与安全防护多角度进行安全框架设计，才能解决智能驾驶在外界物理攻击等情况下的安全问题。

（2）由于智能驾驶行车环境的复杂性，智能驾驶环境感知在传感器数据安全和信息融合方面还存在不足。不考虑传感器失效或者外界物理攻击等理想情况下的传感器数据处理和融合，难以满足复杂环境条件下智能驾驶系统的安全行车需求。环境感知传感器受到物理攻击时，传感器检测准确率急剧下降，引发感知或者数据融合失败，导致系统安全风险增加。由于现实的行车环境复杂、多变，在环境感知和认知领域提出一种深度学习的攻防对抗算法，在保留神经网络自学习能力的同时，又提高算法的泛化能力和容错能力，将为智能驾驶的态势分析、路径规划与决策优化提供有力的支撑。

（3）现有的决策机制和控制方法缺乏软硬件安全一体化，以及对感知失效情况的考虑，使得决策与控制系统的抗风险能力不足。目前，智能驾驶决策与控制领域主要研究了基于简单驾驶场景和该环境中单一的车辆运动控制，难以满足复杂驾驶场景中各种约束条件对智能驾驶决策与控制的制约。同时，通过硬件锁步系统检测异常和系统恢复的研究中，缺乏对锁步错误类型的识别和位置预测。因此，充分利用人工智能方法，学习人类优秀驾驶员在复杂驾驶场景中的驾驶决策特性，从而制定出符合多因素耦合约束的决策命令，并通过实施系统软硬件的一体化安全增强，是保障智能驾驶功能安全的关键。

9.3.2 智能驾驶安全发展趋势

当前，智能车传感器的感知水平还不能满足复杂环境对智能驾驶场景理解的要求，且其对危险驾驶场景响应的灵敏性不足，威胁智能驾驶安全。场景理解方法主要是融合视觉图像与三维激光点云的方法。基于视觉的场景理解方法通常利用各种图像处理手段对场景图像进行分割与分类，标记图像每一像素点的语义标签。三维激光点云可以获取障碍物位置、速度，融合视觉语义信息，给出障碍物类别信息。但是，在智能汽车技术体系中，上述传感器的融合还不够深入，特别是在复杂交通环境下精细地图、车载传感器和场景重建相结合的多模态信息深度融合还值得进一步深入研究。

同时，当前的智能驾驶主要应用于高速公路、特定场区等驾驶场景，无法在城市道路等复杂驾驶场景中实现，这也说明智能驾驶系统的驾驶能力还有待提升。人类驾驶员在长期、日积月累的驾驶活动中，积累了相当丰富的驾驶经验，特别是在各种复杂驾驶场景中表现出的决策能力。因此，让智能驾驶系统学习人类优秀驾驶员的驾驶行为特征，利用人工智能学习复杂驾驶场景中的驾驶技能，能够有效、快速地提高智能驾驶系统的决策能力，利用快而准的决策能力也能有效地防止智能驾驶系统的各种干扰和攻击。

在智能驾驶应用的新阶段，如下涉及智能驾驶安全的相关关键科学及技术问题是当前和未来的重要研究方向。

（1）智能驾驶系统需构建一套完备的数据安全技术体系。目前，智能驾驶系统已经完成了原型系统搭建，规模化测试也在快速的推进中。智能驾驶系统的安全性是其大规模应用的最重要推动因素，相关的研究在学术界和工业界受到越来越多的关注。智能驾驶系统的数据来自环境感知、融合与分析、决策与控制等多层面，任意一方面的安全威胁均可能导致系统失效，带来严重的后果。因此，考虑系统数据的完整性、有效性、可用性，构建智能驾驶系统的数据安全体系是保证真实行车环境下智能驾驶系统功能安全的必要条件。

（2）智能驾驶环境感知需攻克多模态信息融合方法。目前，环境感知的应用和研究主要针对理想情况，较少考虑人为物理攻击。现实情况下智能驾驶环境感知的不安全因素对驾驶安全构成了严重威胁。例如，"人为贴纸"可以干扰视觉传感器，使系统中基于图像目标识别的检测器无法识别路标，甚至是障碍物。此外，在行车过程中不可避免地遇到环境感知的不确定性，如传感器数据受到攻击导致传感失效，多传感器信息不一致甚至冲突等，这些都会致使信息认知失败。因此，智能车必须在行驶过程中通过多模态信息融合和交叉验证，加强安全防御。

（3）智能驾驶决策与控制的功能安全关系智能驾驶系统能否最终走向应用。智能驾驶决策与控制是智能驾驶功能安全的最后一道屏障，通过制订合理的决策机制，可弥补智能驾驶的感知失效，避免系统的完全失效。智能驾驶的决策与控制涉及车辆动力学、道路环境等极限条件的约束，同时，SAE L3/L4 级智能车仍存在人类驾驶员承担驾驶任务的问题，一旦系统控制输出超出驾驶员的生理或心理预期，就会极大地降低系统接受度并造成驾驶员安全恐慌。此外，智能驾驶域控制器作为一套计算机系统，存在软硬件方面的可能故障。因此，综合考虑人车路耦合动力学特性，制定合理的决策与控制策略，并实施系统软硬件的一体化安全增强，是智能驾驶功能安全的有效保障。

针对智能驾驶系统现阶段在对抗攻击和安全防御方面的现实需求和技术瓶颈，构建智能驾驶数据安全技术体系，研究传感器数据干扰信号检测及对抗攻击方法，突破多模态信息条件下的数据深度融合及对抗攻击方法，提出智能驾驶系统决策与控制的一体化安全增强方法，对提高复杂交通环境下的智能驾驶功能安全具有重要意义。

此外，中共中央、国务院在 2019 年 9 月印发的《交通强国建设纲要》关于"科技创新富有活力、智慧引领"中也提倡：推动……人工智能……等新技术与交通行业深度融合……加速交通基础设施网……与信息网络融合发展。因此，开展智能驾驶系统的安全防护研究，加深人工智能和数据融合在对抗攻击、建立可靠的安全防御体系中的应用，是响应政策的号召，符合"交通强国"的建设需求。

9.4 "小特慢"场景应用

随着移动互联网的发展红利渐渐褪去，面向消费者的互联网应用也渐渐遇到了增长瓶颈，很多互联网企业纷纷寻找新赛道。2020年3月，中共中央政治局常务委员会会议上强调：加快5G网络、数据中心等新型基础设施建设进度。针对5G"新基建"领域，国家和各地方政府都出台了大量的政策以支持智能驾驶发展。

业界普遍认为，智能驾驶要走向全面应用就一定要经历：低速载物、低速载人、高速载物和高速载人这4个阶段，而受限于数据量、技术及政策等因素，目前行业内高级别特别是L4级智能驾驶都有相应的运行设计域（operational design domain，ODD），即系统能够正常起作用，必须满足一定的条件和适用范围，如天气环境、道路情况、车速、车流量等，以确保系统的能力在安全的环境之内。

因此，目前智能驾驶技术的应用主要集中在"小特慢"场景（小型、特种车辆和慢速），即封闭园区、厂区或点到点固定线路的安防机器人、物流配送机器人、园区/景区观光车、厂区内物流车等，这些场景对技术的要求相对宽松，普遍作为"开始一公里"和"最后一公里"的补充。

9.4.1 自主导航机器人应用

2020年初，一场突如其来的新冠肺炎疫情打乱了所有人的生活，也间接推动了小型自主导航机器人的快速发展，科学防疫和无接触配送成为人们关注的重点。大量无人清扫车被投放到疫区、各地医院，它们或被改造，或被加装新功能，迅速在这些特定场景内完成它们的使命：清洁、消毒、配送药物、食物等必需品，同时也催生了大量的无人清扫、安防巡逻、低速配送、消杀防疫、远程诊疗机器人，如在武汉雷神山医院的无人清扫车、武汉大学樱花节的5G直播机器人等。这些机器人主要是在室内或室外工作，且最高行驶速度低于20 km/h——相当于一位正常成年人跑步的速度。

一种典型的安防巡逻机器人如图9.2所示，基于其生成的地下车库激光雷达特征高精度地图如图9.3所示。

图9.2 一种典型的安防巡逻机器人

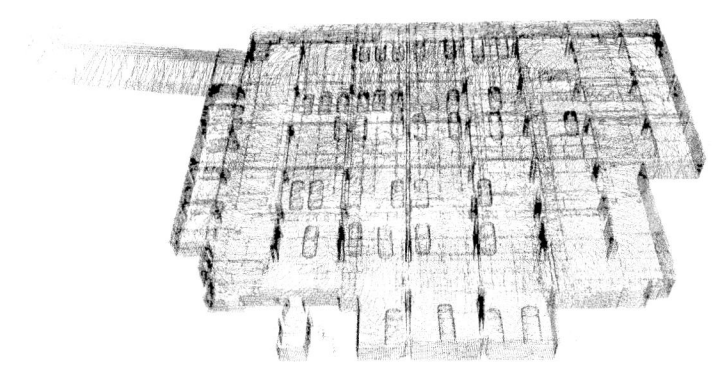

图 9.3　安防巡逻机器人地下车库激光雷达特征高精度地图

一辆室内外自主导航机器人主要包含激光雷达、摄像头、北斗/GPS 等传感器。这些机器人多基于机器人操作系统（robot operating system，ROS），基于卫星定位的组合导航定位或基于视觉及激光雷达特征的 SLAM 定位，并依据高精度地图和动态感知结果进行路径规划和避障[2]。

基于低速机器人底盘的各种车辆将逐步渗透到我们生活的各个角落，并逐渐成为我们生活的一部分。

9.4.2　封闭园区/景区/厂区车

结合特定场景应用，智能驾驶在机场、港口、科技园区、矿区、封闭管理的景区等场景下可以最快实现商业价值。例如，在机场管理区域内，行李牵引车、飞机引导车、空乘人员摆渡车等所有交通参与方都严格按照既定的规则运转；在港口和矿区也一样，环境简单、社会车辆较少、区域内运行要求严格。这些场景下的最终用户群体考虑的主要问题就是安全和降本增效，而这些场景的普遍特点可以归纳如下。

（1）成本方面：用户主要考虑综合成本，在保证收益的情况下，对智能驾驶的系统成本相对不敏感。

（2）技术方面：安全为主，行驶速度一般不高于 40 km/h，可以接受智能驾驶与远程驾驶相结合，遇到特殊状况方便远程接管。

（3）地图测绘方面：特定场景区域相对可知可控，对高精度地图绘制和更新要求低。

（4）道路法规方面：可作为内部道路管理，车辆、行人种类和数量较少，且车辆往往归属同一主体，法律问题少，并且会由企业统一管理和定期维护。

（5）用户体验方面：用户看中系统稳定性，对功能的要求相对较低。

封闭园区内的智能驾驶多采用单车智能与车路协同的方式实现，结合空间模型和约束的连续室内视觉定位方法[4]，依托 5G 技术，园区内构建"人车路网云一体"数字化基础设施，如图 9.4 所示，为智能网联汽车提供车路云一体的云端协同感知、决策、控制能力，为安全、绿色、高效的智能驾驶体系赋能，从而解决单车智能的信息孤岛、单车成本过高、传感器盲区和商业化推广运营的问题。图 9.5 和图 9.6 为 5G 智能驾驶清扫车和室内智能观光车应用案例。

因此，封闭园区/景区/厂区内的智能驾驶应用逐渐走向成熟，也将成为最先落地的场景之一。每一个细分市场都是千亿级市场，竞争壁垒高、商业价值可观。

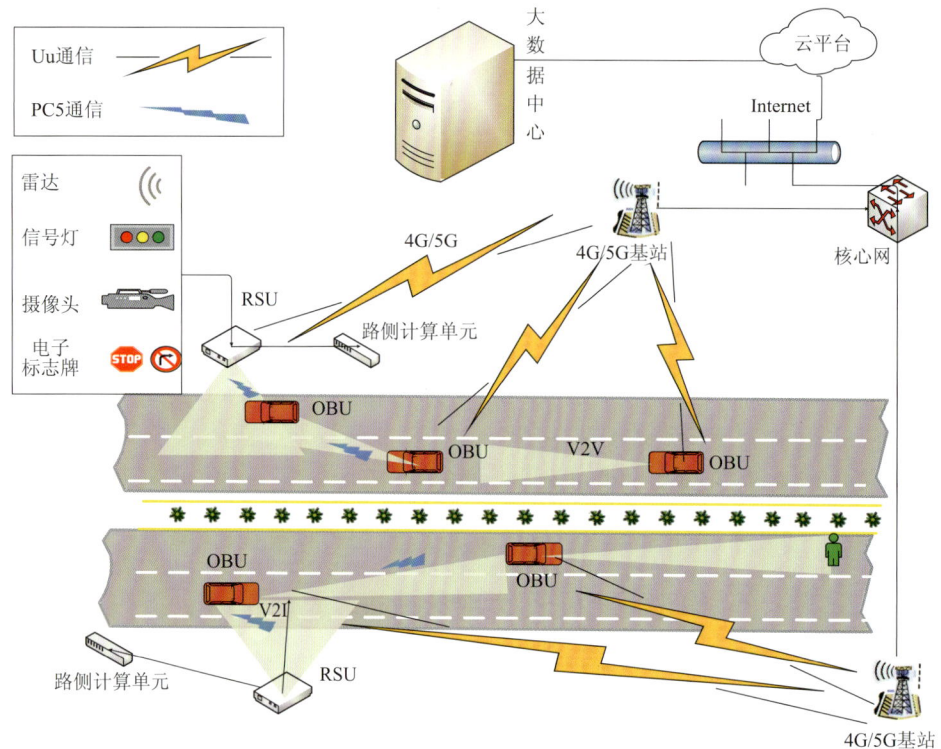

图 9.4 "人车路网云一体化"架构

图 9.5 5G 智能驾驶清扫车

图 9.6 室内智能观光车

9.4.3　末端物流配送

关于如何提高物流"最后一公里"的配送效率是广大快递物流企业面临的一大难题。在物流配送的最后一个环节，快递丢失、送错、延迟送货甚至某些安全事件时有发生。许多突发难题对各物流快递公司的成本与效率造成了较大的损害，同时也带来许多负面影响，各快递公司更是花费了较多心血来解决此问题。

因此，在末端物流配送这一"最后一公里"的环节，有阿里和京东等互联网巨头入场，如图 9.7 所示，也有大量的 AI 创业公司布局，像阿里菜鸟的末端配送无人车"小 G"已经经过了多次迭代。

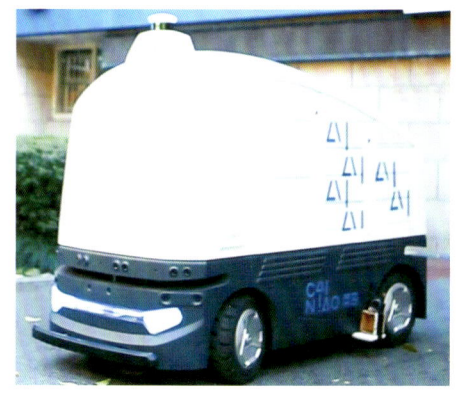

（a）阿里菜鸟"小 G" Plus　　　　　　　　　（b）京东智能配送车

图 9.7　"最后一公里"末端物流配送车

放眼全球，低速载物的智能驾驶车辆均已商用或准备商用，无人末端物流配送商业模式趋于成熟，目前无人配送的验证多在开放或半开放路段，多面向社区居民、园区职员和高校师生。这些场景具有人数较多且集中、相比于其他各区域派件量高等特点，在"618""双 11"等活动时，物流配送常出现取件难、排长队的现象。

因此，智能驾驶作为补足智慧物流"新基建"的最后一环，已经成为智慧物流产业链全场景生产要素的"数字化"建设或改造的重要组成部分，将极大地改善目前末端配送模式，提高配送效率，降低快递物流综合成本。

参 考 文 献

[1] ZHOU B, ZHENG T, HUANG J, et al. A pedestrian network construction system based on crowdsourced walking trajectories[J]. IEEE Internet of Things Journal, 2021, 8(9): 7203-7213.

[2] YANG X, TANG L, REN C, et al. Pedestrian network generation based on crowdsourced tracking data[J]. International Journal of Geographical Information Science, 2020, 34(5): 1051-1074.

[3] ZOU Q, SUN Q, CHEN L, et al. A comparative analysis of lidar slam-based indoor navigation for autonomous vehicles[J]. IEEE Transactions on Intelligent Transportation Systems, 2021: 1-15.

[4] ZHANG X, LIN J, LI Q, et al. Continuous indoor visual localization using a spatial model and constraint[J]. IEEE Access, 2020, 8: 69800-69815.